福音とは何か

聖書の福音から福音主義へ

佐藤司郎・吉田新［編］

教文館

刊行にあたって

学校法人東北学院理事長・東北学院大学学長
松本宣郎

私立大学研究ブランディングという、わが国初の事業が二〇一六年度に公募され、本学としてもぜひ応募したい、という気運が文学部総合人文学科と歴史学科の教員の間に一気に高まり、本書「はじめに」にある通り「東北における神学・人文学の研究拠点の整備事業」とのテーマを掲げて申請した。それが審査に合格し、採用となった。事業計画の中身についての詳細は「はじめに」にゆずるが、東北仙台にあって長い伝統を持って地域に根付き、東日本大震災以後の、東北挙げての復興のため、研究面でも人材育成の面でも積極的に働いている本学として、このブランディング事業は大学のさらなる展開のために、大いに力となっている。

爾来、比較的間口を広くできる設定の事業であるため、多岐にわたる事業と研究が行われてきた。第一には、事業計画のトップに掲げた、本学が有する有形文化財の一つであるラーハウザー記念東北学院礼拝堂の「キリストの昇天」ステンドグラスの洗浄と修復、そしてこれに関する美術史的研究の国際シンポジウム（本書第Ⅲ部第三章鐸木論文参照）。ハイデルベルク大学ペーター・ランペ教授を招聘しての新約聖書における「福音」をめぐるフォーラム（第Ⅰ部第一章、第二章ランペ論文他参照）。二〇一八年度の記念すべきイベントとして、本学のルーツと言える米国ランカスター神学校キャロル・リッチ校長による、現代アメリカの宗教状況とキリスト教の課題についての講演、などが一般市民にも公開される形で行われ、注目も集めた。

これらと並行して、本学、外部を問わず参加した研究者の仕事も順調に進捗したようである。分けてもランペ教授の講演テーマである「福音」をキーワードとしてそれぞれの分野から研究成果を持ち寄ることとなり、本書の成立に至ったわけである。

ランペ教授からは二回の講演に基づく二編の寄稿をいただいた。「福音」の源について記す「マルコ福音書」とこれを伝道の基盤にすえたパウロ書簡を論じた教授の考察が本書の出発点を明確に示すことになる。このランペ教授の論考と、新約及び教父学研究者三名の論文計五編が、古代－初期キリスト教会における福音について、第Ⅰ部をなす。

これに加えて本書はブランディング事業関係の諸研究のみならず、本学総合人文学科のキリスト教学研究者（名誉教授も含む）がそれぞれの専門領域で福音について考究し、成果を持ち寄った。そして、宗教改革五〇〇年の記念すべき年であった昨二〇一七年に本学で催したシンポジウムに講演者としておいでいただいた金子晴勇岡山大学・聖学院大学総合研究所名誉教授の「ルターにおける福音理解の特性」と題する原稿を掲載できる幸運にも恵まれた。ここで金子教授に感謝の意を表したい。かくして本書の第Ⅱ部は、その金子教授のルター論を冒頭に、宗教改革期から現代に至るまで、キリスト教の流れを「〈福音〉から〈福音主義〉」という脈絡でたどっていく七編で構成されることとなった。

福音は二千年、人類の歴史の中を貫き、神の救いの完成へと世界で働き続ける。日本は、一五世紀にカトリック世界の辺境として組み入れられながら、ほぼ消滅した後に、一九世紀にプロテスタンティズムによる福音伝道の到来に視野を開かれ、あまたのキリスト教学校が生み出された。東北学院がその一つであった。掉尾を飾る第Ⅲ部はその東北学院において語られ、あるいは描かれた福音主義を異なる側面から論じる三編からなり、東北学院で構想され、実現された本書を閉じるにふさわしいのではないか、と思う。

「福音」を本書のテーマとして掲げ、キリストの福音の何たるかを問うことから始めて、二千年の歴史をたどる一五編の論考でまとまることとなった。まだ視野に入れるべきテーマは少なくないとは言え、一つの私立大学が提起した事業の成果としては満足してしかるべきであろう。なにより、本学が、自身拠って立つプロテスタントキリスト教の本質の問題に集中してこのような作業を完成させたことは素直に喜びたい。作業に携わったドイツ、アメリカの、そして日本各大学の、そして東北学院大学の研究者たちに感謝したい。そして、キリストの福音、よきおとずれ、に心を寄せ、そこに発する二千年の歴史についての深い興味と畏敬の念を私たちと共有する読者に、本書をお読みいただくことを切望して筆を擱く。

はじめに――福音とは何か

二〇一六（平成二八）年度より東北学院大学が進めている研究ブランディング事業「東北における神学・人文学の研究拠点の整備事業」は、「大学教育の改革においては、神学が中世以来のあらゆる科学分野の出発点をなしているという日本の近代教育では看過されてきたことを踏まえて、神学にもとづいた科学的手法による世界理解を大学教育において一層深めること」を目的の一つとして掲げている。本事業を通して、日本、とりわけ東北にある高等教育機関において神学研究、及びその教育の意義を再確認することを目指している。私たちは神学、人文学、地域研究分野の三つの分野に分かれて研究を進めている。本書の執筆者は主に、神学研究分野に属している。

東北学院の建学の精神は、「宗教改革の〈福音主義キリスト教〉の信仰に基づく〈個人の尊厳の重視と人格の完成〉の教育」にある。この事業を通して、建学の精神がより一層、学院の内外に浸透することを望んでいる。同時に、「常に改革される教会（Ecclesia semper reformanda）」の伝統に属する私たちは、福音と福音主義の意義について絶えず問い続けるべきであると考えている。「わたしは福音を恥としない。福音は、ユダヤ人をはじめ、ギリシア人にも、信じる者すべてに救いをもたらす神の力だからです」（ロマ一・一六）とパウロは私たちに訴える。東北学院第二代院長であるデヴィッド・

B・シュネーダー（David Bowman Schneder）は、一九三六（昭和一一）年、創立五〇周年記念の際、「我は福音を恥とせず」と題する説教を行っている。そこでは福音を恥とせず、それを高らかに宣べ伝えることこそ、東北学院の使命だと述べている。福音について語り、学び、伝えることがキリスト教教育の基盤を築くことに他ならないだろう。

それゆえ、私たちは宗教改革五〇〇周年を記念する年でもあった二〇一七年に、福音とは何か、福音主義とは何かを考える複数の講演会やシンポジウムを企画した。これらの講演会の成果の一部を残し、また様々な専門を持つ各研究者が、自らの視座から福音及び福音主義についての論考を寄せ、一冊の書物として公にし、互いに学び合う機会とすることを考えた。

＊　＊

本書第Ⅰ部「〈福音〉とは何か――初代キリスト教会における〈福音〉理解」では、福音とは何かを初期キリスト教に立ち返りつつ、明らかにする。第一章「福音とは何か――マルコ福音書における〈福音〉概念」（ペーター・ランペ）では、「福音を信じなさい」と宣言することから始められるマルコ福音書の福音理解を探る。私たちはここで、イエスを理解しない弟子たちの姿を通して、読者らが自己批判の目を持つことを促されていることを知る。マルコ福音書が「常に改革される教会」という教会像を打ち出していることに気づかされる。第二章「パウロと福音告知――パウロにおける〈福音〉概念」（ペーター・ランペ）では、いわゆる福音主義の原点であるパウロの福音概念の様々な側面を明らかにし、その神学の中心点に迫っていく。パウロからマルコ福音書、そして宗教改革の時代へと続く福音探求の精神は、キリスト教史の底辺に地下水脈のように流れていることを私たちは知る。しかし、続く第三章と第四章において、パウロの福音理解が初期キリスト教内で正しく継承されたのかという疑問が投げかけられる。第三章「福音の継承?――第二パウロ書簡における〈福音〉理解」(辻学)では、第二パウロ書簡においては、「福音」を「宣教する」という姿勢は後退し、パウロの「教え」をいかに守るかということに力点が移っている点に着目する。第二パウロ書簡における福音理解の内実が浮き彫りにされる。その後、第四章「死者への福音?――第一ペトロ書における〈福音〉理解」(吉田新)においても同様の傾向を確認する。パウロ書簡の影響下にあると考えられる第一ペトロ書において、その福音が継承されたのか否かが検証される。第一部を締め括る第五章「オリゲネスのパウロ解釈とルターへの影響」(出村みや子)では、オリゲネスの「ローマの信徒への手紙注解」に見られる福音理解が、後の時代、とりわけ宗教改革期の聖書解釈に及ぼした影響について論じられ、第Ⅰ部と第Ⅱ部を繋ぐ論考となっている。

第Ⅱ部「福音主義とは何か――〈福音〉から〈福音主義〉へ」ではまず、福音が歴史上、とりわけ宗教改革期と近現代においていかに理解されてきたのか、その歴史的展開を探る。第Ⅰ部の中心には、「福音主義とは何か」という問いが据えられている。第一章「ルターにおける福音理解の特質」(金子晴勇)では、「福音とは、神のもっとも小さい子と神の子のへりくだる物語以外のなにものでもない」と語るルターの福音理解の特質が明らかにされ、教義学上の重要問題である「律法と福音」が詳細に論じられる。第二章「カルヴァンの福音理解――その聖書的、包括的視点」(野村信)では、ルターに続く宗教改革者のカルヴァンに目が向けられる。ここでは、カルヴァンの説教における福音理解は聖書的、救済史的、信条的であることが改めて確認される。第三章「スコットランドにおけ

『福音主義』の展開」（原田浩司）では、考察の対象がヨーロッパ大陸からスコットランドへと移される。大陸の福音主義が、ジョン・ノックスらを通して改革派型の教会形成へと展開される歴史的経緯が示される。第四章「近現代の『福音』――シュライアマハー『宗教論』が問いかけるもの」（川島堅二）は、一八世紀のシュライアマハーを取り巻いていたキリスト教的宗教的状況に対して批判を加えたその著作『宗教論』を丁寧に読み解くことにより、近現代の福音の糸口を探る論考である。この考察に呼応する形で第五章「バルトにおける近代主義批判と新しい福音理解」（阿久戸義愛）が続いている。ここでは、シュライアマハーに端を発する近代神学に学んだバルトが、そこから離れ、独自の福音理解を打ち出す経緯とその内容が示される。そして、エキュメニズムの文脈、とりわけその教育的側面から福音主義の今日的展開を論じる第六章「『福音主義』とエキュメニカル運動における教育的実践――エキュメニカル・フォーメーションとは何か」（藤原佐和子）は、福音主義を世界的視座で捉える重要性を私たちに教えてくれる。第七章「相違における一致――福音主義キリスト教の革新とは何か」（佐藤司郎）は、第Ⅱ部の総括的内容である。バルトが提唱する対話モデル「相違における一致」に「宗教改革の福音主義キリスト教」の進むべき革新の道が示されている。

第Ⅲ部「東北学院と福音主義――福音宣教と学校教育」では、福音、及び福音主義が東北学院という教育の場において、どのように伝えられ、教えられてきたのかを検討する。第一章「福音の伝達者アンブローズ・D・グリング――光と影」（出村彰）では、東北学院の創立に深く関わったグリングの半生を追い、一人の福音伝達者の光と影に目を向ける。第二章「福音と教育――現代思想との対話の試み」（佐々木勝彦）では、東北学院の実際の教育現場が取り上げられる。大学教育という制約された状況の中で、福音をどのように教えるべきかについて考察する。第三章「福音の帰結としての芸術」では、今回の研究ブランディング事業を通してその価値が明らかになったラーハウザー記念東北学院礼拝堂の昇天ステンドグラスに関する論考である。

＊　　＊

先述した、創立五〇周年記念に行われたシュネーダーの説教は、以下の言葉で結ばれている。「私共に対する神の召命は、救を得させる神の力たる、そして唯一の力たるこの福音を宣伝する為めに勢よく働く事で御座います。恥としないで。絶対的に信心をもって働く事で御座います」。シュネーダーの思いは、次のパウロと同じであろう。「キリストの名がまだ知られていない所で福音を告げ知らせようと、わたしは熱心に努めてきました」（ロマ一五・二〇）。パウロにとって福音とは唯一であり、そのために彼は戦い、あらゆることを行った。彼は生涯をかけて、福音を全世界へと伝える業に邁進したのである。その誓いはパウロから一五〇〇年あまり後のマルティン・ルターに引き継がれ、ヨーロッパ大陸に福音主義の運動を起こし、その後、シュネーダー院長を通して、いま私たちに渡されている。私たちは、これからも福音について学び続け、語り合い、福音宣教の誓いを次の世代へとつなげていきたいと願う。

二〇一八年七月

佐藤司郎
吉田　新

目次

第II部　福音主義とは何か——〈福音〉から〈福音主義〉へ

第I部　〈福音〉とは何か

——初代キリスト教会における〈福音〉理解

第一章　福音とは何か——マルコ福音書における〈福音〉概念

ペーター・ランペ

1　福音主義とは

宗教改革五〇〇周年を記念する二〇一七年、私たちは福音概念について深く考えてみたい。「福音主義（evangelisch）」は、中世においてすでに、教会を批判するひとつの生き方を意味していた。それは特別な形で福音に即しており、教会の高位聖職者の生活態度とは異なるものであった[1]。宗教改革時代、「福音主義」という概念が宗教改革の教えを意味していた際、教会に対する批判の観点もそこに貫かれていた。宗教改革者たちは、その教えを聖書の福音から導き出し、とりわけ教会の伝統から供給されていたローマ・カトリック教会の教えとは、対極に位置する教えを形作るという主張を押し進めた。「福音主義」という概念は、宗教改革の教えから、ついには宗教改革から生じた教会、つまり、「福音主義」教会へと受け継がれていった。[2] だが、この展開の過程の中で、皮肉に満ちた現象が起きてしまった。当初、中世において教会への批判を意味していた概念が、近代において教会のための概念へと変わってしまったことである。では、このことによって、福音概念における教会批判の観点は失われてしまったのだろうか。今日の教会は、この問いを甘受しなければならない。しかし、私たちがこれから見るように、マルコ福音書に取り組み、その教会批判的な側面をしっかりと受け取り、そこから自らに問いを差し向けるならば、今日の教会はその教会批判の立場を維持することができると考える。

2　福音とは何か

では、聖書の「福音」とは、いったい何を意味しているのだろうか。まず、私たちは、文学的な類型概念である「福音書」、つまり、新約聖書の正典に含まれる四つの福音書と外典に含まれる数ある福音書を思い浮かべるだろう。福音概念はマルコ福音書の著者が見出し、彼自身はその文学作品を「福音書」と名付けていないにも関わらず、その時代に新しい文学類型の名称へと展開されたからである。この福音概念の文学類型へのさらなる展開は、マルコ福音書がいかにセンセーショナルな成功を成し遂げたかを示している。マルコの書物は、すべての文学類型の起点になったばかりではない。この書物はまた、新しく創られた数多くの作品群と並んで存続しながら、それらに取って代わられることもなかった。編纂され、失われてしまったQ文書とは異なる。マルコ福音書は、短期間に古代教会の間で受容され、変化し、さらに今日まで独自の作品として影響を与え続けている。

3　マルコ福音書について

おそらく、マルコ福音書の著者は、パウロの伝承から福音概念を受け取ったと思われる。パウロによる福音の用い方については、次章で詳しく検討したい（第Ⅰ部第二章参照）。マルコは自身の書物を「福音書」と名付けていないにしても、これから私たちが見るように、一章一節で自らの書物について深く考えている。この書物の表題は「イエス・キリストの福音」ではなく、「神の子、イエス・キリストの福音のはじめ」となっている。[3] この表題はいったい何を意味し、また、何を意味していないのだろうか。次に見るように、いくつかの観点からこれについて検討できる。

3・1　まず、マルコ福音書一章一節の「神の子、イエス・キリスト」は目的語的属格か主語的属格かが問題になる。「神の福音（εὐαγγέλιον τοῦ θεοῦ）」と関連付けられたマルコ一章一四節は、著者が「福音（εὐαγγέλιον）」にかけた属格を目的語的と理解されるのを望んでいることを示している。つまり、マルコ一章一四節において、神は内容であり、告知する著者ではない。この節において、主語であるイエスが神についての福音を告知するからである。[4]

さらに、一章一節の主語的属格理解に対する反証は、マルコ福音書全体から導き出すことができる。（一章一四節にも関わらず）、告知の主体としてのイエスが語ることをマルコは第一に伝えたいのではない。それを第一に伝えたいのは、マルコの後に記され、Q文書からの言葉を用いたマタイ福音書になるが、マルコにおいてはイエスの言葉は実にわずかである。それゆえ、マルコ一章一節ではイエス・キリストについての告知のはじまりというのが、その内容になる。

3・2　初代キリスト教において「福音（εὐαγγέλιον）」とは、いわばキリストと神についての教会の宣教告知のためのテクニカルな表現である。マルコの書物の表題で私たちがこの表現に出会うのは、マルコが教会の主張を掲げているからである。マルコは教会で宣べ伝えられていたことと彼の共同体内ですでに信じられていたことの「はじめ（ἀρχή）」を伝えたかったのである。この主張は、マルコの主体性と彼が自由に書き記すことへの制限を課している。マルコは、教会とその告知の中に自身の作品を据えることを望んでいるゆえ、彼は自身の作品を教会の公の場において、無名のままに留めたのである。私たちが今日、編集史や文学批評を通して知ることができる彼の著者としてのプロフィールは、実は彼にとってはあまり重要ではなかったと思われる。マルコは、教会の伝承の流れを守るつもりでいたからだ。この流れから、彼の書物のための素材を生み出したのである。マルコは一章一節をもって表明しているように、彼に対して、教会の告知が決まった形で与えられたことを理解している。

3・3　では、「はじめ（ἀρχή）」とは何を意味するのか。[5] 文献学の決まり事に従えば、マルコ一章一節にあるように述語のない節は、その書物の始まりにおいて、すべての章の表題として書物全体を表明することを意味している。おそらく、マルコはこの「はじめ（ἀρχή）」で、「ここから私の書物が始まります」と示唆したのではないだろう。「はじめ（ἀρχή）」は、マルコ福音書一章二－一三節、または一章二－一六節を指しているだけではない。教会を通して全世界（一三・一〇、一四・九）に伝えられる福音の「はじめ（ἀρχή）」は、バプテスマのヨハネだけでもなく、一章二－三節にある旧約の預言者たちでもない。[6] むしろ、「はじめ（ἀρχή）」は、マルコの書物が語ることのすべてを含んでいる。「はじめ（ἀρχή）」は、マルコが、先在（一・二）、洗礼から十字架の死、そして復活に至るまで語っている地上のイエスの歴史と一致している。[7]

「はじめ（ἀρχή）」は時間的な開始である一方、その内容は基盤、基礎も意味している。教会の告知と基礎との間にいかなる関係があるかは、マルコは直接的には語らない。マタイにおいては、それはより分かりやすいだろう。マタイにとって、イエスの教え自体、教会の告知の内容であり（マタイ福音書二八・一九以下）、教会はイエスの告知をさらに伝えている。だが、マルコは違う。彼は教会の告知は常に新しくされなければならないという考えから、出発しているように思える。つまり、教会はマルコが伝えているような基礎を常に新たに展開し、現状に合わせなければならない。基礎の上に教会を建てるが、しかし、必ずしもその基礎をまったく同じように再現する必要はない。これがマルコの意図であり、その影響史の中で彼の意図は確かに達成されたと言える。マルコは基礎を組み立て、それに続く福音史家たちが自身の作品においてマルコの内容を展開し、その共同体の状況と神学的な関心に合わせていった。後の福音書におけるマルコ福音書のさらなる展開は、まさにマルコの独自の意図だったのかもしれない。

さらに、次のことも忘れてはならないだろう。他の新約聖書文書やマルコ福音書の影響史に含まれるのは、新しい文書群だけではない。「活きた声（viva vox）」、つまり、口伝の伝承もそこに含まれる。それは、すでに記述された福音書があるにも関わらず、二世紀の伝承として生きながらえたものである（エウセビオス『教会史』三：三九：四のパピアス）。口伝の伝承は福音書の中に記され、教会の告知の中で再び「口伝化」されていった。もともと口伝伝承を記したQ文書にも同じことが起こった。Q文書の背後にある放浪の預言者たちは、パレスチナにおいて、口で伝える伝道説教のための補助として記されたQ文書を用いたのである。[8]

マルコがその受信者に対して現状に合わせることへの自由を与えるならば、教会の伝承への拘束性にも関わらず、自身の前にある伝承に対しても、そのような自由を用いたと思われる。つまり、彼も自身の共同体と十字架の神学の視点のために用いる伝承を選別し、現状に合わせたはずである。近年の編集史と物語批評の研究の成果が示しているように、マルコは先のことを行った。その結果として、あらゆる伝承への拘束性にも関わらず、マルコ独自の神学的プロフィールが明らかになったのである。

3・4　「はじめ（ἀρχή）」は時間的な開始の時機も示すゆえに、続けて次のことも言えるだろう。マルコは、教会にとって根本となる定まった過去について伝えている。つまり、イエス・キリストとその神の子性（一・一）についての教会の告知は、具体的な歴史と結びついている。それゆえ、キリスト論とそれに一致する救済論は、歴史性のない形而上学や、神話の中で解消できるようなものではない。マルコが物語の中で説き明かす具体的な歴史を通して、それらに境界線を設けたのである。それによって、好き勝手な形而上学的な思弁に陥ることはない。マルコは教会の告知に歴史的な「はじめ（ἀρχή）」という意味合いを与える。この「はじめ（ἀρχή）」は告知の基準となることによって、自由に現状に合わせることへの悪用を防いでいる。

3・5　マルコ福音書一章一節のまとめとして、この福音書は教会の伝承の流れに含まれているという視点なしで解き明かすことはできないと言えるだろう。著者はキリストについて語る伝承に仕え、さらに現状に合わせた教会のキリストの告知にも仕えることを望んでいる。「福音」はマルコにとって（他の新約聖書にとっても同様に）、単なる書物ではなく、教会が伝えるキリストについての現在化された告知である。それは、教会の中で伝承され、定められている歴史と結びついている一方、他方でその都度、それを聞く共同体のために常に新たに現在化することができる。

マルコはそれまで類型として存在していなかったイエスの物語を、独自な形で創り出したことは、次のことと関係づけられる。マルコは歴史的な「はじめ（ἀρχή）」が教会のキリスト告知に特別なあり方で義務付けられていると感じている。彼はヨルダン川での洗礼から復活に至るまで整えられた物語の筋書きを用いて、教会の告知に基盤（ἀρχή）を与えたのである。その基盤（ἀρχή）は彼にとって個々の口伝や、すでに記述されていたイエスの伝承などの、教会がそれまで告知の基盤として仕えていたものより確かに思えた。それまでの伝承からのパッチワークとして表れていたものが、マルコの手によって統一感のある物語の絨毯となったのである。一六章にわたり、語る者と聞く者とがこの物語の絨毯を並んで走ることができるようになった。

これまで述べたことが正しいのであれば、釈義は方法論的にマルコ福音書に関する純粋に共時的な考察をすることができないだろう。マルコが教会の伝統に義務感を感じている一方、しかしまた、共同体の現状に即した伝承の現在化に対して開かれているのならば、通時的であり、共時的である方法を同時に行うことが求められる。この二つの方法が共演してはじめて、マルコの作品に対して相応しい評価がなされると思われる。

4　神の子とは何か

マルコ福音書一章一節は、福音の内容としてイエス・キリストの神の子性を指している。マルコとその共同体にとって「神の子」とはいったい何か。他の共観福音書とは異なり、驚嘆すべきイエスの誕生物語はマルコ福音書の地平には現れない。イエスの先在も、マルコ福音書一章二節においてイエスに向けられた天からの神の語りの中で間接的に示唆されているに過ぎない。旧約聖書とユダヤ教の伝統において、神の子とは、即位の際、神に子として受け取られた（詩編二、一一〇編）ダビデの王を意味する。ダビデの家から生まれる救い主による将来の希望を育むサムエル記下七章のナタンの預言は、このタイトルをメシアとして意味している。メシア／キリスト、神の子とダビデの子は同義語を形成するようになる。しかし、義人と賢者もユダヤ教では神の子と呼ばれている。[9] この表現は実に幅広い。マルコはその物語を通して、神の子とは誰かを明らかにしている。

マルコはまず高い次元から始めている。神ご自身がイエスを子と認めている（一・一一）。イエスは神によって霊を受ける者となり（一・一一、一二）、神ご自身がこのイエスを準備する。バプテスマのヨハネは、優れた方を指し示すために寄り添う存在に過ぎない。マルコの報告は顕現から始められ（一・九−一一）、その後、神の霊自身が一章一二−一三節において、イエスを荒れ野での試みへと送り出す。しかし、読者はイエスが屈することがないことを知っている。イエスは試みを受ける普通の人間ではなく、神の子だからである。神の子は神ご自身によって荒れ野へと送り出されたことにより、サタンからの試みに打ち勝つ。その試みは、ユダヤ教の伝統によれば楽園で動物たちと共に生き、天使が仕えていたアダムが失敗したものである。[10] マルコは天や宇宙的な次元に手を伸ばし、パウロのようにアダム・キリスト予型論を暗に示唆する。そして、アダムによって生起されたこの歴史を破棄し、神をこの世に出現させた。この神の子と共に新しい世界が始められたのである。[11] ペトロの告白（八章）まで続く章においては、イエスはそのあらゆる称号に応じる形で、自然の驚異を静め、病気を癒す主として現れる。イエスは奇跡の際に人々に善きことを行うが、八章からはそれ以前とは異なる二つ目の出現の一面が登場している。イエスは単なる権威者ではなく、苦難の中に身を置き、神に見捨てられた深みに至るまで（一五・三四）、人間の深い淵において十字架を背負う者として身をかがめる。いまやイエスは一章一三節にあるように天使から仕えられる存在ではなく、人々に仕え（一〇・四五ａｂ）、「多くの人の身代金として自分の命」を献げる（一〇・四五ｃ）。十字架の神学者であるマルコにとって、教会が告知する神の子の福音の基礎は、この考えにおいてますます色濃くなる。苦難の神の子は他の人々のために自身を与えることにより（一五・三九、一四・六一以下）、その人々は救われ、生きる。これこそが、すべての教会の喜びの使信の基礎となる。

5 時は満ち、神の国は近づいた

さらに、マルコ福音書一章一節の後、一章一四‐一五節において、私たちは再び福音概念と出会う。一見すると、二つの箇所は緊張関係にあるように思える。一章一四‐一五節で、マルコはイエスの告知を次のように要約している。「イエスはガリラヤへ行き、神の福音を宣べ伝えて、『時は満ち、神の国は近づいた。悔い改めて福音を信じなさい』と言われた」。「神の福音」は一章一節の表題にある「イエス・キリストの福音」と同じように、教会が異教徒への説教の際に用いる宣教告知の決まった術語である[12]。マルコ福音書一章一四節と一章一節の相違は意義深い。教会はイエス・キリストの福音を宣べ伝える（一・一）。それに対して、イエスは神の福音を宣べ伝える（一・一四）。その福音は同時に教会の宣教告知でもある。教会はその宣教説教において、神の福音を宣べ伝えるため、次のような関係を理解しなければならない。共同体は神を宣べ伝えることにより、イエス・キリストの福音を説教する。また、次のように言い換えることもできるだろう。教会は神について語ることにより、イエスについて語る。この啓示神学の重要な思考形態は、「時は満ち、神の国は近づいた」と表明する、イエスが宣べ伝える神の福音と対応している[13]。マルコが記すイエスは、この言葉と共に自身の現実を示していく。今や神はその活動の内に、その支配と共に到来するということである。これは、イエスの業とその歴史、神ご自身とその救いがすべての人々に啓示されるという教会の根本的な確信と対応している。このことにより、誤って受け取られがちである一章一節と一章一四節の緊張は緩和される。教会が神の子たるイエス・キリストについての喜びの使信を宣べ伝える際（一・一）、教会は同時に神について宣べ伝えることになる。イエスは彼の業の中でこの神とその支配とを理解させる。

6　十字架に従う

教会から「すべての民族」（一三・一〇、一四・九[14]）に宣べ伝えられるイエス・キリストの福音は、永遠の命への扉を開くことによってのみ救うのではない（八・三五―三六、一〇・三〇）。それを宣べ伝えるキリスト者にとって不愉快なものでもある。福音と関わり合い、さらにそれを宣べ伝える者は、苦しみを受け、命を失い（八・三四―三五）、断念し（一〇・二九）、迫害を受ける（一三・一〇―一三、一〇・二九―三〇）。すべて、この福音のゆえにである（ἕνεκεν τοῦ εὐαγγελίου 一〇・二九、八・三五）。福音はキリスト者への迫害をもたらし、苦難と十字架を担う生き方を覚悟させる。

しかし、福音は十字架に従うことへの呼びかけを拒むキリスト者と教会をも批判する。この批判の要素、つまりは福音の教会批判的な側面を理解するために、いくつかの解釈学的な前置きが必要になる。マルコはいわゆる「包括された物語（inclusive story）」を提供している。それは、読者を文学上の役者である弟子たちへと同一化させ、福音の物語世界を通して、イエスと共に道を進む弟子たちと歩むように招く。読者にとって物語られたイエスは、同時に復活を遂げた高挙の存在であり、弟子たちによって表現されている教会と共にその道を歩む。マルコは特徴的な箇所で、自身の共同体のために弟子という分かりやすい存在について語っている。共観福音書の黙示部分の最後で、次のように語る。「あなたがたに言うことは、すべての人に言うのだ」（一三・三七）。この言葉の意味内容は、マルコ福音書でイエスが述べ、行ったことすべてに当てはまる。

では、弟子たちへの同一化のプロセスは、どのように機能しているのだろうか。最初に弟子たちへの同一化は読者に喜びを与えている。イエスと関わり合い、すべてのことを打ち捨て、彼の道に従う弟子たちがそこにいる（一・一六以下、二・一三以下、三・一三以下）。さらに、イエスは自分の代わりとして、説教をするだけではなく、悪霊を追い出すことも弟子たちに任せている（三・一四以下）。彼らはイエスの家族へと高められ（三・三四）、それが四章まで続くが、そこで最初に不愉快なことが読者に起きてしまう。四章で弟子たちはたとえが分からず、たとえの説明を必要とする。彼らはどうしても理解することができない。しかし、ここではまだ、読者はポジティブに受け取ることができる。イエスは使徒への特別な教育を価値あるものと考えている。それにも関わらず、弟子たちのイメージにまつわる空に、どんよりとした雲がこの章の最後に現れる。湖に嵐が起こった際、弟子たちの師は船の後尾で寝ており、弟子たちは初めて叱責を受ける。「なぜ怖がるのか。まだ信じないのか」（四・四〇）。この箇所において、マルコの読者は選択を迫られる。弟子たちへの同一化を次第に控えていくか、または、私は自身の悪い天候状態において、同じようにイエスを信頼できるだろうかと自問するのだ。

次の章では、いわゆる「弟子たちの無理解」がさらに色濃くなっていく。まず、八章二七節以下にある分水嶺といえるペテロの告白まで、それ以前の嵐を静める箇所に記されているように、弟子たちがイエスの奇跡の業を理解していないことは私たちを戸惑わせる。弟子たちはイエスに従おうとするその熱心さにも関わらず、悪霊や嵐、病に対して命じることができる、神の力を得た特別な存在であるメシア／神の子が、彼らの前に立っているということをまだ認識していない。彼らは目が見えておらず、それゆえに、考えられるあらゆる誤った対応をしてしまう。それらは読者を混乱させ、もしかしたらその裏を探させ、疑いを持たせ、笑いももたらすかもしれない。ここではまだ、弟子たちに同一化する読者たちは、弟子たちによって映し出される、自分に向けられた批判的な視点を通して答えることができるからである。「やれやれ、ここでは信頼を寄せることが赦されている力に満ちた神の子が働かれていることが分かりました。洗礼を受けて以来、それが私の信仰です。さもなければ、このマルコの書物を読まないでしょう」。

ではここで、八章までの物語の中で何が起こるのかを検討したいと思う。偉大なる奇跡が次々に起こる。嵐を静めた後、恐るべき悪霊であるレギオンを追い出し、ヤイロの娘を起こし、二回の食事の奇跡がある。湖の上を歩くことを伴う嵐を静める二回目の奇跡があり、七章には耳が聞こえず舌のまわらない人を癒す生き生きとした記述がある。この書物のなかで、このような多くの奇跡の出来事の記述がまとめられている箇所は他にはない。同時に奇跡物語はより長く、詳しく語られている。このクレッシェンドは、弟子たちのイメージにあるデクレッシェンドとは対照的である。弟子たちは読者をますます不安にさせる。彼らは、イエスの命令により五千人の人々に食事を与えるために、パン屋まで走り、多くのお金でパンを買うべきか悩んでいる。これはイエスを信頼していないことの表れだ。人々に食事を与えるように述べたイエスの指示は、彼らが考えていたのとは別の意味を持っていたことを、弟子たちは理解していなかった。さらなる記述が示しているように（六・四一、四三）、実際に食べ物を増やす奇跡の際、弟子たちは給仕の役割を担うべきであったことが分かる。しかし、特に九章と一〇章において醜い形で描かれているように、弟子たちには給仕をするという発想すらなかった。

多くの人々に食べ物を与える最初の驚くような体験の後、弟子たちの態度はその二回目に際して、さらに瞠目に値する。ここに至って弟子たちは、一回目の奇跡の際に理解できたはずなのに、「こんなに人里離れた所で、いったいどこからパンを手に入れて、これだけの人に十分食べさせることができるでしょうか」（八・四）と問う。二回目の嵐を静める出来事に際して、弟子たちは自身の無理解を次のように示している。彼らは驚き、イエスが幽霊であると述べるのだ（六・四九）。イエスが湖の上を歩いた後（六・五二）、マルコは弟子たちの振る舞いを説明している。「パンの出来事を理解せず、心が鈍くなっていたからである」。七章一八節では、「あなたがたも、そんなに物分かりが悪いのか」と叱責される。八章一四–二一節では、弟子の無理解をまとめるために、マルコは弟子たちのパンの奇跡の際の無理解について、長いセンテンスを用いている。

簡潔に述べると、八章二九節のペトロの告白において、この弟子たちの無理解の部分はようやく終わりを告げるのだ。盲人の癒しの後に、象徴的にこのナザレ人はイスラエルが待ち望んだ神の子たる力に満ちたメシアである、と目から鱗が落ちるようにようやく気づく。だが、この頂点においても休息は与えられない。すぐに、弟子の無理解は質的に新たな段階へと登って行く。先の事柄に続き、イエスは人々の期待に反する形で神の子メシアとして自身が苦しみを受け、それまでのメシアに関する宗教的なあらゆる観念が危機に陥るとはっきりと述べるからである。それは、「十字架の言葉（λόγος τοῦ σταυροῦ）」が神にまつわるこの世の宗教的な観念を破綻させる、とパウロが述べたことと同じである（Ⅰコリ一・一八以下）。すぐさま、マルコの弟子たちは、彼らが理解しなければいけない次の新しい課題に失敗してしまう。イエスが苦しみを受けることに対し、ペトロは激しく拒絶し、「サタン、引き下がれ」と再度、叱責を受ける。弟子たちにとってさらなる驚きとして、イエスが自身の苦しみを予告するだけではなく、苦難に従うことも呼びかける。「わたしの後に従いたい者は、自分を捨て、自分の十字架を背負って、わたしに従いなさい」（八・三四）。「道」の途上で私に従いなさい、ということである。この道は、マルコ福音書のメタファーとしてエルサレムでの受難への道を意味している。十字架に従うということは、これから弟子たちが理解する過程の中で飲まなければならないさらなる苦い薬である。

物語のこの部分において、弟子たちを映し鏡として見ている教会のあらゆる読者は、「そうです、もちろん、私たちはこの十字架に従うことのただ中にいます」と軽率な答えを述べることはできないだろう。ここにおいて、遅くとも教会の読者は、まさに物語の中の弟子たちのように、試されているのだ。十字架に従う生き方に抗う弟子たちと同じように、読者らも批判されている。ここには読者への批判とそれに伴って教会に批判を加える福音の要素が存在しているのだ。

マルコが理解している福音は、真実であると頭で認識できるかどうかという神の子にまつわる教えだけではない。福音は不愉快でラディカルなことも求めている。福音はその人そのもの、その存在のすべてを独占するのだ。必要があれば、拒絶と苦しみを求める。頭の中だけで教えを受け入れる人は神の子をまだ理解できておらず、むしろ、十字架に従うことへの道と実存的に関わり合う人こそがはじめてそれを理解できる。

7　喜びの使信

苦難と十字架は、受動的な受難への覚悟を取り込むだけではなく、能動的な側面も示している。これは、マルコの物語のさらなる過程で示されている。八章三一―三三節の後、マルコのイエスは、二回目と三回目の受難を預言することにより、九章と一〇章において二回、苦難の前兆として自身の死を告げる鐘を打ち鳴らす。その度に、弟子たちの反応は奇妙なことにも実に場違いなものである。九章三三―三四節において、誰が最も偉いのかを議論している。一〇章三五―三七節では、天国で最も高い地位を得ようと求めている。苦難への覚悟と栄光を求めることとのコントラストは、これ以上、明確に記せないだろう。八章にあるように、弟子たちの苦難への拒絶に対して、イエスはさらにまた苦難を要求している[15]。しかし、この箇所でイエスはより具体的な表現をとる。九章三五節によれば、十字架に従うことは子供のように最後の者になることを意味する。地位につくことを拒否するのだ。さらにまた、一〇章三八―四五節によれば、十字架に従うのは仕えることを意味している。それは、まさに食事の奇跡の際に弟子たちがまだ理解できなかったことである。仕えることと、一番ではなく最後になることを受け入れるのは、能動的な苦難（passio activa）という観点において、マルコにとって十字架に従うということの具体的な意味になる。能動的な苦難は積極的なアガペー（愛）と一つになる。それは自分の一部を他者に差し出すことにより、本物になれるアガペー（愛）である。マルコ福音書一〇章四五節では、キリストを通して与えられた恵みのもとの上に倫理的な要求がなされる。その恵みにより、キリスト教徒たちは倫理的な求めに応じた素質を持つことができる。倫理的な求めと神から与えられた恵みは、「他の人に仕えよ」と呼びかける（一〇・四三－四四）。「人の子は仕えられるためではなく仕えるために、また、多くの人の身代金として自分の命を献げるために来たのである」（一〇・四五）。救われた者として、キリストに「仕えられた者」として、キリスト教徒は他の人々に仕えることができる。

マルコは、仕える生き方を喧伝するパウロと同じ立ち位置に身を置いている。十字架を中心とする生き方である。それは、たとえば第一コリント書六章、九章において人々のために自身の権利を拒否すること、第一コリント書八章と一〇章において弱い人々のために自由を拒否すること、フィリピ書二章において他の人を支えるために地位を断念することにはっきりと表れている。

では、マルコ福音書の残りの部分を簡単に見てみたいと思う。弟子たちの失態は、さらに強まっていく。受難の一場面において、弟子たちはまさに寝入ってしまうのだ。象徴的に彼らはゲッセマネで目を閉じ、目をそらす。受難が始まる際、盲目のバルティマイの目が開かれ、受難に向かう「道」に従う姿とは対照的である（一〇・五二）。だが、弟子たちは反抗する。一四章四七節にあるように剣を持って向かうことすらする。彼らの側からは裏切る者、否認する者、さらには逃げ去る者も出てくる。次々に醜態をさらすことは、ポジティブな役割を果たす脇役と対照をなしている。バルティマイだけではない。弟子たちとは違い、埋葬の準備としてイエスに油を注いだ女性もイエスの受難を受け入れた（一四・八）。逃げだす代わりに、最後まで困難に立ち向かった他の女性たちも同様である。隣人の負担を軽くするために、文字通り十字架を背負ったキレネ人シモンも同じように行う。

ここにおいて、残っている問題が二つあるだろう。教会の読者とその読者と共にある教会は、この不愉快な弟子への同一化、マルコの物語を通して、読者を不愉快な思いにする弟子たちを鏡としたこの自己批判の目といったいどのように関わることを望んだのか、という問いを立てるべきである。彼らは福音の不愉快な側面、その批判の可能性を受け入れるのだろうか。この問いは、今日に至るまでのマルコ福音書を読むあらゆるキリスト教の読者に向けられている。教会は、自己批判の教会であるべきだとマルコは考える。それは、「常に改革される教会（ecclesia semper reformanda）」としての自己像へと開かれていく。自身とここでは使徒としてあげられている代表的な権威に問いを向けることを恐れず、また彼らに対して、その無力さ、（教会の）ヒエラルキーへの執着（九・三四－三五、一〇・三五－三七）、無理解、拒絶と挫折を公然と明らかにすることを恐れない教会である。なぜなら、その欠点を言い繕うことはできず、口実逃れもできない。それは同一化された読者にとっても同じである。このマルコ福音書は、実に不愉快な書物なのだ。

しかし、二つ目としてあげられる点は、マルコ福音書の最後の言葉が批判や裁きではなく、神の祝福ということである。マルコ福音書の結末では、神はもう一度弟子たちとその教会に向かう。弟子たちの共同体という形で表現されている教会の失敗に対して、神は復活をもって答えを与える。この祝福の行いは、マルコ福音書の読者が知っているように、弟子たちを福音宣教者へと変える。それによって、彼らはイエス・キリストと神を宣教するために世界へと出て行けるのだ。たとえ、この福音の宣教が、彼らにとって十字架と苦難を意味することであるとしても（一三・一〇－一三、八・三四－三五、一〇・二九－三〇）。弟子たち、この失敗者たちは、イースターの後、彼らに与えられた新たな委任において、「sola gratia（恵みのみ）」の手本となる。教会はそれのみを基にしているのだ。マルコ福音書の物語に記された地上のイエスが、いつもこの失敗者たちを手放さず、彼らの理解を深めるように取り組みながら、書物の最後に至るまで弟子に値しない弟子たちを支え続けたように、神はイエスの死と復活の後、この弟子たちを支え、さらに仕え続ける。恵みを受けるに値しない者に与えられた恵みの行い。これこそが、喜びの使信である。

（吉田新　訳）

注

1　以下の文献を参照。H. de Wall, Artikel "Evangelisch", RGG 4. Auflage, Tübingen: Mohr Siebeck, Vol. 2, p. 1709.

2　この場合、英語では区別することができないが――少なくともドイツ語では――「福音主義（evangelisch）」は「福音派（evangelikal）」と区別することができる。「福音派（evangelikal）」とは福音主義の教会内の一グループであり、とりわけ福音に基礎づけられたものとして理解され、往々にしてそこには原理主義的傾向が認められる。

3　（オリゲネスに反して）私は写本B、W、D等と共に「神の子」を本文に採用する。

4　この福音の内容とは、神がその支配権を伴って近接することである。より明確に言うならば、一・一四－

一五において始められる地上のイエスの登場がそれを意味している。人の子・世界の審判者であるイエスの再臨に際して（一三・二六―二七、三二、八・三八―九・一）、この神の支配権は世界全体に見える形で到達する。神の支配権は地上での人としてのイエスと深く結びついている。それに対して、マルコ一・一を主語的属格、及び目的語的属格の両方の意味に捉えるのは、例えば以下の文献を参照。M. E. Boring, Mark: A Commentary, Louisville: Westminster John Knox Press, 2006, 30; E.-M. Becker, Das Markus-Evangelium im Rahmen antiker Historiographie (WUNT 194), Tübingen: Mohr Siebeck, 2006, 104-105. しかし、マルコ一・一をこのようなアンビバレンツなものとして受け取る必要はないだろう。

5　例えば以下の文献を参照。Herodot, Hist.: Ἡροδότου Ἁλικαρνησσέος ἱστορίης ἀπόδεξις ἥδε. さらに七〇人訳において、例えばアモ一・一、ネヘ一・一、エレ一・一―三は、その書物全体を指している。

6　マルコ一・二以下は構文上、一節ではなく、四節と結びついている。同様の見解は以下。D. Lührmann, Das Markusevangelium, Tübingen: Mohr, 1987, 33. この意見に反対するのは以下の文献を参照。G. Arnold, Mk 1,1 und Eröffnungswendungen in griechischen und lateinischen Schriften, ZNW 68, 1977, 123-127, ここでは123-124.

7　マルコ一・一に関する同様の見解は、例えば以下の文献を参照。J. Marcus, Mark 1-8, New Haven: Yale Univ. Press, 2002. それに反して、その他の研究者、例えばArnold（注6参照）やBecker,110（注4参照）は、「はじめ（ἀρχή）」はマルコ福音書の初めの部分を指しているに過ぎず、つまりマルコ一・一はおそらく書物の始まりを指していると理解している。例えばホセ一・一をこの並行箇所として指摘している（一・一 λόγος κυρίου、一・二 ἀρχὴ λόγου κυρίου πρὸς Ωσηε）。しかし、この箇所で「はじめ（ἀρχή）」の内容は書物のタイトルに含まれておらず、二節に登場している。また、例えばタキトゥスの『同時代史』の始まりの箇所は、マルコ一・一のはっきりとした平行箇所として考慮されている（initium mihi operis Servius Galba iterum Titus Vinius consules erunt）。タキトゥスは、その作品を執政官時代のガルバとティトゥス・ウェニウス（紀元後六九年）から始めることを表明している。だが、この始まりの箇所はマルコ一・一とは違い書物のタイトルではない。タキトゥスを平行箇所とするためには、マルコ一・一を構文上、二節と三節と接続させなければならないが、それは困難である（注６参照）。

8　口で伝える伝道説教のための補助として用いられた、ルーズ・リーフ・ファイルのようなスタイルの記述発言録であるＱ文書の文学的特徴については、今日まで佐藤研の見解が先駆的である。M. Sato, Q und Prophetie. Studien zur Gattungs- und Traditionsgeschichte der Quelle Q (WUNT 2/29), Tübingen 1988.

9　以下の文献を参照。A. Beyer, Artikel "Gottessohnschaft (AT)", Wissenschaftliches Bibellexikon (2015). online: http://www.bibelwissenschaft.de/stichwort/84316/

10　アダ生涯四、サンヘドリン五ｂ、創二・一九以下、モーセ黙一〇－一二。義人に対する野獣たちの恐れと天使の守りについては以下。遺ナフタリ八・四。

11　終末の徴として、楽園での動物との平和的共存は以下を参照。エレ一一・六－八、六五、二五、シリ・バル黙七三・六。

12　本書第Ⅰ部第二章参照。

13　とりわけヨハネ一四・六－七、さらにマルコ九・三七参照。

14　教会の伝道の性格は、マルコがとりわけ弟子派遣のモチーフを話題にするという（三・一四以下）福音の普遍的な要請と対応している。それゆえに、マルコは異邦人伝道を地上でのイエスの生において定め（五・一八－二〇、七・二四－八・一〇、一三・一〇、一四・九、一五・三九）、それが確実に働くように権限を与える。

15　苦難の告知（八・三一－三二ａ）――弟子の無理解（八・三二ｂ－二六）――十字架に従うことへの要請（八・三四－三七）の反復は、九・三〇－三一、九・三二－三四、九・三五－三七の類似した反復と対応している。八章にある十字架に従うこととは、九章と一〇章にある地位を拒絶し、奉仕することと呼ばれる。十字架に従うことの具体化とは、この拒絶と奉仕であり、受動的な苦しみへの準備だけではない。

第二章　パウロと福音告知――パウロにおける〈福音〉概念

ペーター・ランペ

はじめに

ギリシア語、ラテン語を理解する人にとって、複数形の「エファンゲリオン（εὐαγγέλιον）」とは、「良い知らせ」を意味していた。[1] 紀元前五三年、一人の執政官が選挙違反をめぐる裁判で有能な雄弁家によって見事、弁護されたという「良い知らせ（good news）」をキケローが告げる際などである（キケロー『アッティクス宛書簡集』二・三・一）。[2] ローマ帝政期、主として皇帝一家に関する政治的な知らせを「エファンゲリオン（εὐαγγέλιον）」と記していた。[3]

旧約聖書の伝統でも、喜ばしき使信の告知（εὐαγγελίζομαι）は政治的な意味を含んでいた。ナホム書二章一節で、預言者はアッシリアによる異邦人支配が崩壊したことを告げ知らせた。「平和」が喜ばしき使信の内容であった。イザヤ書五二章七節も同様である。この箇所ではバビロンに捕囚された人々に向けて、王国を復興するために神は彼らをシオンに返すこと、[4]つまり「平和」が取り戻されることが予告されている。[5]ロマ書一〇章一四－一五節において、パウロはこの二つの箇所を取り上げているが、神の王国支配についての考えは取り入れていない。パウロの福音概念は、直接的に政治的意味内容を含んではいない。[6]パウロは「喜ばしき使信」の特徴の何を強調しているのだろうか。「良い知らせ」という「エファンゲリオン（εὐαγγέλιον）」の元来の意味内容は、パウロの耳に常に残っていたはずである。たとえ、多くの場合、パウロがこの概念をキリスト教の宣教を目的としたテクニカル・タームとして用いていたとしてもである。一方、「喜ばしき使信を告げる」という表現をテクニカル・タームとして用いていない箇所は、たとえば第一テサロニケ三章六節である。それはテサロニケの人々がパウロを覚えており、その信仰と愛のある行いを強めるということをテモテがパウロに告げた知らせである。パウロによる、テクニカル・タームとしての福音概念の用い方について、次に示すようにいくつかの観点から検討することができるだろう。

1　宣教告知としてのエファンゲリオン

まず、パウロにとって、テクニカル・タームとしての「エファンゲリオン（εὐαγγέλιον）」は、使徒による宣教告知である。その主たるものは、コリントやテサロニケのように、共同体を創設するために一つの町で行った開始の告知である。[7]フィリピ書四章一五節でパウロは「福音の初め（ἐν ἀρχῇ τοῦ εὐαγγελίου)」という言葉を用いて、彼自身による初めての長い宣教旅行について記している。この宣教旅行で、パウロやその仲間たちはフィリピやテサロニケで共同体を創設した。[8]

このような伝道を主眼としたパウロ特有の福音告知に関して、彼はキリストについてまだ耳にしたことのない新しい場所や土地にその種を蒔きたいと考えている（ロマ一五・一九―二一、Ⅱコリ一〇・一六）。パウロは、他の使徒が宣教の種を蒔く作業を邪魔するつもりはない。パウロの地理的な視野は極めて広く、普遍的なものである。すべての民に届けるため、彼はスペインに至るまで福音を伝えようと試みている。

パウロが他の人の手によって創設された共同体に、喜ばしき使信を届けようとするのは、あまりない。ローマに住むキリスト教徒たちに向けて（ロマ一・一五）、パウロがそのことを行うのは、自身の神学を通して自分を紹介するためである。その背後にある彼の思惑は、スペインで宣教をするために、ローマに住む人々に支援を願うことであった。スペインでどのような宣教の告知を援助するのかをローマに住む信徒らに知ってほしかったからである。

2　普遍的な宣教の視点

ガラテヤ書二章七節において、パウロが自身の福音告知を「無割礼の福音」として記していることは、普遍的な宣教の視点に当てはまるだろう。[9] ペトロがユダヤ人を宣教すべきであった一方（「割礼の福音」[10]）、パウロはすべての異邦人に向けた福音告知を行っている。エルサレム使徒会議の場で、パウロとエルサレムの主だった人々との間で伝道の棲み分けが合意された（ガラ二・一－一〇）。

パウロにとって、この棲み分けは幅広い意味内容を含んでいる。つまり、異邦人はトーラーの規定を受け入れることなしにキリストを見出すことが許される。一方、ユダヤ人は、彼らが望むのであれば、ユダヤ人キリスト者であるパウロとペトロ自身が、普段、それを行っていないにも関わらず（ガラ二・一四）、先祖伝来の生活規範としてのトーラーの規定を救済の意味なしで守り続けることが許される。[11] 宗教改革者たち、とりわけルターに反して、いわゆる「パウロ研究の新しい視点」は、次のようなことを主張した。パウロの義認論の強調点は、トーラーの業なしで恵みのみから与えられた個人を対象とする義認への関心ではない。[12] むしろ、パウロはイスラエルに対する救いの特殊性の考えが破られ、救いがすべての人間に普遍的に提供されるという集団を対象とする視点こそパウロにとって肝要であった。この特殊性を表し、「boundary markers（境界線を示すもの）」となる割礼といったユダヤ教の「identity markers（アイデンティティを示すもの）」を、異邦人に当てはめるべきではないと思っていたのである。パウロが割礼やユダヤ教の祭儀習慣の規定といったトーラーの業ではなく、救済を神の恵み（カリス）、そしてキリストとその救いの業への信頼（ピスティス）によって基礎付けられていると見なす際、彼は救済の制限を取り去り、イスラエルの特殊性からそれを引き出している。キリスト者になるためには、イスラエルの特殊性に飛び込んで、ユダヤ人になる必要はない。これがパウロの信条（Credo）であった。

3　他の福音？

「割礼の福音」を、ペトロがユダヤ人に伝えるという使徒会議の決定をめぐる緊張を孕みつつも、パウロは自身の福音告知以外に、正当性を持つ「他の福音」はないと断言している。ガラテヤで異邦人キリスト者にトーラーの規定を課す誤った伝道者のように、「他の福音」を告知する者は、福音を誤った教えへとねじ曲げており、呪いを受けるべきだと述べる（ガラ一・一－九）。同じことは、コリントに浸透している誤った伝道者たちが伝える「他の福音」にも当てはまるとパウロは考えている。聖霊を過度に重んじる行いをし、パウロの使徒職を疑う者たちのことである（Ⅱコリ一一・四）。

ここで、次のような疑問が生じるだろう。トーラーへの忠実を公に禁じない使徒会議で合意したペトロによるユダヤ人伝道を、パウロが心の内で、誤った「他の」福音と認めていたかどうかである。さらに、そのユダヤ人伝道を、律法から自由になった異邦人伝道の許可を得るために、単に交渉の場での妥協からのみ認めたのかどうかである。私たちはこの問いへの答えを得ることはできない。パウロは、自身で書いているように（Ⅰコリ九・二〇）、ユダヤ人を得るためにユダヤ人になることができ、律法を守り続けることができたのである。彼にとって、あからさまなユダヤ教の「identity markers」は、救済への決定的な意味を有していないことを明確にするのが重要であった。そのことをペトロも知っているとあるが（ガラ二・一四）、ペトロがユダヤ人伝道に向かう際、パウロがそれを伝えたかどうかを知ることはできない。ユダヤ人キリスト者は、救済のためにトーラーを遵守することが有意義であるとみなし、さらにトーラーで規定されたことを守らないと救済から締め出されると公言するならば、おそらくパウロは「呪われよ」「他の福音」という言葉と共に、退場処分を言い渡す「レッドカード」を再び突きつけたのではないかと思われる。彼にとって「福音の真理」とは、とりわけ、特殊性に満ちたトーラーの「identity markers」から自由になることにその本質がある。つまり、救済を行う神の恵みの普遍性の中に本質があるのだ（ガラ二・四－五・一四、ロマ一・一六、一〇・一八）。

4　伝道を主眼とする福音告知の対象／内容

さて、私たちはここで、いよいよ福音の内容に足を踏み入れることになる。救済の普遍性の他、パウロが加えて強調するのは、伝道を主眼とする福音告知のいかなる内容だろうか。ロマ書全体からではなく——これについて論述するのは、このような短い小論では足りない——、ロマ書一章一五節に基づいて福音の内容を語ろうとするならば、パウロ自身が大切であると力説しているいくつかのポイントに集中したいと思う。

4・1　神の義

まず、ロマ書一章一六－一七節によれば、全世界への福音は「神の義」を啓示する。それはピスティスから生まれるものである。人はこの喜ばしき使信に基づいてその存在全体を心から支え、それを信頼することから生まれる。ピスティスは存在の信頼と訳すのが最善だと思われる。あまり正確ではないかもしれないが、人が知り得ない事柄を真実であると思い続けることとも訳せるだろう（普通、ドイツ語ではこの意味で「信じる」と訳す）。

不確かなる知、未知なることとは、パウロのピスティス概念においてまったく意味をなさない。むしろその逆で、人が信頼を置くべきであるところの福音は、「確信に満ち溢れること」をもたらす。それについてはこれから述べ、また、この確信がどのように生まれるかについても後で述べたいと思う。アリストテレスもまた、ピスティス／信頼を確信と結びつけている。彼は「信頼の後に確信がついて来る（ἀκολουθεῖ …. πίστει δὲ τὸ πεπεῖσθαι）」と記している。[13]

人がこの福音に信頼し、存在のすべてをそれによって支えるのならば、神はこの人に「神の義」を与える。つまり、「神から到来する義」である。ロマ書一章一七節で問題となる属格を、私は分離の属格と理解している。これは、フィリピ書三章九節でも「ἐκ」＋属格に置き換えられている（ἡ ἐκ θεοῦ δικαιοσύνη）。[14]どの文法書を開くかによるが、「どこから」という問いに答えることができるこの属格は、由来の属格、または準拠の属格と呼ぶこともできるだろう。[15]この義を神から授かった者は救われる。[16]それゆえパウロは、福音自体は神から来る救いの力と記している（ロマ一・一六、Ｉコリ一五・二）。[17]

4・2　倫理的な内容

さらに、福音は倫理的な意味内容も含んでいる。ピスティスを基にして神から送られる義の告知は、神が安易な恵みによってすべてを赦すゆえに、罪深い人生の歩みを引き立てることではない。パウロはそのような非難の言葉を聞かなければならなかった（ロマ三・七－八、六・一以下）。むしろ、彼が明言するように、「神から贈られる義」は倫理的責任において生じる。福音概念に関して、パウロは二つの例を強調している。「福音を従順に公言していること」、それはエルサレムの共同体のために献金を差し出すことによる隣人愛の実践などである（Ⅱコリ九・一三）。同じように、パウロにとってこの献金は一致のしるしも意味している。フィリピ書一章二七節において、モチーフとしてこの二つ目が登場している。「福音にふさわしい生活をおくりなさい」とは、同じ霊において立ち、福音が広がるために勇気をもって戦うことを意味する。

4・3　終末論

福音の内容に救済も含まれているゆえに（「神から贈られる義」）、この内容は終末論的な側面も有している。コロサイ書一章五節と二三節では、このことが直接に挙げられている。パウロは第一コリント一五章一－二節でこれを暗に示唆している。死者からの復活も福音を通した救済に含まれる（一五・四以下）。コリントの人々のように（一五・一二）、福音のこの側面を「保持しなければ（κατέχω）」、救いを失ってしまう（一五・二）。

また、ロマ書二章一四－一六節に記された福音の内容としての世界審判のイメージも終末論的である。では、なぜ審判をめぐる発言が「喜ばしき」使信になり得るのだろうか。パウロにおいて、ここからがおもしろくなる。この特殊な箇所で、パウロはキリストを知らない異邦人も、もし彼らがその心に書かれた律法を「自然に（φύσει）」行えば、審判の場に立つ可能性を考えている。このような事態において、パウロはあたかもキリストから離れた救いを想像しているように思われる。または、彼がこの事態を論理のみの知的遊戯として考えており、実際、現実に起こり得る可能性として検討していなかったとも思われる。パウロがトーラーの行いを基にした義を論理的なものとして考えており、二章一三節bや一〇章五節にあるような目的に達する、実践的な可能性として考えてはいないのと同じことである。だが、パウロは選ばれたイスラエルの民に属する不信仰な人々に対しては、神がイスラエルの選びを取り消さないゆえに（一一・二八－二九）、彼らが終末時に実際、救われることを主張している（一一・三二）。次の箇所で「すべての人（πάντες）」が、すべてのユダヤ人なのか、それとも神が創造したすべての人々を意味しているのかが問題になるだろう。コロサイ書に記された賛歌では、創造されたすべてのものが新しく創りかえられることを強調している（コロ一・一九－二〇）。神への賛歌——神に向けての祈りによる語り——では、このイメージは控え目であり、神についての教義学的な教えとしてではなく、いわば希望として読まれる。もし、そのような教義学的な教えがあるならば、終末時にそれと異なる行動を取るかどうかという絶対的な神の自由を制限してしまうことになる。これは、人間にとって実にばかばかしい試みである。それゆえ、パウロはそれを明確に言及することまでには至っていない。これは問題になる事柄ではなく、神学的な対象に対する神学者の謙遜である。この対象は自由な権威者であり、多くの場合、自身を啓示するにも関わらず、神学的な思考によって理解できない行動を取ることもある。また、自身の行動を誰からも制約されてはいない。

4・4　キリスト

さらに、パウロにとって、福音の主たるテーマはキリストそのものである。キリストを通して、「神から到来する義」（四・二）と終末を背景とした将来への希望（四・二）が実現される。ロマ書一五章一九節や他の箇所で、[18]「εὐαγγέλιον τοῦ Χριστοῦ」のキリストは、目的語的属格として記している。「キリスト」とは復活し、現に存在している主を意味しているが、それはまた地上に生きるイエスでもある。マルコと違ってパウロにおいて、言葉と行いを伴う地上のイエスはさして重要な役割を果たしていない。それにも関わらず、イエスの神の子性をはっきりと明言する、ダビデの末裔から生まれ、復活に至る地上的な生は、（マルコと同じように）ロマ書一章一－四節において、福音の内容として扱われている。パウロが地上に生きたイエスの言葉を引用することは極めてまれである。マルコと違い（一・一四）、それを福音とは呼んではいない。パウロにとって肝要なのは、ブルトマンが述べているように、その生まれにおいて低くされており（フィリ二・六－七）、十字架において頂点に達する（フィリ二・八）地上に到来したイエスという存在の「事実（Dass）」である。十字架は救いをもたらし、復活はパウロのキリスト告知の鍵となる内容である（Ⅰコリ一五・三－五）。

5
福音告知の主体

5・1　福音告知の神による主体

福音の内容として現に存在している主（キュリオス）は、同時にパウロの福音告知の主体（たとえばロマ一五・一八）になる。このことは神学的な意味を有している。この神学の認識の対象は、簡単に紙に留めておくことができず、または神学者たちの言葉の中に絡み取られ、飼いならされることはない。むしろ、権威を持つ存在として生き生きとしたキリストご自身が書き記し、神学者たちを通してそれを語っている。このようにして、キリストは自己を啓示する。

使徒がキリストを認識の対象として捉える代わりに、主なるキリストが使徒を捉える。キリストは完全に使徒を独占し、奴隷や僕のように召し抱える（ロマ一・一、Ｉコリ四・一他）。キリストが彼を福音告知へと送り出し（ἀποστέλλω Ｉコリ一・一七、ロマ一〇・一四－一五）、主人が家の管理を命じるように（Ｉコリ九・一七、四・一参照）、この告知をもって彼に任せる（ガラ二・七）[19]。このことは、主人への信頼と尊敬を前提としている一方（πεπίστευμαι/ δεδοκιμάσμεθα ガラ二・七、Ｉテサ二・四）、他方で主はパウロを「彼の意志を省みず」捉えるということをはっきりと述べている（Ｉコリ九・一七）。そのため、パウロは宣教の指示を「強いられた」と理解している（ἀνάγκη 九・一七）。奴隷が主人からの命令を回避することができないように、パウロはその指示を避けることができない。この義務を完全に遂行することは特別な報酬を得るためでもなく、また、称賛を得るためでもない。このことは当然であり、むしろ、義務を完全に遂行しないのならば、罰を受ける可能性もある（九・一六、一七a）。

ガラテヤ書一章一五－一六節では、主によって捉えることを具体化している。ダマスコに向かう前、キリストがパウロの「内に」啓示され、キリストご自身が喜ばしい使信として彼に告知したという形で召命した（καλέω）。それゆえ、ロマ書一五章一九節、または第二コリント書九章一三節にある「εὐαγγέλιον τοῦ Χριστοῦ」の目的語的属格は、分離の属格として読むことができる。「キリストから到来した喜ばしき福音」、または高挙の主が使徒を通して語り掛けるゆえに[20]、主語的属格としても読むことができるだろう。

第二コリント書四章四節でパウロは、光のメタファーを用いて、自身の告知はキリストが元来有していることを語っている。福音は救済と希望をすべての民族に与えるために、光として輝く。だが、この救済の告知はそれ自体で輝くのではない。またその告知は、使徒やそのレトリックから光を得るのでもない（Ⅰコリ二・一－五）。むしろ、この光はキリストの栄光から生まれる[21]。キリストは神の似姿を持つ存在であるゆえに、光が神から到来するのである。それゆえ、パウロが告知する際、キリストと神だけが賛美するに値し、「自分自身については誇るつもりはない」（Ⅱコリ一二・五、一〇・一六－一八）と述べる。自身を誇るのは愚かな人のみである[22]。パウロが公然と（παρρησία）告知するという発言も、光のメタファーに当てはまる（フィリ一・二〇、Ⅱコリ三・一二、七・四）。「公然と（παρρησία）」はレトリックの概念であり、正々堂々と語ることを意味している。パウロは詭弁やレトリックの技巧、また隠された意味などを排除する（Ⅰコリ二・一―五）。それゆえ、パウロは自ら創設した共同体への福音告知を策謀なしで生じることを主張している（Ⅱコリ四・二、Ⅰテサ二・五）。高挙の神の子、神の似姿が福音告知の主体として登場するように、その論理の延長として、神そのものも現れる（ロマ一・一、一五・一六、Ⅰテサ二・二、九、Ⅱコリ一一・七）[23]。キリストと神は、福音を発する存在として重なって映し出されている。ダマスコを前にして啓示されたキリストを通して、神ご自身は、パウロに福音告知を委託する（Ⅰテサ二・四）。この点からさらに、ロマ書一章二―三節では神ご自身は、かつての預言者を通して「御子について」の喜ばしき使信を告げ知らせる。それゆえ、パウロはその告知において最後には神のみに責任を感じている。パウロのことを気に入り、彼を褒め称える人間に対して責任を感じるのではない（Ⅰテサ二・四、六）。

パウロに対する神からの委任は、人間に依存していない彼の使徒職を正当化するだけではない。パウロの神の委託は彼を自由にし、その委託は聞いている人々の願いに合わせる必要はないのだ。

パウロの福音告知は元来、神が所有しているものである。このことは、次のことを確かにするだろう。使徒は威力のない言葉ではなく、神の霊なる力に満ちた言葉を語り伝え、カリスマ的な業も行う。それによって、この信頼の告知を送るための基礎として、聞いている人々に「強い確信」が立ち上がる（Ⅰテサ一・五、ロマ一・一六、一五・一九、Ⅰコリ二・四参照）。まさにパウロの福音の告知は、「人によるものではない」。

5・2　福音告知の人間による主体

もとより、福音告知を有している神に対して、伝道を主眼とする福音告知を行う人間による主体は、単に二次的なものに過ぎない。パウロは自身を主体としているだけではない[24]。彼の同労者、さらにはパウロの伝道の働きを支えるフィリピ共同体全体もそれに含まれている。同労者の名前の中でパウロは、彼と共に福音告知に従事したテモテ、さらに二人の女性エボディアやシンティケ、そしてクレメンスも取り上げている（フィリ四・二―三、一・五、二七、Ｉテサ三・二）。テトスの無名の同伴者もまた、福音告知に従事した存在である（Ⅱコリ八・一八）。

パウロのように、その人生のすべてを福音のために捧げた者であるならば（Ｉコリ九・二三 πάντα ποιῶ διὰ τὸ εὐαγγέλιον）、元来、福音を有している主体であるキリストと共に、福音に共に関与する者になる（συγκοινωνὸς αὐτοῦ）。ビジネスの世界においてコイノノスは、「共に関与する者」、いわば、商売をする経営者のパートナーを指している。私たちが見てきたように、パウロはその福音の業を家業のメタファーを用いて、「家（οἰκονομία）」に置き換えているので、実際、パウロはこのような経済のカテゴリーを用いて考えている可能性はあるだろう。しかし、年長の共同経営者としてのキリストに対して、共に経営を担うパウロ自身と他の人々は、完全に低い地位に置かれていることを明確にしている。彼らはこのキリストに釈明しなければならない立場にある（Ｉ一コリ四・二、三・八b、一二―一五、また本論5・1参照）。

6　使徒による福音告知の方法　キリストの十字架を中心とする実存の一面として

ここで、パウロの福音告知がどのような状況で遂行されたのか、また福音宣教が使徒自身にどのような影響を与えたのかについて確かめるならば、次のような興味深い点が明らかになるだろう。

6・1　父と母のメタファー

「家族経営」と「奴隷の奉仕」(本論5・1参照)のメタファー以外にも、パウロは自身の福音の業を特徴化させるために、別のメタファーも用いている。ロマ書一五章一六節では、祭儀にまつわるカテゴリーを使う。彼の仕事は、異邦人を神に供え物として捧げるために、異邦人に向けた福音告知に従事する司祭の仕事に似ている。それゆえ、使徒としての仕事の最終目標は、神に据えられる[25]。つまり、神の栄誉に資するための神のための業にある。神から生まれた福音告知は、その功績と共に再び神に戻っていく。このように、パウロの神中心主義、及びキリスト中心主義は、彼の福音告知の全体的な概念に織り込まれている。

父と母のメタファーもまた興味をかきたてられるだろう。そこには、パウロの時代の役割理解が反映されているからだ。ある町でパウロが喜ばしき使信を告げて新たな共同体を創設した際、「父」としての彼は、その共同体を「生み出す」(Ⅰコリ四・一五)。だが、パウロはその共同体という子供を愛おしく育て、自身の使徒としての権威を全面に出すことを放棄する際、共同体の基礎を設けるために「母」にもなる（Ⅰテサ二・七－八、同様にフィレ八章参照）。

6・2　パウロの弁明

パウロのメタファーは尽きることを知らない。主（キュリオス）の「奴隷」（ロマ一・一、ガラ一・一〇、フィリ一・一）として独占され、伝道に送られ（ἀποστέλλω/ἀπόστολος）、パウロはその宣教の委託を単に強いられたものではなく（本論5・1参照）、戦いや苦難として経験する。彼の福音の説教は、共同体の創設に成功することだけではなく、拒絶と抵抗も味わう。さらに、侮蔑を受け、体面を失うことがあっただろう（ロマ一五・一六、一〇・一四－一五、フィリ一・二八）。パウロは福音告知を恥と思っておらず（ロマ一・一六）、人間からの称賛を期待してはいないと主張しているからだ（Ⅰテサ二・六、ガラ一・一〇）。パウロは福音告知の際、同労者と一緒に「戦い」（フィリ四・三、一・二七、Ⅰテサ二・二）、また、それについて「弁明」しなければならない（フィリ一・七、一六）。自身の立場の緊張感のただ中で、使徒はある箇所では自殺をほのめかしているようにも聞こえる（フィリ一・二一b－二三）。それに加えて、パウロは福音告知のために物質的な報酬を受ける権利を放棄しているので、欠乏とテント職人としての仕事の重荷をも担っている。パウロが仕えている共同体は、彼の滞在のために金銭を支払うことは許されてはいない。パウロは福音の邪魔をすることを望んではいない（Ⅰコリ九・一二、Ⅱコリ一一・七、九、一四、一八）。

さらに、使徒は福音の説教を理由にして牢にもつながれてしまう（フィレ一三、フィリ一・七）。だが、彼はその不当な仕打ちを積極的に評価している。監禁されていることは、福音が広まることに寄与すると思っている。その模範が他の人々を励まし、彼、彼女らが恐れることなく自身の宣教の告知を前に進められるからだ（フィリ一・一二―一四）。また、自らが抱える人間的、身体的な弱さへの視点もまた積極的に評価している。パウロは、傲慢にならないように弱さが与えられていると、自身の弱さを積極的なものとして見出している。それゆえ、彼はそれが取り去られるまで苦しむことになる（ガラ四・一三、Ⅱコリ一二・七―一〇、四・七）。まさに、神の力は人間が弱ければ弱いほどいっそう働くのである。

この弁明は、第二コリント書四章七―一七節（訳注：以下、新共同訳聖書からの引用）などにある彼の苦労を綴った箇所において展開されている。「たとえわたしたちの『外なる人』は衰えていくとしても、わたしたちの『内なる人』は日々新たにされていきます」（一六節）、「わたしたちは、四方から苦しめられても行き詰まらず、途方に暮れても失望せず」（八節）、「わたしたちは生きている間、絶えずイエスのために死にさらされています、死ぬはずのこの身にイエスの命が現れるために」（一一節）などだ。パウロの弁明は、キリスト者が参与するキリストの死と復活を意味している。パウロが福音を理由にして苦しむことのすべては、この弁明においては彼にとって益となる。その苦しみが最終的には彼の共同体に資するからだ（一五節）。「わたしたちの内には死が働き、あなたがたの内には命が働いていることになります」（一二節）。

この弁明の積極的な側面は、使徒の苦しみがキリストの十字架の実在を現実のものにしているのと同じように、使徒の存在のただ中でキリストの復活の実在の一部分を気づかせる。一〇節では、「わたしたちは、いつもイエスの死を体にまとっています、イエスの命がこの体に現れるために」と述べている（ガラ六・一七節も同様）。前章でマルコ福音書について見たように（本書第Ⅰ部第一章）、福音を告知する者の実在は、十字架を中心とする実存、言わば、キリストと共に十字架に架けられた存在としての実在である。[26] この弁明の裏側には、キリストと共に復活した存在が潜んでいる。このことは、まだ現実に起こっていない終末論的な現実（終末論的な保留）に表される。だが、この現在においてもそれはすでに、時に表面に現れており、現在を支配する苦しみの存在のただ中で先取りされている。

パウロにとって、福音を告知する者とキリストとのつながりがどれほど近いのかここにおいて明らかになるだろう。パウロはキリストと運命を共にする者、十字架に架けられた方と復活した方の運命に関わる者として自分が存在していると理解している。これから私たちが見るように、パウロの義認論は自己がそこに関わってくるキリスト理解に従属している。したがって、このキリスト理解はパウロ神学の一つの中心、また唯・一・の中心と記すことができる。

パウロは、キリストと共に十字架に架けられた者であるという自身の実在を人生の様々な局面に合わせている。[27] 使徒としての苦難の経験は、彼の苦労を綴った箇所の中に凝縮されているが、それは単に彼の実在の一つの領域に過ぎない。[28] その二つ目の領域は、福・音・を・告・知・す・る・者・のエートスである。十字架に架けられた使徒はレトリックを用いて人を支配せず、彼は人に仕える（Ⅰコリ三・二一－二二）。十字架に架けられた方を告知する際、「恐れに取りつかれ、ひどく不安」（Ⅰコリ二・一－五）であった。それゆえ、説教の形式は使信の内容と一致している。使徒はあからさまな自己の知恵（Ⅰコリ一－四）、人を説得するために資する詭弁やレトリックに満ちた業、または自身の霊的な偉大さ（Ⅱ

コリ一二など）を拒否している（Ⅰコリ二・一－五）。「誇る者は主を誇れ」（Ⅰコリ一・三一、またガラ六・一四）であり、自己を誇るのではない。弱さによって現れる説教者の姿は、神の強さが輝く場でもある（Ⅱコリ四・七、一二・九、一三・四も同様）。

さらに、説教者のエートスに並行して、三つ目の領域である神学者のエートスを取り上げたい。神は「ユダヤ人とギリシア人」を神学者に仕立て上げるという試みだけではなく（Ⅰコリ一・二二以下）[29]、キリスト教の思想家たちによる断片的な神学の試みに対しても、意のままにならない存在として自己を顕示している。権威に満ちた神を最終的に定義すること（本論4・3と5・1参照）ができると思い込まないという事実は、キリスト教の神学者の十字架を中心とした実存に含まれている。

また、パウロの救済論は、キリストを中心とした実存の四つ目の領域へと開いていく。彼の義認論は、極めて広い十字架の神学の一つの適用範囲として組織化されている。パウロは特徴的にも、十字架の神学だけではなく（Ⅰコリ一・三一、Ⅱコリ一〇・一七）、義認論の神学との関係（ガラ六・一四a、ロマ三・二七－三一）から、エレミヤ書九章二二節（「誇る者は主を誇れ」）を引用している。救いを受けるために、「共に十字架に架けられた」ということは、次のことを意味している。人は、神に対して自己主張と自己推薦を差し出すことができるといった、あらゆるものを剝がされていく。それによって、神のみがその恵みゆえに正しく判断することができる。自己を誇ることや偽善に満ちた業績は、神の前で持ちこたえる手段にはなり得ないのだ。人はただ、その恵みのみから、何も持っていない自分を受け入れてくれる神の前に立つ。この点において、救済には条件がないことを理解できるだろう。神が義とすることは、人間が作り上げたものと関係することはない。十字架に共に架けられた者は、生と死のように、古い人間と新しい人間との間の溝（不連続性）を設ける。

第五の領域は、マルコ福音書で述べたこと（本書第Ⅰ部第一章）、つまり能動的な苦難（passio activa）と記されていることを思い出させる。人間同士の出会いという観点から、パウロにとって十字架を中心とした実存は、自己が喪失する愛において具体化している。それはつまり、自分自身と自分の関心が共に十字架に架けられたゆえに、それらを手放すことを意味している。異言を語れるなどの特別なカリスマを持っている人などは、自己自身を拠り所にするのではなく（Ⅰコリ一二－一四）、そのカリスマを利用して、共同体での生活を充実させるために使うべきである。カリスマは仕えることのためにある。自己陶酔的に異言を語ることを誇っている者は、愛されることはない（一三・四）。自己を失い、十字架に架けられた方を手本にするような愛は、自分を他の人に捧げるために（フィリ二・五－一一、ロマ一五・一－三・七他）、自身が抱いている野望などを後ろに置いてしまう。

十字架に架けられた方と同じ姿になるというアガペー（愛）は、パウロにとって具体的な事柄を意味している。弱い人々のために（Ⅰコリ八－一〇、ロマ一四以下）、共同体の聖なるもののために（Ⅰコリ五）、または傷つけられるかもしれないキリストのために（Ⅰコリ六・一二－二〇）、自分の自由を制限することである。隣人を元気づけるために、自分を顕示するような自己中心主義を自らの意思で制限することである[30]。敵のために（Ⅰコリ六・一－一一、マタ五・四四）、または共同体のために（Ⅰコリ九）、自らの権利を放棄することである。パウロにとって自由を拒否する自由は、自由の最も高い形態を意味している。この自由は、他の人々にも自由を与える権威を有している。パウロはその受け取り手に、自分の態度を自由に選ぶことを許し、自分の地位を配慮もなく押し通すことを拒否している（Ⅰコリ六・一－一一、Ⅰコリ七）。そのような愛は終末論的な質も有しており、この愛を経験する者は、終末がどのように到来するかを予知するのだ（Ⅰコリ一三・一二）。それは、キリストと共に復活した者になる終末を意味している。

これまで、私たちはパウロの福音概念を様々な側面から理解し、その神学の中心に迫っていった。このパウロの神学は、宗教改革時代にその力を発揮した。しかし、私たちがマルコ福音書で確かめたように（本書第Ⅰ部第一章）、マルコはその創造的な物語の構想によって、パウロの書簡とは違う形で、全く異なる文学形態を創造した。それにも関わらず、パウロの中心点からインスピレーションを受けたマルコの神学において、パウロ神学の力強いエコーを見出すことができるだろう。

（吉田新　訳）

注

1　キケローのようにラテン語の著作家は、ギリシア語の「εὐαγγέλιον」を外来語として用いている（例えば、キケロー『アッティクス宛書簡集』二・三・一）。

2　執政官はM・ウァレリウスであり、弁論家はその叔父にあたるホルテンシウス。

3　とりわけ皇帝崇拝において、福音概念は重要な役割を果たした。皇帝の登場は救済を生み出し、それが「良い知らせ（good news）」である。例えば、プリエネ碑文（OGIS II 458, 37-41）、ヨセフス『ユダヤ戦記』五・六一八と六五六（εὐαγγέλια）、二・四二〇では軍事的情勢が「吉報（εὐαγγέλιον）」を意味している。以下の文献を参照。G. Strecker, Artikel εὐαγγέλιον, EWNT II, 1992, 176-186, ここでは179.

4　例えば、イエスが告知する福音の内容としての神の王国の到来を記しているマルコ一・一四－一五参照。これに応じて、マルコにおける福音概念は、マルコ福音書の政治的な解釈というモザイクの中の一つの石のような意味を持つだろう。これに関しては、例えば以下の文献を参照。P. Lampe, Kirche im Neuen Testament, in: R. Graf zu Castell-Rüdenhausen, ed., Kirche und Johanniterorden (Theologische Schriftenreihe des Johanniterordens 6; Berlin: Johanniterorden, 2012), 5-18. マルコの福音概念に関する拙論（本書第Ⅰ部第一章参照）では、マルコ福音書の政治的側面について言及しなかった。だが、福音概念が政治的に用いられている環境の中で、マルコはそれを取り上げている。そのことにより、彼にとってのキリスト教の神とその子が、ウェスパシアヌス帝の覇権への抵抗の支配を意味することを、マルコは示していると思われる。（ヨセフスのように）ウェスパシアヌス帝の支配が登場することを「良い知らせ（good news）」として説明せず、ナザレという田舎の預言者が処刑されるのを福音として告知するという行為が、政治的な挑発を含んでいるのだ。

5　サムエル記下四・一〇では、サウルが死ぬという喜ばしき使信（と思われる）内容は、政治的である。サムエル記下一八・一九－一九・一では、政治的な勝利が「良き知らせ」を意味している。

6　パウロが書いた文書が、必ずしも政治的な意味を含んでいないと言っているのではない。例えば、フィリピ書参照。A. Standhartinger, Eintracht in Philippi: Zugleich ein Beitrag zur Funktion von 2,6-11 im Kontext, in: P.-G. Klumbies & D. S. du Toit, Paulus-Werk und Wirkung, FS A. Lindemann, Tübingen: Mohr Siebeck 2013, 149-175.

7　Ⅰコリ四・一五、一五・一、Ⅱコリ一一、四、七、一〇・一四、Ⅰテサ二・二、八、九。Ⅰコリ一五・一－七において、この宣教告知はパウロ以前の形式をも含んでいる。一一・二三－二五も同様である。パウロにとって開始の告知がどれほど重要なのかについて、以下の文献が強調している。M. Paynter, Das Evangelium des Paulus als Kommunikationskonzeption, NET 24, Tübingen: Narr Francke Attempto 2017, 387 u.ö.

8　これは、マルコ一・一とは全く異なる用い方である。パウロはそれ以前の宣教旅行では、その後に継続した共同体を一つも創設してはいないと思われる。

9　さらに二・二、ロマ一五、一六、一八など参照。

10　この二つの場合、範囲を指す属格である。一つは異邦人の範囲への福音であり、もう一つはユダヤ人の範囲への福音である。

11　この内容上の相違があるからこそ、福音宣教が様々な受け取り手へと分けられることを理解できるだろう。

12　プロテスタント神学史において、ユダヤ教が業によって義とされる宗教として戯画化されることはまれではない。これに対してE・P・サンダースは、その重要な著作において次のように強調した（E. P. Sanders, Paul and Palestinian Judaism. Minneapolis: Fortress 1977）。紀元後七〇年以前のユダヤ教は、神との契約に立ち入ることなしに、神の恵みの内に基礎付けられる契約遵法主義として特徴付けられる。トーラーの規定は、この契約の関係を保つために維持することを意味している契約約款に過ぎない。この契約約款が侵害された場合は、多くの違反者に向けて神の赦しが与えられる儀式において、神の恵みが用意されている。これらのことはすべて、業によって義とされることとは関係はない。

13　これに対して、他の著述家はピスティスという語によって（知に対する）不確かさを強調している。以下の文献を参照。Sophokles, Trach. 588-593; Plato, Resp. VI, 511DE; VII, 533E-534A; X, 601E; Tim. 37 BCなど。

14　一・一七の言葉遊びである「ἐκ πίστεως εἰς πίστιν」は、次のように理解するのが最善だと思われる。「εἰς πίστιν」は、福音において義が啓示されることの目的に書き換える一方、「ἐκ πίστεως」は付加語として「δικαιοσύνη」と結び付く。この啓示の内に、福音の説教は聴く者らにとって信頼（ピスティス）を呼び起こす（一〇・一四、一七参照）。これに応じて、フィリ一・二七の「πίστις τοῦ εὐαγγελίου」を「福音への信頼」（目的語的な属格）と言い表すことができる。

15　名詞「δικαιοσύνη」という言葉に十分な重みがあると考えるならば、主語的な属格として捉えてもよい。そうしても言葉の意味は変わることはない。行為者の属格として捉えても同じである。

16　「δύναμις γὰρ θεοῦ」ロマ一・一六の属格は再び分離の属格である。福音の力の特性を強調している文献は、例えば以下。M. Wolter, Das Evangelium, in F. Horn, ed., Paulus Handbuch, Tübingen: Mohr Siebeck 2013, 337-342, ここでは341f.

17　ガラ一・二三において、「ピスティスを福音として告げ知らせる」という表現に出会う。ここでもピスティスは、その内容をよく知ることはできないので、「信じ」（真実として受け取ら）なければならないという、不確かな教えの内容と考える必要はない。むしろ、パウロは人々がキリストを深く信頼できることを福音として告げ知らせている。福音の内容としてキリスト自身もその名が挙げられていることは（例えば、直接的な言及では一・一六、さらに四・四）、この福音をとりわけキリストとの個人的な関係を築くことが目的であると提示している。その関係をパウロは信頼（ピスティス）の関係として示している。

18　例えば、Ⅱコリ一一・四、九・一三、ガラ一・七、フィリ一・二七、Ⅰテサ三・二。

19　Ⅰテサ二・四、六において、高められたキリストの代わりに神ご自身が信頼を寄せる主体である。

20　ロマ一五・一八参照。

21　「τῆς δόξης」は「φωτισμός」に対する性質の属格である。それに対して「εὐαγγελίου」と「Χριστοῦ」は分離の属格である。これらは「光」、あるいは「栄光」と結び付いている。つまり、福音からは光が生まれ、キリストからは栄光が生まれる。

22　Ⅱコリ（一一・五－一二）＋一一・一七－一二・一に記された、パウロによる愚かな人に関する発言を参照。

23　これらの箇所の「神の福音（εὐαγγέλιον θεοῦ）」は、目的語的というよりはむしろ分離の属格（「神から到来する」）または主語的属格である。もしかしたら、さらに範囲を意味する属格かもしれない（「神の範囲に属する福音」）。ロマ一・二に記された主語としての神を伴う「προεπηγγείλατο」は、この主語的属格を支持するだろう。さらにまた、Ⅰテサ二・四には、神ご自身よる福音宣教へのパウロに与えられた委託もそうである。

24　ロマ一・一、一五、二・一六、一五、一九、一六・二五、ガラ一・八、一一、Ⅰテサ一・五、二・二、四。

25　ガラ一・一〇aまたはⅠコリ一五・二八も参照。

26　次のような表現も参照。「その苦難に参与して」生きる、「その死と同じ形にされる」（フィリ三・一〇）「キリストと共に十字架に架けられ続けている」（ガラ二・一九）。この完了形は、洗礼によって（ロマ六・六、ここではアオリスト形）共に十字架に架けられた者になることが、洗礼を受けた後のキリスト者の現在に絶えず価値を与えていることを意味している。

27　以下の文献を参照。P. Lampe, Die Wirklichkeit als Bild: Das Neue Testament als ein Grunddokument abendländischer Kultur im Lichte konstruktivistischer Epistemologie und Wissenssoziologie, Neukirchen-Vluyn: Neukirchener 2006, 146-149 u.ö.

28　IIコリ四・七－一七、一一・二三b－三三、Iコリ四・九－一三他。

29　世界（「ユダヤ人とギリシア人」）の神学的な思考の危機だけではなく、神に関するキリスト教の思考の危機が問題となっているIコリ一－四の議論の筆致を参照。以下の文献も参照。P. Lampe, Theological Wisdom and the "Word about the Cross:" The Rhetorical Scheme in I Corinthians 1-4: Interpretation 44, 1990, 117-13（〔山田耕太訳〕「神学的知恵と『十字架の言葉』——コリント人への第一の手紙一－四章の修辞学的意図」インタープリテイション日本版第六号、一九九〇年、五－三三頁）.

30　Iコリ一二－一四、一一・一七－三四。IIコリ一一・一－一二、一三では愚かな人についての言及がある。自身のカリスマ的な強さを示すことを拒否している。

第三章　福音の継承？——第二パウロ書簡における〈福音〉理解

辻　学

1　統計的考察——「福音」の後退、「教え」の前進

「福音」という主題で真正パウロ書簡と第二パウロ書簡を比較した時[1]、すぐに気づくのは、後者における用例の少なさである。七通の真正パウロ書簡では、「福音」（εὐαγγέλιον）という語が実に四四回も用いられているのに対し（ロマ八[2]、Ⅰコリ六、Ⅱコリ八、ガラ七、フィリ八、Ⅰテサ六、フィレ一）、六通の第二パウロ書簡では、左に掲げた通り、わずかに一二回しか用例がない。この対照的な数値は、パウロが明らかにこの概念を重視していることからして、非常に気になるところである[3]。

Ⅱテサロニケ：二回（一・八、二・一四）

コロサイ：二回（一・五、二三）

エフェソ：四回（一・一三、三・六、六・一五、一九）
牧会書簡：四回（Ⅰテモ一・一一、Ⅱテモ一・八、一〇、二・八）
そもそも「福音」という語は、パウロ的色彩が非常に濃い。用例はパウロ系統の文書に偏っている。ヨハネ文書には用例はなく、他には、マタイに四回、マルコに七回（一六・一五除く）[4]、使徒言行録に二回、Ⅰペトロに一回、そして黙示録に一回しかない。それにもかかわらず、パウロ系統の擬パウロ書簡がこの語をあまり継承していないという事実は注目に値する。
同様に第二パウロ書簡で後退しているのは、「宣教する」（κηρύσσω）と「宣教」（κήρυγμα）である。動詞 κηρύσσω は、真正パウロ書簡に一五回出てくるが、第二パウロ書簡では三回しか用いられていない[5]。名詞形 κήρυγμα は、真正パウロ書簡でも三回しか見られないが（Ⅰコリ一・二一、二・四、一五・一四）[6]、第二パウロ書簡における二回の用例は（Ⅱテモ四・一七、テト一・三）、いずれもパウロ自身の活動への言及である。「宣教」という行為を積極的に論じるという姿勢は、第二パウロ書簡には見られない。
逆に、第二パウロ書簡に頻出するのは、「教え」（διδασκαλία：真正パウロ二回、第二パウロ一七回）[7]、「教える」（διδάσκω：真正パウロ五回、第二パウロ一〇回）[8]といった用語である。つまり第二パウロ書簡では、「教えること」とその内容が重要という姿勢に変化していることになる。[9]
このように、第二パウロ書簡では、「福音」を「宣教する」という姿勢は後退し、（パウロが語っている）「教え」をいかに守るかということの方に力点が移っている。その理由は何なのだろうか。以下では、第二パウロ書簡それぞれにおける「福音」と「教え」に注目しながら、この問題を解明していくことにしよう。

2　第二パウロ書簡における「福音」

2・1　コロサイ書

コロサイ書で最初に「福音」が出てくるのは一・五である――「(あなたがたのために天にとってある希望を) あなたがたは、福音の真理の言葉において前もって聞いた」。「福音」が終末論的希望を語る内容であることは、真正パウロ書簡にも示されており、(Ｉテサ一・一〇、Ｉコリ一五・二〇－二八など参照)、パウロ自身の理解と特に相違してはいない。コロサイ書に特徴的なのは、これを「福音の真理の言葉」と表現している点である。六節では「(神の恵みを) 真理において認識した」(ἐπέγνωτε τὴν χάριν τοῦ θεοῦ ἐν ἀληθείᾳ)[10] と言い換えていることから、「真理」に強調点のあることがわかる。一方、コロサイ書全体で「真理」はこの二箇所にしか出て来ない。「福音の真理」はガラ二・一四にも見られる。この表現をパウロは、「福音」の正しい理解という意味で用いている (「彼らが福音の真理へと向かってまっすぐに歩いていないのを見た時[11]」)。コロサイ書の著者も、パウロと同じような意味で「福音の真理」という言い方をしているように見える。すなわち、「真理の言葉」によって (Ⅱコリ六・七参照) 正しく認識された福音が大事だというのである。もしかすると著者は、ガラテヤ書のこの表現を意識しているのかもしれない[12]。

その正しい福音をコロサイの人々は、エパフラスから学び（一・七）、そして「真理において認識した」（一・六）。福音を（文脈的にはこれが目的語として含意されているであろう）学ぶ（μανθάνω）という言い方は、パウロ書簡には見られない（ロマ一六・一七「教えを学ぶ」のような言い方はある）。パウロにとって福音は、「受ける」ものであり（Ⅰコリ一五・一［παραλαμβάνω］、Ⅱコリ一一・四［δέχομαι］）、「聴き従う」もの（ロマ一〇・一六［ὑπακούω］）である。他方、コロサイ書の著者にとって福音とは「学ぶ」ものなのである（エフェ四・二〇「キリストを学ぶ」も参照）。

「福音を学ぶ」という言い方と密接に関連しているのは、これもコロサイ書に特徴的だと思われる、「神の恵みを認識する」（一・六）という表現である。パウロは、動詞ἐπιγινώσκωをこのような救済論的意味では用いない（ロマ一・三二、Ⅰコリ一三・一二、一四・三七、一六・一八、Ⅱコリ一・一三、一四、六・九、一三・五）。恵みは「認識する」ものではなく、「与えられ」（ロマ一五・一五、Ⅰコリ一・四、三・一〇、一五・五七、Ⅱコリ八・一）、「受ける」ものであり（ロマ一・五、五・一七）、せいぜい「持つ」ものではあるが（Ⅱコリ一・一五）、「認識」することで救われるわけではない[13]。救済論的意味合いでこの語を用いるのは、むしろ新約後期文書の特徴である（Ⅰテモ四・三、Ⅱペト二・二一）。

つまり、コロサイ書の著者にとって福音とは、学んで認識する対象だということになる。これは、「福音」として一定の教理的内容（＝教え！）が前提になっていることを示唆する。実際、著者によればパウロの「キリストを告げ知らせる」活動は、「すべての人を諭し、教えることによって[14]」いるのである（一・二八）。コロサイの人々が「主にあって根づき、建てあげられ、信仰によって堅固に[15]

される」のも「教えられた」ことだと著者は言う（二・七）。重点は明らかに「教えること」に移っている。

では、コロサイ書の著者が考えている「福音」の内容とはどのようなものなのだろうか。

著者は何が「福音」であるかをはっきりとは示していない。だが、「教えられたように……信仰によって堅固にされる」（二・七）と対比されている、「人間の伝承によるものであって、キリストによってはいないもの」（二・八）とは、キリスト教がもつユダヤ教的要素であり[16]、それらはパウロがそもそも（福音宣教の段階から）否定していたものだということを、コロサイ書はパウロの名を借りたフィクションによって強調しているわけである。それは、著者にとって一番ふさわしいと思われる形に「福音」を切り整える作業とも言える。

著者は一・二三でパウロにこう語らせている——「あなたがたが信仰に留まり……あなたがたが聞いた福音の希望から動かされることがなければ……私パウロがその（＝福音の）奉仕者となった」。

著者は、終末の裁きにおいて審判者の前に立つためには（二二節）、一・五で語られていた福音の希望から動かされてはならないというのだが、その福音に奉仕しているのは他ならぬパウロだということを強調する。「私パウロが」（ἐγὼ Παῦλος）というのは非常に強調した表現で（Ⅰテモ一・一一も参照）、パウロこそが福音に仕えている者[17]だと言っている。つまり、パウロ的福音こそが（どこにおいても）福音であり、他に福音はないということを（パウロが直接布教したわけでないコロサイ宛の書簡という枠の中で）示しているわけである。

コロサイ書の「福音」理解は、パウロ的福音こそが福音であり、その福音は、この書簡でパウロ自らが提示しているように理解されるべきものだということを表している。背後には、（二・一六以下で論駁されているような）ユダヤ教的要素をもったキリスト教理解を退けようという意図があると考えられるのだが、そのためコロサイ書は、ユダヤ教的色彩を極力抜いたパウロ像を描き出し、その「パウロ」が語った内容（＝コロサイ書）を「福音」として提示するのである。

2・2　エフェソ書

コロサイ書を下敷きにして書かれているエフェソ書は[18]、一方でコロサイ書の特徴である、「福音」を教え、学ぶ対象として捉える姿勢を継承しているが、他方では、コロサイ書の「修正パウロ主義」を逆向きに「再修正」してもいる。

エフェソ書には、「福音を教える、学ぶ」という表現は出て来ない。しかし、異邦人が回心してキリスト教徒になる過程を、「キリストを学ぶ」（四・二〇）と言い表し、さらに「キリストに聞き、彼にあって教えられた――真理がイエスの内にあるとおりに[19]」（四・二一）とそれを敷衍している。そしてその「真理がイエスの内にあるとおり」とは、異邦人のように「理性の空しさ」（四・一七。「空しい理性」［田川訳］という意味であろう）によって歩むのでなく、「あなたがたの理性の霊によって新たにされる」（四・二三）ことだというのだから、問題は「理性」（νοῦς）、すなわち知的な営みにあることになる。エフェソ書でもやはり、教えられ、学ぶという観点が前面に出ている。

エフェソ書の著者は、コロサイ書に依存しつつ、しかしコロサイ書とは異なる内容を「福音」としてパウロに語らせている。

エフェソ書では、一・一三で最初に「福音」という語が用いられている——「彼（キリスト）にあってあなたがたもまた真理の言葉、すなわちあなたがたの救いの福音を聴いたのであり、彼にあってまた信じ、約束の聖なる霊によって証印を押されたのである」。

「真理の言葉」、「福音」、「聴いた」という表現は、コロ一・五に拠っている。しかしここでは、コロサイ書とは違い、「真理」に「誤った教え」との対比的な意味はなく、「真理の言葉」が福音の同義語であるかのように用いられている[20]（四・二一「イエスの内にある真理」。また四・二四－二五、五・九、六・一四における「真理」の用法も参照）。

ここでは「福音」に「あなたがたの救いの」（τῆς σωτηρίας ὑμῶν）という修飾句がついている。この「あなたがた」は一二節共々、一一節の「私たち」と対比されており、「私たち」は「予め定められて選び出された」者、すなわちユダヤ人キリスト教徒であるから、「あなたがた」は異邦人キリスト教徒であることがわかる。

異邦人キリスト教徒は元来、「自分の罪過と罪において死んでいた者」（二・一）であったが、神の恵みによって「救われた」（二・五、八）。「福音」とはその救いを告げるものであるがゆえに、「あなたがたの救いの福音」という表現がなされるわけである。ユダヤ人キリスト教徒も同様であったが（二・五）、イエス・キリストと共に甦らされた。その恵みが、元来はそれを享受する権利を有しない「遠くにいた人々」（二・一三）である異邦人にも与えられ、異邦人も恵みによって救われると告げる（二・五、八－九）、それがエフェソ書にとっての「福音」である。著者はパウロの信仰義認論（ロマ三章）をそのように敷衍する。異邦人キリスト教徒もまた「キリスト・イエスにあって、福音を通して、〔約束を〕共に相続する者、共なる身体、約束を共に受ける者」（三・六）となった。

そうだとすれば、「平和を福音として宣教する」（二・一七 εὐαγγελίζομαι εἰρήνην）、「平和の福音」（六・一五 εὐαγγέλιον τῆς εἰρήνης）という表現が意味するところも見えてくる。「和解させる」（ἀποκαταλλάσσω: 接頭辞 ἀπο- を付した語形はコロ一・二〇、二二とエフェ二・一六のみ）と「平和」[21]という組み合わせは、コロサイ書から借りてきた概念だが、その意味が変化している。コロサイ書では、宇宙万物が神と平和な関係にあることを指して「和解」と表現しているのだが[22]、エフェソ書においては、「あなたがた遠くにいる」異邦人と、「近くにいる」ユダヤ人の両者が「一つの身体」すなわち教会において、キリストにより神と和解し、両者が「平和」に共存することが問題となっている。

エフェソ書における「福音」は、神と人間とが和解し、教会が神の宿る場所となり（一・二三）、その教会に異邦人も加えられて、「神の家」に（後から）属する者（二・一九）、「〔約束を〕共に相続する者、共なる身体、約束を共に受ける者」（三・六）となったことを告げるものである。パウロはそのために「福音の奉仕者」（διάκονος）となった（三・七。コロ一・二三から借りた表現だが、ここでは異邦人伝道に力点がある）。パウロが福音宣教する「キリストの豊かさ」（三・八 πλοῦτος τοῦ Χριστοῦ）とは、異邦人をも約束の相続者に加える恵み（一・七、一八、二・七における πλοῦτος の用例参照）を指している。パウロが「鎖に繋がれている」（六・二〇）のも、その「平和の福音」という秘儀（μυστήριον, 六・一九）[23]のために他ならない。つまり、このような福音こそ、パウロが仕えた福音であり、そのためにパウロは投獄までされていると言うことによって、その「正統性」を著者は強調しているわけである。

このようにエフェソ書の著者は、パウロの信仰義認論を援用して、ユダヤ人キリスト教徒と異邦人キリスト教徒との平和的共存という自分の文脈に合う「福音」を「パウロ」に語らせ、その福音の正統性を保証させようとしている。ここには、キリスト教がもつユダヤ教的要素の排除を、パウロの名を借りて行おうとしたコロサイ書に対抗する意図が明らかに見て取れる。[24]

2・3　Ⅱテサロニケ書

全体として「福音」概念が後退している第二パウロ書簡の中でも、とくにⅡテサロニケ書は、この概念への関心が薄いように見える。用例は一・八と二・一三の二回のみしかなく、これは、著者が下敷きにしているⅠテサロニケ書[25]で「福音」という語が六回（一・五、二・二、四、八、九、三・二）用いられているのと対照的である。

一・八で著者は、「私たちの主イエスの福音」という表現を用いている。これは内容的には、「あなたがたに対してなされた私たちの証言」（一・一〇）と同じで、終末時の救済（と、福音に聴き従わない人間に対する罰すなわち永遠の滅び）の約束を指す（一・六‐七）。「私たちの主イエスの」という（新約では他には見られない）修飾句、とくに「主」の付加は、七節との連続性を示している。[26]

この「福音」理解が基本的に、Ⅰテサロニケ五章から継承されたものであることは、「破滅」（Ⅰテサ五・三／Ⅱテサ一・九）や「救い」（Ⅰテサ五・七、九／Ⅱテサ二・一三）という単語の対応関係があることからわかる。ただし、興味深いことに、パウロ自身は五章の内容を「福音」とは呼んでいない。パウロと違って著者の関心は、「かの日」（一・一〇）すなわち「主の日」の到来がこれから確実に起こるということの強調にあった（二・二以下、そしてⅠテサ五・二を参照）。

もう一つの用例は二・一四「神は、私たちの福音を通してあなたがたを招いた」である。「私たちの福音」という表現はⅠテサロニケ一・五から援用したと見られるが、「私（たち）の福音」という表現はパウロに特徴的なものである（ロマ二・一六、Ⅱコリ四・三、また二次的付加であるロマ一六・二五、偽作であるⅡテモ二・八にもこの表現が見られる）。著者はこのパウロ的表現を真似ることで、パウロ書簡らしさを演出している。

神による招きが「私たちの福音」を通してなされるという考え方は、真正パウロには見られない（真正パウロ書簡では、「招き」は神が専ら行うことであり、キリストによる招きということも言われていない［Ⅰテサ二・一二、四・七、五・二四、ロマ八・三〇、九・二四ほか］）。つまり、パウロが語る福音を通してのみ神の招きは起こるということが強調されているのであり、ここにも福音の「パウロ的集中」が見て取れる。「福音」とはパウロから「言葉や手紙を通して教えられた伝承」（二・一五）だという考え方も、この書簡が、「教え」に重点が移っていったパウロ以降の時代を反映したものである証左と言えるであろう。

2・4　牧会書簡（Ⅰ・Ⅱテモテ書、テトス書）

「福音」の「パウロ的集中」は牧会書簡に一番はっきりと見ることができる。

牧会書簡は、Ⅰテモテ書の内容をテトス書とⅡテモテ書がそれぞれ地理的・時間的に拡張することで、三通の内容に普遍性を与える構造になっている。[27] したがってⅠテモテ書を三通全体の冒頭と考えることができるわけだが、その導入部に相当するⅠテモ一・一一ではこう言われている――「〔この教え＝一〇節「健全な教え」は〕幸いなる神の栄光の福音に従っており、その福音を託されたのは私なのである[28]」。

この節を諸訳は一〇節と切り離して訳出しているが[29]、実際には、一〇節の「健全な教え」にかける方が自然であり、近年の注解者にはこの立場を採る者が多い[30]――「その健全なる教えは、幸いなる神の栄光の福音に従っている」。

「幸いなる神の栄光の福音」という表現は、おそらくⅡコリ四・四「キリストの栄光の福音」を踏まえたものだが、そうだとすると、Ⅱコリント同様[31]我々の箇所における属格「栄光の」も性質の属格と解することができる[32]。すなわちそれは、神から来る栄光に満ちた福音なのである。

重要なのは、その「福音」が託されたのは他ならぬパウロだということである。「それ〔＝福音〕を託されたのは私」（ὃ ἐπιστεύθην ἐγώ）という表現は、明らかに「私」＝パウロに強調がある。つまりここで牧会書簡の著者は、パウロこそが「福音」の正統な担い手であるということを、牧会書簡全体の導入部にあたるこの部分で（Ⅰテモテ書ではここにしか「福音」は現れない）わざわざ強調しているのである。

だがこれは、パウロ系統のキリスト教徒にとっては自明な事柄だったであろう。そのような内容に著者がわざわざ力点を置くには何らかの理由ないし背景があったはずである。それは、パウロ系統とは異なる系統のキリスト教会、またパウロに批判的なキリスト教も広く存在していた状況の中で[33]、パウロこそが福音を託された存在であることを広く宣言する必要があったということに違いない。二世紀になるとパウロは、マルキオンやグノーシス主義者に引用されたゆえに、正統（を自認する）教会から無視される傾向にあったというが、[34]パウロに対する批判はすでに一世紀後半から存在したと考えられる。そのような状況下で牧会書簡の著者は、キリスト教界全体に向かってパウロ的福音理解の正しさを弁証する必要があり、そのためにパウロ的キリスト教の内部で、「誤った」パウロ理解を排し、「正しい」パウロ理解を示す必要に迫られていたのである。

Ⅰテモ一・一一と同様の「パウロ的集中」はⅡテモ一・一〇－一一にも見られる――「福音のために私こそが使者また使徒また教師に定められた」（εἰς ὃ ἐτέθην ἐγὼ κῆρυξ καὶ ἀπόστολος καὶ διδάσκαλος）。「使者また使徒」という表現は、Ⅰテモ二・七でも用いられている組み合わせであると同時に、Ⅰテモ一・一一同様、「私」＝パウロこそがそうなのだという強調を込めている。「使者」（κῆρυξ）は続く「使徒」（ἀπόστολος）と類語反復になっているが、半ば称号化していた「使徒」が持つ本来の、「遣わされた者」という意味を強調するための並置であろう。[35]つまり、私＝パウロこそが福音のために遣わされた人間なのだというわけである。

パウロを「教師」（διδάσκαλος）と呼ぶのは、牧会書簡のみにみられる特徴で、これは牧会書簡がキリスト教の内容を「教え」（διδασκαλία）と表現していることに対応している（Ⅰテモ四・六、五・一七、六・一、Ⅱテモ三・一六、テト二・一〇など）。この箇所は明らかにⅠテモ二・七を踏まえており、そこでパウロが「信仰と真理における異邦人の教師」とされていることを前提している。つまりパウロは、「異なる教え」（Ⅰテモ一・三、六・三）や「悪霊の教え」（Ⅰテモ四・一）とは違う「信仰と真理」、すなわち正しい信仰内容＝福音を伝えた教師なのである。ここには、パウロこそが正しい福音を伝えているという主張と共に、福音とは教えの内容だという理解も反映している。

その教えとは、ここではキリストが死を無効化し、生命と不滅とを輝かせたということである。これは、パウロがⅠコリ一五・二六および四二－五四で復活について述べている事柄を指していると考えられる（「命」は復活を暗示していると考え得る。「不滅 ἀφθαρσία」という語は、ロマ二・七に一度現れる他は、ほぼすべてⅠコリ一五章に集中している）[36]。そうであれば、キリストが「命と不滅」を「福音を通して」輝かせたという叙述も理解できる。パウロの福音宣教を通してそのことは示されたというのである。

Ⅱテモ一・八の、「だから私たちの主の証しや、主の囚人である私を恥じてはならない。そうではなく、神の力に従って福音と共に悪を忍びなさい」（直訳）という勧告は、パウロ自身が福音のために投獄されているという二・九と連動している――「この福音のゆえに私は悪を忍び、悪を働く者であるかのごとく投獄されるに至った」。すなわちパウロが投獄されて殉教するに至ったのも福音のゆえであり、それは決して恥じるべきことではない。むしろパウロと同様、福音と共に（福音を携えてということであろう）[37]テモテもまた悪を忍ぶべきだというのである。

Ⅱテモ一・八では、「福音」の内容には言及されていないが、二・九では、「私の福音」（ロマ二・一六）として、イエス・キリストがダビデの子孫であること、そして死者の中から復活したことが挙げられている。これは、ロマ一・三－四を踏まえたものであろう。一・一〇にせよ、この箇所にせよ、復活を主題とするパウロ書簡の言辞が取り上げられているのは（ロマ六・八を踏まえている二・一一も参照）、復活理解の相違が論敵との間で問題になっていたからだと考えられる（Ⅱテモ二・一八参照）。つまり著者は、自らが直面している問題にとって重要な（と著者が考える）パウロの発言をパウロ書簡から援用して「福音」として提示しているわけである。

3　福音の「継承」？――総括的考察

以上のように第二パウロ書簡を概観すると、「福音」をめぐる姿勢にある種の共通点が見えてくる。

一つは、「福音」から「教え」への重点移動である。冒頭でも述べたように、第二パウロ書簡では「福音」という語の使用そのものが後退している。そして、救済に関わる使信としての「福音」はもはやパウロと違って、「受ける」（Ⅰコリ一五・一、Ⅱコリ一一・四）あるいは「聴き従う」（ロマ一〇・一六）対象というよりも、「教える」（コロ二・七、エフェ四・二〇－二一、Ⅱテサ二・一五）対象、そして「学ぶ」（コロ一・七、Ⅱテモ三・七、一四など）対象となっている。パウロを「教師」と呼び（Ⅱテモ一・一一）、信仰内容を徹底して「教え」と表現する（Ⅰテモ四・六、五・一七、六・一、Ⅱテモ三・一六、テト二・一〇など）牧会書簡の姿勢は、その流れを端的に表したものである。

もう一つの共通点は、福音の「パウロ的集中」である。これは、第二パウロ書簡であれば半ば当然とも言えるような理解ではあるが、だからこそこれらの擬似書簡が、パウロの宣べ伝えたものこそが「福音」だということをあえて強調するのが目につく（コロ一・二三、Ⅱテサ二・一三、Ⅰテモ一・一一、Ⅱテモ一・一〇－一二）。

興味深いのは、そのパウロが語った「福音」の内容をめぐる段になると、第二パウロ書簡の間に統一的な見解はなく、むしろ相互に（Ⅱテサロニケ書にいたっては、真正パウロ書簡とさえ！）対立さえしているように見えるということである。

コロサイ書が「福音の真理の言葉」として考えている内容は、パウロ自身も語っていた終末論的希望なのだが（コロ一・五。Ⅰテサ一・一〇、Ⅰコリ一五・二〇―二八参照）、それはキリスト教がもつユダヤ教的要素と対置され、後者には、「人間の伝承によるものであって、キリストによってはいないもの」（二・八）というレッテルが貼られている。ところがエフェソ書になると、神の救済の恵みが、元来それを享受する権利を有しているユダヤ人のみならず、異邦人にもイエス・キリストを通して及んだこと、それが福音だということになる。エフェソ書の著者は、パウロの信仰義認論を援用しつつ、ユダヤ人キリスト教徒と異邦人キリスト教徒との平和的共存（だが、あくまで優先権は前者にある）を「福音」として提示しようとしている。これは明らかに、コロサイ書とは逆の方向を向いた「パウロ」像である。

Ⅱテサロニケ書は、Ⅰテサロニケ五章の語る終末論を取り入れて、終末の裁きは必ず到来すること、しかしそれはまだ生じてはおらず、きちんとした順序が踏まえられることを――Ⅰテサロニケ書を修正する形で！[38]――提示しようと試みている。そして牧会書簡は、パウロが語る「私の福音」（Ⅱテモ二・九。ロマ二・一六参照）として、復活を主題とするパウロ書簡の言辞（ロマ一・三―四）を取り入れている。

第二パウロ書簡はいずれも、真正パウロ書簡の中から、自らの文脈と主張に合致する要素を「福音」として援用し、パウロ自身が再度その内容を強調するという体裁で提示している。それは確かにパウロ的福音の「継承」ではあるのだが、しかし自分の置かれた状況の中で自分の主張に合わせる形で切り取り、修正を施したものを「正統的パウロ思想」として打ち出した、一種の「修正パウロ主義」とも呼ぶべきものであり[39]、そこで語られる「福音」は「修正パウロ主義的福音」ということになるであろう。

このような「修正パウロ主義的福音」の提示、そして福音の「パウロ的集中」が第二パウロ書簡に見られる特徴なのだが、その背後にはどのような事情が想定できるだろうか。「パウロ的集中」については、すでに牧会書簡の項で述べたことが、多かれ少なかれ第二パウロ書簡全体に当てはまるであろう。すなわち、パウロ系統の教会は、「外部」の非パウロ系統のキリスト教に向かっては、パウロこそが福音を託された存在であることを強く主張していく必要があったのである。

しかしパウロ系統の諸教会は決して思想的に一致していたわけではなく、むしろ違いや対立の方が大きかった。第二パウロ書簡相互の思想的相違、とりわけコロサイ書とエフェソ書の対立はそのことをはっきりと示している[40]。「修正パウロ主義的福音」の提示は、そのような「内部」の事情を反映したものと考えることができよう。異なるパウロ理解が並存し、時に衝突する中で、自らの理解こそが「正統」なパウロ理解だということを示そうというのが、第二パウロ書簡成立の主たる動機なのであり、「福音」という概念もその動機に資するために援用されている。自分たちのパウロ理解を「福音」というパウロ的術語で表現することによって、パウロがかつて（真正書簡で）語った「福音」を自己修正しつつ再提示する、という体裁が、第二パウロ書簡の著者たちには重要であった。

注

1　本稿では、コロサイ、エフェソ、Ⅱテサロニケ、牧会書簡（Ⅰ・Ⅱテモテ、テトス）を、パウロの死後にその名前を借りて著された偽名書簡＝第二パウロ書簡とする。偽作の根拠や事情については、辻（二〇一三年）を参照されたい。

2　後代の二次的付加と見られるロマ一六・二五「私の福音」は除くが、これが極めてパウロ的な表現であることを（ロマ二・一六参照）、読者もわかっていたのである。

3　動詞 εὐαγγελίζομαι になると、その差はさらに際立つ。パウロはこの語を一八回用いているが（ロマ一・一五、一〇・一五、一五・二〇、Ⅰコリ一・一七、九・一六、一八、一五・一、二、Ⅱコリ一〇・一六、一一・七、ガラ一・八、九、一一、一六、二三、四・一三、Ⅰテサ三・六）、第二パウロ書簡ではエフェ二・一七と三・八に出てくるだけである。

4　マルコ福音書の著者は、パウロの用法を知っている可能性が高い（田川、Ⅰ巻一三一－一三三頁）。そうだとすれば、これもパウロ系統の用例に数えることができる。

5　真正パウロでは、ロマ二・二一、一〇・八、一四、一五、Ⅰコリ一・二三、九・二七、一五・一一、一二、Ⅱコリ一・一九、四・五、一一・四、ガラ二・二、五・一一、フィリ一・一五、Ⅰテサ二・九。第二パウロでは、コロ一・二三、Ⅰテモ三・一六、Ⅱテモ四・二。ただしコロサイ書の用例は、パウロ自身の活動に言及したものであり、Ⅰテモ三・一六は信仰告白文。

6　ロマ一六・二五は二次的付加の部分。

7　真正パウロ＝ロマ一二・七、一五・四。第二パウロ＝コロ二・二二、エフェ四・一四、Ⅰテモ一・一〇、四・一、六、一三、一六、五・一七、六・一、三、Ⅱテモ三・一〇、一六、四・三、テト一・九、二・一、七、一〇。名詞 διδαχή は、パウロ四回（ロマ六・一七、一六・一七、Ⅰコリ一四・六、二六）、第二パウロ二回（Ⅱテモ四・二、テト一・九）。

8　真正パウロ＝ロマ二・二一、一二・七、Ⅰコリ四・一七、一一・一四、ガラ一・一二。第二パウロ＝コロ一・二八、二・七、三・一六、エフェ四・二一、Ⅱテサ二・一五、Ⅰテモ二・一二、四・一一、六・二、Ⅱ

テモ二・二、テト一・一一。

9　さらに、パウロの訓戒を「伝承」（παράδοσις）と呼ぶのも第二パウロ書簡の特徴である（Ⅱテサ二・一五、三・六。コロ二・八、Ⅰコリ一一・二も参照）。

10　新共同訳は「神の恵みを聞いて真に悟る」と訳しているが、ἀλήθεια は前節の「福音の真理」を受けていると見る方が良い（Dibelius/Greeven, p. 6; Lohse, p. 51）。

11　佐竹（一九七四年）、一四〇頁は、「おそらくこの言葉は、偽りの福音と区別して真の福音を指すというより、むしろ、福音という終末論的現実を指すととるべきであろう」と言う。しかし、この表現は二・五と二・一四以外では用いられておらず、一四節の方では福音理解の相違に起因する行いが問題とされていることからして、やはり「真の福音」という意味合いで用いられていると考える方が適切だと思う。

12　コロサイ書の著者がガラテヤ書を知っていたことは、コロ三・一一がガラ三・二八の有名な宣言「もはやユダヤ人もギリシア人もなく……」を（多少の改変を加えつつ）書き写していることからしてほぼ確実である。同様の文言はⅠコリ一二・一三にも見られるが、まず洗礼について述べてから（「着る」という表現がガラ三・二七とコロ三・一〇に共通している）「ユダヤ人もギリシア人もなく」と続けているところや（ただしコロサイ書では「ギリシア人」が先。コロサイ書の著者は明らかに異邦人なので、順序をひっくり返したのであろう）、「万物が万物においてキリストである」（コロ三・一一）という言い方（ガラ三・二八参照）は、ガラテヤ書が念頭に置かれていることを示している（辻［二〇一三年］、一〇五‐一〇六頁）。したがって著者は、ガラ二・一四を知っていたことであろう。ただし、この箇所を意識しているとまで断言するのは難しい。

13　Ⅱコリ八・九およびガラ二・九には、恵みを「知る」（γινώσκω）という表現があるが、いずれも救済論的な意味を持ってはいない。

14　*καταγγέλλομεν νουθετοῦντες πάντα ἄνθρωπον καὶ διδάσκοντες* を新共同訳は「宣べ伝えており……すべての人を諭し、教えています」と訳しているが、田川、Ⅳ巻四八七頁が述べている通り、「……考えを正し、……教えることによって、告げ知らせている」と訳すことも可能で、ここでは二つの現在分詞を「によって」の意味にとってそう訳した（田川自身は、新共同訳のように、三つの動詞を並列に解している。「によって」とするのは、たとえばシュヴァイツァー、八七頁、Bormann, pp. 109-110）。

15 「信仰において τῇ πίστει」の前に ἐν を補う異読は、先行する ἐν αὐτῷ と形式を揃え、「信仰にあって」と解する二次的改変である。

16 コロサイ書の「論敵」については、辻（二〇一三年）、一一五－一一八頁を参照されたい。私見では、コロサイ書は特定の「論敵」を念頭に置いているというよりも、パウロ系統のキリスト教により広く当てはまる問題を論じているのであり、その問題とはユダヤ教的要素であった。

17 「奉仕者」（διάκονος）という表現をパウロは、Ⅰコリ三・一五で自分とアポロに対して用いている他、Ⅱコリ三・六（「新しい契約の奉仕者」）および一一・二三（「キリストの奉仕者」）で自分を論敵と比較して用いている（コロサイ書の著者が両コリント書を知っていたことについては、辻［二〇一三年］、一〇四－一〇五頁参照）。コロサイ書の著者はおそらくこのパウロの言葉づかいを踏まえているが、これに違和感があったことは、κῆρυξ καὶ ἀπόστολος で置き換えている（א* P m）写本や、これを διάκονος の前に補っている（A sy^{hmg} sa^{ms}）写本があることから窺える。

18 エフェソ書がコロサイ書を踏まえていることは、大多数の学者が認めるところである。両者の関係については、辻（二〇一三年）、一三三頁以下を参照されたい。

19 田川訳は「イエスにおける真実がいかようなものであるかを」としているが、καθώς を「いかようなものであるかを」と訳すのはいささか無理がある。ここでは新共同訳に従った。

20 Sellin, pp. 115-116.

21 コロ一・二〇「平和をなす」（εἰρηνοποιέω, 新約での用例はここのみ）。

22 コロサイ書の「和解」理解は、パウロの語る「和解」から、終末論的視野（はコロサイ書にはない）を削った「再解釈」である。辻（二〇一三年）、一一〇－一一一頁参照。

23 「秘儀」という表現は、一・一九、三・三、四、九、五・三二でも用いられている。とくに三章の用例を見れば、「秘儀」とは明らかに、キリスト教信仰がユダヤ人を超えて異邦人にも共有されるようになることを指している。著者はコロ一・二四－二七に依拠しているが、コロサイ書の言う「秘儀」は、キリストによる救済以上のものではない（田川、Ⅳ巻五五九頁参照）。

24　この問題については、田川、Ⅳ巻八〇三－八〇八頁、また辻（二〇一三年）、一四三－一五二頁参照。

25　Ⅱテサロニケ書の著者がⅠテサロニケ書を踏まえて叙述していることは、もはや疑う余地がない。テクスト間の対応関係については、Schnelle, pp. 398-400参照。

26　Ⅱテサロニケ書は、「主」という称号を好む。一三回現れる「イエス」ないし「イエス・キリスト」にはすべて「主」が付されている一方（Ⅰテサロニケでは九回）、「キリスト」の絶対用法は一回のみ（三・五。Ⅰテサロニケでは三回＝二・七、三・二、四・一六で用いられている）。Trilling, p. 57参照。

27　この点についてはさしあたりSchnelle, p. 411——「先頭に立っているのはⅠテモテ書である。というのは、Ⅰテモテ一・一二－一七の内容豊かな自己紹介はⅠテモテ書のみならず、牧会書簡全体への導入になっているからである」、また辻（二〇一一年）、八二－八八頁参照。

28　この節に関する叙述は、辻（二〇一六年七月）、七二－七九頁に基づいている。

29　「これは……福音が示すところであって」（口語訳）、「今述べたことは……福音に一致しており」（新共同訳）、「〔私たちはこのことを〕……福音に従って〔知っており〕」（岩波訳）。

30　Johnson, p. 172; Towner, p. 131; Collins, p. 34; Quinn/Wacker, p. 103; Knight, pp. 89-90; Mounce, p. 42（ただしMounceは、八－一〇節にかかるという解釈も否定はしていない）; Oberlinner, p. 30など。

31　「キリストの栄光に関する福音」という新共同訳の意訳が不適切であることについては、田川、Ⅲ巻四二八－四二九頁参照。

32　「神の」「栄光の」と属格を重ねるこの表現が典礼的な言葉づかいに遡る可能性（Dibelius/Conzelmann, p. 21; Roloff, p. 79 n. 133）は、否定もできないし、積極的に論証もできない。

33　一世紀後半におけるパウロ批判は、たとえばヤコ二・一四－二六に見られるし、二世紀の文献であるⅡペト三・一六は、パウロ解釈をめぐる対立の存在をうかがわせる。マタイ福音書にパウロ批判の動機があることについては、澤村、一四五－一六四頁参照。パウロの主たる伝道圏であった小アジアにも、パウロの生前から別系統のキリスト教があったことは、たとえばＩコリ一・一二以下（アポロ！）から読み取れるし、ヨハネ黙示録もそのような非パウロ的系統のキリスト教の存在を示している（佐竹［二〇〇七年］、四五頁）。

34　マルキオンとパウロの関係については、Harnack, pp. 198-204; Campenhausen, pp. 181-182; 田川（一九九七年）、六二–七六頁などを参照。テルトゥリアヌスはパウロを「異端者の使徒」と呼んでいる（『マルキオン駁論』Ⅲ５・４）。パピアス（†一四〇年頃）もユスティノス（†一六五年）もパウロを知っていたと思われるのに論じていないし、ヘゲシッポス（†一八〇年）も「正典的」権威を列挙する際にパウロを挙げていない——「物事は、律法と、預言者たち、そして主の教えに従っている」（エウセビオス『教会史』Ⅳ22・3による）（Campenhausen, pp. 208-209）。Dassmann, pp. 174-315は、パウロについて沈黙していることがパウロに対する拒絶や批判を必ずしも意味するわけではないとしているが、Dassmannも、マルキオンや他の異端的立場の者たちによってパウロ書簡が用いられたことに起因する困惑の存在（という推測）自体を否定しているわけではない（ibid., p. 318参照。Dassmannの書物についてご教示下さった出村みや子教授［東北学院大学］に感謝申し上げる）。

35　この箇所に関する叙述は、辻（二〇一六年一一月）、七三–七九頁を踏まえている。κῆρυξは元来、王侯の使者ないし伝令官を意味する（Friedrich, p. 683）。口語訳や新共同訳をはじめとする諸訳の「宣教者」は、動詞形κηρύσσωとのつながりを考慮していると思われるが（この動詞も、「宣教する」と訳すのが常に適切だとは言えない。Merk, pp. 344-346参照）、「使い」や「伝える」という意味合いが消えるので、ここでは田川訳に倣った。

36　他は、我々の箇所とエフェ六・二四のみ。

37　συγκακοπάθησον τῷ εὐαγγελίῳ を諸訳は「福音のため私と共に悪（ないし「苦しみ」）を忍びなさい」と訳す。田川、Ⅳ巻七二四頁は、「語の意味からすれば、嫌でも『福音とともに悪を忍ぶ』という意味になる」と認めつつ、「しかしそれでは文として意味をなさないから」というので、諸訳と共に「福音のためにともに悪を忍ぶ」と訳している。しかし、「福音と共に悪を忍ぶ」でも、「福音」をテモテがパウロから継承した「教え」だと考えれば、その教えに対して敵意が向けられるのであるから、「福音と共に」でも理解できないことはないであろう。もっとも、諸訳のように解しても、意味上大きな違いは生じない。

38　Ⅱテサロニケ書の著者は、Ⅰテサロニケ書の終末論的教説を、Ⅰテサロニケ書自体を直接批判することなしに「上書き」しようとしている。すなわちⅠテサロニケ書を、自分の書いた偽書と調和する形で解釈するよう読者を誘導しているのである。辻（二〇一五年）、四一－五四頁参照。

39　「修正パウロ主義」についてより詳しくは、辻（二〇一三年）、一九三－一九八頁を参照されたい。

40　また、Ⅱテモ二・一八で批判されている、「復活はすでに起こっている」と主張する人々というのは、実はコロサイ書やエフェソ書（の背後にいるキリスト教徒）だという想定も十分に可能である（辻［二〇一三年］、一八一－一八二頁）。

文献

Bormann, L., *Der Brief des Paulus an die Kolosser* (ThHK X/1), Leipzig 2012

Campenhausen, H. Frhr. von, *Die Entstehung der christlichen Bibel* (BHTh 69), Tübingen 1968

Collins, R. E., *I & II Timothy and Titus. A Commentary* (The New Testament Library), Louisville/ London 2002

Dassmann, E., *Der Stachel im Fleisch. Paulus in der frühchristlichen Literatur bis Irenäus*, Münster 1979

Dibelius, M./ H. Conzelmann, *Die Pastoralbriefe* (HNT 13), Tübingen 1966 (4. Aufl.)

Dibelius, M./ H. Greeven, *An die Kolosser, Epheser. An Philemon* (HNT 12), Tübingen 1953 (3. Aufl.)

Friedrich, G., Art. κῆρυξ κτλ., *ThWNT* III (1938), 682-717

Harnack, A. von, *Marcion. Das Evangelium vom fremden Gott*, Leipzig 1924. Nachdruck: Darmstadt 1996

Johnson, L. T., *The First and Second Letters to Timothy* (AB 35A), New York et al. 2001

Knight, G. W., *Commentary on the Pastoral Epistles* (NIGTC), Grand Rapids, MI/ Carlisle 1992

Lohe, E., *Die Briefe an die Kolosser und an Philemon* (KEK IX/2), Göttingen 1977 (2. Aufl.)

Merk, O.,「κηρύσσω κτλ.」、『ギリシア語新約聖書釈義事典』Ⅱ、教文館、一九九四年、三四四－三四八頁

[Stuttgart 1981]
Mounce, W. D., *Pastoral Epistles* (WBC 46), Nashville, TN 2000
Oberlinner, L., *Die Pastoralbriefe*. Erste Folge: *Kommentar zum Ersten Timotheusbrief* (HThK XI/2/1), Freiburg 1994
Quinn, J. D./ W. C. Wacker, *The First and Second Letters to Timothy* (Eerdmans Critical Commentary), Grand Rapids, MI/ Cambridge, U.K. 2000
Roloff, J., *Der erste Brief an Timotheus* (EKK XV), Zürich/ Neukirchen-Vluyn 1988
Schnelle, U., *Einleitung in das Neue Testament* (UTB 1830), Göttingen 2013 (8. Aufl.)
Sellin, G., *Der Brief an die Epheser* (KEK 8), Göttingen 2008
Towner, Ph. H., *The Letters to Timothy and Titus* (NICNT), Grand Rapids, MI. 2006
Trilling, W., *Der zweite Brief an die Thessalonicher* (EKK XIV), Zürich/ Neukirchen-Vluyn 1980
シュヴァイツァー、E.『コロサイ人への手紙』〔斎藤忠資訳〕（EKK XII）教文館、一九八三年 [E. Schweizer, *Der Brief an die Kolosser*, Neukirchen-Vluyn 1976]
佐竹明『ガラテア人への手紙』（現代新約注解全書）、新教出版社、一九七四年
佐竹明『ヨハネの黙示録　上巻』（現代新約注解全書）新教出版社、二〇〇七年
澤村雅史『福音書記者マタイの正体　その執筆意図と自己理解』日本キリスト教団出版局、二〇一六年
辻　学「パウロの個人的書簡——偽名文書としての牧会書簡の戦略」、『聖書学論集』43（二〇一一年）、七一－九六頁
辻　学「新約釈義　第一テモテ５」、『福音と世界』二〇一六年七月号、七二－七九頁
辻　学「新約釈義　第一テモテ９」、『福音と世界』二〇一六年一一月号、七三－七九頁
辻　学「排除か？　共棲か？——Ⅱテサロニケ書の執筆意図をめぐって」、『新約学研究』43号（二〇一五年）、四一－五四頁
辻　学『偽名書簡の謎を解く　パウロなき後のキリスト教』新教出版社、二〇一三年

田川建三『書物としての新約聖書』勁草書房、一九九七年
田川建三『新約聖書　訳と註』1－7、作品社、二〇〇七－二〇一七年

第四章　死者への福音？——第一ペトロ書における〈福音〉理解

吉田　新

はじめに

「福音を告げ知らせる（εὐαγγελίζω）」という動詞（新約では五四回）、また「福音（εὐαγγέλιον）」という名詞（新約全体では七六回）は、新約聖書に度々登場する。その多くはパウロ書簡に集中している。福音という語句はパウロの造語ではなく、それ以前の伝承から受け継いだものと思われるが、彼の書簡では福音が中心概念の一つとして展開されている。[1] 最初期に記された第一テサロニケ書から最後の書簡となるロマ書に至るまで、パウロは一貫して福音について語っている（Ｉテサ一・五、ロマ一・一六）。パウロにとって福音とは、単なる言葉ではない（Ｉテサ一・五）。旧約の預言を通して約束された（ロマ一・二、一六・二六）、神の子たるイエス・キリストの死と復活の出来事である（Ｉテサ一・一〇、Ⅰコリ一五・三以下、ロマ一・一－四）。このイエス・キリストこそが、パウロにとって救済の根拠である（ロマ一・一－四、Ⅰコリ一五・一以下）。その福音を伝えることは、彼の実存に深く関わってくる（Ⅰコリ九・一六）。パウロにとって福音は唯一であり（ガラ一・六）、そのために彼は戦い（フィリ四・三）、あらゆることを行うと誓う（Ⅰコリ九・二三）。パウロは生涯をかけて、福音を全世界へと伝える業に邁進する（ロマ一五・一九－二一）。

第二パウロ書簡においても、福音について言及されているが、パウロと同じ濃度で語られることはない[2]。また、パウロ書簡からの部分的な影響が考えられる第一ペトロ書において、動詞「福音を告げ知らせる」は三回（一・一二、二五、四・六）、名詞「福音」は一回使用されている（四・一七）。同書簡においてパウロの福音理解を踏襲している箇所を確認できる。だが、福音について個々の文脈で控え目に語られるに過ぎない。この点に関して言えば、第二パウロ書簡と同様の状況であると言えるだろう。使徒ペトロの名を冠しているとはいえ、使用語句や神学的モチーフの点からパウロ書簡の影響を受けている第一ペトロ書において、パウロ神学の中心に位置する福音理解は継承されなかったのだろうか。本稿ではまず、第一ペトロ書における「福音を告げ知らせる」と「福音」の使用例について検討する。さらに、同書簡では、福音に関して特異な使用例を見出すことができる。三章一九節、及び四章五－六節には、キリストが牢獄にいる霊のもとに赴き、告知し、さらに死者たちに「福音を伝えた」と記されている。この記述は後に、初代教会において神学的に展開され、多くのインスピレーションを後世の人々に与えた（ペト福一〇・四一－四二、イグ・マグ九・二、ヘルマスたとえ九・一六・五参照）。「キリストの陰府降下（アナスタシス）」と呼ばれるキリスト教美術の主題をも生み出していった。とりわけ肝要なのは、この箇所は他の聖書個所と並び（マタ一二・四〇、使二・二四、三一、ロマ一〇・七、ヘブ一三・二〇）、キリスト教において最も代表的な信条の一つである「使徒信条」に影響を与えたことである。[3]

第一ペトロ書に記された霊たちへの告知や、死者への福音告知は、それだけ取り出してみると、確かにキリストの陰府降下を示唆する箇所に思える。だが、この箇所は書簡全体の構造とその神学的傾向、とりわけ書簡が中心的に担っている終末論的視座を踏まえて捉えなければ正しい理解を得ることはできないと思われる。本稿では第一ペトロ書全体を視野に入れつつ、先の個所を検討し、その福音理解を明らかにしたい。まず、ペトロ書の構造と内容を略述し、書簡の神学的傾向を確かめることから始めたい。

1　第一ペトロ書の内容と構造

第一ペトロ書の内容と構造は以下である。[4]同書簡の発信者は「イエス・キリストの使徒ペトロ」とあるが、イエスの弟子のペトロが実際に記した可能性は極めて低く、彼の名を用いた偽名書簡であると考えられる。[5]書簡はペトロの名が掲げられているが、パウロ書簡の影響を部分的に受けていると思われる内容である。ただし、純粋なパウロ主義を継承する書簡ではないだろう。[6]後述するように、読者への勧告が中心を占めている点や、家庭訓などのこの世での処世を説き明かす点などを鑑みると（Ｉペト二・一三–三・七）、むしろコロサイ書やエフェソ書など第二パウロ書簡との類似性にも注目しなければならないだろう。

同書簡はバプテスマを受け、信仰に目覚めたばかりの読者を主たる対象としている（Ⅰペトロ書一・三―四、一八―一九、二三、二・二、一〇、四・三参照）。教え（教理）と勧告を交互に繰り返して展開されているこの書簡では、命令形を用いた勧告句が度々繰り返される。地上での生き方（振る舞い）を指示するための「地上への視点」が書簡の中心を貫いている。書簡の中心は、苦難のただ中にあってもキリスト者として（「ὡς Χριστιανός」四・一六）この世での相応しい振る舞いを指示することである。[7] しかし、読者は何らかの迫害下に置かれており、「火のような試練」（四・一二）を耐え忍ぶことで、やがて到来する栄光を受けると教えている（四・一三、五・一、一〇）。地上での生き方を確かにする者は同時に、天上での約束も確かにされる。つまり、地上だけではなく、「天上への視点」も本書簡では重要な視点である。書簡の受け取り手の自己理解を深めさせ、彼、彼女らが本来的に何者であるかを度々説明し（一・一、一七、二・一一）、地上ではなく、天に帰属していることを意識させている。この点において、パウロの教説の展開を見出すことができるだろう（フィリ三・二〇、ガラ四・二六参照）。

この手紙には、特定の受け取り手の名が記されていない。小アジアに広がる広範囲の読者を対象としている（一・一）。それゆえ、広い地域に散在する不特定多数の読者に向けた「回状（Rundbrief）」と考えられる。

三章一八節以下は、奴隷、妻や夫への勧告、そして一般的な勧告文に続いて、模範としてのキリストの受難の意味を説く箇所によって始められている。これは、二章二一節と対応している（ὅτι καὶ

Χριστός)。キリストがその模範を示されたように、勧告に従って正しく振る舞う必要がある。三章二一節からは書簡の冒頭で語られたバプテスマの意義が再度、登場する（一・三以下参照）。次に第一ペトロ書における「福音を告げ知らせる」「福音」の使用例について検討する。

2　第一ペトロ書における「福音を告げ知らせる」「福音」の使用例

2・1　一章一二節[8]

その者たち〔預言者たち〕には、それらのことが、自らのためではなく、あなたがたのために奉仕することであると啓示された。それらのことは、今や、天から遣わされた聖霊においてあなたがたに福音を告げた者たちによって、あなたがたに告げられており、天使たちも垣間見たい（覗き見たい）と望んでいることである。

この一節は、第一ペトロ書の冒頭に記された挨拶の後、一章三節から続く「救い（σωτηρία）」（一・五、九）について説かれる長い一文の最後の部分に属している。迫害の中にある読者に、現在の艱難は、信仰の目的である救いを受け取るためであると説明される。バプテスマを通して希望へと生まれ変わったことが示され、苦難の中にあっても積極的な姿勢で生きることを訴える（一・三、一五、二一）。「試練（πειρασμός）」（一・六、四・一二対応）の中での喜びが語られるが、これは書簡の後半に展開される迫害下への勧告を予告している（四・一－一一）。このように、冒頭から迫害の現実が語られることが本書簡の特徴の一つである。

五節「あなたがたは、終わりの時に顕にされるように備えられている救いを受けるように、信仰を通して、神の力によって守られている」とある。書簡の受け取り手らは神の力によって（または神の力の中で）、いまも守られていることを意味しているのだろう。これは、パウロ書簡でも見出せる語句である（Ⅱコリ一一・三二、ガラ三・二三、フィリ四・七）。「準備ができている」とあるように、天に蓄えられた遺産のように、救いはすでに準備されている。ここでは終わりの時に、その救いがまさに現れようとしている。

将来に約束された救いについて語られた後に、一〇節から救いの歴史に目が向けられる。将来の救いはすでに過去の預言者たちを通して証しされたことが明らかにされる。読者に約束されたこの救いを、かつての預言者は受け取ることができなかった。しかし、読者は「福音を告げた者たち」によってそれを受けることができる。過去の「預言者たち」と現在の「福音を告げた者たち」がここでは対比されている。福音の告知は、聖霊の働きを通して行われることもまた強調される。また、天使でさえもそれを見たいと望んでいるほど、貴重なものであることが訴えられ、黙示文学的表象を通して救いの実現が語られる。「福音を告げた者たち」とは、ここでは救いの現実を告知する存在を意味していると思われるが、具体的にどのような人物を指しているのか定かではない。エフェソ書四章一一節には「福音宣教者（εὐαγγελιστής）」が使徒、預言者に続いてキリストによって立てられた教会の働き手として記されている。[9]「福音宣教者」が教会内の定まった職位を指すのか明らかではないが、使徒とは区別されている。共同体への宣教活動に携わった存在を指すのであろう。また、言行録二一章八節ではフィリポに対して、第二テモテ書四章四節ではテモテに対し、福音宣教者の務めに励むことが勧められている。このことから、第一ペトロ書一章一二節の「福音を告げた者たち」とは、同書簡の冒頭に記された小アジア地域の読者らに宣教を行った人物を意味していると思われる。一二節まで続くこの文脈から判断すれば、福音とは第一ペトロ書において終末時に受け取る救済を意味している（一・五）。終末論的背景を持つ福音理解という点においては、パウロの福音理解を踏襲していると言えるだろう。[10] さらに、第一ペトロ書の送り手は、「いのちの救い」こそが信仰の目的であると断言している。新共同訳、フランシスコ会訳は「信仰の実り」と意訳しているが、直訳は「信仰の目的（τὸ τέλος τῆς πίστεως）」である。「τέλος」は「終わり、終着点」も意味するが、ここでは「目的、目標」だろう（Ⅰテモ一・五参照）。また、多くの翻訳では「魂の救い（σωτηρίαν ψυχῶν）」と訳されているが、「ψυχή」を人間存在の全体を意味する「いのち」とここでは理解したい。[11] この「いのちの救い」は「信仰の目的」の同格的説明であり、「信仰の目的、すなわち、いのちの救済」という意味になる。「いのちの救い」を告知すること、それこそが福音宣教である。次に一章二四－二五節の考察に移る。

2・2　一章二四－二五節

二四　つまり、「人（肉）はみな、草のようで、その栄華はみな、草の花のようだ。草は枯れ、花は散る。だが、主の言葉は永遠に変わることがない」。

二五　これが、あなたがたに福音として告げ知らされた言葉である。

ここで「神の言葉」は「主の言葉」に変更されているが、ほぼイザヤ書四〇章六－八節（LXX）からの引用である。ヤコブ書一・一〇－一一にも引用されているが、この箇所での引用は独自にアレンジしている。二五節の「福音として告げ知らされた言葉（τὸ ῥῆμα τὸ εὐαγγελισθὲν εἰς ὑμᾶς）」は、同四〇章九節に「よい知らせを告げる者（ὁ εὐαγγελιζόμενος）」とあるため、この言葉を念頭に置いていることは明らかである。先述したように、第一ペトロ書にとってバプテスマを通した「新生」は重要なテーマである。希望へと生まれ変わった読者らは、朽ちることない遺産を受け継ぐことが書簡の冒頭で宣言される（一・三－四参照）、二三節から永遠に存続する神の言葉を通して、読者は朽ちることのない種子であると告げられる文脈において、この引用句が語られる。バプテスマを受け、イエス・キリストに従う「従順な子」となった読者は（一・一四）、永遠の栄光を受けることが約束される（一・七）。この約束こそが第一ペトロ書にとっての福音である。神の言葉は決して変わることのない確証である（一・二三、二四）。だからこそ、読者はその生き方を問われるのである。この言葉に続く二章一節以下では悪徳から離れ、「主のもとに来る」ことが求められる（二・四）。福音とは読者の地上での生き方（振る舞い）に関わる使信でもある。これ以後、二章一一節から始まる書簡の中心部分には、統治者や主人、夫などに従うことを告げる社会訓、家庭訓が残されている。さらに、終結部分には長老と若者への訓戒がまとめられている（五・一－五ａ）。これらの箇所はすべて、地上での振る舞いを示唆する訓告である。福音を知った者は、この地上での処世も理解する必要がある。第一ペトロ書において、福音はやがて到来する栄光への約束、言わば天上への視点と、栄光を受けるための地上での振る舞いを戒める視点、つまりは地上への視点が交差する場に存在していることが分かる。

なぜなら、裁きが神の家から始まる時〔が来たからである〕。初めに私たち〔が裁きを受けるの〕だとすれば、神の福音に従わない者たちの行く末はいったいどうなるのか。

２・３　四章一七節

書簡の終盤に再び「福音」という語句に出会う。書簡の後半（四・一二–五・一一）では、迫害下への励ましと慰めについて語られる。読者に降りかかる試練の中でも「キリスト者」として喜びを持ってそれを受けることを勧めている。眼前に迫る「裁き」は、まずは神の家、つまり第一ペトロ書の共同体から始められる。神の民から裁きが始められるのは預言書でも語られている内容である（エゼ九・六、エレ二五・二九）。「神の福音」というパウロ書簡で頻繁に登場する語句がここでも語られている（ロマ一・一、一五・一六、Ⅱコリ一一・七、Ⅰテサ二・二、八、九、マコ一・一四）。救いの使信である福音は、神がその起源であることを示している。[12]つまり、福音は神から到来する。神の家に属する読者、つまりは「神の福音に従う者たち」と「神の福音に従わない者たち」とを対比させている。ここでもやはり、福音は終末論的コンテキストで用いられている。では、次に死者への福音について説いた四章五–六節の考察に進みたい。

3　「死者への福音」とは何か

3・1　四章五-六節

五　彼らは、生ける者と死んだ者に裁きを用意している方に、申し開きをしなければならない。
六　このために、死んだ者たちにも福音が告げ知らされたのである。彼らが、人間として肉においては裁かれても、霊においては神のように生きるためである。[13]

四章一節からは、迫害下に置かれた読者への励ましと勧告句が再び綴られている。異邦人の生活習慣を捨て、「神の意志」（四・二-三）によって生きることが勧められる。六節には、死者に福音が告げ知らされることが語られている。七節以降は終末の到来を目の前にした勧告が続けられている。

四章五節、「生ける者と死んだ者」に対して（使一〇・四二、ロマ一四・九、一テモ四・一参照）、「裁きを用意している（τῷ ἑτοίμως ἔχοντι κρῖναι）」と記されているように、終末時の審判の切迫性がここでは語られる。人は神の裁きの際に説明が求められる。それは、生きている者や死んだ者を問わずにすべての人に及ぶものであり、圧倒的なスケールをもって裁きの内実が語られる。六節「死んだ者にも福音が告げ知らされる（νεκροῖς εὐηγγελίσθη）」の「死んだ者」は同書三章一九-二〇節の死者を指しているという見解がある。陰府に下ったキリストによる死者への福音宣教であると解釈している。[14]だが、この箇所との関係を重んじない見解もまた存在している。[15]例えば速水は、「死んだ者」とは「福音を信じて洗礼を受けたが、いまは死んでしまったキリスト者」と受け取っている。[16]この箇所は、三章一八節とは文脈が異なると思われる。ここでは、四章七節から始まる終末の告知を準備する内容である。すでに亡くなった信者も終わりの日には、裁きが待ち受けている。それゆえ、三章一八節と関連付けて、陰府でのキリストによる宣教を意味する内容と受け取ることはできない。むしろ、この箇所は、先に考察した読者（神の家の成員）を含むすべての者に裁きが下ると語る四章一七節と関連付けて読む必要があるだろう。次に三章一八－二二節の考察に移りたい。

3・2　三章一八－二二節

一八　なぜならば、キリストもただ一度罪のために苦しまれた。[17]義人が不義の者らのために〔苦しまれたのである〕。あなたがたを神のもとへ連れて行くためである。〔キリストは〕肉においては殺されたが、霊においては生かされた。一九　その際、[18]〔キリストは〕牢獄にいる霊たちのもとへ赴き、告知した。二〇〔この霊たちは〕かつてノアの時代に箱舟が造られていた間、神が忍耐して待っていた際、不従順であった者らである。この箱舟の僅かな者たち、すなわち八人だけが水を通って救われた。二一　この水に対応した（この水がその予型である）バプテスマは、今やあなたがたを救うのである。〔バプテスマは〕肉の汚れを取り除くことではなく、むしろ、イエス・キリストの復活を通して、[19]神に対する良き意識の要求である。[20]二二〔キリストは〕天に上り神の右におり、天使、また権威や力は彼に従った。[21]

第一ペトロ書三章一八－二二節は同書簡において、一章一八－二一節、二章二二－二五節に並んで三つ目のキリスト論に関する叙述と考えられている。[22] ブルトマンは三章一八－二二節の背景には、フィリピ書二章六－一一節に記されているようなキリスト賛歌の伝承が存在し、書簡の著者はここでその伝承に注釈を加えて記していると推測する。[23] ブルトマンは元来の伝承の再構成を試み、そこで二〇－二一節は著者の挿入句であると考える。[24] 確かに二〇－二一節は一九節の内容を説明したものであり、その可能性は高い。同箇所にある旧約の予型論的説明は、一九節と二二節の流れでは必ずしも必要はない。しかし、第一ペトロ書の他の箇所と同様、伝承は巧みに書簡の中に組み込まれており、元来の伝承を抽出するのは極めて困難である。[25]

　次に、キリストの陰府降下を暗示する内容を含む一九節の考察に移りたい。「牢獄にいる霊たち（ἐν φυλακῇ πνεύμασιν）」は一体何を意味するのだろうか。ユダヤ教黙示文学に記された堕落した天使たちであろうか。[26] だが、二〇節ではそれらの霊たちは、ノアの時代に不従順であった者らであると説明している。[27] ノアの時代に神の教えに従わずに滅ぼされた人間たちのことである。キリストは死後、陰府に在するこれらの霊たちに宣教をしたのだろうか。しかし、陰府降下は復活の以前と考えられているが、ここでは復活した後のキリストの姿を語っていると思われる。「霊において生きる」は、キリストの復活を意味すると受け取れるからである。[28] それゆえブルトマンは、元来の伝承に属する一九節は「グノーシス救済神話に由来する表象が、キリストへと転用されて」おり、陰府への下降ではなく、「復活者の天界旅行」であると考える。さらに、霊たちとは「天と地との中間に住んでいる敵対的な霊的諸力によって天的世界への上昇を妨げられ捕えられている、死人の霊魂のことである」と推測する。[29] つまり、この箇所はキリストの陰府降下ではなく、復活したキリストが昇天する際の出来事を語っていると考えられる。[30] だが、ブルトマンの結論もまた、このあまりに短いテキストから導き出すのは困難であろう。ここでは「天界旅行」や「天的世界」を示唆する表現は見つからない。それゆえ、この箇所から唯一読み取れることは、キリストは死に、その復活後、場所は特定できないが霊たちのもとに赴いたということである。[31] では、キリストは何を告知したのであろうか。新約聖書文書（とりわけ福音書）において頻繁に登場する「告知する（κηρύσσω）」は、この書簡ではこの箇所のみである。通常は「宣教する」「宣べ伝える」と訳されるが、ここでは宣教という文脈とは受け取れないので、単に「告知する」と訳した（ルカ一二・三、ロマ二・二一、黙五・二参照）。一九節では何を告知するかという目的語が示されていないので、文脈から理解するしかない。一八節「神のもとに連れて行く」、二一節のバプテスマによる救済の宣言、二二節のキリストの権能の強調の文脈から考えれば、霊（不従順であった霊）たちへのキリストの権能の告知と理解できるのではないだろうか。

黙示文学において「牢獄（φυλακή）」はサタンや汚れた霊、堕落した天使などが捕えられている場所を意味している（黙二〇・七–一〇参照）。それらは捕えられているが、終末時に解き放たれ、駆逐される。復活したキリストは不従順であった霊たちにその権能を告知し、従わせる。前述したように、第一ペトロ書は異邦人社会のなかで生き、バプテスマを通して神に選ばれた存在であると読者を励ます書簡である（一・一、二・四、六、九参照）。つまり、ノアの時代の八人は読者のメタファーである。神に対して忠実であったノアたち（言わば読者）とは対照的に、不従順であった者たちに対して、キリストはその存在を明らかにする。この箇所は、二二節で語られているように、この世のあらゆる権威を従わせるキリストの絶対的な力を強調しているキリスト賛歌の内容である[32]。そして、読者らは不従順な霊たちにその権能を告知する復活のキリストに倣い、バプテスマを通して強められていることを訴えているのである。つまり、第一ペトロ書の内容から考えれば、この箇所はキリストの陰府での宣教を説くものではないだろう。

まとめ

それでは、これまでの考察をまとめたい。パウロ書簡の部分的な影響を受けていると考えられる第一ペトロ書は、第二パウロ書簡と同様に「福音を告げる」「福音」を受け取っている。福音とは、終末時に信仰者が受け取る「いのちの救い」である（一・九、一二）。このような福音の理解は、全面的に展開されることはないが、パウロ書簡の福音理解と類似していると考えられる。一章二四－二五節において、「福音として告げ知られた言葉」とは、バプテスマを受け、キリストに従い、これまでの習慣や悪徳を避けて新しく生きた読者がやがて受ける永遠の栄光の確証である。つまり、天上と地上の視点が交差する場に福音は存在する。この確証を信じない者、つまり「神の福音に従わない者たち」は、裁きを受けることになる（四・一七）。第一ペトロ書において福音とは、終末論的切迫感の中で問われる生き方、読者の実存と深く関わってくる。ただし、パウロ自身が自ら体験した福音を巡る実存的な深みは、この書簡からは感じられない。福音が単にキリスト教の術語の一つとして捉えられているに過ぎない。それゆえ、パウロが経験した福音の内実は、その後、継承されることはなかったと思われる。コップに満たした水に例えるならば、パウロの全人生を賭した福音の内実という水ではなく、それを入れるコップ、つまり福音という術語だけがその後に継承されたとも言えるだろう。パウロの福音の内実を正当に継承できるような素地が、その後のキリスト教にはなかったのだろうか。この疑問は大きな問題を孕んでおり稿を改めて論じたい。

さらに、キリストの陰府降下を想起させる三章一八－二二節と四章五－六節は、右記の考察で明らかにしたように、両箇所を関連付けて陰府でのキリストによる宣教を意味する内容と受け取ることはできない。四章五－六節はすでに亡くなった信者も裁きが待ち受けていることを示唆する内容であり、陰府に留まる霊たちへの宣教ではない。三章一八－二二節から読み取れることは、キリストは死に、その復活後、場所は特定できないが霊たちのもとに赴いたということであり、むしろ、同箇所は四章一七節と関連付けて理解し、終わりの日に開示する裁きの内実を理解させる箇所と受け取るべきであろう。

注

1　本書第Ｉ部第二章参照。「福音」という用語とその用法は、パウロ以前の初期キリスト教においてすでに用いられている（Ｉテサ一・五、Ｉコリ一五・一以下参照）。Vgl. Merklein, 287.

2　本書第Ｉ部第三章参照。

3　「主は…十字架につけられ、死にて葬られ、陰府にくだり、三日目に死人のうちよりよみがえり、天に昇り、全能の父なる神の右に座したまえり、かしこより来りて生ける者と死ねる者とを審きたまわん」

4　同書簡の内容と構造に関しては以下を参照。吉田（二〇一五）、四―七頁。

5　本文は高度なギリシア語によって書かれており、聖書は七〇人訳から引用されている。「無学な普通の人」（使四・一三）であるガリラヤの漁師ペトロが記したとは考えにくい。また、生前のイエス伝承との関係もなく、ローマを表すバビロン（Ⅰペト五・一三）という暗号も紀元後七〇年代以降である。

6　確かに個々のテーマでは共通点を見出す。例えば、つまずきの石（Ⅰペト二・四―八とロマ九・三二―三三）、地上の権威への従順（Ⅰペト二・一三以下とロマ一三・一以下）、キリストの苦しみに与る（Ⅰペト二・二一以下、三・一七以下、四・一三以下とフィリ一・二九他）。しかし、パウロ書簡の中心課題である律法問題や十字架の神学などは第一ペトロ書では言及されていない。吉田（二〇一六）、一四―一六ページ参照。

7　「試練（πειρασμός）」（一・六、四・一二）、「苦しみ（λύπη）」（二・一九）、「苦難、苦しみ（πάθημα）」（一・一一、四・一三、五・一、九）など直面する厳しい現実のなかでの相応しい「振る舞い（ἀναστροφή）」（一・一五、二・一二、三・一、二、一六）について度々、言及される。

8　以下の翻訳はすべて私訳。（　）内は別訳を示し、〔　〕内は翻訳上の補い。

9　Ⅰコリ一二・二八では「第一に使徒、第二に預言者、第三に教師」という順位になっており、「福音宣教者」の存在は語られていない。

10　本書第Ⅰ部第二章4・3参照。

11　本訳に近い田川訳では「生命の救い」。通常、この箇所は「魂の救い（Seelenheil）」と訳されているが、このような理解はウルガータ聖書の訳文「Reportantes finem fidei vestrae, salutem animarum」から始まるとダウツェンベルグは指摘する。Dautzenberg, 272. むしろ、この箇所は人間の「生（Leben）」（または「存在（Existenz）」、「個（Person）」）の救いと訳す方が適切であるとダウツェンベルグは論じている。Dautzenberg, 275. 同様に、ブロックスはこの箇所を「生（Leben）」と訳し、以下のように説明する。「人間自身のことであり、人間全体としてのその生（Leben）、存在（Existenz）」Brox, 67.（ブロックス、七八頁、訳文を一部変更）. 同じ見解はエリオット。彼は「salvation of your lives」と訳している。Elliot, 344.「いのち」はIペトロ書で度々、語られる。Iペトー・二二、二・一一、二五、四・一九参照。

12　本書第I部第二章、注23参照。

13　「κατὰ ἀνθρώπους」と「κατὰ θεὸν」の前置詞「κατά」をどのように理解するか意見が分かれている。ここでは前者を、限界のある「人間として」裁きを受ける存在と理解して訳す（ガラ一・一一参照）。後者は類似の意味で「神のように」と訳したい（エフェ四・二四参照）。岩隈訳「人間がみな受けるように裁きを受ける」「神のように」、岩波訳「人間の目でみれば」「神の目からみれば」、口語訳「人間として」「神に従って」、共同訳・新共同訳「人間の見方からすれば」「神との関係では」、新改訳「人間として」「神によって」、田川訳「人間的には」「神的には」、塚本訳「人間的に」「神に倣って」、文語訳「人のごとく」「神のごとく」、フランシスコ会訳「人の目には」「神の目には」、前田訳「神として」「神に従って」。

14　たとえば、シュナイダー他。Schneider, 82（シュナイダー、一九五頁）. 岩隈、九五頁、田川、三一九頁参照。

15　Vgl. Brox, 196（ブロックス、二六八頁）.

16　速水、四二七頁。

17　「死んだ（ἀπέθανεν）」と読む写本があるが、ここではこれまでの文脈から「苦しまれた（ἔπαθεν）」と読むのが相応しい（二・二一、三・一四参照）。Vgl. Schelklen, 102, Anm. 2; Achtemeier, 239.

18　「ἐν ᾧ」を前文の「その霊において」と解する訳が多くある（文語訳、岩隈訳、前田訳、フランシスコ会訳、新共同訳、新改訳）。Vgl. Dubis, 119. だが、ここでは前文全体を受けていると考える（岩波訳、田川訳参照）。Iペトー・六、二・一二、三・一六、四・四参照。Vgl. Brox, 170（ブロックス、二三二頁以下）.

19　文尾の「イエス・キリストの復活を通して（δι᾽ ἀναστάσεως Ἰησοῦ Χριστοῦ）」を文頭の「救われる」に関連付ける翻訳が多々ある（文語訳、塚本訳、岩隈訳、新共同訳）。Vgl. Dubis, 127. ここでは後半の文章に関連付けて訳す（前田訳、岩波訳、田川訳、新改訳参照）。

20　三章一六節では「良い意識」を持つことが勧められている。人の良き意識が神に求めるものとしてバプテスマを理解している。「συνειδήσεως ἀγαθῆς」を対格的な属格として理解する訳が大多数であるが（塚本訳、岩隈訳、前田訳、フランシスコ会訳、口語訳、共同訳、新共同訳）、本訳では主格的属格として訳す。田川、三一四－三一六頁参照。また「ἐπερώτημα」を「応答」（田川訳）、「約束」（フランシスコ会訳）、「誓約」（岩波訳）、「誓い」（新改訳）と解する訳もある。

21　エフェ一・二〇－二二に類似した表現。詩一一〇・一、ロマ八・三四、ヘブ一・五－九参照。

22　Vgl. Goppelt, 239.

23　Bultmann, 285（ブルトマン、一一六頁）. Vgl. Windisch, 70f. 同様の再構成をヴェングストや島田も行っている。Wengst, 161-165; Shimmada, 1-32. セルウィンはこの見解に異を唱えるが、吉良がそれに反論し、キリスト賛歌の伝承が背景にあることを論証している。Selwyn, 195. 吉良、六六－六九頁参照。Vgl. Achtemeier, 240-243.

24　Bultmann, 287-289（ブルトマン、一一九－一一八頁）.

25　Vgl. Brox, 166（ブロックス、二二四頁以下）.

26　創世記六章一－四節から展開されたエチオピア語エノク書六－一六章にある堕落した天使らを断罪するエノクとこの箇所を関係付ける見解があるが、その確証がない。この見解はシュピッタから始まる。Spitta, Christi Predigt an die Geister, 1890. エノクは断罪するが、キリストは宣教しているなど内容から判断しても相違点は多い。速水、四二六頁参照。しかし、Ⅱペト二・四、九、及びユダ六ではエチオピア語エノク書の影響が考えられるだろう。

27　霊が人間を指す箇所として、他にはヘブ一二・二三参照。

28　ロマ一・三、八・一一。速水、四二六頁参照。グルーデムは以下のように説明する。霊において生かされるのは、「『永遠の霊の領域において、御霊の活動の領域において生かされる』を意味する。ここでは、それは特にキリストの復活に言及している。なぜなら『生かされる』は前の句の『死んだ』の反対であるからである。『霊の領域、聖霊の活動の領域においては、キリストは死人の中からよみがえらされた』」Grudem,

235（グルーデム、二五三頁）. Vgl. Schelkle, 104; Achtemeier, 249; Dubis, 118. しかし、吉良は「霊において生かされ」を復活と同一視していない。「かくして弱い肉の領域（人間の本来性）に在って、イエスは死なれた。しかしその死は単なる影のような存在、或は全き滅びへの下降を意味せず、彼は神の、生命を与える霊により生かされた。そして死と復活の間、死に対する勝利者」となった。吉良、七〇‐七一頁。だが、吉良はあまりにも使徒信条の文言から考察し過ぎている。

29　Bultmann, 288（ブルトマン、一二〇頁）.

30　同様の見解は以下。Vgl. Dalton, 140; Reicke, 100; Achtemeier, 258.

31　以下のブロックスの見解は正しい。「まさしくここで言われているのは、キリストが『その際に』（死に渡され、そして生き返った『際に』）『赴いた』ということだけである。これ以上、具体的に叙述することはいずれも現在のテキストの形から無理である」Brox, 170（ブロックス、二三一頁、訳文を若干変更）.

32　辻、六九三頁参照。以下のキリスト賛歌の文脈で同様に「κηρύσσω」が用いられている。コロ一・二三、Ⅰテモ三・一六。

参考文献

『舊新約聖書』日本聖書協会、一九八二年〔文語訳〕
『聖書 口語訳』日本聖書協会、一九五五年〔口語訳〕
『新約聖書 共同訳』日本聖書協会、一九八七年〔共同訳〕
『聖書 新共同訳』日本聖書協会、一九八七年〔新共同訳〕
『聖書 新改訳』新日本聖書刊行会、二〇一四年（第三版）〔新改訳〕
前田護郎『新約聖書』中央公論社、一九八三年〔前田訳〕
岩隈直訳註『希和対訳脚註つき新約聖書 一二 公同書簡 上』山本書店、一九八六年〔岩隈訳〕

新約聖書翻訳委員会訳『新約聖書』岩波書店、二〇〇四年〔岩波訳〕
フランシスコ会聖書研究所『聖書――原文校訂による口語訳』サンパウロ、二〇一一年〔フランシスコ会訳〕
塚本虎二訳新約聖書刊行会『塚本虎二訳新約聖書』新教出版社、二〇一一年〔塚本訳〕
田川建三『新約聖書　訳と註　第六巻 公同書簡／ヘブライ書』作品社、二〇一五年〔田川訳〕

吉良顕栄「ペテロ前書三章一八節－四章六節とキリストの陰府下降」『宗教研究』一六五号（三四巻二輯）、一九六〇年、六二－七六頁
辻学「ペトロの手紙 一」山内真監修『新共同訳 新約聖書略解』所収、日本基督教団出版局、二〇〇〇年、六八六－六九七頁
速水敏彦「ペトロの手紙一」川島貞雄、橋本滋男、堀田雄康編『新共同訳　新約聖書注解Ⅱ』所収、日本基督教団出版局、一九九一年、四一〇－四三一頁
吉田新「『ペトロの第一の手紙』研究（一）――構造と内容、成立状況について」『人文学と神学』（第九号）、二〇一五年、一－一八頁（二〇一五）
同「Ｉペトロ書の主題――Ｉペトロ書一章一－二節について」『キリスト教文化研究所紀要』（第三四号）、二〇一六年、一－一九頁（二〇一六年）

Achtemeier, P. J., 1 Peter. A Commentary on First Peter, Minneapolis 1996.
Bultmann, R., Bekenntnis- und Liedfragmente im ersten Petrusbrief, in: E. Dinkler (Hg.), Exegetica. Aufsätze zur Erforschung des Neuen Testaments, Tübingen 1967, 285-297（R・ブルトマン〔杉原助訳〕「ペテロ第一の手紙にある告白および讃美の断片」『ブルトマン著作集 聖書学論文集Ⅱ 八』所収、新教出版社、一九八五年、一一六－一三七頁）.
Brox, N., Der erste Petrusbrief, EKK XXI, Zürich u. a. 1979（N・ブロックス〔角田信三郎訳〕『ＥＫＫ新約聖書註解 XXI ペテロの第一の手紙』教文館、一九九五年）.

Dalton, W. J., Christ's Proclamation to the Spirits. A Study of 1 Peter 3:18-4:6, Roma 1989².

Dautzenberg, G., Σωτηρία ψυχῶν (1 Petr 1,9), BZ 8, 1964, 262-276.

Dubis, M., 1 Peter. A Handbook on the Greek Text, 2010 Waco, Tex.

Elliott, J. H., 1 Peter : A New Translation With Introduction and Commentary, The Anchor Bible 37B, New York 2000.

Goppelt, L., Der Erste Petrusbrief, KEK 12/1, Göttingen 1978⁸.

Grudem, W. A., 1 Peter. An Introduction and Commentary, TNTC 17, Nottingham 2009（Ｗ・Ａ・グルーデム〔櫛田節夫訳〕『ペテロの手紙第１』いのちのことば社、二〇〇七年）.

Merklein, H., Studien zu Jesus und Paulus, Tübingen 1987.

Jeremias, J., Zwischen Karfreitag und Ostern. Descensus und Ascensus in der Karfreitagstheologie des Neuen Testamentes, in: ders., Abba. Studien zur neutestamentlichen Theologie und Zeitgeschichte, Göttingen 1966.

Reicke, B., The Disobedient Spirits and Christian Baptism. A Study of 1 Pet. III. 19 and its Context, New York 1984.

Schelkle, K. H., Die Petrusbrief, der Judasbrief, HThK XIII/2, Freiburg/Basel/Wien 1976⁴.

Schneider, J., Die Briefe des Jakobus, Petrus, Judas und Johannes. Die katholischen Briefe, NTD 10, Göttingen 19672（Ｅ・シュナイダー〔安達忠夫他訳〕『公同書簡 翻訳と註解』、ＮＴＤ新約聖書註解一〇、ＡＴＤ・ＮＴＤ聖書註解刊行会、一九七五年）.

Selwyn, E. G., The First Epistle of St. Peter. The Greek Text with Introduction, Notes and Essays, 1981².

Shimada, K., Studies on First Peter, Tokyo 1998.

Spitta, F., Christi Predigt an die Geister. 1 Petr. 3,19 ff. Ein Beitrag zur neutestamentlichen Theologie, Göttingen 1890.

Vogels, H.-J., Christi Abstieg ins Totenreich und das Lauterungsgericht an den Toten. Eine bibeltheologisch-

dogmatische Untersuchung zum Glaubensartikel “descendit ad inferos”, Freiburg im Breigau u.a. 1976
Wengst, K., Christologische Formeln und Lieder des Urchristentums, Gütersloh 1973[2].
Windisch, H. / H. Preisker, Die Katholischen Briefe, HNT 15, Tübingen 1951[3].

第五章　オリゲネスのパウロ解釈とルターへの影響

出村みや子

はじめに

　この研究の目的は、古代末期に活躍した聖書学者オリゲネス（一八五－二五六）の『ローマの信徒への手紙注解』に見られる福音理解が後代の聖書解釈に及ぼした影響を、特に宗教改革者マルティン・ルター（一四八三－一五四六）のパウロ解釈との関係に焦点を当てて考察することにある。オリゲネスは、教会史において初めて聖書全体の注解作業に着手しており、後世の聖書解釈に大きな影響を与えてきた。本稿ではオリゲネスの『ローマの信徒への手紙注解』を取り上げるが、それはこの著作にはルターに先立ちオリゲネスが神による義認を論じる際に、聖書主義の立場からパウロのテクストに対する付加を通じて「信仰のみ（sola fide）」や「恵みのみ（sola gratia）」を強調する解釈をはっきりと示す記述が見られるからである。宗教改革の核心は神による義認の問題を「～のみ」によって語ることにあることが知られているが、こうした立場は今日のエキュメニカルな対話が必要とされる現代においては、カトリックに対する、また他宗教に対する排他的な姿勢に通じるとの批判がある。[1]本稿ではこうした現代的課題に対して、オリゲネスとルターにおけるパウロ解釈に共通する要素を明らかにすることで、ルターの宗教改革が潜在的に有していたエキュメニカルな聖書理解の可能性を考える手がかりを示したいと思う。

オリゲネスの『ローマの信徒への手紙注解』は、オリゲネスの数多い旧約・新約聖書の注解の中で、ギリシア語原文であれ、ラテン語訳であれ、聖書の一書の注解の全文が残されている唯一の著作であるが、これまでそれが大著である上に、この著作をラテン語に翻訳したルフィヌスの訳者としての正確さの問題もあって、残念ながら最近まで標準的な校訂版がなかった。そのために、この著作にはオリゲネスの晩年の成熟した神学理解が認められ、ヒエロニュムスやアウグスティヌスにも多大な影響を与えているにもかかわらず、最近までほとんど注目されてこなかった。従ってアウグスティヌスやルターのパウロ解釈との関連を指摘する研究が現れたのはごく最近のことである。この著作の邦訳を一九九〇年に刊行した小高毅は、この注解の研究状況について以下のように述べている。

聖書の一書の冒頭から結語までの全文の注解が残されているのはこの『ローマの信徒への手紙注解』ただ一つしかないことになる。その意味で貴重な書であると言えよう。ところが、この『ローマの信徒への手紙注解』に限って、一八九九年から一九九五年にかけてドイツの研究家たちの手で出版された『ギリシア・キリスト教著作家全集』（GCS）中の「オリゲネス著作集」（一二巻）の中にも収録されず、一七五九年に出版されたドラリュ Delarue の校訂版（一八五七年にミーニュの教父全集に再録）に代わる批判校訂版は出ていないのである。また、オリゲネス研究家たちも本書に関しては、積極的に取り組むこともあまりなく、本書に関しては無視とまでは言えないにしても、本書からの引用をためらう傾向が見られた。これは、ひとえに本書の訳者であるルフィヌスの翻訳に対する信頼度の低さに起因するものであった。[2]

ルフィヌスの翻訳の信憑性については、一九四一年に発見されたトゥーラ文書の第二写本に収録されていた、ロマ書の三・一–五・一〇までに関する注解の抜粋との比較検討を行ったH・チャドウィク（H. Chadwick）やH・クルゼル（H. Crouzel）によって肯定的な評価が下されて以来、本書に研究者の注目が集まるようになった。ただ一九九〇年に小高毅が邦訳を刊行した時点では、イタリアのコッキーニ（F. Cocchini）が一九八五–八六年にミーニュ＝ドラリュ版を底本としてイタリア語訳を刊行したのみであった。小高訳もミーニュ＝ドラリュ版（PG 14, 831-1294）を底本としており、段落の区分は概ねコッキーニのイタリア語訳に倣っている。[3] しかしその後C・P・ハモンド・バンメル（C. P. Hammmond Bammel）が一九八五年にオリゲネスの『ローマの信徒への手紙注解』のテクスト伝承に関する詳細な研究書を公刊した後、[4] 本書の新たな批判校訂版を一九九〇年（一–三巻）、一九九七年（四–六巻）、一九九八年（七–一〇巻）に刊行した。これをきっかけに、一九九〇–九六年にかけてテレジア・ハイザー（Theresia Heither）によるドイツ語訳が、また二〇〇一年にはトーマス・シェック（Thomas P. Scheck）による英語訳が相次いで刊行され、二〇〇九年からはフランスのSources Chrétiennes のシリーズとしてC・P・バンメルの批判校訂版のテクストとL・ブレザール（Luc Bresard）によるフランス語の対訳版が刊行された。同時にオリゲネスのパウロ理解に関する研究書や論文も公刊され、現在オリゲネスにおけるパウロ理解の研究が急速に進んでいる状況である。[5]

最近の教父学研究においてオリゲネスにおけるパウロ主義の重要性が次第に明らかになるにつれて、オリゲネスの神学的遺産の再評価が活発に行われており、それに伴ってルター以来のプロテスタント神学者のオリゲネスに対する否定的評価も見直されている。先に筆者は最近のオリゲネス研究の成果に基づき、オリゲネスの聖書解釈の方法がパウロの範例に従って聖書の内在的解釈に基づく聖書主義の立場を採っていることを示し、[6]さらにアウグスティヌスが最初にペラギウス主義論争に着手した際の著作である『罪の報いと赦し（*De peccatorum meritis et remissione*）』において、オリゲネスの『ローマの信徒への手紙注解』が重要な役割を果たしていたことを示した。[7]

本研究の目的は、オリゲネスの『ローマの信徒への手紙注解』を手掛かりにして、オリゲネスの福音理解とルターの宗教改革との関係を明らかにすることにあり、特に宗教改革の信仰にとって重要な「信仰義認」及び「福音」の理解について考察することを通じて、オリゲネスの神学的遺産の評価について現代の視点から再検討を試みたいと思う。

1　問題設定：ルターにおける信仰義認の理解[8]

ルターについては、宗教改革を進める過程でそれまで用いていたオリゲネスに由来する聖書のアレゴリー解釈に疑問を抱くようになり、徐々に字義的・文法的解釈を重視していったことでプロテスタントの聖書解釈に新たな地平を拓いたことが広く知られている。事実ルターは、以下に述べるように、ジョン・エックやエラスムス等のカトリックの神学者との論争の中でパウロのテクスト解釈に基づき、同時代に隆盛であった中世のアレゴリー解釈の創始者としてとりわけオリゲネスを攻撃する試みを行ったのであった。

ルターによって始められた宗教改革が、聖書解釈や聖書のドイツ語翻訳を通じてそれまでの中世世界の教会制度を大きく転換させ、近代市民社会の先駆けとなったことは周知の出来事である。その際ルターの宗教改革の原動力となったのが、パウロ書簡に記された「神の義」の再発見であった。ルターはロマ書一・一七に記された「神の義は、その福音の中に啓示され、信仰に始まり信仰に至らせる。これは『信仰による義人は生きる』と書いてあるとおりである」との言葉から「信仰義認」の理解に至った。さらにルターがロマ書三・二八の「なぜなら、わたしたちは、人が義とされるのは律法の行いによるのではなく、信仰によると考えるからです」とのパウロの言葉に「ただ（allein）」という副詞を付加して、人が義とされるのは「ただ信仰のみによる（sola fide）」ことを強調したことから、これが後に「聖書のみ（sola scriptura）」、「恵みのみ（sola gratia）」と共にルターの宗教改革のスローガンとみなされるようになったことも重要である。この点について笠利尚は以下のように指摘している。

> ルターはローマ人への手紙三章二八節をドイツ語に訳すとき、ギリシア語本文にない「ただ（allein）」という副詞を入れて「人が義とされるのは律法の行いによるのではなく、ただ信仰によるのである」と訳したことは有名であるが、彼はこの点で論敵に非難されている。しかし、ルターは「翻訳についての手紙」（一五三〇年）の中で、solaという四つの文字が本文中にないのは全く確かであるから、のろまな連中（論敵）が、見たこともない市門の前にいる牛のように、驚いてこれらの文字を見ていると言い、次のように述べている。『私がsolum（= allein）という言葉を挿入したのは、単に言語の性質にたよってこれに追随したのではなく、むしろ本文と聖パウロの意図が力ずくでこれを要求し、強制しているのである』（WA. 30, II. 640, 著作集第九巻三五一頁）と。また、こうも言っている。『言語の性質と並行して事柄それ自身がこれ（すなわちalleinを入れること）を強いるのである』（ibid. 641, 著作集三五二頁）と。このようにしてルターは聖書の中心であるキリストの意味に圧倒されながら中世の枠の中から新しい方向を生み出していった。[9]

この笠利の指摘が重要と思われるのは、ルターがパウロのテクストに「ただ（allein）」という副詞を挿入したことで論敵から非難を受けたものの、ルターはこれに屈することなく、確信をもって「新しい方向を生み出していった」という事実と共に、これが「中世の枠の中から」であったという点である。ルターは確かに「信仰のみ（sola fide）」という強い確信をもって、パウロの聖書テクストに「ただ（allein）」という副詞を挿入したのだが、それに先立ってオリゲネスが既に同様の解釈を行っていたのである。次にこの問題について検討したい。

2　オリゲネスの『ローマの信徒への手紙注解』におけるパウロ解釈の問題

2・1　『ローマの信徒への手紙注解』第三巻六章――「人は信仰のみによって義とされる」

オリゲネスがパウロの「信仰義認」のテーマについて、特に「信仰のみ」を強調しているのが『ローマの信徒への手紙注解』第三巻六章であり、この箇所を中心に最近のオリゲネス研究者がオリゲネスの再評価を主張している。[10]この箇所でオリゲネスはパウロのロマ書三・二八の「なぜなら、わたしたちは、人が義とされるのは律法の行いによるのではなく、信仰によると考えるからです」の句について解釈し、「こうして彼は、義とされるには信仰のみで十分であり、その結果義とされる人は、いかなる業もその人によってなされていなくとも、信仰のみによって義とされると言っているのです（et dicit sufficere solius fidei iustificationem, ita ut credens quis tantummodo iustificetur etiamsi nihil ab eo operis fuerit expietum）」と述べている。そしてこれに続く箇所でオリゲネスは「信仰のみ」についての叙述を展開するに際して、「使徒［パウロ］の文書は完全なものであり、全体が独自の秩序をもって構成されていると主張するよう努めている私たちにとって、目下の課題は、「行いによらず、信仰のみによって義とされるのは誰か（quis sine operibus sola fide iustificatus sit）を考察することです」と述べている。そしてオリゲネスはこの課題に答えるために、「信仰のみによって義とされた」人の実例を二箇所、ルカ福音書から挙げている。第一の例はルカ福音書二三・四二の、イエスと共に十字架にかけられた犯罪者に関する箇所である。

さて、例を挙げるとすれば、キリストと共に十字架にかけられた犯罪者の事例を挙げれば十分であると思われます。彼は十字架の上から彼［イエス］に叫んで言っています、『主イエスよ、あなたの御国においでになるときには、私を思い出してください』（ルカ二三・四二）。この［犯罪人］の善行は他に何一つとして福音書に記されていません。しかし、ただこの信仰のみのゆえに（pro hac sola fide）イエスは彼に言われます、『はっきりと言っておくが、あなたは今日私と一緒に楽園にいるだろう』（ルカ二三・四三）。では、この犯罪者の事例を使徒パウロの言葉に――それがふさわしいのであれば――当てはめて、ユダヤ人に対して言いましょう、『では、あなたの誇りはどこにあるのか』。［彼らの誇りが］取り除かれたのは確かです。しかも、それが取り除かれたのは行いの律法によってではなく、信仰の律法によってなのです。実にこの犯罪者は、律法の行いなしに、信仰によって義とされたのです（Per fidem enim iustificatus est hic latro sine operibus legis）。それに加えて、彼が以前に何を行ったか主は問いただしはしませんでした。信じた後に彼がいかなる業をするか、様子を見ることもしませんでした。［主はご自分が］

楽園に入るにあたって、信仰告白のみによって義とされた者を（sola confessione iustificatum）、御自分の同伴者の一人として受け入れられたのです[11]。

続いてパウロの「信仰義認」の第二の例としてオリゲネスが挙げるのが、ルカ福音書七・三六―五〇の、泣きながらイエスの足に高価な香油を塗った女の例である。

更にまた、ルカによる福音書の中で述べられている女の事例があります。彼女は「イエスがファリサイ派の人の家に入って食事の席に着いておられるのを知り、香油の入った石膏の壺を持って来て、後ろからイエスの足もとに近寄り、泣きながらその足を涙で濡らし始め、自分の髪でぬぐい、イエスの足に接吻して香油を塗った。イエスを招待したファリサイ派の人はこれを見て、『この人がもし預言者なら、自分に触れている女がだれで、どんな人か分かるはずだ。罪深い女なのに、と思った』（ルカ七・三七―三九）。ところが、イエスはこの［ファリサイ派の人］に、五百デナリオンと五十デナリオン［の負債のある二人の人の］譬え話を語っておられます。そして、［イエスは］律法のいかなる業のゆえでなく、信仰のみに応えて（et ex nullo legis opera sed pro sola fide ait ad eam）」、『あなたの罪は赦された』（ルカ七・四八）と彼女に言われます。そして、『あなたの信仰があなたを救った。安心して行きなさい』（ルカ七・五〇）とも言われます[12]。

以上の二つの例を挙げた後、オリゲネスは以下のように結論付けている。

私たちはここだけでなく、福音書の多くの箇所で、救い主がこの言葉を口にしているのに出会います。それによって彼は、信じる人の信仰が、その人の救いの原因であると言っているのです(ut fidem credentis causam dicat esse salutis eius)。以上のことからすべての人に明らかなことは、まさしくかの使徒が考えているように、人が義とされるのは、律法の行いなしに、信仰による(iusticari hominem per fidem sine operibus legis)、ということです[13]。

以上の箇所から明らかになるのは、オリゲネスがパウロのロマ書を解釈する際にパウロに従って、ユダヤ教の律法遵守による義ではなく、人が義とされるのは信仰のみによってであることを、救いの福音のメッセージとして繰り返し強調していることである。しかもこのメッセージはこの二箇所からだけではなく、福音書に記されたイエス・キリストに関する多くの記述によっても伝えられているという。後に示すように、オリゲネスにとって福音とはキリストを宣べ伝えることであり、彼の聖書解釈におけるキリスト中心主義を認めることができるだろう。

ところで、ルターがオリゲネスを批判する際の争点となっている聖書のアレゴリー解釈の問題であるが、以上の記述からも示されるように、オリゲネスは聖書のある箇所を聖書の別の箇所を手掛かりとして解釈するという、聖書の内在的解釈方法を一貫して採用しており、上に記した箇所もその実例である[14]。つまりパウロの「信仰によってのみ義とされる」との言葉の正しさを裏付けるために、ここでは福音書から二つの記事を引用して解釈を行っているのである。

彼はこの方法をパウロのガラテア書四章に基づいて聖書的アレゴリーとして展開し、後の聖書解釈に多大な影響を与えたが、特にこの方法は、ルターが聖書は「それ自体の信頼できる明らかな解釈者である（per se certissima, apertissima, sui ipsius interpres）」[15]と述べた方法と共通している。他にも「聖書の自己解釈」「聖書の解釈者は聖書自身」等と表現される宗教改革の解釈原理には、オリゲネスの聖書主義の立場との共通性が認められるのである。

2・2　『ローマの信徒への手紙注解』第四巻一章――律法と福音の関係

さらにオリゲネスはユダヤ教の律法による行為義認に対して、ロマ書四・一－八の「信仰義認」について以下のように述べている。

先の箇所で［パウロは］二つの律法を提示し、一方を行いの律法、他方を信仰の律法と呼びましたが、そこで彼は、この信仰の律法によって、律法の行いを誇る人の誇りは取り除かれたと主張しています。また、人が義とされるのは信仰によるのであり、律法の行いによるのではないと表明しています。以上の帰結として、ここで［パウロは］、それを聖書によって確認するために、アブラハムの例をあげ、『もしアブラハムが行いのゆえに義とされたのであれば、誇ってもよいが、神の前ではそれはできません』と言うのです。［パウロは］弁証法の技法（dialectica）を用いて論じています。行いによって義とされる人が神のもとで誉を得ることはありませんが、アブラハムが神のもとで誉を得たのは確かです。従って、アブラハムは行いによってではなく、信仰によって義とされたのです。こうして彼は神のもとで誉を得ていると必然的に結論されます。実に、聖書は次のように宣言しているのです。『アブラハムは神を信じた。それが、彼の義と認められた』（創一五・六）[16]。

ここでオリゲネスはアブラハムの事例を引いて、人は行いによるのではなく、信仰によって義とされるとのパウロの主張を受け入れ、これらの二つの義を以下のように区別している。

いわば二種類の義とされることがあり、一方は行いのゆえに、他方は信仰のゆえに「義とされると呼ばれるのです」。そして、行いのゆえに義とされることも誉を得ますが、それは自分のもとでの［誉］であって、神のもとでの［誉］ではない、と「パウロ」は言うのです。ところが、信仰のゆえに義とされることは神のもとで、即ち、人の心を見通しておられる方、隠れた所で信じているのは誰で、信じていないのは誰かを知っておられる方のもとで、誉を得るのです[17]。

オリゲネスによる二種類の義の区別において注目すべき点は、行いのゆえに義とされる人々は、その行いが公然と明らかなので、「目に見える人間の行いを判断する権能を神から与えられている義しい人々や聖なる人々のもとで」彼らの誉を得ることが出来るが、「心に隠されたことはただ神のみが知っておられるのだから」、「信仰のゆえに義とされる人は、隠れたことを認識しておられ、信仰を見抜かれる唯一の方である神のもとでのみ誉を得る」と述べていることである。オリゲネスによれば、神からその権能を授けられた人々が与える誉は人間的誉にしか過ぎないが、パウロの示す信仰義認は、ただ神と神を信じる者の間においてのみ成立する。オリゲネスはこの主題をさらに不法と罪の区別に基づく「良心（conscientia）」の次元へと議論を展開している。第四巻第一章の最後でオリゲネスは次のように述べている。

不法（iniquitas）と罪（peccatum）には明確な区別がある。「不法」とは律法に対して犯された事態について用いられる。このことは、ギリシア語でなぜ不法をἀνομία と呼ぶのかを説明するのであり、それは「法に反してなされたこと」である。他方で「罪」と呼ばれる事柄は、自然本性が教えたり、あるいは良心がわれわれに告げることに反して、不当に犯されるものである（peccatum uero etiam illud dici potest si contra quam natura docet et conscientia arguit delinquatur）。[18]

ここに見られるオリゲネスの「罪」の理解は、近代の自由の理解における自然法や良心に通じるものである。さらにオリゲネスが、不信心な者を義とする信仰の働きについて語っている箇所を検討しよう。

かの使徒は、まだ義の行いを欠いてはいるが、不信心な者を義とされる方を信じるゆえに、人は義と認められるということを語っている（dicit apostolus quod homini iustitia reputetur licet nondum opera iustitiae egerit, sed pro eo tantum quod credidit in eum qui iustificat impium）。実に、

神から義とされる端緒は、義とされる方を信じる信仰なのです。そして、この信仰は、義とされた時に、雨の後の根のように、魂の深みにしっかりと根を下ろします。その結果、神の律法によって耕され（教化され）始めると、行いという成果をもたらす枝が［魂］の内に成長するのです。ですから、行いから義の根が生えるのではなく、義の根から行いという成果が生ずるのです。つまり、この義の根のゆえに、神は行い（働き）のない義を是認されるのです。[19]

こうした信仰の働きは、現代のキリスト教倫理においては義認と聖化の関係として論じられる主題であり、聖化は洗礼を受けてイエス・キリストと結ばれて罪を赦された信仰者の生き方の刷新、新生として重視されている。[20] ここで重要なのは、オリゲネスが中世の教会に見られるような行為義認や自力救済の道ではなく、以下に示すように、信仰も神の賜物であるという「恵みのみ（sola gratia）」の立場に立っていることである。

2・3　『ローマの信徒への手紙注解』第四巻五章——「恵みのみ（sola gratia）」

オリゲネスが「信仰のみ」の解釈に加えて「恵みのみ（sola gratia）」を強調している箇所が、ロマ書四・一六―一七を注解している『ローマの信徒への手紙注解』第四巻五章である。オリゲネスはまず、「神は約束した遺産を、義務からではなく、恵みとして与えて下さる。遺産は信じる者たちに、当然支払われるべき報酬としてではなく、信仰の贈り物として神から譲与される」とのパウロの主張について、「私たちが存在しているのは私たちの行いの報酬によるとは考えられないのであり、私たちが存在するのは神の賜物であり、私たちが存在することを望んだ創造主の恵みによるのです」と述べている。この箇所でオリゲネスが「恵みのみ」について述べる必要があると判断したのは、以下のような異論が出されることを想定したためである。その異論とは、「『信仰のゆえに』と言われているのであるから、それは無償の賜物ではないのであり、なぜならまず人間の側から信仰がささげられねばならず、それによって神からの恵みが獲得されねばならないからである」というものである。こうした異論を反駁するために、オリゲネスはパウロの他の手紙の箇所を引用している。

実際彼［パウロ］は、信仰の度合いに応じて信じる者たちに与えられる聖霊の賜物を数え上げる箇所で、他の様々な賜物の中に信仰の賜物も聖霊によって授けられることを論じています。実にその多く［を数え上げた］の後に、『ある人々にはその同じ霊によって［信仰が与えられています』］（Ｉコリ一二・九）と述べて、信仰も恵みとして与えられることを明らかにしています。また他の箇所でも同じ使徒が、『あなたがたには、キリストを信じることだけでなく、彼のために苦しむことも神から与えられています』（フィリ一・二九）と言って、これを示しています。福音書の中にもこのことが指摘されているのが見出されるでしょう。人間の側からの信仰は、神からのそれ［信仰］が付加されなければ、完全なものではあり得ないことを悟ったとき、使徒たちは救い主に言っています、『私たちに信仰を増して下さい』（ルカ一七・五）。以上のすべてから、次の事が非常にはっきりと確認されます。ここで使徒が『そこで、信仰のゆえに、従って恵みによってこそ、確実に約束にあずかれるのです』と言うのは、私たちがそれによって神を信じていると認める信仰そのものも、恵みの賜物によって私たちの内に確固としたものとされるということです。[21]

オリゲネスはこれに続く箇所で、信仰と恵みについて語るパウロの言葉を確証するために、さらに旧約聖書からもノア、モーセ、ヨセフ、エステルの事例を引用している。

以上の検討により、ルターが「ただ（allein）」という副詞を挿入して「信仰のみ（sola fide）」を主張したことの意義に鑑みて、同様の挿入が既にオリゲネスの『ローマの信徒への手紙注解』にも認められることや、さらにオリゲネスのアレゴリー解釈が聖書主義に基づく聖書の内在的解釈であることと、さらに「信仰のみ（sola fide）」と共に「恵みのみ（sola gratia）」の主張も見出されることが明らかになった。現代の研究者たちがオリゲネスの再評価を試みている所以である。

3　オリゲネスの「福音」理解

最後にこの研究の主題であるオリゲネスの福音理解について考察したい。オリゲネスは『ローマの信徒への手紙注解』第一巻一四章の冒頭で、ロマ書一・一六（「私は福音を恥としない。［福音は］信じる者すべてに救いをもたらす神の力だからです」）について、以下のように解釈している。

確かに、福音宣教が始められた頃には、多くの罵詈雑言が福音に浴びせられました。しかし、パウロは、預言者の言う、『人々の侮辱に屈するな。人々の軽蔑に負けるな』（イザ五一・七）という言葉から忍耐を学び、福音を宣べ伝えるのは『人の知恵に教えられた言葉によるのではなく、霊の力によるものである』（Ⅰコリ二・一三）と知っていたのです。ですから、福音が何であるかを定義して、『［福音は］ユダヤ人をはじめ、ギリシア人にも、信じる者すべてに救いをもたらす神の力である』と［パウロは言うのです］。……しかし、次の点にも注意せねばならないでしょう。キリストは「神の力」と呼ばれ（Ⅰコリ一・二四）、福音もまた『神の力』と言われるとすれば、キリストは、他の多くのものと同様に、『福音』として理解されねばならず、『永遠の福音』（黙一四・六）と言われるのはこの方のことであると理解しなければならないのではないでしょうか[22]。

オリゲネスはパウロの「私は福音を恥としない」という言葉の意味を明らかにするために、他の聖書箇所からイスラエル預言者の言葉を引用し、パウロの困難に満ちた宣教活動が預言者の告知の活動の継承であることを示している。オリゲネスによれば、パウロが多くの妨げにもかかわらず、「私は福音を恥としない」と述べることができたのは、「人々の侮辱に屈するな。人々の軽蔑に負けるな」（イザ五一・七）との預言者イザヤの言葉から彼が忍耐を学んでいたからであるという。この解釈には、オリゲネスが置かれていた時代状況が反映しており、彼が未だ迫害下にあった当時の教会の信徒たちを励ますためにこのような聖書解釈を行ったと考えられる。

最後に、オリゲネスが「［福音は］信じる者すべてに救いをもたらす神の力だからです」の一節について行った解釈を見ておこう。彼はまずⅠコリ二・一三を引用してこれを「福音とは何か」の定義の問題と結びつけている。オリゲネスは「ユダヤ人をはじめ、ギリシア人にも、信じる者すべてに救いをもたらす神の力である」というパウロの言葉は、福音とは何かを示す定義であると述べている。それは福音がⅠコリ二・一三によれば「人の知恵に教えられた言葉によるのではなく、『霊』の力による」からである。そしてキリストが「神の力」と呼ばれ（Ⅰコリ二・一四）、福音もまた「神の力」と言われていることから、キリストこそが福音であり、永遠の福音であると述べている。

以上の箇所から、オリゲネスはパウロの告げる福音宣教の理解に従い、同時代の宣教活動がイスラエル預言者の活動の継承である限り反対者の妨げがあることを告げると共に、福音とはキリストを宣べ伝えることであり、キリストこそが「永遠の福音」であると主張していることが明らかになったことと思う。

4　ルターのオリゲネス評価の問題

4・1　ルターにおけるオリゲネス評価の問題

以上のオリゲネスのテクストの検討から、オリゲネスがロマ書の理解においてルターと何らか共通する解釈を行っていることが確認されたが、それではなぜルターはオリゲネスを数多くの箇所で激しく批判したのだろうか。宗教改革者ルターがどのようにオリゲネスの神学を評価していたかについて優れた研究を行ったのが、アメリカのオリゲネス研究者でルター派神学者のジョン・デチョウ（Jon Dechow）である。デチョウはルターが当初はオリゲネスの神学的方法に学びながら、聖書のアレゴリー解釈を行っていたことを指摘すると共に、その後のパウロ研究の進展と自由意志を巡るエラスムスとの論争を通じてルターがオリゲネスの方法に対して次第に距離を取るようになった経緯を辿っている。

デチョウはまず、ルターが当初聖書解釈を巡って当時のカトリックの神学者と論争を行った際に、オリゲネスの神学的影響が両陣営に見られること、特にオリゲネスの本文批評に用いられた記号が両陣営によって効果的に用いられていたことを示すエピソードを紹介している。それは、論敵ジョン・エックがルターの『九五ヶ条の提題』を批判した際に、一五一八年に提起したルター批判の書に『オベリスク』との表題を付したことであるが、これはオリゲネスが彼の『ヘクサプラ』の写本伝承に疑問の余地のある付加を見つけた際に使用した記号（÷）であった。これによってエックは、ルターが『九五ヶ条の提題』においてキリスト教信仰に対して、疑問の余地のある付加を行ったことを示そうと試みたのである。このエックの批判書に対して一五一八年三月にルターが提起した反論書の表題は『アステリクス』であり、これもオリゲネスが本文批評において用いた記号（＊）であり、これによってヘブライ語原典にあったものがギリシア語訳から削除されたことを示す。これによってルターは、自らが当時のキリスト教に欠けていたものを補ったのだと反論したのである。従って互いに相手に対して、聖書やキリスト教の伝統への不必要な付加であるとの指摘や、あるいは聖書やキリスト教の伝統から削除されたものの必要な補足であるとの主張を行っていることから、両者が共にオリゲネスの記号であることを暗示しながら論争していたことが知られるのである。[23]

このようにしてルターはカトリック側の神学者たち、指導者たちとの様々な論争を経て、最終的に中世末期に至るまでの聖書解釈の伝統の典型としてオリゲネスを批判するに至った。その意味でルターがオリゲネスのアレゴリー解釈を退けた背景として、当時の教会におけるアレゴリー解釈の行き過ぎた乱用の他に、彼の初期の聖書解釈の方法論に対する自己批判という要素も否定できないと思われる。それを裏付けるのが以下の箇所である。ルターは一五三二年の夏から秋にかけて、彼自身が以前に行っていたアレゴリー解釈を放棄することになった理由を以下のように述べている。

かつて修道士だったとき、私はアレゴリー解釈の専門家であった。私はすべてのものをアレゴリーとして解釈していた。後に私はロマ書を通じてキリストについて少しは知るようになった。それはアレゴリー解釈とは何の関りもないことを知った。キリストが何を意味するかではなく、キリストが何であるか（quid Christus significaret, sed quid Christus esset）が重要なのである。私は以前には下水溝などすべてのものをアレゴリーとして解釈していたが、後にはヨシュアのように敵と戦うのはいかに困難であったかを物語の中で考えるようになった。もし私がそこで戦ったとすれば、恐怖でお漏らしをしたであろう。それはもはや恐れのために尻を汚していただろう。それはもはやアレゴリーではなく、三〇〇人で敵をあのように撃破したのは霊と信仰であった。ヒエロニュムスとオリゲネスは――神よ、彼らをお許しください――アレゴリー解釈を求めることにしか貢献なかった。そしてオリゲネスの全著作の中には、キリストについて述べた言葉は一言もないのだ（卓上語録三三五）。[24]

以上の叙述に見られるヒエロニュムスとオリゲネスのアレゴリー解釈に対するルターの否定的判断には、メランヒトンの見解が大きく影響していたことが知られている。[25] ルターは初期キリスト教の聖書解釈が、「オリゲネスの時代」以降に恣意的なアレゴリー解釈のせいで歪められ、これが中世末期までの聖書解釈に深刻な影響を与えたのだと確信するようになったのである。一五二二年にルターは、メランヒトンの記した『パウロのローマの信徒への手紙およびコリント人への手紙注釈』に付す序文を書いているが、この中で彼はメランヒトンの著作を推奨し、これと比べてヒエロニュムスとオリゲネスの注解書を「単なる冗談や愚行（meras nugas et ineptias）」と呼んでいる。彼は続けて、あなた［メランヒトン］は「注解書に先立って、まず聖書だけを読まねばならない（Sola scriptura. inquis, legenda est citra commentaria）」と言っている。そして「あなた［メランヒトン］がヒエロニュムス、オリゲネス、トマス［アクィナス］、その他の同様の人々について述べたことは適切である。というのも彼らは、パウロやキリスト教徒の見解よりも、彼ら自身［の見解］をより立派に伝えている（in quibus sua potius quam Paulina aut Christiana tradiderunt）注解書を記したからである」と述べている。[26]

デチョウによれば、ルターは通常アウグスティヌスを他の教父よりも優位に置いているが、時にこのお気に入りの教父［アウグスティヌス］をもオリゲネスと共に批判することもあったという。ルターは一五二二年九月に聖書の霊／肉に関して誤った解釈を行った者たちに警告を発したが、それは読者が「霊」と「肉」について適切に解釈することがなければ、パウロのロマ書を決して理解することができないとルターが信じていたためである。「従ってこれらの言葉を違う意味で用いるすべての教師に注意しなさい。たとえそれが誰であれ、オリゲネスやアンブロシウス、アウグスティヌス、ヒエロニュムスやその他同様の人々や彼ら以上の人々であろうとも」と述べている。[27]

4・2　ルターによるオリゲネスのアレゴリー解釈理解の問題

それではルターはオリゲネスのアレゴリー解釈をどのように受け取っていたのだろうか。ルターはアレゴリーを「別の何かに属するものを言うこと」、「それ自身の一貫した区別へと恣意的に限定すること」と呼び、その非難の標的をオリゲネスとヒエロニュムスに絞っている。宗教改革者としての［彼の］キャリアの中で最も劇的な時代とされる一五二〇―二三年には、彼は自らの実人生を反映するかのように、はっきりと反アレゴリーの道を辿るようになった。特に注目すべきなのは、ルターが創世記の前半の章の解釈について以下のように述べている箇所である。

ずっと以前にオリゲネスに下された断罪が正しいのは、彼が楽園に関して記された木やその他の記述を、文法的な意味を無視してアレゴリーに転化したからである。……聖書の適切で単純な意味を消耗し尽くすまで、アレゴリーに没頭するような神学者を私は必要としない。さもないと彼の神学は、オリゲネスが見出したような危険に彼を陥れることになるのだから。[28]

ここに見られるルターのオリゲネス批判に特徴的な表現は、オリゲネス自身の著作から導き出されたものではなく、反異端論者として知られるエピファニオスが『パナリオン』その他で展開したオリゲネスおよびオリゲネス主義者批判に典型的に見られる表現である。[29] 今日ではグノーシス主義文書の研究が進展し、反異端論者の記述の信憑性が疑問視されており、デチョウもこうしたオリゲネスとエピファニオスとの関係を同時代の教会政治的状況から明らかにした大著を公刊している。[30] その中で彼はエピファニオスについても神学者としての素養に欠けており、論敵に対する攻撃のためには手段を択ばない手法をとっていることを批判的に扱い、オリゲネスに対する六世紀の異端宣告についての見直しを試みている。デチョウは後にルターが採用した聖書解釈の新たな方法とその問題点について、次のように述べている。

優れた聖書神学者として、彼は常に聖書の資料に立ち戻ることを優先した。彼は聖書テクストの原典から始め、それから教父や中世の注解書を、元来の歴史的および文法的研究の土台の元に評価した。使徒的伝統と使徒後の伝統の間の連続性は、彼にとっては強いものではなかった。むしろ新約聖書の記者たちと初代教会の教父たちとの間にかなりの時間的ギャップがあると考えていた。彼は明らかに『使徒教父文書』（一世紀後半から二世紀前半）を知らなかった。彼はテルトゥリアヌス（一六〇頃－二二五頃）を、使徒後の教会における最初期の著述家とみなしていたように見える。こうして彼は聖書と教父学／中世の伝統の間に、現代の学会が想定する以上に、強力な時代的および質的な区別をすることができたのだ。[31]

特にオリゲネス評価が大きく低下した要因となるのがエラスムスとの論争であるが、デチョウはルターが「エラスムスの聖書解釈の価値を低下させ、彼自身の釈義的アプローチに勝利を得させるために、この決まり文句を論争の道具として活用した」とみなしている。[32]

エラスムスの『評論（ディアトリベー）』は、選択の自由という中心的問題に関して「穏やかで学者的な議論でルターと対峙しようとする」最良の試みであるが、かなり率直であり、やや儀礼的で辛辣でもある。エラスムスの真理の基準の中で、教会教父たちの権威としてオリゲネスの名が最初に挙げられているが、これは初代教会以来の「これらすべての数百年の期間に」「世界には福音が存在しなかった」という観念を追い払うのに役立てるためであった。エラスムスはルターが「過去の聖書の解釈を躊躇なく捨て去ってしまうだろう」ことを仄めかし、聖霊は「一三〇〇年間彼の教会における誤りを意図的に見逃そうとした」のか、またすべての福音的教えのまさに本質であるもの、すなわち自由選択によって、「すべての敬虔かつ神聖な教会教父たちの一人を、霊感を得るに値するとみなしはしない」のだろうか、と問うている。[33]しかもエラスムスは、主要な根拠としての聖書それ自体から論じ、オリゲネスの手がかりに従って、自由選択を支持する旧約及び新約聖書の箇所を取り上げることに進み、続いてこれに反対しているように見える箇所を扱うと主張する。次いで彼はこれに反対するルターの議論を取り上げ、次に聖書の中でこれに反することが明らかな他の証言にコメントを加え、節度と鋭敏さを促しながら、要約と共に締めくくっている。しかしながら全体としてエラスムスは、同時代の問題に精通しておらず、ルターの著作自体にも詳しくはなかったのである[34]。

ルターとエラスムスの論争について筆者はコメントする立場にはないが[35]、デチョウの以上の研究が示しているのは、両者が共に中世までの聖書解釈の伝統を踏まえて論争を行っていたものの、同時代の要請を的確にとらえ、その課題に適切に応えたのはルターだったということである。

結論

以上の考察において筆者は、オリゲネスの『ローマの信徒への手紙注解』にはルターに先立ち、宗教改革者と共通する「信仰のみ」、「恵みのみ」、「聖書のみ」の解釈が見られ、これらがオリゲネスの福音理解と結びついていることを示した。このことは冒頭で示したように、宗教改革の核心である「～のみ」の定式が、カトリックに対する、また他宗教に対する排他的な姿勢だという批判に対して、むしろ今日においてルターの宗教改革が潜在的に有していたエキュメニカルな聖書理解の可能性を考える手がかりになると思われる。なぜならルターのオリゲネス評価に関するデチョウの研究を見る限り、彼の主旨はルターが「個人的に、実存的意味においてオリゲネスを攻撃しているのではなく、――まさに大衆に聖書への目覚めを促す時代にとって長所とはならない――極端なアレゴリー解釈者として戯画化している[36]」ことを示すことにあったからである。なぜならルターの時代には、それまで何世紀にもわたって聖書解釈者たちが次々に展開したアレゴリー解釈は、聖書の基本的意味から大部分の人々を締め出す傾向にあり、また日々の生活の中で聖書テクストとその表現を高めるのに有効ではなくなっていたからである。デチョウは、こうした時代状況のゆえに「ルターは聖書および霊的真理に対するオリゲネスとエラスムス、そして彼自身の探求の間に類似点や共通点があることを決して認めることがなかった」[37]との結論を下している。

現代世界において、オリゲネスが信仰義認の理解において特に「～のみ」を強調したことの意義を認めることは、宗教改革の歴史的意義を低めるものではないであろう。むしろルターが当時のカトリック教会との論争的状況の中でなぜオリゲネスの聖書解釈を正当に評価することができなかったのか、その歴史的経緯を明らかにすることは、福音とは何かに関する今日のエキュメニカルな対話を必ずや促進するだろう。

注

1　現代において宗教改革の核心である義認と自由の問題を取り上げる上で「～のみ（solus）」の定式が重要であることについて、ドイツ福音主義教会常議員会（二〇一七年）参照。
2　オリゲネス（一九九〇年）の「解説」、三－四頁。
3　オリゲネス前掲書の「訳者あとがき」、七一五頁。
4　Hammond Bammel, 1985.

5　以下に引用したテクストは、*Origène Commentaire Sur L'Épître Aux Romains Livres III-V* Texte Critique établi par C. P. Hammond Bammel, Traduction, Notes et Index par Luc Brésard, *SC* 539, 2010に依拠し、邦訳の際にはオリゲネス『ローマの信徒への手紙注解』〔小高毅訳〕、創文社、一九九〇年を参照した。またドイツ語訳（Origenn-Rufinus, *Commentarii in Epistulam ad Romanos* I-V, ed Theresia Heither, Freiburg: Herder, 1990-96）、および英訳（Origen, *Commentary on the Epistle to the Romans*, English translation by Thomas P. Scheck, Washington, D.C., 2001）も必要に応じて参照した。

6　出村（二〇一一年）。

7　出村（二〇一七年）、一－二二頁。

8　以下で扱うルターの文章についてはワイマール版Weimarer Ausgabe全集、および邦訳としてルター著作集編集委員会編『ルター著作集　第一集』（聖文舎）、ルーテル学院大学ルター研究所編『ルター著作集　第二集』（リトン）を参照した。なお、ルターにおける神の義の理解の問題について詳しくは、金子（一九七五年）、および同著者（二〇〇一年）参照。

9　笠利尚、三二三頁。

10　オリゲネスの「信仰義認」の理解に基づく再評価について、Bammel (1992), pp. 341-68. ; Bammel (1996), pp. 223-35. ; Scheck (2008) を参照。

11　オリゲネス『ローマの信徒への手紙注解』III.6.2（邦訳二〇二－二〇三頁）.

12　オリゲネス前掲書III.6.3（邦訳二〇三頁）.

13　オリゲネス前掲書III.6.4（邦訳二〇三頁）.

14　オリゲネスの聖書解釈の方法について詳しくは、Miyako Demura, pp. 149-158を参照。

15　M. Luther, S. 98.

16　オリゲネス前掲書IV.1.1（邦訳二一四－二一五頁）.

17　オリゲネス前掲書IV.1.3（邦訳二一五頁）.

18　オリゲネス前掲書IV.1.19（邦訳二三三頁）.

19　オリゲネス前掲書VI.1.17（邦訳二二二頁）．
20　東京神学大学神学会編『新キリスト教組織神学事典』教文館、二〇一八年における「聖化（ラ sanctificatio）」の項目（二一三－二一六頁）を参照。ここではルターは信仰義認を強調したが、信仰者の内的変化についてはあまり語らなかったと言われ、再生や聖化の問題に積極的に取り組んだのはジャン・カルヴァンであり、改革派であったことが指摘されている。
21　オリゲネス前掲書IV.5.2-3（邦訳二三七－二三八頁）．
22　オリゲネス前掲書I.16.1及び3（邦訳六二頁）．
23　Dechow (1995), pp. 739-757.
24　ルター『卓上語録』三三五（引用は植田兼義訳、教文館、二〇〇三年、三三－三四頁）参照。
25　使徒たちの時代と、アウグスティヌスが使徒的起源に回帰した時代の間をオリゲネス時代（aetas Origenica）と呼んで、これを真理と虚偽が混じり合った時代であるとみなした初期メランヒトンの思想がルターに影響を与えたことについて、Dechow (1995), p. 740を参照。
26　Dechow (1995), p. 746.
27　Dechow (1995), p. 746.
28　『教会のバビロン捕囚について』（一五二〇）、ルター著作集、36:30, 110。
29　エピファニオスの記述の問題性について詳しくは、出村（二〇〇九年）、二七－四五頁を参照。
30　Dechow, (1988).
31　Dechow (1995), p. 754. エック（一四八六－一五四三年）とは、シュワーベンのエック出身であるゆえにEckと言われていたが、本名はJohann Maierである。インゴルシュタットの大学教授で、ルターと宗教改革に敵対し、あらゆる機会をとらえて討論と著作によって反対した。ルター『卓上語録』二二九〔植田兼義訳〕、教文館、二〇〇三年、一〇三頁参照。
32　Dechow (1995), p. 750.
33　エラスムス、一八－一九頁。

34　Dechow (1995), pp. 750-751.

35　ルターとエラスムスの論争について詳しくは、金子（二〇〇二年）（特に第九章「エラスムスとルターにおける自律と神律――主体性の問題」）、同著者（二〇一一年）（特に第八章「ルターとの『自由意志論争』」）を参照。

36　Dechow (1995), p. 750.

37　Dechow (1995), p. 757.

文献

〈テクストおよび翻訳〉

エラスムス『評論「自由意志について」』〔山内宣訳〕『ルター著作集七』聖文舎、一九六六年。

オリゲネス『ローマの信徒への手紙注解』〔小高毅訳〕、創文社、一九九〇年。

Origène Commentaire Sur L'Épître Aux Romains Livres III-V Texte Critique établi par C.P. Hammond Bammel, Traduction, Notes et Index par Luc Brésard, *SC* 539, 2010.

Origenn-Rufinus, *Commentarii in Epistulam ad Romanos* I-V, ed Theresia Heither, Freiburg: Herder, 1990-96.

Origen, *Commentary on the Epistle to the Romans*, English translation by Thomas P. Scheck, Washington, D.C., 2001.

ルターの文章についてはワイマール版 Weimarer Ausgabe 全集、および邦訳としてルター著作集編集委員会編『ルター著作集　第一集』（聖文舎）、ルーテル学院大学ルター研究所編『ルター著作集　第二集』（リトン）を参照した。

ルター『卓上語録』〔植田兼義訳〕、教文館、二〇〇三年。

M. Luther, *Wahrheitsbekraeftigung aller Artikel Martin Luthers*, die von der jungsten Bulle Leos X. verdammt worden sind (WA7) 1897.

〈二次文献〉
Bammel, C. P., "Augustine, Origen and the Exegesis of St. Paul", in *Augustinianum* 32, 1992, pp. 341-68.
Bammel, C. P., "Justification by Faith in Augustine and Origen", *JEH* 47, 1996, pp. 223-35.
Hammond Bammel, C. P., *Der Römerbrieftext des Rufin und seine Origenes-Übersetzung*. *AGLB* 10. Freiburg im Breisgau; Herder, 1985.
Dechow, J., "Origen's Shadow over the Erasmus / Luther Debate", in *Origeniana Sexta*, Leuven, 1995, pp. 739-757.
Dechow, J., *Dogma and Mysticism in Early Christianity: Epiphanius of Cyprus and the Legacy of Origen*, Peters, 1988.
Miyako Demura, "Origen's allegorical interpretation and the Philological tradition of Alexandria", in *Origeniana Nona*, 2009, pp. 149-158.
出村みや子「エピファニオスのオリゲネス批判――『パナリオン』六四の伝記的記述の検討を中心に」『東北学院大学論集　教会と神学』四八号、二〇〇九年三月、二七-四五頁。
出村みや子『聖書解釈者オリゲネスとアレクサンドリア文献学』知泉書館、二〇一一年。
出村みや子「アウグスティヌスの原罪論におけるオリゲネスの聖書解釈の影響――『罪の報いと赦し』を中心に」『東北学院大学論集　人文学と神学』第一二号、二〇一七年、一-一二頁。
ドイツ福音主義教会常議員会『義認と自由――宗教改革五〇〇年　２０１７』〔芳賀力訳〕、教文館、二〇一七年。
金子晴勇『ルターの人間学』創文社、一九七五年。
金子晴勇『宗教改革の精神――ルターとエラスムスの思想的対決』講談社学術文庫、二〇〇一年。
金子晴勇『エラスムスとルター――一六世紀宗教改革の二つの道』聖学院大学出版会、二〇〇二年。
金子晴勇『エラスムスの人間学――キリスト教人文主義の巨匠』知泉書館、二〇一一年。
笠利尚「ルター派の聖書解釈――改革者ルターを中心として」、出村彰・宮谷宣史編『聖書解釈の歴史――新約聖書から宗教改革まで』日本基督教団出版局、一九八六年所収。
Scheck, T. P., *Origen and the History of Justification*, University of Notre Dame, 2008.

第II部　福音主義とは何か

――〈福音〉から〈福音主義〉へ

第一章　ルターにおける福音理解の特質

金子晴勇

はじめに

ルターは宗教改革の最初の一歩を直接民衆に福音を告げる「説教の改革」をもって開始した。彼は当時一般に見られた説教について危惧の念を懐いており、その内容がキリストを蔑ろにする作り話、聖人物語や聖人伝説などの「無味乾燥な注釈」から作られていたことを嘆き、民衆のために福音の純粋な意味を説教すべきことを痛感して、ヴォルムスの国会（一五二一年）に召喚される以前から「説教のひな形」を提示する計画に着手し、ヴァルトブルク城の幽閉中も継続され、一五二二年に「ヴァルトブルク・ポスティレ」（Wartburg-postille）とか「教会暦ポスティレ」（Kirchenpostille）と呼ばれる『標準説教集』が出版された。[1]

この説教集には「福音に何を求め、期待すべきかについての小論」が説教の序論もしくは導入として書かれており、ルターの福音理解の特質が的確に説かれている。そこにはまた「マンスフェルト伯への献辞」という短い文章もあって、彼が福音をどのように理解していたかがよく提示されている。そこで彼の福音理解の特質をまず指摘した上で、教義学の主題である「律法と福音」の問題を解明してみたい。

1　「福音に何を求め、期待すべきかについての小論」における福音理解の特質

ルターは「献辞」の中で「福音とは、神のもっとも小さい子と神の子のへりくだる物語以外のなにものでもない」と言う。「神のもっとも小さい子」とはキリストを指しており、この書では「もっとも小さい者」や「もっとも若い者」が絶えず考慮されているばかりか、当のマンスフェルト伯のような身分の高い人にも「福音により神の前で己の不評と卑賤さを想起することが必要ですし、他のだれよりもこのことを認識しなければなりませんし、認識する必要がある」と言う[2]。さらに政治的現実の悲惨さに言及し、ルター自身が現に蒙っている国外追放という迫害が起こっているが、キリストの福音のゆえに受けた不名誉が名誉に逆転するように懇願し、次のように言う。「ですから、閣下にすべてを逆転させ、逆の方向に向かわせる、福音について、再考をお願いしたく存じます。彼らが不名誉と呼ぶものが名誉ですし、名誉と呼ぶものが不名誉なのです[3]」と。

次の「福音に何を求め、期待すべきかについての小論」でルターは福音の本質的な要点をきわめて

簡潔に示して、「福音とは神およびダビデの子、死んで、甦り、主となったキリストについての物語（Historia）、つまり、これが福音の要約の主眼点（Summa summarum）である」[4]と言う。またこの福音が正しく認識されるためには、その中心的な教義として「キリストの賜物と模範」について正しく学ばなければならない、と次のように説いている。

福音の中心的な教義と土台は、キリストを模範として理解する前に、キリストを受け容れ、あなたに神から与えられた、あなた自身のものである賜物や贈り物としてそれを認識することである。したがってキリストを見つめ、耳を傾け、彼が何かを行い、苦しみに耐えること、したがって、このように行い、受難に耐えるキリストご自身があなたのものであることを疑わないことである。ただこれに信頼して、あなたが同じキリストのようになり、あなたがそれを行ったかのようになることである。見よ、これこそ福音が正しく認識されることである。これは、かつていかなる預言者、使徒たち、天使もことばでは表現することができなかった。またいかなる心も賛嘆し、理解できなかった神の満ち溢れるばかりの慈しみ（die ubirschwencklich gutte gottis）であり、わたしたちへの神の愛の大いなる炎（das grosse fewr der liebe gottis）である。これによって心と良心（das hertz unnd gewissen）は喜び、確実となり、満ち足りる。これがキリスト教信仰が説かれるということである。[5]

このテキストでは福音の内実が、⑴キリストを救い主として受容すること、⑵キリストを模範として生きることという二点が強調される。同様なことはこの時期に書かれた『キリスト者の自由』でも主張されており、とくにそのラテン語版では「一人のキリストになる」ことが強調される。上述の文章ではキリストを「あなた自身のものである賜物や贈り物として認識すること」が説かれる。また「賜物としてのキリストがあなたの信仰を養い、あなたをキリスト者にするのだということを考えなさい」とも語られる[6]。さらにこの賜物と模範が切り離されているように、「信仰と行いも同じように遠く離れている。信仰には〔信じる人にとって〕特別なものは何もなく、ただキリストの行いと生涯だけしかない。行いにはあなた独自の何かがあるが、それはあなた自身のものとなるのではなく、隣り人のものでもなければならない」と言われる。つまり行いは全面的に他者のためになされる[7]。そこから次のような結論が導き出される。

(1)　福音は律法の書ではない。「それゆえ福音書は、本来、わたしたちからわたしたちの行為を要求する、律法や命令の書ではなく、神の約束の書である」[8]。

(2)　福音の説教とはわたしたちをキリストの許に連れて行くことである。「なぜなら福音を説教することは、キリストがわたしたちのもとに現れて（Christum tzu uns komen）、わたしたちをご自分のもとに連れて行くこと（uns tzu yhm bringen）にほかならないから」[9]。

(3)　恩恵の言葉を聞いて信じることが求められ、キリストとわたしたちとの間に「喜ばしい交換」（jucunda permutatio ; fröhlicher Wechsel）が成立する。「キリストがあなたに恩恵を施し、お助けになるのを信じるならば、キリストはあなたのものになり（szo ist Christus deyn）、賜物（gabe）としてあなたに贈られることは確実である」[10]。

（4）福音は生きた「語られた言葉」であって、死んだ書物ではない。「福音は本来書物でなく、口頭によって語られた言葉でなければならない」（Und evangeli eygentlich nitt schrifft, szondern mundlich wort seyn solt）。それゆえ「福音は良い知らせ（eyn gutt botschafft）、良いお告げ（vorkundigung）と名付けられ、口でもって（mit dem mund）表明された[11]」。

（5）福音は耳から心に入って、信仰によって心中に住み込まねばならない。そのためには自分の無力を認識し、告白し、自己自身に完全に絶望する心が必要である。

こうしたルターの考えは第一説教「クリスマス前夜ミサのための書簡」でいっそう詳しく説かれ、福音の全体像がたとえば次のように説かれる。

見よ、キリストは福音によって耳から心に入り、ここであなたの信仰を通して住み込むのである。そうすれば、あなたの行いではなく、信仰によって心の内に受け入れた客人によってあなたは清く、義しくなるのである。これがいかに豊かな、貴重な財産であるかを見なさい[12]。

ここにはルターの義認思想の平易な表現があって、そこには自分が善いわざでもって義人と認定される自己義認はなく、キリストが自己とは別の「他なる義」であると説かれる。そのさい彼はキリストに伴われて御霊が到来し、人間を新たに改造することを力説する。「福音が現れるとき、キリストをもたらし、キリストはご自身とともにその御霊（geyst）をもたらす。すると人間は新たにされ、信心深くなる。人間の行うすべては、善事であり、怠けて日を送らない[13]」。

2　福音書を説教する方法

　ところでルターはこの時点までヴィッテンベルク大学で主としてパウロの手紙を講義してきたので、この「ヴァルトブルク説教集」ではパウロ書簡と福音書の関連をとくに問題にする。彼は、まず、パウロの手紙を読んで、福音書のことは聞いていないと思うのは間違いであって、そのさい「手紙」という名称に惑わされてはならない。それはすべては純然たる福音である、と彼は考える。

わたしは聖パウロの手紙においては福音は四人の福音書におけるよりも明瞭にして、明白であると言っても差し支えない。なぜなら四人の福音書の記者はキリストの生涯と言葉を記述したが、これらは彼自身が述べているように、彼に栄光を授ける聖霊の出現まではまだ理解されていない。しかし聖パウロはキリストの生涯については何も書いていないけれども、キリストが何故来たのか、人はいかにこれを必要とするか、をはっきりと表明している。[14]

　そこでルターがどのように福音書を説教として扱っているか「クリスマス深夜礼拝の福音書」によって考察してみたい。この説教はルカ福音書二・一―一四をとりあげ、この箇所が史実としていかに明瞭であるかを述べてから、字義的に解釈しはじめる。そして大切なことはこの記事を心中深く刻み込むことであると彼は説く。

（1）福音を心中深く刻み込む。彼はキリストを心に深く刻み込むように勧める。このことを彼は「省察」（meditatio）と言うのであるが、それは彼の師シュタウピッツが説いた「キリストの御傷の省察」から学んだ方法である。

福音はきわめて明白であるから、多くの解釈は必要ではなく、よく考察され、注視され、心に深く刻み込まれなければならない。太陽は静かな水面にはっきりと姿を映し、強力に暖める。さらさらと音をたて流れる川ではこのようなことは起こらず、水も暖められない。それと同じように心を静かに保ち、すべての雑念を念頭から追い払い、熱心に見すえる者ほどこれを役立てる者はいないであろう。それゆえ、あなたの心が燃え、啓発され、信心深くなり、喜びに溢れるようになるために、ここであなたも照明され、暖められ、神の恩恵と奇跡を見て、心を静かにして、この姿を心に深く銘じ続けなさい。そうすれば、あなたは次々に奇跡を見つけるであろう。[15]

そこでルターは福音書に記されている事柄がいかに質素で単純に起きているかを述べてから、「わたしたちがキリストを被造物と肉の中へ深く連れ込めば連れ込むほど、キリストはますますわたしたちにとって慰めになる[16]」と言う。

（2）「わたしたちのため」（für uns: pro nobis）という所謂プロ・メ・モチーフ。このように字義的な解釈が行われた後に、ルターは歴史的な信仰と主体的な信仰とを区別してから、主体的な信仰だけを力説する。

この信仰というのは、この物語が記されているように真実であると、単にあなたが信じることではない。というのは、すべての罪人、永劫の罰を受けた者もこれを信じるから、これはなんの役にも立たない。……〔正しい信仰とは〕キリストがあなたのために生まれ、彼のこの誕生はあなたのためであり、あなたのために起こった出来事であることを、あなたが確信することである。[17]

ここに説かれる「あなたのため」のモチーフは降誕節における天使の合唱「あなたがたのために大いなる喜びを告げる」でも強調される。ルターは「ひとりのみどり子がわたしたちに生まれた。ひとりの男の子がわたしたちに与えられた」（イザ九・五）を引用してから、プロ・メが三唱される。[18]「わたしたちに、わたしたちに、わたしたちに（unsz, unsz, unsz）生まれ、わたしたちに与えられた」と。そしてこの誕生を自分の誕生として誇るべきであると言う。そこからルターに特有な言葉「あなたがこのように信じるなら、このことは起きる」（wilchs geschicht, szo du alszo glewbist）が発せられる。さらに「これがわたしたちの根底（grund）であり、遺産であり、この上に良い行いが建てられる[19]」と付言される。

(3)　**キリストとの合一の意味。**さらに信仰による「キリストとの合一」が「菓子」の比喩によって分かりやすく説明される。

信仰によってキリストはわたしたちのものになり、愛によってわたしたちはキリストのものとなる。キリストは愛し、わたしたちは信じ、これによってわたしたちはキリストと一つの菓子となる（da wirt eyn kuch aufz）[20]。

同時期の説教でもルターは「キリスト教的な人間はキリストと共に同じ力をもち、一つの焼き菓子であり、全生活において彼と共に居住する」（Dann ain Christenmensch hat gleich gewalt mit Christo, ist ain kuch und sytzt mit im in gesampten leben.）とか「キリストと共に一つの焼き菓子となる」（mit Christus ein Kuch sein）と語っている[21]。この種の表現は信仰による一致を言い表すものであり、「あなたがたは今やキリストと一つであり、まったく一つの焼き菓子である」（Die weyl Yhr nu mit Christo eyns und gar eyn kuche seyt.）[22]と説明され、キリストとの合一が焼き菓子と全く同じ事態であると説く[23]。

この場合、「一つの焼き菓子」という表現は民衆にとって「神秘的合一」（unio mystica）を表わすきわめて分かりやすい比喩ではあるが、そこでは比喩に優る実在性が強調されなければならない[24]。このことはサクラメントにおけるキリストの実在的現臨とも関連しており、物理的な意味での実体ではないとしても、リアルな現臨とその交わりとが考えられている[25]。

3 『キリスト者の自由』との比較考察

「ヴァルトブルク説教集」で説かれた説教の特質は、それより少し前に書かれた有名な『キリスト者の自由』の内容と酷似しているので、その点を指摘しておきたい。この書の冒頭で「キリスト者はすべてのものの上に立つ自由な君主であって、何人にも従属しない」、および「キリスト者はすべてのものに奉仕する僕であって、何人にも従属する」という二つの命題が立てられ、キリスト教的人間が「自由な主人」と「奉仕する僕」という矛盾した存在であることが示される。ルターはこの矛盾を「内的な信仰」と「外的な愛の行為」とに分けて論じ、キリスト教的な人間は前者によって神から自由な者とされ、後者によって隣人に仕える者であると説く。

この書では神秘思想の核心「神秘的合一」が「花婿と花嫁」の人格的な関係を通して考察される。

信仰は魂をして、あたかも花嫁をその花婿に娶《めと》るようにキリストと一つとならしめる（voreynigt）。この婚姻の結果として、聖パウロが言うように、キリストと魂とは一体（eyn leyb）となり、したがってまた両者各々の所有も幸運も不運も、あらゆるものが共有され、キリストが所有したものは信仰ある魂のものとなり、魂の所有するものがキリストのものとなる（WA. 7, 25, 27-33）。

このような神秘的な合一の内容は「喜ばしい交換」で実現する。この「交換」（permutatio）には

「欣喜雀躍、小躍り」（Überschwenglichkeit）という法悦の境地が含意されている。またその交換内容が「キリストの義と魂の罪」のように義と罪が正反対のゆえに「逆対応の論理」が認められる。そこには信仰による人格的な合一と受容の作用も認められる。これが霊の作用であって、義認論の背景にはこのような霊性の作用が認められるようになった。

4　福音と律法の区別による新しい教義学

ルターは教義学的に言って「律法と福音」がいかなる意味をもっているかについて『ガラテヤ書講解』（一五三一年）で単純明確に次のように言う。「律法と福音とを区別するこの教説（locus）を知ることは、全キリスト教教義の全体（Summa totius Christianae doctrinae）を含んでいるがゆえに、最も必要である」（WA. 40, I, 209, 16f）。

この観点からこの講解の全体を通してこの区別の面が強調され、「この二つ〔律法と福音〕の区別（distinctio）をよく知っている者は神に感謝し、自分が神学者であると知るべきである」（ibid., 207, 3f）とまでルターは力説した。ルターは反律法主義者との討論や詩編講義では、律法と福音が聖霊によって統一されることを強調するが、律法から福音への連続を主張する律法主義に対決するガラテヤ書と宗教改革の世界では、律法と福音との区別は正に福音の真理問題として教義学的な重要性を帯びてくる。

エーベリンクはこの区別を「神学的思惟の根本的指針、したがって神学的判断力の決定的視点」[26]であると主張する。またアルトハウスも、「とくにルターの義認論は律法と福音および両者の相互的関係を彼が理解していることの表現である」[27]と言う。

それでは律法と福音との「区別」（distinctio）とは何であろうか。「区別」は決して「分離」ではない。律法も福音もともに神の言葉であって、両者を単に分離して、二者択一の問題となし、一が他の代わりをすることは、その本性上不可能である。もしそうならば、キリスト教の本質は福音であるから律法など必要がないと説く反律法主義の主張となる。そうするとルターが律法と対決する理由がなくなってしまう。律法と福音の「区別」は単なる「分離」ではなくて、対立的な関係が一つの秩序にもたらされる歩みであって、そこには「区別」の内にある「差異」が「対立」へ、さらに「矛盾」にまで高まることによって律法と区別された福音の受容に至るのである。

このように律法との区別の視点から福音を捉えたことから、「信仰によってのみ義とされるという」信仰義認論がルターの中心的な教義として説かれるようになった。この「のみ」というのはルターも説いているように強調する表現ではあるが、そこには人間が律法に寄りかかる傾向が認められる。その理由は、人間には元来律法によって義とされることを求める自然的な傾向があると言えよう。というのも一般の倫理学では、アリストテレスやカントのように、善い性質や善い意志によって善をなすと説かれているからである。この観点をルターも日常的な市民道徳では認めるが、神の前では通用しないと主張する。彼は言う、「律法と古い人間とは同質である」（Lex et vetus homo gehorn zu samen. ibid., 41, 10f.）と。ここから人は律法による自己の義を主張する。これがわざによる能動的義であり、それは「不幸で絶望的な習性」となっている（ibid., 42, 13; 615, 8）。これこそ「律法と自己自身との義の主張」（opinio iustitiae legis et propriae）に他ならない（ibid., 481, 18）。

このことは彼の青年時代の修道のさなかに体験したことから起こって来たといえよう。彼は言う、「わたしは〔修道院で〕自己自身において、また他の人々を見て、次のことを体験した。すなわち、やましくない良心（bona conscientia）をもつ最善の人々が、あたかも鉄の身体をもっているかのように、断食し、粗い毛織物の衣服をまとって自らを責めさいなみ、労働に励めば励むほど、いっそう不安にかられるのを見た。……わたしが律法を実現するように努力すればするほど、それを実現することからさらに遠ざかり、良心を静めようと（conscientiam quietare）欲すれば欲するほど、わたしはそれと反対のことをするからである」（WA 40 II, 14, 9ff.）と[28]。

ここから起こってくる良心の危機は、ルターの若き日に教えられた福音的でない教義と、それにもとづく生活との間に生じた亀裂から発生している。したがって間違った教義が生活を混乱させ、絶望に導くことから、良心の危機が発生し、これに対し「受動的義」（iustitia passiva）が強固で確かな良心の慰めとなる（ibid., 41, 25f. 参照）。ここから福音的教義は受動的義として良心に向かい、「能動的義」（iustitia actitiva）に対立するものとなる。こうしてルターはその神学を良心の危機から出発させ、絶望的な苦闘を経験することによって良心の慰めを追求していることが知られる。このことは最晩年に「ラテン語全集」の序言として有名な「自伝的文章」（一五四五）における「受動的な義の発見」として語られた。ところでキリスト教の信仰の義が「受動的」と呼ばれているのは、人間が神に対して「能動的」に提示できる自己のわざによって義人となるのではなく、反対に人間のうちに働く他者なる神の活動を受容することによって義人と認定されることを意味する（ibid., 41, 4f.）。

これこそルターの新しい教義である信仰義認の主張である。ルターは晩年になってから既述の「自伝的な文章」によって、神の義の発見について語り、彼の根本思想である「信仰義認」を「神の受動的な義」の発見として次のように語った。「わたしは〈神の義〉がここでは義人が神の贈物により、つまり信仰によって生きるさいの、その義であり、福音によって神の義が啓示されるという、この〔義という〕言葉が明らかに〈受動的〉であって、それによって神はあわれみをもって信仰によってわたしたちを義とすると、理解しはじめた」（WA 54, 185ff.）と。ここに「神の義」の新しい認識が開かれたことが述べられている。つまり「神の義」というのは、神がそれによって罪人を裁く「審判の正義」ではなく、キリストの福音のゆえに罪人を義人とみなす、したがって人間の側からは信仰によって与えられる「受動的な義」（iustitia passiva）である。これは行為による義認というスコラ主義の救済論とは正反対の新しい認識がルターにもたらされたことを意味する。

したがってルターは福音を律法に対立させ、律法の否定において福音を捉えることになる。否定を媒介する思想は弁証法的である。それは律法主義との対決の姿勢から起こっている。それに反しパウロは「神の義である」福音が「律法とは別に〔関係なく〕」、しかも律法と預言者によって証しされて」（ロマ三・二一）現れたという。どうしてこのような理解の相違が現れたのであろうか。

5　ルターにおけるパウロ主義の発展

パウロは「キリストはすべて信じる者に義を得させるために、律法の終わりとなられた」（ロマ一〇・四）と語って、キリストをもって「律法の終わり」と断定した。つまりキリストにおいて律法の下なる生き方が終り、新しい時代、つまり福音が到来したというのである。したがってキリストこそ律法と福音とによって支配されている二つの時代が接触する転換点であるとパウロは見ている。契約に始まり律法を通って福音へと進む聖書宗教の発展の最終段階に今や達している。このことを人間の成長を通して彼は人間学的に反省し、律法の下なる生活から成人して福音の下なる生活に変わったという（ガラ四・一―七）。この変化はダマスコ途上におけるキリストの認識の変化によって与えられたのであった。

このようにパウロが原始キリスト教会に対して原理的な回答を与えたにもかかわらず、律法と福音の問題は歴史上繰り返し提起され探求された。その歩みをわたしたちはキリスト教思想史がパウロ主義の回復という形で発展したことを辿ることができる。その中でも最大の論争はペラギウスとアウグスティヌスの間に起こった大論争であり、もう一つはオッカム主義に対するルターの批判である。

5・1　ペラギウス対アウグスティヌス

ペラギウスは律法が善いものであって、神の贈り物であるから、それ自身神の恵みであり、したがって福音でもあると主張した。これでは律法と福音の問題は初めから存在しないことになる。このペラギウスにはストアの道徳主義的な哲学の影響が認められる。ストア哲学は人間の情念を理性によって秩序づけ、調和的な人間の形成を理想としており、自然の欲望が理性によって統制されないと、人は罪に陥ると説いた。だから正しく行為する理性の力を十全に発揮するためには、なによりもまず正しい知識が授けられ、教育されなければならない。この思想にしたがってペラギウスはストア主義的なキリスト教を説いた。つまり神は自由意志と律法を人に授けたのに、アダムの罪によって失われたのはこの律法の知識である。しかしキリストはモーセ律法のなし得なかったことを実現し、神の真正な戒めを教えたのである。それは富を放棄し、純潔な生活を送るように勧めている山上の説教に明らかに示される。もちろんキリストは罪の赦しを授け、洗礼によって過去の罪を洗い清めたが、それは人が現在肉に従う生活を避け、賢明な仕方で生きるためである。

このようなペラギウスの道徳説は当時一般には受け入れられ、歓迎されてもいたが、これが通常の道徳生活の領域を超えて宗教の功績思想と結びつき、自由意志を強調するあまり原罪と神の救いの恩恵とを否定し、功績を積むことによって永遠の生命が報いられると説くに及んで、異端謬説の嫌疑がかけられるようになった。確かにペラギウスは自由意志と律法の授与を神の恩恵と考えていたので、自由意志によって律法を実現し、永遠の生命に値するように励むことが強調され、罪からの救済という福音の恩恵を無視するようになった。

これを批判してアウグスティヌスは、アダムの堕罪の後には自由意志は罪の奴隷となっているので、律法によっては罪の認識が増大するのみであるから、キリストによる罪からの救済がなければならない、と説いた。ここから彼は恩恵の必要を強調したので、「恩恵の博士」と呼ばれるようになった。彼は恩恵論をもっとも簡潔に次のように要約した。「恩恵なしには実現できない事柄を律法は教え命じることにより、人間に自己の無力を明らかに示す。それは、このように証示された無力が救い主を求めるためであり、この救い主により救われた意志が、無力のゆえに不可能であった事柄を可能にする。それゆえ律法は（証示された無力により）信仰にまで導き、信仰は無償の御霊を求め、御霊は愛を心にそそぎ、愛が律法を実現する」[29]と。

ここで語られている「恩恵」と「御霊」とが福音の内容であり、福音は律法による意志の「無力」の認識を通してわたしたちによって求められる。この意志の「無力」は知性の「無知」とともに原罪によってわたしたちが蒙った致命的欠陥であると説かれた。この説に対しペラギウスは原罪を否定し、それは単にアダムの罪の模倣にすぎないと説いた。ここから激しい論争が巻き起こったのである。ペラギウスが自由意志の力によって律法を実行できるという道徳の立場を強調したのに対し、アウグスティヌスは律法によって意志はその無力と罪とを知り、恩恵によって新生しなければ、律法を実現しえないという宗教の立場を主張した。こうしてペラギウスが道徳から宗教へと、したがって「人々の前」から「神の前」へと連続的に自由意志を展開させるとき、自由意志は必然的に越権行為を犯すことになり、福音から律法へではなく律法から福音へ向かう律法主義に陥っていった[30]。

5・2　オッカム主義に対するルターの批判

アウグスティヌスが説いた恩恵の教説はカトリック教会の内部においても当時すべての人々によって理解され承認されたものではなかった。アウグスティヌスに反対する人たちは、原罪と一緒にキリストの恩恵による救済を原則的に認めた上で、なお人間の自由意志とそこから生まれる功績とを否定すべきではないと主張するようになった。これはセミ・ペラギウス主義と呼ばれている。もし自由意志と功績とが否定されると、人間の自発性や道徳的努力がなおざりにされ、道徳と倫理の破壊にいたると考えられた。アウグスティヌスがこれを厳しく批判したにもかかわらず、このセミ・ペラギウス主義は中世を通して生き続け、中世後期のオッカム主義にいたるとその道徳神学の中心に据えられるようになった。このような主張を端的に表わす命題は「自己にできるかぎりをなす人に対し神は恩恵を拒まない」であって、ここに自由意志が最善を尽くすことに対し、恩恵が報いられるという功績思想が表明された。オッカム主義の体系的完成者ガブリエル・ビールはこの命題を説明して次のように述べている。

> 神は、自己にできるかぎりを為している人の行為を、義を受けるに相応しいからではなく、神の寛大さから、最初の恩恵を与えるために、受納したもう。だが魂は障害を取り除き、罪の行為と罪への同意とをやめ、自己の根源と目的に向かうように神に向かい良い行為を起こすことによって、自己にできるかぎりを為している。それゆえ障害を取り除く行為と神に向かう良い運動とを神は、その寛大さから恩恵を注ぎ入れるために受納したもう。[31]

ところでルターはこのビールを通してオッカム主義の教育を受け、魂の救済を求めて精進努力したが、恩恵による慰めと救いに到達できなかった。このような生活体験からやがて彼はこのオッカム主義の立場をペラギウス主義の誤謬であると拒否するにいたった。初期の著作『ローマ書講義』でオッカム主義は次のように徹底的に批判された。

彼らは、恩恵を受けるに先立って、自己にできるかぎりをなすことを自由意志に帰さないとしたなら、自分が神によって罪を犯すように強制され、必然的に罪を犯すと考える。このように判断するのは不敬虔のきわみであるのに、彼らは善い意図を形成するならば、神の恩恵のそそぎを誤ることなく獲得すると平気でかつ大胆にも考える。ところが真実に善を行なっている人は……人間が自分自身からは何もなし得ないことを知っている。したがって「自己にできるかぎりをなしている人に、神は誤りなく恩恵をそそぎたもう」といわれる慣用となった命題は、まったく馬鹿げており、ペラギウス主義の誤謬を熱心に弁護するものである（WA 56, 502, 16ff.）。

ルターはこれに続けて自由意志に信頼する人が「自分のなした善事があるいは悪ではなかろうかと恐れることもしないで、自信に満ち、平然としており、畏怖なしに歩いている」（ibid., 503, 7ff.）と非難し、神への畏怖と謙虚は神の前に立つ人間の基本的態度であるという。またそのような人には「聖なるものに対する認識も関心も欠けている」（WA 40, I, 221, 11）と語って、道徳を超えた宗教の立場に彼が立っていることを示す。このように律法から福音へと直接進む連続性は、人が道徳に立つかぎりたえず繰り返される傾向である。アウグスティヌスやルターはこの傾向を批判し、パウロへの復帰を叫び続けてきた。これらのパウロ主義に立つ人々は、道徳主義を拒否しているからといって倫理をないがしろにしているのではなく、福音の力に促されて律法が実現され、真の道徳が確立されることを同時に力説して止まない。したがってキリスト教信仰は、宗教に立つ超道徳性のゆえに、道徳の否定や破壊にいたることなく、かえって真の道徳を再建すると説かれた。ルターは福音による道徳や倫理の再建について次のように語る。

今や、激励が始まり、奨励が述べられる。そして信仰の教義の後に愛の奉仕が勧められ、信仰によって良心が確立された後に、相互的な奉仕がなされなければならないという激励が続く。これが道徳である。第一の信仰条項について現世は何も知っていないが、第二の道徳について理性もある程度教えている。わたしたちの教義が善い道徳を解体し、公共の社会秩序を破壊すると思われてはならない。むしろわたしたちの教義はいかなる種類の哲学者よりもいっそう善い道徳を教える（WA 40, II, 59, 4ff）。

このように道徳が再建されているがゆえに、律法が否定されたままで放棄されているのではない。否定され放棄されているのは、律法ではなく律法主義であり、このことをパウロは「しかし今や、神の義が、律法とは別に、しかも律法と預言者とによってあかしされて、現わされた」（ロマ三・二一）と語っていた。ところがルターの場合には「律法と対決して」福音が説かれたため、律法と道徳とが破棄されたような印象と誤解とが起こって来た。彼はまた福音自体を道徳と解釈し、律法主義化して「愛の律法」を作ることに対しても警告を発する。というのは福音は神の力であり、人間を愛する者とするが、律法のほうは単なる愛の戒めを奨励するだけだからである。したがって彼によれば、まず福音を信じることが先行し、善いわざは神の戒めに信仰をもって服する信従に求められる。このことを『善いわざについての説教』で彼は次のように言う。「第一に知らなければならないことは、ただ神が禁じたもうた罪のほかに罪がないように、ただ神が命じたもうたわざのほかに善いわざもないということである。……第二に、あらゆる尊い善いわざのなかで第一の最高のわざはキリストに対する信仰である。なぜなら、すべてのわざはこの信仰というわざによってなされなければならないからであり、またそれらのわざの善性の流入を、あたかも〔領主から授けられる〕封土のように、このわざから受けなければならないからである」（WA 6, 204, 13ff.）と。

このように律法は信仰によって実現されるから、信仰こそ善いわざの最高のものであると説かれた。したがって結論として律法と福音との関係は、律法から福音へでも、福音を律法とするのでもなく、また律法が福音であるのでもなく、律法は神の戒めとしてはじめから終わりまで存続している。ただ福音の力によって律法は罪をわたしたちに知らせ、かつ、わたしたちを脅かして、その働きを止め、同じ律法が神の愛である福音の力によって実現されるのである。アウグスティヌスはこのことを古い契約と新しい契約との区別として『霊と文字』の中で次のように見事に説いている。「ここには古い契約と新しい契約との次の区別が明らかである。すなわち前者では律法が石の板に書かれ、後者では心に書かれている。律法は前者では外から恐れさせ、後者では内的に喜ばす。人は前者では殺す文字によって律法の違反者となり、後者で生命を与える霊によって愛する者となる。……神は〈わたしたちに賜わった恩恵によってわたしたちの心のうちに愛をそそいで〉（ロマ五・五）、内的に成長させたもう[32]」と。このようにして「霊と文字」は霊的解釈と字義的解釈という解釈学的な区別ではなく、「福音と律法」の区別として捉えられた。ルターが宗教改革的「神の義」の認識に達したのは、この書物を再度読み直すことによってこの点を理解したからであった。ここから新しい教義学が確立されるようになったのである。[33]

注

1　『ルター教会暦説教集』にはこの他に『家庭における教会暦説教集』があって、クルト・アラント編『説教集』(Die Predigten) として「ルターのドイツ語選集」第八巻、一九八三年に収められている。なお、実際に行われた説教は Jahrespostille としてワイマル版「ルター全集」(Weimarer Ausgabe : WA) に多数蒐集されている。

2　『ルター教会暦説教集』(植田兼義、金子晴勇訳)、教文館、二〇一一年、一一頁。

3　ルター前掲訳書、一二頁。ルター自身が名誉毀損を受けているので、名誉は実際には不名誉なのであると皮肉られ、福音は現世と正反対の位置に置かれる。

4　ルター前掲訳書、一五頁。ラテン語の historia には①探求、②記述、③歴史、④物語という意味がある。

5　ルター前掲訳書、一六頁。

6　同じ時期に書かれていた『ラトムス駁論』では「恩恵と賜物」とが「外的善と内的善」として区別され、「賜物」によってキリスト者の罪が駆逐され、浄められると解釈される (WA 8, 106, 20-25 ; 107, 8)。

7　このエートスが社会倫理の源泉となり、近代社会を創造していく力となった。ルターには倫理がないという当時から今日に至るまで非難・中傷され続けてきた主張の誤りがここに明示される。

8　ルター前掲訳書、一七頁。ここでは福音が律法から区別される。実際はエーベリングが強調するようにこの区別において福音が語られる。

9　ルター前掲訳書、一八頁。それゆえ福音は出来事の性格を担っている。

10　ルター前掲訳書、一八頁。

11　ルター前掲訳書、二〇頁。後年、ルター派の牧師ヴァイゲルは同じことを「人間と書物」において捉え、「人間が書物に先行し、書物は人間に由来する」と説いた（Weigel, S. 370-71）。
12　ルター前掲訳書、四四頁。
13　ルター前掲訳書、四四頁。
14　ルター前掲訳書、四三頁。
15　ルター前掲訳書、五七頁。
16　ルター前掲訳書、六〇頁。
17　ルター前掲訳書、六三頁。これに続けて「なぜなら福音は、キリストがわたしたちのために生まれ、すべてのことを行い、（わたしたちのために）お苦しみになったと述べているからである」と言われる。
18　このプロ・メモチーフはブルトマン神学における基本的主張である。
19　ルター前掲訳書、六五頁。この「根底」というのはドイツ神秘主義によって、とりわけタウラーによって頻繁に使われた言葉である。ルターはこれを「霊」として解釈する（金子（二〇〇〇年）、一八〇－一八二頁参照）。
20　ルター前掲訳書、六六頁。
21　WA 10 III, 145, 10 : WA 12, 486, 1ff.
22　WA 12, 321, 26ff.
23　Otto, S. 225-27. オットーはここから「極めて真面目な意味での実質的合一」を主張する。
24　というのは焼き菓子が小麦粉やバター、砂糖、卵などいくつもの材料を練り合わせて造られ、加えられた素材によっては、またバウムクーヘンのように特定の形を造り出すことによっても、多様な特色をもたせることができるからである。これによって彼はキリストとの合一によって各自が独自な形と味わいとを発揮できると考えていたに違いない。
25　金子晴勇（二〇〇〇年）、二七七－二七八頁参照。
26　Ebeling, S. 124.

27　Althaus, S. 218.
28　このような修道生活途上における良心の苦悩と混乱という危機は、律法や伝統的教義のもとで営んできた生活から起こっており、この危機をもたらす原因は、信仰の教義（doctrina fidei）と真実な良心（conscientia vera）について学校や教会で確実なことが何も教えられていなかったことにある（WA 40 I, 63, 22f.）。またとくに少年時代以来、キリストを立法者や裁判官とみなす教えと有害な観念とが油のように彼自身の骨に浸み込んでいた、とルターは述懐する（ibid., 298, 7.; 563, 9; 22f.）。
29　Augustinus, *Epistolae*, 145, 3.
30　詳しくは金子（二〇〇六年）を参照。
31　Biel, Bd. II, S. 517.
32　アウグスティヌス『霊と文字』二五、四二。『アウグスティヌス神学著作集』一七四―一七五頁。
33　ルターが「神の義」の正しい認識に到達した「塔の体験」で、彼がアウグスティヌスの『霊と文字』を再度読んだことにそれが関連している点について、金子（一九八七年）、第四章第一節「アウグスティヌスの『霊と文字』の受容過程」二〇三―二一三頁を参照してもらいたい。

文献

Althaus, P., *Die Theologi Martin Luthers*, 1962.
アウグスティヌス「書簡一四五」『アウグスティヌス著作集』別巻Ⅱ、書簡集(2)〔金子晴勇訳〕、教文館、二〇一三年所収。
アウグスティヌス「霊と文字」『アウグスティヌス神学著作集』〔金子晴勇訳〕、教文館、二〇一四年所収。
Biel, Gabriel, *Collectorium*.
Ebeling, G., *Luther. Einfuhrung in sein Denken*, 1964.
金子晴勇『近代自由思想の源流』創文社、一九八七年。

金子晴勇『アウグスティヌスの恩恵論』知泉書館、二〇〇六年。

金子晴勇『ルターとドイツ神秘主義』創文社、二〇〇〇年。

ルター『ルター教会暦説教集』〔植田兼義、金子晴勇訳〕、教文館、二〇一一年。

Otto R., *West-ostliche Mystik . Vergleich und Untersuchung zur Wesensdeutung*, 3Aufl., 1971.

Weigel, *Ausgewälte Werke*, 1977.

第二章　カルヴァンの福音理解――その聖書的、包括的視点

野村　信

序

拙論の主題は「カルヴァンの福音理解」であるが、あまり聞きなれないタイトルである。このタイトルは恐らくカルヴァン研究にはなじまないという理由による。カルヴァンにおける「福音と律法」なら、しばしば耳にするテーマであり、米国のジョン・ヘッセリンク著『カルヴァンの律法概念』はこれを扱った名著である。[1] 特にカルヴァンの律法理解が、福音との関係においてルターの理解と異なっていることを明瞭にしている。いわゆるカルヴァン神学における「律法の第三用法」であり、この特色に関して今日異議を唱える人はいない。他に、カルヴァンの信仰論、予定論、教会論、礼拝論、聖餐論、伝記、時代背景などに関しては、夥しい研究書や論文がある。[2]

なぜ、「カルヴァンの福音」や「カルヴァンの福音理解」というテーマが少ないのかと言えば、「カルヴァンの」という、カルヴァンに特有な福音理解や特色がないからだと言える。それは見方を変えて言えば、カルヴァンの福音理解は、きわめて聖書的、救済史的、教理（信条）的であり、独自性がないが、しかし、だからといって、カルヴァンは非常に福音的であることは間違いない。

このことは、ある意味で、カルヴァンの福音理解は非常に特色があるとも言える。すなわち、カルヴァンの神学思想から「福音」そのものを抽出して論じたり、カルヴァンの福音理解を中心にカルヴァン神学を構築することを躊躇させるのであり、むしろ、きわめて聖書的、救済史的、教理（信条）的である。

ならば、どのような理由で、このような性格を帯びることになったのかについて論じることで、カルヴァンの神学研究の一助となれば良い。最初にカルヴァンの生きた時代背景、社会的要因について簡単に触れ、続いてカルヴァンの著述を検証したい。

1　社会的背景

カルヴァンは、いわゆる宗教改革の第二世代に登場してきた人物である。人文主義から福音主義へ、「突然の回心」によって転向したのが、一五三二年から一五三三年ころと言われる。[3] このころ、ドイツではルターが福音主義教会の地盤を固め、メランヒトンの起草なる「アウグスブルク信条」が公表され、スイスでは一五三一年にチューリッヒの宗教改革者ツヴィングリがカッペルで戦死しており、フランスでは、数年前にモーの改革が挫折し、一五三三年にはニコラ・コップがパリ大学総長就任の演説をした時期である。その際には、コップと共にカルヴァンもパリから逃走した。一五三五年には、カルヴァンはアルプスの山中にいたオリヴェタンに、最初のフランス語訳全体聖書の、[4] 新約聖書の序文を手渡し、一五三六年にはバーゼルにて『キリスト教綱要』の初版を出版した。

激動の時代であった。ルターの「聖書のみ（sola scriptura）」、「信仰のみ（sola fide）」、「恵みのみ（sola gratia）」というスローガンは、この時点ではヨーロッパ全土に知れ渡っていた。カルヴァンら第二世代は、このスローガンを基礎にしつつも、神学的には、体系的、包括的、網羅的な理解を展開することで、対立の激化する教皇主義と過激な急進派の思想的圧力に耐えうる神学を構築することが緊急の課題であった。教会的には、福音主義の神学に基づく具体的な礼拝と教会共同体を形成することが迫られていた。祖国フランスでのプロテスタントへの迫害は日増しに悪化していた。少数の改革者たちは為政者たちからの支持を得ることも不可欠の課題であった。さらに福音主義教会の維持、存続のためには子弟教育に力を入れなければならない。修道院の廃止による跡地の利用や聖職者の結婚の許可も含め、山積する広範な課題の前にどの取り組みに対しても一歩一歩新たに構築する働きを日々続ける努力を余儀なくされた。

ルターの福音理解は非常に明確で、分かりやすい。また分かりやすく論じた説教や論考が多数ある。それは時代的な背景と深く関わる。[5] すなわち、混沌とし肥大化したキリスト教世界の教えや、聖遺物、聖像、サクラメント、巡礼や寄進、贖宥、修道生活、勤行といった様々な宗教実践が求められる中で、聖書を根幹に据え「sola fide」、「sola gratia」と明言したことは、暗いトンネルの中をさ迷っている時に出口が見えたような喜びであっただろう。しかし、問題はその光を浴びて、外に出てからどう進むのか、この喜びによってどんな生活や社会を形成するのかが問われることになった。これがカルヴァンら第二世代の宗教改革者たちが直面した新しい課題である。

2

オリヴェタン訳「仏語全体聖書の序文」と『キリスト教綱要』初版

ピエール・ロベール・オリヴェタン訳の『仏語全体聖書』（一五三五年六月四日刊行）の新約聖書の冒頭には、カルヴァンの手による最初期の著述であるラテン語の「序」が付されている。[6] 内容は、聖書全体を踏まえて、神学全体を概括したものであり、結局この全体的な視点は生涯貫かれた。

翌年刊行した『キリスト教綱要（一五三六年）』初版[7]の序文を読むと、いかにカルヴァンの置かれた時代が激動の時代であったかが分かる。特にフランスでの宗教改革の運動が迫害と弾圧の嵐の中にあったことがよく伺える。カルヴァンは、僭越にもフランソワ一世にこの著作を献呈しているが、すでにプロテスタント排除へ動き出している国王に宛てていることを考慮すると、フランスの革新的な思想をもつ人々がいかに深刻な状況に置かれていたか想像に難くない。有名な檄文事件が起こったのは、これより二年前の、一五三四年であった。この序文の中で、カトリック教会の容赦ない弾圧や過激な急進派の極端な主張を糺そうと必死に訴えるカルヴァンの姿が浮き上がる。

結局、カルヴァンは、カトリック教会からの告訴、捕縛、処刑といった社会的な迫害の下にさらされながら、同時に神学上の激しい論争の中に置かれ、あらゆる誤謬と非聖書的理解と全面的に戦うことを余儀なくさせられた。神学の体系的、包括的、網羅的な理解を展開することを生涯に亘って実践せざるを得なかった理由の一つに時代的な要請が挙げられる。

2・1　オリヴェタン訳「仏語全体聖書の序文」(一五三五年)

カルヴァンは、序を創造論から記述する。被造世界がいかに神の栄光を表し、神の恵みの使節であるかを美しく語る。いわく「神が宇宙のあらゆる部分に、天にも地にも、その御力と、いつくしみと、知恵と、永遠との栄光を書き記し、ほとんど刻みたもうた」と。その中でも人間は特別な地位が与えられて、神をあがめるべきであったのに、それを忘却し、自らを誇り、破滅へと向かった。しかしながら神は地上から一民族イスラエルを選び、導かれ、さらにエジプトの隷属状態から引き出し、約束の地を賜った。にもかかわらず、頑迷で思いあがるこの民は偶像礼拝を行い、神から遠ざかり、神に背く歩みをなした。こうしてユダヤ人であろうと異邦人であろうと神に近づくためには、新しい契約が神と結ばれる必要があり、そのための仲保者、イエス・キリストが到来された。この方こそ、真実の唯一の、永遠の神の子、救い主イエス・キリストである。モーセの書において、預言書において期待された人物はこの人であった。しかもキリストは死をもって人間の不正と罪を贖い、完全な赦しを実現されて、救いを完成された。これにより、旧い契約の記された旧約聖書に対して新しい契約の記された書、新約聖書が到来した。この書は、「福音書の書」とも呼ばれ、それは「すばらしい、新たな、喜ばしい書」という意味である。

カルヴァンの流れるような文章が続き、「福音を知ることによって、私たちは神の子とされ、イエス・キリストの兄弟となり……神の世嗣ぎとされるのです」と記す。この福音に触れないことがどれほど大きな悲惨であることか、とさらに論じる。それをまさに聞くべき人々は、苦しめられ窮地にあるキリスト者の群れであり、彼らを統治する為政者たちがこの教えに固く立つことの大切さを促す。フランス語を母国語とする人々は、誰もがこの聖なる書を良く読み、十分に学ぶように願い、最後に全世界がキリストの下で一つになることを祈りつつ、カルヴァンの「序」の語りは締めくくられる。

この「序」は、新約聖書の「序」であるから、聖書全体を振り返って内容を概括しながら読者を中心へと導く。その中心に「福音」がある。この「福音」を説明するためにこれだけの聖書の救済史的、全体的視野を必要とする。この「序」で展開される神学思想の枠組みは、新約聖書の序文という性格から歴史的に記述したということに止まらず、結局この後、生涯改訂し続けた彼の代表的教理的著述である『キリスト教綱要』全体の枠でもあった。

カルヴァンの「福音」の位置づけが、常に彼の神学思想全体の中心にあり、かつ福音を語るためには全体的な視野から論じるという姿勢を欠かさないという点で、カルヴァンの神学思想から「福音」という言葉を抽出したり、「カルヴァンの福音理解」という主題で論じることが難しい理由がここにある。カルヴァンの教理的個々の思想は、例えば、特に予定論などは時代的背景を念頭において、聖書的、救済史的、教理的な全体的視点に立たなければ理解できない。その後の歴史はこの教理の扱いについてはカルヴァンとは異なる道を進んだ。

2・2　『キリスト教綱要』初版（一五三六年）

先に触れたようにカルヴァンの『キリスト教綱要』初版は、この仏訳新約聖書序文の翌年に執筆されており、その思想的特色を論じることは役に立つ。『綱要』初版の「序」において、カルヴァンはカトリック教会の圧倒的な力に対して、まさに蟷螂の斧の如くに対峙する。未来にさらに悲惨な状態が広がることを予感し、真実と誠意を込め、神に最終的な判断を委ねて進む。本文は、六章に分かれる。「律法」、「信仰」、「祈り」、「聖礼典」、「非聖礼典なるもの」、「倫理と教会、政治」という構成である。一見、主要な神学主題の列挙のように見えるが、それは違う。後の『キリスト教綱要』の最終版に至る原型がここにある。すなわち、おおよそ聖書の歴史を踏まえた救済史的な流れである。つまり、創造論から始まり、旧約聖書のイスラエルの歴史が把握され、それはまた律法と取り組む歴史でもあり、その挫折と罪意識が広がる暗く重い世界に、まさに時至りてイエス・キリストが到来し、さらに受難と復活による新約聖書の新しい時代の幕開け、さらに弟子たちの宣教活動、教会と伝道、礼拝と典礼、キリスト者の倫理と実践、政治、社会という聖書的、救済史的流れが彼の思想の構造を形作っている。

この『綱要』初版の本文の最初に記される、「聖なる教え」が神を知ることと人間を知ることとの「二つの認識」に大別されると言及していることは、また彼の『キリスト教綱要』の最終版に至るまで一貫する。カルヴァンは、神学思想体系を構築する上で、聖書全体の歴史的流れと共に、「神と人間」という世界秩序の枠組みを用いる。それは聖書の縦軸でもあり、十戒の二つの構造（神への戒め、人への戒め）でもあり、キリストの愛の実践の勧め（神への愛と隣人への愛）とも呼応する。

さて、カルヴァンの神学思想が、聖書的、救済史的、教理（信条）的であるという構造は、「使徒信条」の構造でもある。「使徒信条」はある意味で聖書の中心的なメッセージの要約であるから、当然、「使徒信条」は聖書的である。この構造は、『ジュネーヴ教会信仰問答』（一五三六年作成）[8]においても然りである。さらにある意味で当然かもしれないが、カルヴァンの『キリスト教綱要』は、一五三九年版から内容が増加し、項目も細分化されるが、トーマス・パーカーによれば、ローマ書の構造が大きく影響していると言う[9]。それにしてもローマ書がそもそも聖書の救済史的な流れに立つのであり、カルヴァンの一連の神学的な文章は、どれもみな一貫して同じ構造をもつことは納得がいく。すなわちカルヴァンの神学が、聖書的、救済史的、教理的視点をもち、それが「使徒信条」的であり、「ローマ書」的であると言い得る。

まず、『キリスト教綱要』初版における福音理解について触れておこう。『綱要』初版の第一章は、「律法について」である。律法の中心は十戒であるから、当然「十戒」の解説を行う。しかし、その前にやはり前置きがある。そこで「二重の認識」が語られる。それは、神からの要求と人間の義務である。律法という形で示された神の意志は、人間にとっては罪の認識であり、神の前での人間の無力さの自覚を生じさせるが、イエス・キリストにおける罪の赦し、和解と救済がまさに人間の回復であり、神への立ち返りを引き起こし、その結果、聖霊の働きのもとで、新しい生へ、義に生きる生へと押し出される。この前書きがすでに、旧・新約聖書の救済史的構造をもっており、カルヴァンは「律法」を語るうえで、まず認識しておくべき前提を確認する。それにしても、ここでも聖書的救済史的体系的視点を欠くことをしない。

第一章の律法、すなわち十戒の解説は、十戒前文にまず触れてから、第一戒から順に解説を行う。ここは第四戒までは神についての条文である。カルヴァンの解説は字義的、言語的解釈というよりは、他の聖書箇所を多用しつつ説き、神学解説を主に行う。特に教理的誤謬、倫理的逸脱、そして福音的な訓戒である。第二戒の偶像礼拝禁止においては、多くの木や石や銀、また金の十字架が掲げられても、「キリストは私たちの罪過のために、十字架によって私たちの呪いを背負い、私たちの罪を洗い清めるように、渡されたのだ」という言葉を理解することこそ肝要なのだと語る。

第四の戒めからは隣人（ないしは人間）についての条文である。第五の戒めの「父と母を敬え」、第六の「殺すな」については、大変短い。分かりやすい戒めであるからであろうが、多弁、流麗な文体を操るカルヴァンにとって、饒舌になりにくい戒めでもあったかもしれない。第七戒の「姦淫してはならない」においては、結婚の制度を重んじるように勧め、名ばかりの独身制を誇る教会の群れに厳しい批判を下す。第八戒から後も同様な仕方で論じ、最後に全体を振り返って、まとめるが、これがまた長い文章である。

この総括的な文章の中で、十戒の二枚の板が、神への愛と隣人への愛の勧めと関わることに触れて、カルヴァンは、いかに当時の教会や修道院の生活が道に逸れているかを叱責しつつ、神の恵みを受けたキリスト者として慎み深く実践しつつ生きることを説く。特に大切な点は、キリストの贖罪を心から受け入れるためにはこの神の律法に生きるという誠実な態度、実践なくしてはあり得ないという視点である。律法は神の恵みを認識するためには欠かせない神の意志なのである。また、キリストこそが、人間の功績と償罪、努力と善行を誇ることを空しくさせ、神の恵みによって得られる幸いにいかに人は生きるべきかを語る。それにしても、律法についての終わりの文章の中でカルヴァンは、ほとんど教理全体を振り返って、当時のキリスト教界の誤謬を糺そうと言葉を重ねる。

第二章は、「信仰について」である。これは「使徒信条」の講解である。前節でも見たように律法の完全な遂行は人間の全能力を超えている。人間は律法によって神の前から脱落し、捨てられたものとなる。しかし、これに対して主の憐れみを固い信仰によって受け入れることによって、人間は回復され、神の前に立つ。これを明確に表した文章が「使徒信条」であるとカルヴァンは言う。その「使徒信条」は、四つの部分に分かれる。「父なる神」、「子なるキリスト」、「聖霊なる神」であり、最後に「信仰をもって生きる人間」についてである。これはゆるやかな意味で、聖書的救済史でもある。すなわち「父なる神」は世界を創りたまい、これを維持し、「子なるキリスト」は人間の贖いを実現し、「聖霊なる神」は信徒とその教会をたて給う。そして最後にキリスト者の「生」が論じられる。ここで一言付せば、この区分けが最終版の『キリスト教綱要』の第一巻から第四巻までの各巻の分類である。

さて、『キリスト教綱要』初版の第二章の使徒信条の講解は、三位一体を覆す人々に対する弁明で論を始める。聖書からの引用と教会教父の文章をもって三位一体の正当性を詳述する。長い前置きの後に、各節の講解が始まる。先に触れたように、第一部は、「我は全能の父なる神、天地の創造主を信ず」である。父なる神の部分である。第二部は「我はその独り子、我らの主イエス・キリストを信ず。……」である。

ここでキリスト論が展開するが、他の項目よりもはるかに多くの解説を行う。このキリストの部分は、最初に紙幅を割いてキリストの神性と人性を論じ、人間のために贖罪者となられたことを力説する。後半で、「我は信ず」以下の一句一句を他の聖書の証言と照らしながら順に解説するが、信条の条文を丁寧にかみ砕いて、分かり易く敷衍するような作業であり、カルヴァンは特別に自分の理解を展開しない。これがむしろカルヴァン的であろう。すなわちきわめて伝統的な解釈に従い、聖書に即し、平易な解説を施す。

『綱要』初版の内容は、要約されて翌年のカテキズム『ジュネーヴ教会信仰問答』において用いられ、信徒教育や若者たちの教会教育用に役立つことになるが、聖書の引用が大いに用いられている。こうしてみると、「カルヴァンの福音理解」という本拙論の主題に照らせば、いかにカルヴァンは伝統的な信条とそれを証言する聖書の引用を多用したかが分かる。

カルヴァンの教理的な著作は、論争文書に関しては対象が明確で一点に集中して論じているが、『キリスト教綱要』など、幾度も改訂を行った著作は、日々の聖書講解や説教によって得られた参照聖句や知見を、随時、最初期のものに加えて、増補、改訂するという仕方で完成を目指した。そこで、本拙論では、もっぱら初期のものを論じることで、カルヴァンの神学思想の主要な部分を考察したが、日々聖書からなされた説教か聖書講解について触れておく必要がある。紙面の都合上、ここでは説教だけを取り上げるが、「福音」に関しては、前述したように、聖書的、救済史的、教理（信条）的であり、どの箇所においても一貫しており、ぶれがない。ただし福音の説き明かしに関しては、めりはりをつける、ないしは濃淡をつけて、力強く伝えようとする点は顕著である。

3　「エフェソ書」第九回説教

ジュネーヴで福音主義の教会形成の確立に尽力したカルヴァンが毎日欠かさずに取り組んだ仕事は、聖書を講解することであった。もう少し詳細に言えば、一五四九年以後は、隔週で月曜から土曜まで毎日早朝に礼拝で説教を行い、主日には二回の礼拝説教を担当し、早朝礼拝の役割のない週は、講義所で聖書講解を月、水、金と行った。[10]この取り組みは、『キリスト教綱要』やカテキズム、信仰告白文、論争文書などの、主題のある、いわゆる「教理的文章」とは異なり、聖書を語句に沿って丁寧に解釈する連続講解であった。

この取り組みについては、すでに他の機会に何度も論じたので、ここでは割愛するが、[11]「カルヴァンの福音理解」がより鮮明に描かれている説教がある。それは、決して「カルヴァンの」福音理解ではないが、ある意味で、カルヴァンが福音をできるだけ豊かに、力強く語ろうとしたかがよく分かる箇所である。

カルヴァンは「エフェソの信徒への手紙」をジュネーヴでの活動の晩年の時期にあたる一五五八年よりほぼ一年間、日曜日の主礼拝で四八回にわたって説き明かした。第二章一節から一〇節までの聖書箇所は、パウロがキリストの恵みを、力を込めて語っている箇所である。カルヴァンの第九回目の説教がこの箇所を扱っている。その聖書箇所の内容が、そもそも極めて救済的、福音的であり、カルヴァンの口調は一段と熱を帯びる。今回、この翻訳が終了し、第三巻『恵みによって』（カルヴァン説教集3　エフェソ書第二章）の出版の運びとなるが、一足先に、この箇所について論じておきたい[12]。

3・1　堕落した人間の姿

(1)　エフェソ書二章一節「あなたがたは、以前は自分の過ちと罪のために死んでいたのです」という言葉をめぐってカルヴァンは説教をするが、彼は人間を深刻な状態にあると捉える。自然世界のレベルにも達していないと言う。自然世界は神の創造の秩序の中でそれぞれに与えられた分を果たして生きているが、「死んでいる」、すなわち人間は堕落した状態にあるので、自然世界や昆虫などの生き物よりも価値がないと言う。人間が神から離反し、神の意に反する生き方をしていることにより、自然世界の秩序を乱し、混乱させているからである。カルヴァンの説教から次の言葉を引用しよう。まず自然世界が人間を呪っているというくだりである。

あらゆる被造物は、私たちがそれらを汚しているだけに、私たちを呪い、嫌い、復讐しようとしています。というのも人間の中に甚だしい堕落があるので、神が人間を造り変えて下さるまでは、天も地もそのせいで汚されているからです[13]。

これは、創世記三・一七の「神はアダムに向かって言われた。『お前は女の声に従い、取って食べるなと命じた木から食べた。お前のゆえに、土は呪われるものとなった。お前は、生涯食べ物を得ようと苦しむ。[14]』」という言葉を根拠とする。自然世界と人間との関係の悪化が記される。しかも、これは人間の罪が引き起こした結果でもある。またパウロが、ローマ書において、被造物もみな虚無に服していると語る箇所があるが、これも人間の堕落に起因することは否めない。「被造物は、神の子たちの現れるのを切に待ち望んでいます。被造物は虚無に服していますが、それは、自分の意志によるものではなく、服従させた方の意志によるものであり、同時に希望も持っています。つまり、被造物も、いつか滅びへの隷属から解放されて、神の子供たちの栄光に輝く自由にあずかれるからです」（ローマ八・一九－二一）とある。

次は、昆虫や害虫など、自然世界の生物よりも人間は劣っていると表現しているところである。

それゆえ人が自分自身とその性《さが》をよくみつめれば、いったい何が言えるのでしょうか。これこそ神に呪われた被造物で、蛆《うじ》やシラミ、蚤《のみ》や虫けらといった他の被造物と同列に置くことすら出来ないのです。なぜなら世にいる虫には人間にはないそれ以上の価値があるからです。[15]

人間が他の被造物よりも劣っていると語る根拠はどこにあるのかと言えば、ローマ書一・二〇にこう記される。「神の怒りは、不義をもって真理をはばもうとする人間のあらゆる不信心と不義とに対して、天から啓示される。なぜなら、神について知りうる事がらは、彼らには明らかであり、神がそれを彼らに明らかにされたのである。神の見えない性質、すなわち、神の永遠の力と神性とは、天地創造このかた、被造物において知られていて、明らかに認められるからである。したがって、彼らには弁解の余地がない」（口語訳聖書からの引用）。

ここは、パウロが、被造物、すなわち自然世界には神の力（δύναμις）と神性（θειότης）が明瞭に認められると語っている箇所である。自然世界を構成する個物には、その営み、規則性、全体との調和においても、さらにどの構成要素においてもみな個別性を備えている。全てにおいて調和と秩序があり（時にバランスを崩す場合もあるが）、詩篇八篇や一九篇にも次のように歌われる。「主よ、わたしたちの主よ、あなたの御名は、いかに力強く、全地に満ちていることでしょう。天に輝くあなたの威光をたたえます」（八・二）、「天は神の栄光を物語り、大空は御手の業を示す」（一九・二）とあるとおり、自然世界には神の栄光（כָּבוֹד）と威光（הוֹד）が満ちている。

先に引用した『オリヴェタン仏語聖書』の序において、カルヴァンは、ローマ書一・二〇を敷衍して、「すべての被造物は、上は大空から、下は大地の中心にいたるまで、ことごとく、神の栄光の証人または使節となることができる」と語る。しかし、人間は、その自然から学ぶこともせず、さらに創造者なる神を侮り、忘れ、自らをよりどころとして生きていると咎める。

他にも次のような箇所が考えられる。創世記六・五には、「主は、地上に人の悪が増し、常に悪いことばかりを心に思い計っているのを御覧になって、地上に人を造ったことを後悔し、心を痛められた」とある。人間は思うところがいつも悪に向かい、悪に浸かっていることを聖書が告げている。

(2) 悪魔の支配下にある人間

カルヴァンは、エフェソ書二章一節の「死んでいる」という言葉から、人間は悲惨と混乱の中にあり、昆虫や害虫など自然世界の生物よりも価値が低いと言うだけに止まらない。続く二節の「この世を支配する者、かの空中に勢力を持つ者、すなわち不従順な者たちの内に働く霊に従い」と、三度も言い換えながらこの霊力について語るパウロの言葉を巡って、カルヴァンは、人間が神の支配から離れると、今度は、悪魔の支配下に置かれるという点を強調する。いわく、

では神が恵みによって私たちの内に働きかけてくださるまで、私たちは誰に属しているのでしょうか。悪魔にです。悪魔が私たちの君主です。つまり悪魔はすべての権威をもち、恐ろしい専制によって私たちを支配しているので、私たちを仕方なく手放すことなどありません。[16]

神が私たちの内にご自身の印を刻み込まれたのだから、私たちは聖霊によって導かれるはずなのです。けれども私たちの父祖〔アダム〕は自ら高ぶり、神に楯突き、おのれの分をわきまえませんでした。このように反逆し、神の至高の支配に耐えられず、彼は悪魔に引き渡され、それに屈服しました。神の支配に耐えられず、彼は別の主《あるじ》を戴いたのですが、その隷属は人類全体に及ばざるを得ないのです。ですから悪魔の支配と専制は人の罪に対する神の当然の懲罰だと、よく心に留めておきましょう。これが大切な点です。[17]

人間が放縦に身をゆだねることを神が放置されると、今度は悪魔が人間を支配し、悪魔の隷属のもとに人間が置かれることになる。これは神の罰の表れである。この理解は、先に見たローマ書第一章の最後にパウロが指摘している点である。すなわち、「彼らは神を認めようとしなかったので、神は

彼らを無価値な思いに渡され、そのため、彼らはしてはならないことをするようになりました。あらゆる不義、悪、むさぼり、悪意に満ち、ねたみ、殺意、不和、欺き、邪念にあふれ、陰口を言い、人をそしり、神を憎み、人を侮り、高慢であり、大言を吐き、悪事をたくらみ、親に逆らい、無知、不誠実、無情、無慈悲です。彼らは、このようなことを行う者が死に値するという神の定めを知っていながら、自分でそれを行うだけではなく、他人の同じ行為をも是認しています（一・二八―三二）。」

カルヴァンは、パウロのエフェソ書第二章の冒頭を説教しながら、このように関連する他の聖書箇所を念頭において、人間の堕落について厳しいメッセージを告げる。

最後に、このエフェソ第九説教の最後に「霊の死（une mort spirituelle）」という言葉をカルヴァンは口にする。それが地獄とか悪魔の支配の中に置かれた人間の最後の姿であることを告げている。「その上、死が、とりわけ霊的な死（une mort spirituelle）があるのです。それはこの世のいかなる手段、治療によっても治りません。神が、御手を差し伸べてくださる必要があります。それは非常に強い御手で、私たちは奇跡的な力で救われることを知るべきです[18]」。これは創造主なる神の眼から見た嘆きを暗示させる。

3・2　福音によって回復される人間

以上、エフェソ書第九説教から、カルヴァンの人間観を見てきたが、それは決して「カルヴァンの」人間観ではない。むしろ聖書が語っている、神のまなざしから見た人間の深刻な状況である。それをカルヴァンは見過ごすことなく掘り起こし、会衆に告げる。人類が生きる限り一六世紀でも今でもこれは妥当する。
翻って、この深刻さから回復される、救い出されるということが、今度はどれほど奇跡的なことか、狂喜乱舞するほどの喜びに変わることになる。それを語ることでカルヴァンの語る福音のダイナミズムがあり、恵みの豊かさが溢れる。その喜びを表現している箇所をエフェソ書第一〇説教から挙げる。聖書の箇所はエフェソ書二・四－五節の「憐れみに富みたもう神は私たちに注がれる大いなる愛をもって死者、亡者をも甦らせた[19]」という言葉をめぐってである。

次に、神が命の教えを地獄の底まで届かせ、そこに沈んでいた私たちを甦らせようと望まれるのは驚嘆すべきことです。それだけに、私たちはいっそう神の恵みを讃美しましょう[20]。

神には私たちを魅了して止まぬ恵みがあったからです。その恵みは私たちの感覚をはるかに超えて大きく、それを味わおうと努めてみても、私たちにはその百分の一も味わえないほどなのです[21]。

カルヴァンはこのように、神の恵みがいかに大きいかを告げ、神が無償で人間を愛してくださる、その福音の信仰に信頼し、そこに立ち続けるように促す。カルヴァン曰く、

神の愛から水を汲みましょう。そして、神が私たちを自らのうちに受け入れ、聖霊を通して福

音の信仰で照らしてくださったのは、私たちを無償で愛することを良しとされたからであり、外から動かされ揺さぶられるからではない、ということを告白しましょう。パウロが語りたかったのはこのようなことです[22]。

私たちが福音の信仰を抱くことによって、聖霊を通して神の無償の恵みを与えられることがいかに大切で、しかも得難いことか、しかしそれ以外の仕方では人間は救われないのであり、カルヴァンはこのことを様々に言い換えて説き明かす。そのカルヴァンの語りの中でも、会話調の「言い換え」、「敷衍（パラフレーズ）」は最も得意とするものであった。そのことを意識して、二〇〇一年に出版した『霊性の飢饉』の翻訳以来、紙面に余白を取って、会話調のスタイルを用いて書き表すことに努めてきた[23]。

総じて、カルヴァンの説教における福音理解は、教理的文書における福音理解と全く同じである。すなわち、聖書的、救済史的、信条的である。ただし、説教という性格もあり、様々な言い回し、表現を使って事柄を伝達しようとしている。そういう点では、表現力が実に豊かであり、言語学的にみれば、様々な修辞学の用法が使われていると言ってもよい[24]。

4　福音と霊性

カルヴァンの説教とルターの説教を比較したい。両者を比較する目的は、説教の方法や釈義の仕方について検討するというより、あるいは語られた時代背景や社会的な要因の影響について論じるより、両者共に福音的な説教をしているが、「霊性」という点において違いを感じるからである。このテーマは、本拙論の内容を超えており、難しい問題でもあるが、今回、福音との関わりで、最後に問題提起としたい。その理由は、「福音にあずかる喜び」、ないしは「聖霊による喜び」を今日どう探求したら良いかという問題でもある。現代の教会は霊的な力が弱り、聖霊の働きを十分に受けていないと感じるからである。

ルターはある意味で「神秘家」である。神秘はまた霊的な感覚と直結している。ないしは霊的な働きの中で生じる感覚である。ルターの神秘主義というテーマは、古くから論じられており、最近はテュービンゲン大学のホルカー・レッピンらの研究で知られる。[25] ルターに中世的な神秘主義者の要素がどのくらいあるかはさておいて、少なくとも「キリストとの神秘的結合 unio mystica」という言葉がルターの神学思想の中にあることがしばしば指摘される。これは、初期の著作『キリスト者の自由（一五二〇）』の中で顕著に示されるが、この書は、そもそもルターの「信仰の体験」と「信仰の確かさ」に基づいて本論が展開している。[26]

信仰の、第三の測りがたい恩恵は、信仰が、花嫁を花婿に合わせるように、魂をキリストに結合させることである。この秘跡によって（使徒が教えているように）、キリストと魂とは一体とされる。[27]

ここには、信仰者とキリストの一体化という霊的、神秘的な一致があり、それは人を強め、励ます。ルターの力強さはここから来る。このことが、「キリスト者は、あらゆるものの、最も自由な主であって、何ものにも隷属していない」という本書の命題の前半部分が成立するための精神的・霊的支柱の一つである。ルターは、本文で、信仰の第一の力、信仰の第二の力、そしてこの第三の恩恵を語った後に、「これを聞いて、心が衷心より喜ばない者があろうか、またこれほどの慰めを受けて、キリストへの愛に心がたのしくならないものがあろうか[28]」と、福音を信じる心の高揚、喜悦を語る。ルターの福音理解が、極めてイエス・キリストとの直接的・霊的な体験を土台として力強く展開しているのに対して、他方カルヴァンの福音理解は、聖書的、救済史的、教理（信条）的という、冷静で理知的、論理的に展開していても、ルターと同様に、霊的に満ち、強靭な精神力を持ち合わせているのはなぜだろうか。上述したように、両者共に福音的な説教をしているが、「霊性」という点において違いを感じるのであり、それは霊性の発出という原点、源が違うと思われる。

ここで問題にしたいことを端的に述べれば、ルターは信仰による「キリストとの直接的、霊的結合」を霊性の原点においているのに対して、カルヴァンは信仰による「聖書の中にある霊的・真理的結合」を原点としているという点である。これは一見両者に大きな隔たりがあるように感じられるが、実はある意味で異なる二者ではない。キリストは、現に私たちには不可視であるが、聖書を読むことによってキリストを心に抱きとめる（キリストの現臨にあずかる）のであり、すなわち信仰を言葉から切り離すことができない。聖書にはキリストが横たわっている。

ヨハネ福音書は、このことをある意味で克服している、ないしは統一している。すなわち、一章の一節で、「言は神であった（θεὸς ἦν ὁ λόγος）」と記した後一四節で「言は肉を取って、私たちの内に宿った（ὁ λόγος σὰρξ ἐγένετο καὶ ἐσκήνωσεν ἐν ἡμῖν）」と語る。すなわち、言そのものが神である言が、私たちの世界に現われた、それはイエス・キリストである、と。

しかし、ルターの理解のほうが、キリストに直接向かい、キリストと直結するようで、信仰的に見えるが、カルヴァンの理解では、聖書が媒介となることにより、間接的になるのではないか、しかもキリストが一歩後退するかのように薄れてしまうという気がする。もちろん、両雄とも、キリストか言葉か、ということを問題にするなら、これは上述のヨハネの証言のごとく、克服されているのであるが。

しかしながら、ここが大切な点であるが、カルヴァンは生涯、霊的に燃え、キリストと教会に仕えた。決して霊的な満たしが弱いとか、間接的であるということはない。否、むしろ生涯、その活動は一貫し、揺ぎなく続いた。それは「非情」と思われるほどでもあった。しかし、ぶれなかった点ではルターを超えたと言ってもよい。今日両雄の姿を見つめると、福音の理解と霊性においては比類ない力強さを持ちつつ、何か違う部分があると思われる。今後の探求すべき課題としたい。この問題には、霊的に枯渇し始めた二一世紀のプロテスタンティズムの回復に何か役立つヒントが隠されているかもしれない。

注

1　Hesselink, I. John, *Calvin's Concept of the Law*, Princeton Theological Monograph Series, (Wipf & Stock Pub., January 1, 1992).

2　米国のカルヴァン神学校のH. Henry Meeter Centerでは、世界各地で刊行されたカルヴァンに関する新しい著作や論文（欧米語）を紹介するトラクトを毎年数回発行している。論文だけについて扱ったものでは一四巻の *Calvin's work in Geneva*, Articles on Calvin and Calvinism: A fourteen-volume anthology of scholarly articles, edited by Richard C. Gamble (New York: Garland Pub. 1992)がある。

3　多くの論者たちは、一五三三年一〇月一日のコップの演説前にカルヴァンの回心があったとするが、パーカーは、カルヴァンの回心を一五三〇年以前とする。Parker, T. H. L. *John Calvin: a Biography*, Louisville, KY (Westminster John Knox: 2006), 162-165; 199-203.

4　参照、*La Bible d'Olivétan*, 1535. Dominique Barthélémy, Henri Meylan, and Bernard Roussel, 1986. *Bible et foi réformée das le Pays de Neuchâtel 1530-1980*, exposition organisée par la ville de Neuchâtel et l'Eglise réformée évangélique du canton de Neuchâtel à l'occasion du 450e anniversaire de la Réformation neuchâteloise, ed par Michel Schlup (Neuchâtel, Bibliothèque de la Ville, 1980), etc.

5　最近刊のオーバーマン（二〇一七年）は、後半部で「亡命者カルヴァン」という姿をカルヴァンの歴史的、時代的背景を詳細に研究することによって浮き上がらせる。今後宗教改革の研究は神学的領域においても時代背景を踏まえて論じることが求められる。

6　*IOANNES CALVINUS CAESARIBUS, REGIBUS, PRINCIPIBUS, GENTIBUSQUE OMNIBUS CHRISTI IMPERIO SUBDITIS SALUTEM* (*CO* 9: 787-790). 邦訳は、『カルヴァン篇』（キリスト教古典叢書Ⅷ）〔渡辺信夫訳〕、新教出版社、一九五九年を参照した。*Joannis Calvini opera quae supersunt omnia* (*Corpus reformatorum*), Ed. by Cunitz, Edouard, Baum, Johann-Wilhelm, Reuss, Eduard Wilhelm Eugen (Brunsvigae: C.A. Schwetschke, 1863-1900) はこれより *CO* と略記。

7　*Joannis Calvini Opera Selecta*, vol. 1, München, 1926. 邦訳は『宗教改革著作集9　カルヴァンとその周辺1』

〔久米あつみ訳〕、教文館、一九八六年。

8　カルヴァン（一九九八年）を参照。

9　Parker, 1992, LIV.

10　野村、二〇〇五年、三五－三七頁を参照。

11　野村、二〇〇九年、一一－一三頁他。

12　第一巻は、『命の登録台帳　エフェソ書第一章（上）』（カルヴァン説教集1）〔アジア・カルヴァン学会編訳〕、キリスト新聞社、二〇〇六年、第二巻は、『神への保証金　エフェソ書第一章（下）』（カルヴァン説教集2）〔アジア・カルヴァン学会編訳〕、キリスト新聞社、二〇一〇年。

13　toutes creatures nous maudissent et nous detestent et demandent vengeance contre nous, d'autant que nous les polluons: car il y a telle corruption en l'homme, qu'il faut que le ciel et la terre en soyent infectez, iusques à ce que Dieu l'ait changé (*CO* 51, p.351). アジア・カルヴァン学会日本支部、カルヴァン翻訳会訳（以下同）。

14　聖書本文の引用は、特に断りのない限り『新共同訳聖書』日本聖書協会訳を用いた。下線は筆者の追加。

15　Quand donc l'homme sera considéré en soy et en sa nature, que pourra-on dire? Voilà, une creature maudite de Dieu, laquelle est digne d'estre reiettee du rang commun de toutes autres creatures, des vers, des poux, des puces et des vermines: car il y a plus de valeur en toutes les vermines du monde, qu'il n'y a pas en l'homme (*CO* 51, p.355).

16　Iusques à tant donc que Dieu ait besongné en nous par sa grace, à qui sommes-nous? Au diable: il est nostre prince: brief, il a toute authorité sur nous et nous gouverne d'une telle tyrannie, qu'il n'est point question qu'il nous ravisse par force à soy (*CO* 51, p. 354).

17　Nous devrions estre conduits par l'Esprit de Dieu, selon qu'il avoit imprimé sa marque en nous: mais nostre pere s'est voulu exalter, il a dressé les cornes contre Dieu, et ne s'est pas contenté de son degré et mesure. D'autant donc qu'il s'est ainsi revolté et qu'il n'a peu supporter l'empire souverain de Dieu, il a esté livré au diable, il luy a esté subiet: et puis qu'il n'a peu souffrir que Dieu dominast sur luy, il a eu un autre maistre, et faut que ceste subiection s'estende à tous en general. Ainsi donc notons bien que l'empire et la tyrannie du diable est une iuste vengeance de Dieu sur le peché des hommes. Voilà pour un item (*CO* 51, p. 356).

18 mais il y a outre cela une mort, voire une mort spirituelle, laquelle ne pourra point estre corrigee par tous les moyens ni remedes de ce monde : il faut que Dieu y mette la main, voire une main si forte qu'on cognoisse que nous sommes miraculeusement sauvez par luy (*CO* 51, p. 362).

19 「カルヴァン聖書」訳を使用 (*CO*. 57, p.31).

20 Pour le second, que nous magnifions tant plus sa bonté, d'autant que c'est une chose incroyable, quand il veut que la doctrine de vie viene iusques au profond des enfers pour nous vivifier: car nous y estions plongez (*CO* 51, p. 365).

21 Car il faut bien qu'il y ait eu une bonté en Dieu qui nous ravisse du tout, pource qu'elle surmonte tous nos sens, et que nous n'en pouvons gouster la centieme partie, quand nous-nous y serions bien employez (*CO* 51, p.365).

22 mais puisons de ceste amour de nostre Dieu, et confessons qu'il ne faut point que Dieu soit induit ni esmeu d'ailleurs, sinon qu'il luy a pleu nous aimer gratuitement, quand il nous a receus à soy, et qu'il nous a illuminez par son S. Esprit en la foy de l'Evangile. Voilà donc ce que sainct Paul a voulu ici noter (*CO* 51, p. 366).

23 カルヴァン（二〇〇一年）。イザヤ書五五章一－二節についてのカルヴァンの未公開説教。

24 久米あつみ（一九九七年）参照。

25 Leppin (2007) ; *Transformationen. Studien zu den Wandlungsprozessen in Theologie und Frömmigkeit zwischen Spätmittelalter und Reformation.* ; *Die fremde Reformation. Luthers mystische Wurzeln*. etc.

26 D. Martin Luthers Werke: Weimarer Ausgabe (WA) については以下を参照した。『ルター著作集』第一集

郵 便 は が き

料金受取人払郵便

銀座局承認

4146

差出有効期間
平成31年6月
30日まで

104-8790

628

東京都中央区銀座4－5－1

教文館出版部 行

◉裏面にご住所・ご氏名等ご記入の上ご投函いただければ、キリスト教書関連書籍等のご案内をさしあげます。なお、お預かりした個人情報は共同事業者である「(財)キリスト教文書センター」と共同で管理いたします。

●今回お買い上げいただいた本の書名をご記入下さい。

書名

●この本を何でお知りになりましたか

1．新聞広告（　　　）　2．雑誌広告（　　　）　3．書　評（

4．書店で見て　　5．友人にすすめられて　　6．その他

●ご購読ありがとうございます。

本書についてのご意見、ご感想、その他をお聞かせ下さい。

図書目録ご入用の場合はご請求下さい（要　不要）

教文館発行図書　購読申込書

下記の図書の購入を申し込みます

書　　　　名	定価（税込）	申込部数
		部
		部
		部
		部
		部

注文はなるべく書店をご指定下さい。必要事項をご記入のうえ、ご投函下さい。
近くに書店のない場合は小社指定の書店へお客様を紹介するか、小社から直送い
ます。
ガキのこの面はそのまま取次・書店様への注文書として使用させていただきます。
、Eメール等でのご案内を望まれない方は、右の四角にチェックを入れて下さい。□

氏名　　　　　　歳	ご職業

）

住所

話

店よりの連絡のため忘れず記載して下さい。

ールアドレス

刊のご案内をさしあげます）

書店様へお願い　上記のお客様のご注文によるものです。
着荷次第お客様宛にご連絡下さいますようお願いします。

指定書店名	取次・番線
所	（ここは小社で記入します）

２、聖文舎、一九六三年、三五一頁。
27　前掲書、三六二頁。
28　前掲書、三七〇頁。

文献

Bible et foi réformée das le Pays de Neuchâtel 1530-1980, exposition organisée par la ville de Neuchâtel et l'Eglise réformée évangélique du canton de Neuchâtel à l'occasion du 450e anniversaire de la Réformation neuchâteloise, ed par Michel Schlup (Neuchâtel, Bibliothèque de la Ville, 1980).

カルヴァン、Ｊ『ジュネーヴ教会信仰問答』〔渡辺信夫訳〕、教文館、一九九八年。

カルヴァン、Ｊ『霊性の飢饉――まことの充足を求めて』〔野村信訳〕、教文館、二〇〇一年。イザヤ書五五章一―二節についてのカルヴァンの未公開説教。

『カルヴァン篇』（キリスト教古典叢書Ⅷ）〔渡辺信夫訳〕、新教出版社、一九五九年。

Parker, T. H. L., *John Calvin: a Biography*, Louisville, KY (Westminster John Knox: 2006).

La Bible d'Olivétan, Neuschâtel 1535. (Kyoto : Rinsen Book Co. Edition fac-similée, 1992).

Die fremde Reformation. Luthers mystische Wurzeln. (München: C.H. Beck, 2016)

Dominique Barthélémy, Henri Meylan, and Bernard Roussel. *Olivètan, celui quit fit passer la Bible d'hèbreu en français.* (Biel, Switzerland: 1986).

『命の登録台帳　エフェソ書第一章（上）』（カルヴァン説教集１）〔アジア・カルヴァン学会編訳〕、キリスト新聞社、二〇〇六年。

Ioannis Calvini Opera exegetica: Commentarius in epistolam Pauli ad Romanos, (IOANNIS CALVINI OPERA OMNIA, Volumen XIII) ed. by Thomas Henry Louis Parker (Genève: Droz, 1992), LIV.

Joannis Calvini Opera Selecta, vol. 1, München, 1926. 邦訳『宗教改革著作集９　カルヴァンとその周辺１』〔久米

あつみ訳〕、教文館、一九八六年。

『神への保証金　エフェソ書第一章（下）』（カルヴァン説教集2）〔アジア・カルヴァン学会編訳〕、キリスト新聞社、二〇一〇年。

『ルター著作集』第一集2、聖文舎、一九六三年。

野村信「カルヴァン時代のジュネーヴ　礼拝スケジュール表」『神学と牧会』No.2、神学と牧会の研究所発行、二〇〇五年、三五―三七頁
野村信「聖書解釈と説教」『新たな一歩を』カルヴァン生誕500年記念論集、アジア・カルヴァン学会日本文部編、キリスト新聞社、二〇〇九年。

久米あつみ『カルヴァンとユマニスム』御茶の水書房、一九九七年。

オーバーマン、H・A『二つの宗教改革――ルターとカルヴァン』〔日本ルター学会／日本カルヴァン研究会訳〕、教文館、二〇一七年。

Transformationen. Studien zu den Wandlungsprozessen in Theologie und Frömmigkeit zwischen Spätmittelalter und Reformation. (Tübingen: Mohr Siebeck, 2015)

Volker Leppin, *Die christliche Mystik* (München: C.H. Beck, 2007).

第三章　スコットランドにおける「福音主義」の展開

原田浩司

はじめに

ドイツのルターやジュネーヴのカルヴァンのように、十六世紀の各地の宗教改革運動にはそれを牽引する優れた指導者たちがいた。さらに、ルターにはメランヒトンが、カルヴァンにはファーレルやブツァーらがいたように、指導者たちの周囲には優れた同僚たちの姿もあった。宗教改革運動の成功に欠かせないこのパターンはスコットランドの宗教改革にも該当する。スコットランドにはジョン・ノックス（一五一二－一五七二年）がおり、そして彼と共に一五六〇年八月にスコットランド信仰告白と『規律の書』を準備し、議会に提出した五名の協力者たちがいた。奇しくも、ノックスを含む協力者全員が同じ「ジョン」の名前であることから「六名のジョン」[1]とも呼ばれている。スコットランド宗教改革の特性を理解するためには、当時の政治的な背景を含め、改革者ノックスについて、また先に挙げた二つの重要文書について、正しく知ることが不可欠である。

　本章では、先の章で扱われたルターとカルヴァンによって推進され、大陸で展開された「福音主義」[2]がスコットランド宗教改革にどのような影響をもたらし、またどう展開されていったのかを整理していく。それに先立ち、宗教改革以前のスコットランドの宗教事情を簡潔に整理し、宗教改革に至る当時の社会的状況を概観しておく。

1　古代・中世のスコットランド

1・1　スコットランドにおける「福音」の到来

　スコットランドのキリスト教のはじまりは、おもに二つの源流を確認できる。一つはローランド（低地地域）の南部の地域で五世紀にホウィットホーンに修道院を創立したブリテン人の聖ニニアン（推三六〇－四三二年）によるもの、そしてもう一つはハイランド（高地地域）の北部の地域で六世紀半ばにアイオナ島に修道院を創立した聖コロンバ（五二一－五九七年）によるものである。[3]前者に関しては記録が現存せず、ニニアンの福音理解や実際の活動、またその人となりなどの詳細は不明である。他方、後者は第九代アイオナ修道院長アダムナンによる『聖コロンバ伝』（七〇〇年頃）が残されており、スコットランドの初期キリスト教史の叙述は自ずと情報量の豊富な聖コロンバを中心に描写せざるを得ないのが実情である。

コロンバはアイルランドの王族イー・ネール一族の出身で、十二人の同労者たちと共にアイルランドからスコットランド西部の小さなアイオナ島へと渡り、修道院を設立して活動の拠点を置いた（写真1）。アイオナ島からしばしばスコットランド本土に伝道旅行をし、当時その地域を支配していた「ピクト人」[4]に聖書の教えを伝えた。その方法について「コロンバと修道士たちは『福音書を携える旅人』として人々に接し、信徒たちを巡回するアイルランドの伝統的宣教方法を踏襲したと思われる」[5]と盛節子は指摘する。こうして「コロンバや彼の仲間たちによって、福音はピクト王国において勝利をおさめた」とW・ウォーカーは物語る。[6]スコットランドにおけるキリスト教史の出発点におい

写真1　聖コロンバ（アイオナ修道院ステンドグラス）

写真２　現在のアイオナ修道院

て、アイルランド人であるコロンバとその仲間たちによる定期的な巡回説教というアイルランドの伝統的な手法によって、スコットランドに福音が伝えられたという一断面が浮かび上がってくる。

それ以降、中世の時代にスコットランドでは各地に修道院が創設されていった。アイオナ修道院（写真2）から来たアイルランド人聖エイダンによって創設されたリンデスファーン修道院（七世紀）は、スコットランド南部やイングランド北部一帯の霊性の拠点となり、さらに創設者エイダンを弔う記念として南部のボーダー地方にメルローズ修道院（七世紀）[7]が創設された。さらに、スコットランド東部沿岸のセント・アンドリュース修道院（八世紀）が創設され、以上がスコットランドで比較的早い時期に創設された主要な修道院である。これら中世初期の修道院は、特にアイルランドの影響が強く、修道院の周辺ではしばしばケルト文様を帯び、十字架の交差部分に円環が施されているのが特徴的な「ハイクロス」と呼ばれる十字架の石像が見られる（写真3）。

その後、中世の中期になると、ダンファームリン修道院（十

写真３　ハイクロス（ケルト十字）

一世紀）が創設され、十二世紀にはいると、アーブローズ、インチカム（フォース湾沖の孤島）、ペイズリー（グラスゴー近郊）、ダンドレンナン、ボーダー地方のジェドバラ、ケルソー、ドライバラ（写真４）に次々と大規模な修道院が創設された。十三世紀にも、クロスラグエル、サデル、ニュー・アビー（スウィートハート）、その他、規模の小さな修道院（例：サデルやディアなど）も各地に創設されるなど、修道院はスコットランドのキリスト教化にとって重要な拠点となっていった。中でもセント・アンドリュースは、十世紀に司教座となって以降、十五世紀にはスコットランド最古の大学が創設され（一四一三年）、遂にはスコットランドにおける大司教座（一四七二年）となり、十六世紀の宗教改革に至るまでに、スコットランドで最も重要な宗教都市となった。

1・2　中世スコットランドの国交事情——イングランドとフランスとの三国関係

スコットランドの宗教改革を左右する背景に、中世後期におけるスコットランドとイングランド、そしてフランスとの三国間の国際関係がある。この点についても簡単に言及しておく必要がある。

一つのブリテン島に国を構えるイングランドとスコットランドは長く緊張関係にあった。一三三三年にイングランド王エドワード三世はスコットランドに侵攻し、スコットランド王デヴィッド二世の

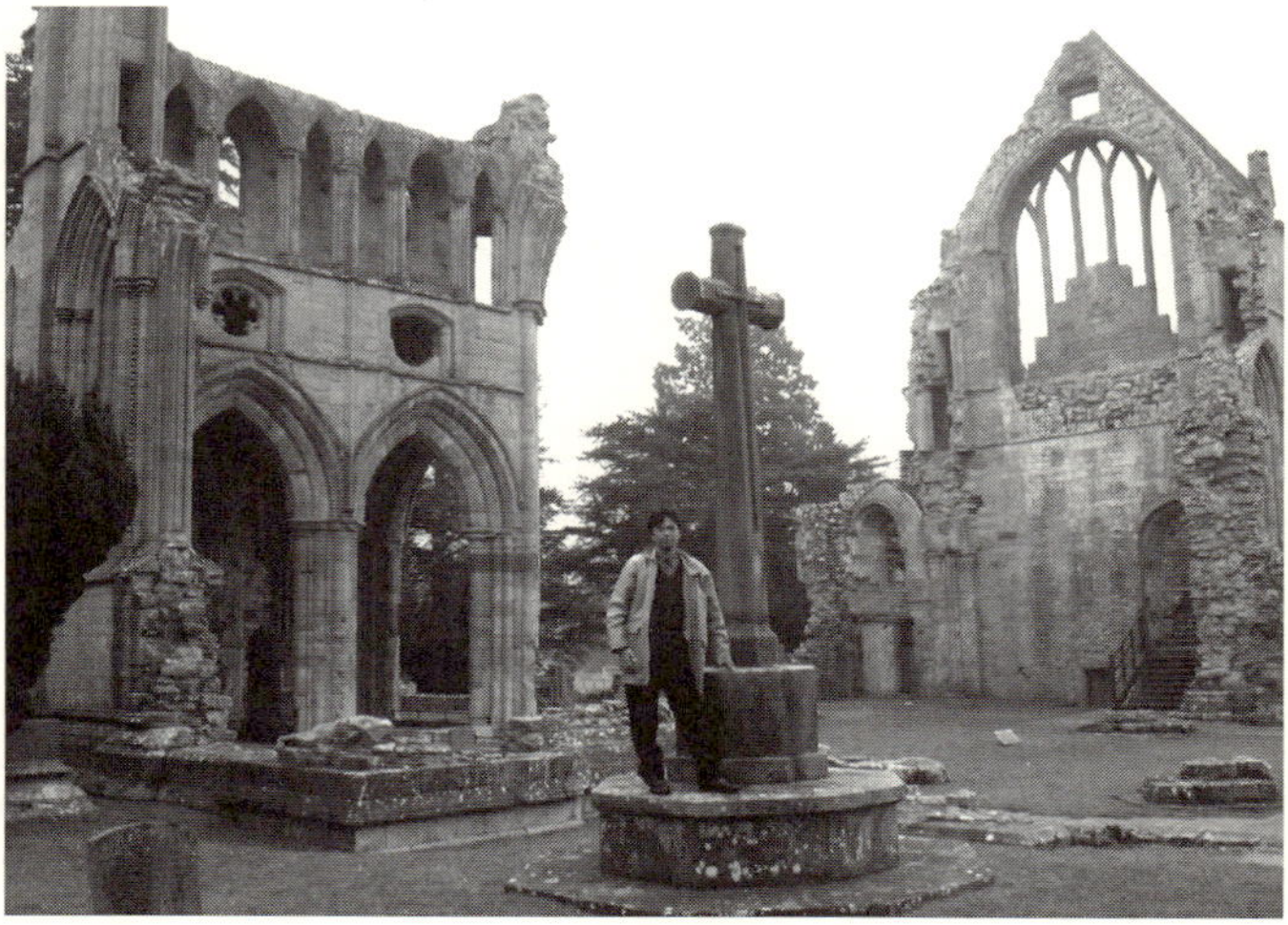

写真４　現在のドライバラ修道院跡（中央は筆者）

軍隊を撃退し、イングランドの傀儡王エドワードを即位させることに成功した。敗れたデヴィッド二世はフランスに亡命し、これを機にフランスはスコットランドとの連帯を強め、両国間に「旧い同盟（Auld Alliance）」と呼ばれる協力関係が築かれていった。スコットランドの問題を契機に、イングランドはフランスとも敵対関係となり、後に「百年戦争」（一三三七－一四五三年）と呼ばれる長期的な抗争にまで発展すると、並行して、スコットランドとの間でも長期的な緊張関係が続くことになる。

十六世紀に入り、スコットランド王ジェームズ四世（一四七三－一五一三年）はイングランドとの間に友好的な和平を求め、一五〇二年に両国は和平条約を締結し、翌年にはイングランド国王ヘンリー七世の娘マーガレットを妃に迎えた。しかし、一五一三年にヘンリー八世がフランスに侵攻したことで、ジェームズ四世は妃のイングランドを支援すべきか盟友のフランスを支援すべきか、岐路に立たされた。結果的に、彼は旧来のフランスとの同盟関係を重視し、イングランドと結んだ和平条約を破棄し、フランスを支援する形でイングランドに攻め入った。しかしながら、スコットランド軍はフロッドンの戦いでイングランド軍に返り討ちにあい、彼は戦死してしまう。イングランドと再び敵対関係となったスコットランドでは、父の跡を継いだジェームズ五世が一五三八年にフランスからギーズのメアリを妃に迎え、スコットランドとフランスの関係はより緊密さを増していった。二人の間に生まれたのが、後に悲劇の女王として知られることになるメアリ・スチュアート（一五四二－一五八七年）である。

こうした政治上の三国関係は宗教上もスコットランドに大きな影響を及ぼした。イングランドのヘンリー八世は離婚問題を契機にカトリックとの決別を決め、一五三四年に宗教改革路線へ舵を切ったが、他方、フランスはカトリックを堅持し、後に「サン・バルテルミーの虐殺」（一五七二年）の舞台になるほどに徹底していた。スコットランドの王室が親フランス路線を進む中、宗教的にもスコットランドは自ずと親カトリック路線を歩んでいった。

しかし、重要な転機が訪れた。国王ジェームズ五世の死去である。一五四二年十一月のイングランドとのソルウェイ・モスの戦いに敗北し、大病を患った王は、十二月十四日にそのまま亡くなってしまった。娘メアリが生まれて僅か六日後のことだった。こうして、唯一存命する生まれたばかりのメアリが王位を継承し、彼女に次ぐ王位推定相続人のアラン伯が摂政となった。そして、僅か四年前に王妃としてフランスから嫁いできたギーズのメアリが皇太后として重要な権限を手中に収める形となった。フランス色を強めるスコットランドに危機感を抱いたヘンリー八世は、スコットランドを支配下に置くためにイングランド皇太子エドワードとメアリとの結婚を画策し、一五四三年に両国でグリニッジ条約の締結を計ったものの、スコットランドはこれを拒否した。これに激怒したヘンリー八世は翌四四年と四五年の二度にわたりスコットランドに進軍し、エジンバラにまで及んだ。「粗野な求愛」と揶揄されるこうした一連のイングランドの動きを利用し、ギーズのメアリはスコットランドを更なる親仏路線へと一気に舵を切り、一五四八年七月にフランスとの間でハディントン条約を交わし、まだ六歳の女王メアリとフランス国王アンリ二世の息子フランソワ皇太子との婚約を実現させ、しかも、娘をアンリ二世に預けることにし、その年の十二月に幼い女王メアリは「野蛮な」スコットランドを去り、より「洗練された」フランスの宮廷で育てられることになった。一五五四年四月にアラン伯が摂政を辞すと、ギーズのメアリが摂政を兼任することとなり、スコットランドにおける彼女の権力は確立されていった。

以上のように、ジェームズ五世の死去に伴い、スコットランド王室がフランス人の手にハイジャックされ、しかもまだ幼い自国の女王が、事実上、フランスの「人質」に取られ、いわば「フランスの属国」に落ちぶれた現状に対し、強い不満を抱く一部の貴族たちの間にフランスへの敵愾心が湧き立ち、それと共に、これまでの反イングランド路線から親イングランド路線へ舵を修正する動きが顕著にみられるようになっていく。政治的な振り子が逆方向に動き始めるまさにそのタイミングで、スコットランドでは宗教改革のうねりも急速に高まっていった。そして、実際に反フランス運動を起こした一部の貴族たちこそ、後にノックスによる宗教改革の強力な支持基盤となっていく。こうした当時の政治的状況が宗教改革の追い風となり、歴史は「一五六〇年」に向かって前進していった。

2 福音主義の到来とノックス

2・1 ルターによる「福音主義」の影響

一五一七年にヴィッテンベルクで生じた宗教改革運動はヨーロッパの「世界の果て」であるスコットランドにも及んだ。スコットランドの初期の宗教改革運動にはルターの直接的な影響が顕著だった。当時、ダンディなどの港町では、大陸から活版印刷によるルターの冊子が次々と密輸されていたとみられる。なぜなら、一五二五年にスコットランド議会はルターの書物を禁書とする法令を発布したからだ。つまり、この議会の決定は、この時までにはルターの冊子類が、禁じなければならないほどにスコットランドに流通していたことを暗示する。ただし、それらがドイツ語のままなのか、あるいはスコットランドの言葉に翻訳されたものかは判然としない。そして、一五二八年二月二十九日に、スコットランドにおける宗教改革運動の先駆者で「ルター派」のパトリック・ハミルトンがセント・アンドリュースで処刑されたのを皮切りに、プロテスタント弾圧が本格的に行われていった。[8]

ルターの冊子類の禁書に次いで、英訳聖書の所持にも禁令が下された。一五三六年に議会は英訳聖書の焼却命令法を定め、これに違反する英訳聖書保持者が次々に捕らえられ、処刑されていった。[9] だが、ジェームズ五世の死後、親英路線に舵を切ろうとする摂政アラン伯の働きかけで、一五四三年にこの法令は廃止されたが、当時のローマ・カトリック司教たちは英語訳聖書を使用することも所持することも禁じる強硬な姿勢を崩すことはなかった。[10] 英訳聖書の所持が処刑をもって断罪されていたことからして、宗教改革以前のスコットランドでは、ラテン語を読めなかった多くの一般の庶民にとって、聖書は「遠い存在」であり、したがって聖書の教えについて、またキリスト教の教理教説についても蒙昧な人々が大勢いたことは想像に難くない。当時のこうした現状の打破と改善が、後にジョン・ノックスをはじめとする宗教改革運動の主要課題となっていった。

スコットランドには「詩編歌」を歌う伝統が今に受け継がれている。霊の注ぎを受けていない「人間の言葉」の作品である讃美歌よりも、霊の注ぎを受けた「神の言」である聖書自体の言葉をもって讃美をするのが相応しい、との理解がその背景にある。[11] スコットランドにおける詩編歌の伝統においても、実はカルヴァンのジュネーヴの影響以前にルターの影響が先行していた点を確認できる。

一五四二年から四六年にかけて、スコットランドで刊行された最初の詩編歌集『聖書の言葉から厳選された、神聖な詩編と霊的唱歌の抄冊子（*Ane Compendious Buik of Godlie Psalms and Spirituall Sangis, collectit further of sundrie partes of the Scripture*）』が港町ダンディで出版されたが、これはルターによるドイツ語版をスコットランドの言葉に訳したものだった。[12] この長い名前の詩編歌集は、別名『優れた神聖なバラード集（*Gude and Godlie Ballatis*）』として知られ、さらに「ダンディ詩編歌」とも、編集者のウェッダーバーン三兄弟の名で「ウェッダーバーン詩編歌」とも呼ばれ、人々に親しまれていた。[13]

中でも、二男のジョン・ウェッダーバーンは、一五三九年に大司教に就任したビートン枢機卿によるプロテスタント弾圧から逃れて、その年から約一年間ドイツで亡命生活を送った。その際、ヴィッテンベルクでルターやメランヒトンの教えを聞いて感銘を受け、ルターによるドイツ語の讃美歌の詩文やダビデの詩編などを精力的にスコットランドの韻文に翻訳した。その成果が先の詩編歌集である。ジョージ・ウィッシャートが、一五四五年の年末か一五四六年の年頭に逮捕される前夜、ノックスら同僚たちを前に詩編五十一篇「Have mercy on me now good Lord, After thy great mercy, ...etc.」を歌った記録を確認できるが、その歌詞はウェッダーバーンによる訳詩であることが指摘されている。[14] このように、一五四〇年代半ばの時点で、スコットランドでは実際にドイツ経由の詩編歌が歌われていた事例も確認できる。

以上のように、スコットランドの初期の宗教改革運動の期間は、ルターによる小冊子や、ルターが取り組んだ自国語への聖書の翻訳、それに詩編歌においてもルターの「福音主義」の影響の痕跡が色濃くみられる。ルターの影響下で広がりつつあったスコットランドの宗教改革運動だが、その後一気にジュネーヴのカルヴァンの影響を帯びていく。そのきっかけが、改革の指導者ジョン・ノックスである。なぜそうなったのかを、宗教改革に至る彼の半生から確認しておこう。

2・2　ジョン・ノックス

ジョン・ノックスの正確な出生年日を示す公式記録は残存せず、彼の出生年はしばしば推定で記されるが、研究者の多くが「一五一四年」頃の誕生説を採用している。[15] また、彼の青年時代についても詳細は不明である。一五四五年十二月のウィッシャートとの出会いがノックスに回心をもたらした。それ以降、ノックスは宗教改革運動に献身していくことになるが、さらに改革者としての更なる献身の契機となったのが一五四六年三月一日のウィッシャートの処刑だった。彼の逮捕を命じ、処刑の指揮を行ったのはセント・アンドリュース大司教ビートン枢機卿だった。この処刑から約三か月後の一九四六年五月二十九日の早朝、プロテスタント支持者の十数人の集団がビートンの居城であるセント・アンドリュース城に侵入し、彼を殺害し、その死体を城壁に吊すという報復事件が起きた。しかも、彼らはそのままセント・アンドリュース城を占拠し、籠城した。籠城はフランス海軍の協力を得た政府軍によって制圧される一五四七年七月末まで十四か月間も続き、いつしか彼らは「籠城派」と呼ばれるようになっていた。ビートン暗殺により反ローマ・カトリックの改革支持者の捜索はより厳しさを増し、ノックス自身は報復事件に関与してはいなかったが、その後、一五四七年四月十日に籠城派に加わっていく。こうして後から籠城派と行動を共にしたプロテスタントの人々の数は百二十名を超え、この中には、後にスコットランド信仰告白を共同で提出することになるジョン・ウィンラムの姿もあった。ノックスは彼らと共に生活する中で、召命を受けて、籠城派の牧師となった。[16]しかしその数か月後、七月三十日にフランス海軍の協力を得た政府軍によって籠城派は制圧され、降伏の交渉に応じ、投降した。降伏の条件として籠城派側が提示したのは、全員の生命の保証と、スコットランド国外への亡命だった。籠城派の一団は、確かに生命は保証され、一旦フランスへと移送されたのだが、フランス軍が所持するガレー船の囚人漕ぎ手として長期にわたる苦役を科せられることになった。[17]十九か月にも及ぶ苦役の後、一五四九年の春にノックスを含む一部の人々が突如イングランドで釈放された。これは一五四七年のエドワード六世の即位後に英仏間で進められた捕虜同士の相互釈放の一環だったと考えられる。[18]こうしてノックスは、宗教改革が既に行われていたイングランドで福音の宣教を開始することになった。

しかし、その数年後に状況を大きく変える事態が起きた。一五五三年七月六日のエドワード六世の死去に伴うメアリ一世の即位である。八月に王位継承をめぐる闘争に勝利した新女王はイングランドのこれまでの宗教改革を完全に覆し、プロテスタント指導者たちを次々に投獄し、処刑していった。その残忍さゆえに、人々から「血のメアリ（ブラッディ・メアリ）」と呼ばれ恐れられた。多くの指導者たちは会衆に大陸への亡命を勧め、多くの人々がイングランドから大陸へと亡命していった。他方で、イングランドに留まり逮捕され、殉教した人々も少なくなかった。中でも、大司教トーマス・クランマーの処刑（一五五六年三月二十一日）が最もよく知られている。ノックスは、メアリの即位後、しばらくイングランドで身を潜めた後、一五五四年二月頃にイングランドを去り、船でフランスの港町ディエップに降り立ち、一路ジュネーヴへと向かった。これまでのスコットランドとイングランドでの経験を通して、ノックスの意識の中に、為政者に対する「抵抗権」の思想が明確に構築されていく原因となったことは想像に難くない。

写真５　ジョン・ノックス（セント・ジャイルズ教会内の像）

　ジュネーヴに着いたノックスは、カルヴァンやブリンガーらと次々に面談すると、自らの意識の中に構築されつつある抵抗権について助言を求めた。改革者たちとの対話を通して、ノックスは自らの抵抗権思想に新たな神学的な意義と発見を加えていった。一五五四年九月二十四日、ジュネーヴに滞在していたノックスのもとに、ドイツのフランクフルトに亡命中のイングランド人の会衆から牧師としての招聘の問い合わせが届いた。フランクフルトは当時、ジュネーヴやストラスブルクと並び、イングランドからのプロテスタント亡命者たちが多く集まるプロテスタント系の自治都市だった。この時、ノックスはジュネーヴにしばらく滞在してカルヴァンのもとで学ぶことを希望したが、カルヴァンから強く勧められて、フランクフルトからの招聘を受諾した。同年十一月にはフランクフルトでの牧会を開始した。そこで彼はイングランド教会の「共同祈禱書」を使わずに、ジュネーヴで使われている「礼拝規定書」に即した礼拝の改革に取り組みはじめた。この改革には多くの賛同者を得、その中には後に「ジュネーヴ聖書」を訳すウィリアム・ウィッティンガムがおり、彼はノックスの改革を強力に支持した。他方、この改革に反対し「共同祈禱書」による礼拝の継続を望むグループもあり、会衆内に分裂が生じることになった。次第に、イングランドからの新たな亡命者が増えるなど、じわじわと反対派が勢力を増し、遂には「共同祈禱書」の共同作成者の一人であるコックスがフランクフルトに来たことで潮目が大きく変わり、ノックスの改革は完全に暗礁に乗り上げ、一気に形勢は逆転してしまった。それから数日後、ノックスは抵抗勢力の陰謀により、フランクフルトから退去させられることになった。

僅か四か月ほどの短い期間だったが、ここで協力者たちと協議しながら検討を重ねて作成した礼拝式文は、その後「ノックスのリタジー」[19]として、ジュネーヴのイングランドからの亡命者たちの教会で用いられ、後に宗教改革後のスコットランドの教会の礼拝様式のモデルとなった。また、フランクフルトでの改革の最大の協力者であり、理解者だったウィッティンガムによる「ジュネーヴ聖書」は、後にスコットランドのプロテスタントが用いる公式聖書となるなど、フランクフルト時代はノックスに貴重な財産をもたらした。

一五五五年四月頃、ウィッティンガムらと共にジュネーヴに戻ったノックスは、一五五九年までジュネーヴに亡命してきたイングランド人の会衆の牧師となった。この期間に、ノックスはカルヴァンによる教会改革と教会形成から多くを学び、吸収していった。このジュネーヴ亡命時に複数回、彼はスコットランドとジュネーヴの間を行き来し、スコットランドの宗教改革支持者たちを励まし、彼らの結束を促していた。また一五五八年には『女たちの奇異な統治に対する最初のラッパの高鳴り』や『アペレーション』など、スコットランドのギーズのメアリとイングランドのメアリ一世を念頭に抵抗権思想の小冊子を次々と刊行した。こうして、フランクフルトとジュネーヴでの経験と学びとを携え、一五五九年五月にノックスは遂に母国スコットランドへの帰国を果たした。

以上、一五四五年の回心からのノックスの十四年間を概観したが、当初よりルターの影響が色濃かったスコットランドの宗教改革が、ノックスのイングランド、ドイツ（フランクフルト）、スイス（ジュネーヴ）での実践と学びに基づく指導によって、カルヴァンの改革派の色彩へと一気に塗り替えられていった。特に、一五六〇年八月に議会に提出された二つの改革文書、スコットランド信仰告白と『規律の書』は、その方向性を決定づけた。

3　スコットランド宗教改革における「福音主義」

3・1　スコットランド信仰告白における福音主義

スコットランド信仰告白の表紙にマタイ福音書二四章一四節の聖句「そして、御国のこの福音はあらゆる民への証しとして、全世界に宣べ伝えられる。それから、終わりが来る」が添えられている。この成句がスコットランド信仰告白の表紙に付されたことに意味がある。それは、ノックスらが目指したスコットランドの宗教改革が「御国のこの福音」をスコットランド全土へ、そして世界への福音の宣教使命を明確に自覚したものであることを表明する聖句だからである。

スコットランド信仰告白には、十六世紀にヨーロッパ各地で制定された他の改革派諸信仰告白に比べて、注目すべき特徴がある。それが「偽りの教会から真の教会を見極めるしるし」を提示する第一八条である。

神の真の教会のしるしは、以下のとおり、とわたしたちは信じ、告白し、公言します。第一は、預言者たちや使徒たちの文書が明らかにしているように、神がそこにおいて御自身をわたしたちに啓示する、神の言葉の真の説教です。第二は、キリスト・イエスの聖礼典の正しい執行であり、そこでは、神の言葉と約束がわたしたちの心に封印され、確証されるため、それらと結び合わされていなければなりません。そして最後は、神の言葉が命じるとおりに、正しく執行される教会規律であり、それによって、悪徳は抑制され、また美徳は促進されます。それゆえ、これらのしるしが認められ、そしていつまでも持続するところではどこでも、人数がそろっていようとなかろうと、何ら疑いを差し挟む余地なく、そこには、その中心にいると自ら約束しておられるキリストの、真の教会があります。[20]

この第一八条は、アウクスブルク信仰告白（一五三〇年）第七条、およびジュネーヴ教会信仰告白（一五三六／一五三七年）第一八条に倣い、説教を「第一のしるし」、聖礼典を「第二のしるし」と位置づける。「神がそこにおいて御自身をわたしたちに啓示する」のが説教である。このことは、第二スイス信仰告白（一五六六年）のよく知られた言葉「神の言葉の説教が神の言葉である」[21]に端的に示されるように、宗教改革の強調点は、教会における「神の言葉」の回復と「神の言葉」の宣教であった。説教をとおし、神の言葉である聖書を会衆にとりつぐ時、文字としての聖書の言葉は出来事となり、復活の主イエス・キリストの現臨を啓示する。さらに、「見える神の言葉」として、水とパンとぶどう酒という物素を通して主なる神の現臨を啓示するサクラメント（聖礼典）の正しい執行こそ、聖霊の働きによって、神の言葉と救いの約束を信仰者の一人ひとりに確証することが宣言される。

説教と聖礼典の強調は他の信仰告白にもみられ、すべての宗教改革運動に共通する要点だが、スコットランド信仰告白は「教会規律（ecclesiastical discipline）」をさらに「第三のしるし」に加えた最初の信仰告白である。ノックスは「神のメッセンジャーの特別な義務とは、悔い改めを説き、罪を犯す者を戒め、悪人に対して『悔い改めなければ、あなたは必ず死ぬ』と告げることである」[22]と述べ、説教には罪や悪の不道徳に対し悔い改めを要請する倫理的な役割があると主張していた。ノックスにとって、説教において現臨する神は、救済者であるよりもむしろ審判者としての神であり、それゆえに、ノックスにとって説教と規律は切り離すことのできない不可分の関係だったと思われる。

この「ディシプリン」の語は「規律」の他、「訓練」、「規則」、「戒規」等、多様に訳されるが、要点はキリストの弟子（Disciple）に相応しい霊的な秩序のある教会こそ「真の教会」であるという理解がここに表明されている点にある。つまり、キリストの弟子として聴き従うべきは、教皇の言葉か為政者の言葉か、それとも主なる神の言葉なのかをノックスは問うているのである。

次に、第一九条の「聖書の権威」を確認しよう。ジュネーヴ教会信仰告白をはじめ、第二スイス信仰告白やウェストミンスター信仰告白などの諸信仰告白は「聖書（神の言葉）」から第一条を始める。それに対し、スコットランド信仰告白では、第一条は「神について（神論）」から始まり、聖書論が登場するのが全二五条から成る全体の終盤となる第一九条であり、しかも実に簡素である。これはなぜか。信仰告白の中で聖書を論じる順序を下げたことが、すなわちスコットランド宗教改革が聖書を軽視している、と考えるのは性急である。第一九条の表題が「聖書の権威」と記されている点に注目すべきである。

わたしたちは、聖書は神に属する人を教え、完全にするのに十分である、と信じ、告白するのですから、自ずと、聖書の権威は神ご自身に由来し、人間や天使によるものではない、とわたししたちは言明し、また公言します。したがって、聖書には教会から受ける以外にはいかなる権威もないと主張する者たちは、神を冒瀆する者たちであり、また、自らの花婿また牧者であるお方の声を常に聴き分け、従い、自らがそのお方の主人となることのない真の教会にとっては、加害者たちである、とわたしたちは言明します。[23]

ここで信仰告白が問うポイントが「権威」であることが分かる。第一八条で「真の教会」と「偽りの教会」を見分けるしるしが論じられたが、十六世紀の宗教改革者たちが例外なく対峙した権威は、聖書の福音から逸脱した「偽りの教会」を指導する「教皇」の権威であり、さらに為政者たちの権威だった。特にノックスは抵抗権思想を展開し、女性の為政者たちと対峙し続けた。スコットランド信仰告白は第二四条で為政者たちについて論じられる。それゆえ、「偽りの教会と真の教会」について論じ、また「為政者」について論じる後半の文脈にあえて聖書を位置づけ、「聖書の権威は神ご自身に由来」すると宣言し、聖書の権威にこそ従う群れとしての教会形成を鮮明にしている、と解釈することができよう。

３・２　『規律の書』における福音主義

「真の教会のしるし」を重視するノックスら改革者たちの姿勢は、信仰告白のみならず、『規律の書』にも反映されている。『規律の書』の第一項から第四項の冒頭を並べると、特に「福音主義」の観点から、彼らが描いた本来あるべき教会の姿とはどのようなものであるのかが垣間見られる。

第一項　教義について

キリスト・イエスは、父なる神が、その羊たちに耳を傾け、かつこれに従うようにと命じられた唯一の方であるから、その福音が、この王国のいずれの教会と集会においても真に公に説かれることが望まれ、これに反する教義はすべて、人間の救いにとって呪わしいものとして、完全に禁圧される必要があるとわれわれは判断する。

第二項　聖礼典について

イエスの福音に対し、み言に含まれる霊的な約束のしるし、ならびに目に見える保証として、キリストの聖礼典が付け加えられ、正しく執行されることが必要である。（以下略）

第三項　偶像崇拝の禁止に関して

われわれは、キリスト・イエスが真正に説かれ、その聖礼典が正しく執行されることを求めるので、偶像崇拝が……この王国のあらゆる領域と場所において、完全に禁止されるべきであると要求するのを止めるわけにいかない。（以下略）

第四項　牧師とその合法的な選出について

改革のなされた、あるいは改革を目指している教会においては、秩序にかなった仕方で召命を受けるまで、何びとも説教を行ったり、あるいは聖礼典を執行する振る舞いをしたりしてはなら

ない。[24]（以下略）

『規律の書』で第一項から第四項の冒頭部分で一貫して強調されているのは、説教と聖礼典の重要性である。先に確認したように、スコットランド信仰告白の第一八条は「御言葉の説教」と「聖礼典の正しい執行」をそれぞれ「真の教会のしるし」と位置づけた。『規律の書』はスコットランド信仰告白と同時期に準備され、一緒に議会に提出された、ノックスらが描き出した宗教改革後の教会形成の設計図である。それゆえ、信仰告白との間に一貫した共通点が認められるが、「真の教会のしるし」である説教と聖礼典への言及が繰り返される点からは、イエス・キリストの福音による「真の教会」の形成に臨む決意が感じられよう。『規律の書』はさらに、神の言の主権に即した霊的秩序を確立すべく、ジュネーヴの教会の実践例に倣い、各教会に「牧師・長老・執事」から成る職制を導入した。さらに、「戒規」の手続きもそこに加えるなど、神の言葉にこそ従う教会の形成を目指した姿勢が浮かびあがってくる。

4　監督、エクササイズ、そして長老制度

4・1　監督（Superintendent）

宗教改革の先駆者たちであるハミルトンやウィッシャートらの時期は、ルターの思想の影響力が

大きかったが、ノックスの登場により、カルヴァンの思想の影響力が増していくことになった。ノックスは、明らかにカルヴァンの改革を手本に、教会を改革していった。しかし、ノックスはただカルヴァンを真似たわけではない。それは『規律の書』に呈示されている職制から判断することができる。それは「監督（Superintendent）」の導入である。

「監督」という公式の職務はジュネーヴの教会にはなかったが、実質的にカルヴァンが監督的な役割を担っていたことは想像できよう。監督職がノックスの発案によって導入されたものかどうかは定かではないが、ノックスがジュネーヴ亡命時代に目の当たりにした、実際にカルヴァンが担っていた役割を、監督として正式にスコットランドのプロテスタントの職制に導入した、と考えることもできるだろう。『規律の書』では監督の導入の目的に関してこう記される。

われわれとしては、この王国全土を通じてキリスト・イエスがひとたびあまねく宣べ伝えられること以外にまじめに求めていることはないのである。このことは、割り当てられることになる監区で働く人々（監督）を貴下らが誠実に指名し強制するのでなければ、突如として実現することはないであろう。[25]

この監督制度は、スコットランド全土にイエス・キリストの福音を宣べ伝える、という宣教の使命を最優先課題に位置付けているという点だ。またそれゆえに、監督の最重要の職務が御言葉の「説教」であることが次のように記される。

これらの監督は、貴下らの怠惰な司教たちがこれまで見せてきたような生き方をするのを許されない。また彼らは喜んでそこにいたいと思う場所に留まることは禁じられる。そうではなくて彼らは自ら説教者でなければならず、彼らの教会が設立され、牧師あるいは少なくとも誦読者が備えられるまでは、どのような場所でも長く留まることは許されぬ存在である。[26]

ここで注目したいのは、監督は「説教者でなければならない」という職務の規定である。しかも、自分に権限が委ねられた管轄地域内をくまなく巡り、その地域の隅々にまでイエス・キリストの福音を伝える「巡回説教者」である。古代にスコットランドでキリスト教の福音を広めた聖コロンバの伝道方法もまさに巡回説教だったことも想起される。特に、大陸のプロテスタント神学に精通した監督たちが語る説教を通して、各地方の津々浦々にまで福音を正しく伝えることが、スコットランド全土の宣教と宗教改革の浸透の近道である、とノックスには思われたであろう。

ノックスはスコットランドの全土を具体的に十〜十二の地域に分割し、それぞれの地域に優れた牧師を監督に任命し、彼らを中心にそれぞれの地域毎に福音宣教を推し進めようと考えた。[27] ノックス自身は地域の定期的な巡回が求められる監督にはならず、宮殿と城とを結ぶ「ロイヤル・マイル」と呼ばれる当時の幹線道路沿いに立つセント・ジャイルズ教会の牧師としてエジンバラに留まり、一五六一年八月十九日にフランスから帰国したメアリ女王と対峙する重大な役目を担った。なぜなら、この時十八歳と若いメアリ女王には自ら信奉するローマ・カトリックの信仰を放棄する意志などさらさらなかったからである。

『規律の書』は監督について以上のような青写真を呈示したものの、実際に誰が監督に適しているのかという具体的な問題を検討する段になると、事態は暗礁に乗り上げた。実際に任命された監督は僅か五名だけで、しかも「年配者」のベテラン揃いとあって、彼らに期待された機動力に富んだ巡回説教者としての任務を十分に遂行することができなかった。半数もの欠員を抱えたまま、任命された五名の監督の後継者すら見当たらないのが現状だった。つまり、一五六〇年にノックスが描いた「監督」によるスコットランド全土の福音宣教の青写真は不完全燃焼のままの状態が十年以上も続いたのである。そして、ノックスは自らが描いた改革の行く末を見届けることなく、一五七二年十一月二十四日の夜に逝去した。

4・2　『規律の書』の改訂とエクササイズ

ノックスの死後、『規律の書』の改訂の検討がはじめられた。それは単なる文言の修正ではなく、行き詰まっていた監督制度の枠組みを抜本から見直すものとなった。全体総会の管轄のもと、制度改正のための小委員会が組織され、約三年に及ぶ協議の成果として『第二規律の書（*The Second Book of Discipline*）』が起草され、一五七八年に全体総会で承認された。この改訂作業で指導的な役割を担ったのがアンドリュー・メルヴィルだった。そして、この『第二規律の書』こそ、その後のスコットランドのプロテスタントが「プレスビテリアン」と呼ばれる鍵となる重要な役割を果たすことになる。

ここで見落としてならないのが『規律の書』に明記され、直ちに実践された「エクササイズ（週会）」である。これは毎週各地域で開催されていた、説教のための聖書勉強会である。このエクササイズの導入についてこう述べられている。

毎週ある定まった一日、聖パウロが予言すると呼んでいる週会（エクササイズ）の開かれることがより当を得ている。……この週会（エクササイズ）は、今日、スコットランドの神の教会にとり極めて必要なものである。というのは、普通言われているように、それによって教会は、教会という肢体の中にある、それぞれの人間の恵み、賜物、発言についての判断と知識とを持つようになるであろうから。[28]

エクササイズの参加者たちはそこでの学びを踏まえて次の日曜日に同じ聖書の箇所から説教を語っていた、と想定すれば、まさに「共同の説教準備会」のような性格を有していた。監督の指導のもと、各地域での定期的なエクササイズは、会合を重ねるにしたがって、次第に「説教準備会」としての会合に留まらず、その地域で生じた牧会的な諸問題について、監督をはじめ他の牧師たちに相談し、助言をあおぐ「牧会協議会」としての性格を帯びていった。ノックスの死後、エクササイズの役割は重要性を増し、一五七五年五月に開催された教会全体総会ではエクササイズへの出席が全ての牧師たちに義務付けられた。

エクササイズが実際にどう行われたのか。その経過が「一五八七年五月二十三日」付けのスターリング・プレスビテリー議事録の中に「パトリック・レイングの審査」という表題で、簡素な記録がある。

リチャード・リクト師がヘブライ人への手紙十章一九節から始め、その後二四節まで展開し、次にパトリック・レイングがそれについてコメントし、そのまま予定されていた、彼の教理理解の審査に入った。同僚たちはパトリックが語った教理について審査を続行し、六月六日のエクササイズのテキストに指定した聖書箇所の前半部分を説教するよう、彼に伝えた。[29]

エクササイズは、そもそも地域の牧師たちの共同の説教準備会だったが、同時に議事録に「審査」と記されたように、その地域の説教者の神学理解や聖書解釈を審査する試問会でもあった。つまり、エクササイズは担当者の説教の内容をめぐって他の参加者たちから吟味され、過ちは矯正される場でもあった。この点もまた、正しく福音を宣教するために不可欠なエクササイズの役割だった。

こうした各地域のエクササイズの役割の発展を反映し、一五七八年に教会全体総会に提出された『第二規律の書』は、これを公式な教会会議として位置付けることになった。こうして説教準備会として始まったエクササイズが、後に「プレスビテリー（Presbytery）」と呼ばれる、各地域での教会行政の会議へと発展していった。そして、各地域での諸教会や牧師たちの連帯関係こそ「プレスビテリアン（長老教会）」の重要な特質の一つとなっていった。

まとめ

スコットランドの宗教改革は、当初こそルターからの直接的な影響下で進行したものの、ジュネーヴでの牧会経験を持つノックスの登場により、一気に改革派型の教会形成へと方向づけられていった。大陸における「福音主義」は、ノックスをはじめ、スコットランドにおける改革の先にある教会形成の方向性を決定づけた。この点は、スコットランド全土に「福音」を宣教し、神の言葉である聖書にこそ権威を認め、これに聞き従う「真の教会」を形成することに現れている。とりわけ、説教のつとめは、改革者たちの関心の中心に置かれ、聖書の正しい理解に基づいた福音の説教をスコットランド全土に普及させるため、監督の職務とエクササイズが導入された。わけても、監督に最も期待が寄せられていた役割は「巡回説教者」であり、各地域での「エクササイズ」の指導者でもあった。しかしながら、監督に期待された役割は、個人で履行するにはあまりにも膨大で実現不可能だったため、改革者たちが描いたヴィジョンは修正を余儀なくされた。しかし、エクササイズを通して、福音宣教の使命を共有するそれぞれの地域の牧師たち、および近隣の諸教会の相互の連携を促進したことは、おそらく当初の想定以上の成果だったと言えよう。ノックスの死後、一五七〇年代半ばに監督職は廃止され、それと共にエクササイズの重要性は増していった。こうした状況が『第二規律の書』の編纂に影響を及ぼし、エクササイズは教会政治機構改組に組み入れられ、一五八一年には「プレスビテリー」として結実していった。こうした絶えざる改革の中で、スコットランド全土に福音を宣教し、聖書に基づく真の教会を形成するという、改革者たちが注入した福音主義の精神は、次世代へ引き継がれていった。

注

1　ノックス以外の五名は、ウィンラム、ウィロック、ロウ、スポティスウッド、ダグラスである。
2　本章での「福音主義」の語は、当時のスイスの改革派に対する狭義で「ルター派」を指す代名詞としてではなく、聖書に基づく正しい福音の理解に即した「プロテスタンティズム」とほぼ同義で用いることを予めことわっておく。
3　ベーダの『イングランド教会史』（七三一年）においてスコットランドの初期キリスト教史に関することとして言及される。
4　「ピクト人」はラテン語で「彩色された人々」という意味だが、おそらくは戦闘に際して戦士たちが顔に塗料を塗ったことに由来するものと思われる。ピクト人はエジンバラ北部が接するフォース湾からシェトランド諸島にかけてのスコットランドの北部地帯に広がっていた。
5　盛節子「キリスト教の伝来」『スコットランド文化事典』原書房、二〇〇六年、三五九－三六〇頁より引用。
6　W・ウォーカー、一九八七年／一九九三年第三刷、一八頁より引用。
7　後にリンデスファーンの大司教となる聖カスバート（六三五－六七一）が所属していた。一度廃れて、十二世紀の修道院復興を契機に再建されたため、十二世紀を創設とする見方もある。
8　パトリック・ハミルトン（c一五〇四－一五二八年）はスコットランド宗教改革運動の最初の殉教者である。宗教改革が起きた一五一七年当時、彼はパリ大学に在学中で、この間にルターとエラスムスの宗教改革思想に触れて、一五二三年にセント・アンドリュース大学に学びの場を移した。一五二六年頃に司祭に任職されたが、彼の信仰的な立場は明確にルターの宗教改革路線だった。そのため、ビートン枢機卿は彼の審問を命じると、彼は身を案じて一五二七年初頭にドイツへと逃れていった。僅か半年ほどのドイツ滞在の後、再びスコットランドに帰国し、宗教改革路線に沿った福音を宣教し続けた。一五二八年の一月にビートン枢機卿による召喚令状に応じてセント・アンドリュースに赴き、そこで審問を受けたが無罪放免とされた。この時、彼を審問したアレシウス審問官自身が、審問の中でハミルトンの弁証によってプロテスタントに回心した、と言われている。無罪放免の決定に不服なビートンは、再び彼を捕らえ、自ら異端宣告を行い、一五二八年二月二九日に彼を火刑に処した。以後、正当な審査審問を経ずに、ビートンによる異端宣告と処刑が繰り返されていった。そして遂には、ビートンは一五三九年に大司教に任命された。

9　Hazlett, 2003, p. 137. ここでは一五三九年にアウグスティヌス会の修道士が英訳聖書を所持しているのを発見され、火刑に処せられた事例などが紹介されている。

10　John Knox, *The Works of John Knox*, vol.1, 1846, p.100. を参照。さらに David F. Wright, 1988, p. 167. も合わせて参照。

11　Cameron, 1993, p. 56.

12　Patrick, 1949, p. 4.

13　Ibid., p. 5.

14　McMillan, 1931, p. 16.

15　飯島啓二『ノックスとスコットランド宗教改革』日本基督教団出版局、一九七六年、二六頁には、出生年をめぐる見解に「一五〇五年 – 一五一五年」の間、と十年もの差があることが示される。しかし、『スコットランドの教会史と神学辞典』（*The Dictionary of Scottish Church History & Theology*, IVP, 1993.）でノックスの項目を執筆したR・G・カイルは一五一四年頃と示している（同、四六五 – 四六六頁）。また『スコットランド文化事典』原書房、二〇〇六年、三六四 – 三六五頁でノックスの項目を担当した富田理恵も一五一四年頃とするなど、「一五一四年」とする記述は他にも多数確認することができる。ノックスの小伝を記したセフトンは「比較的最近まで、彼の誕生は一五〇五年と考えられ、一九〇五年には実際にノックスの生誕四〇〇周年を記念する祝会が催された。しかし、今日ではノックスは一五一四年に誕生したとする認識が広く定着している」と述べている（Sefton, 1993, p. 1.）。

16　John Knox, *The Works of John Knox*, vol. 6. xxii-xxv ならびに Sefton, 1993, pp. 45-46. を参照。

17　飯島啓二によれば、ガレー船奴隷は当時のフランスでは死刑に次ぐ重い刑罰で、囚人たちは足を鎖でベンチとつながれ、ひたすらこぎ続けるしかなかったという。『ノックスとスコットランド宗教改革』日本基督教団出版局、一九七六年、五二－五三頁を参照。

18　飯島啓二、前掲書、五六頁を参照。

19　John Knox, *The Works of John Knox*, vol.6, pp. 275-333.

20　「スコットランド信仰告白（一五六〇年）」〔原田浩司訳〕『改革教会信仰告白集』教文館、二〇一三年、一七四頁より引用。

21　「第二スイス信仰告白（一五六六年）」〔渡辺信夫訳〕、前掲書、三一二頁より引用。

22　ジョン・ノックス「女たちの奇怪な統治に反対するラッパの最初の高鳴り」『宗教改革著作集10　カルヴァンとその周辺Ⅱ』教文館、一九九三年、一五四頁より引用。

23　「スコットランド信仰告白（一五六〇年）」、前掲書、一七五頁より引用。

24　「規律の書」〔飯島啓二訳〕『宗教改革著作集10　カルヴァンとその周辺』教文館、一九九三年、二一〇－二一四頁より引用。

25　前掲書、二二五－二二六頁より引用。

26　前掲書、二二七頁より引用。

27　前掲書、二二五－二二六頁を参照。「十～十二名」と言明されてはいるものの、「規律の書」では全体で十の監督区に区割りされた。

28　前掲書、二五八－二五九頁より引用。

29　Kirk, 1981, p. 259.

文献

〈第一次資料〉

Kirk, James, *Stirling Presbytery Records 1581-1587*, Scottish Historical Society, 1981.

「規律の書」〔飯島啓二訳〕『宗教改革著作集10　カルヴァンとその周辺』教文館、一九九三年。

Knox, John, *The Works of John Knox*, vol.6 (Edited by David Laing) Edinburgh: Bannatyne Club, 1846.

「スコットランド信仰告白（一五六〇年）」（原田浩司訳）『改革教会信仰告白集』教文館、二〇一三年。

〈第二次資料〉

Cameron, Hector, "Worship: The Heart of Religion", *Crown Him Lord of All: Essays on the Life and Witness of the Free Church of Scotland*, The Knox Press, 1993.

Hazlett, W. Ian P., *The Reformation in Britain and Ireland*, (T&T Clark, 2003).

飯島啓二『ノックスとスコットランド宗教改革』日本基督教団出版局、一九七六年。

McMillan, William, *The Worship of the Scottish Reformed Church 1550-1638*, The Lassodie Press, 1931.

Nigel M. de S. Cameron (Organizing Editor), David F. Wright, David C. Lachman, Donald E. Meek (General Editor), *The Dictionary of Scottish Church History & Theology*, IVP, 1993.

Patrick, Millar, *Four Centuries of Scottish Psalmody*, Oxford University Press, 1949.

『スコットランド文化事典』木村正俊・中尾正史編、原書房、二〇〇六年。

Sefton, Henry R., *John Knox*, Saint Andre Press, 1993.

Wright, David F., "The Commoun Buke of the Kirk: The Bible in the Scottish Reformation" in David F. Wright (ed), *The Bible in Scottish Life and Literature*, The Saint Andrew Press, 1988.

ウォーカー、W『キリスト教史②　中世の教会』〔速水俊彦、柳原光、中沢宣夫訳、竹内寛監修〕、ヨルダン社、一九八七年／一九九三年第三刷。

第四章　近現代の「福音」――シュライアマハー『宗教論』が問いかけるもの

川島堅二

はじめに

本章のタイトル、近現代の「福音」には二重の意味を込めている。まずはシュライアマハーにおける「福音」の近代化である。次節においてみるように、シュライアマハーは、祖父の代から急進的な分離派セクトとその対極にある啓蒙主義的キリスト教の間を彷徨する家系を背負っているのに加えて、彼自身、青年期におけるヘルンフート派の敬虔主義と啓蒙主義との間で父祖の信仰遍歴を追体験する。そして伝統的な原罪論や贖罪論の否定、「神」や「不死」への懐疑に陥る。これは後年、修正されはするが、啓蒙主義的理性を排除しないキリスト教信仰の立場は生涯にわたって保持され、その「福音」理解は極めて近代的な様相を帯びることになる。彼が近代神学の祖と呼ばれるゆえんであるが、二〇世紀にはカール・バルトに代表される弁証法神学者から厳しい批判を受けることになる。こうした近代化された「福音」が『宗教論』に萌芽的に認めることができるのである。

もう一つの意味は、近現代に対する「福音」ということである。この場合の近現代とは一八世紀の啓蒙主義以降、ポストコロニアルといわれる現在までを本章では意味している。エーバハルト・ユンゲルにより「宗教改革以後もっとも重要な神学書」であると評価されるシュライアマハーの『宗教論』には[1]、近現代への「福音」と受け取れる多くのメッセージがある。一八世紀末にキリスト教そして宗教の未来をここまで見通していたのかと驚かざるを得ない。

『宗教論』においてシュライアマハーは、この「福音」の告知を、独特なイロニーあるいはソクラテスの産婆術的な仕方で行う。すなわち、彼は、当時の彼を取り巻いていたキリスト教的、宗教的な事柄に対して、ことごとく「否」を突き付ける。その点ではカール・バルトの『ローマ書』に比肩できるかもしれない。「時は満ち、神の国は近づいた。悔い改めて福音を信じなさい」（マコ一・一五）。神の国の福音の到来に先立ち、要求される「悔い改め」、方向転換、その徹底した「否」のあとに彼岸から到来する神の国（シュライアマハーの言葉でいうところの「宇宙の直観と感情」）を指し示すこと、これがこの書においてシュライアマハーがなそうとしたことである。

本章においては、まずそのような「宗教／キリスト教」批判のルーツを父方の祖父にまで探り、続いて『宗教論』をこれらの観点から検討し、最後にこの書が近現代への「福音」であるゆえんを示唆してみたい。

1　家系――「宗教／キリスト教」批判のルーツ

シュライアマハーの「宗教／キリスト教」批判のルーツを辿ると、改革派の牧師であった祖父の波乱にとんだ生涯に突き当たる。[2] 祖父ダニエル・シュライアマハーは、シュライアマハーの洗礼時の代父の一人（彼のダニエルという名はこの祖父から受け継がれたもの）だが、シャウムブルクの宮廷牧師、続いてオーバカッセル、エルバーフェルトで牧師を務める。このエルバーフェルトで彼はエリアス・エラー創設の急進的分離派セクトに関わることになる。農民出身のエラーは、職工であったが二〇歳年上の大富豪の未亡人に見初められ結婚、この夫婦を核にして急進的な敬虔主義のセクトが形成される。このセクトでシュライアマハーの祖父は説教者として頭角を現す。エラーは夫人の死後、セクト内で「預言者」と呼ばれていたアンナという女性と再婚、やがてアンナは「シオンの母」「再臨主を産む定め」と神聖化されていく。祖父ダニエル・シュライアマハーはエルバーハルト近郊のロンスドルフにあるこのセクトの牧師に任命されていた。祖父ダニエルのこの地での牧会は順調で、小村であったロンスドルフはエラー派の信者たちの転入により人口が増加し市に格上げされエラーがその市長になるほどだった。しかし、一七四四年にアンナが没するとエラーは自ら「再臨のキリスト」と主張、ここに至って祖父ダニエルはこのセクトからの離脱を決意、訴訟沙汰を経て一七五一年オランダのアルンハイムの姉のもとに逃れた。このアルンハイムで改革派の長老に選出されるが、生涯再び聖職に就くことはなかったという。

シュライアマハーの父ゴットリープ・アドルフがこの祖父ダニエルの信仰遍歴の多大な影響を受けたことは想像に難くない[3]。彼は一七四一年一四歳で神学の勉強を開始、一九歳の時にはこのセクトの説教者となる予定であったが、先述した祖父ダニエルの離脱、そして自らも敬虔主義的分離派への懐疑を抱くようになりセクトから距離を置くことになる。その後、一七五八年マグデブルクのヴァイゼンハウスで改革派の牧師となり一七六〇年、七年戦争の際にはシュレージエンで従軍牧師として改革派の兵士の牧会にあたる。戦後はブレスラウに居を定め、一七六四年カタリーナ・マリア・シュテューベンラオホと結婚し四人の子供に恵まれる。シュライアマハーはその第二子である。この間、父ゴットリープ・アドルフがどのような内面生活を送っていたかは、後年（一七九〇年）シュライアマハーに宛てた手紙の一節が明確に物語っている。すなわち「少なくとも一二年間、私は本当に信仰がない状態で説教をしていた[4]」。

そのような懐疑主義者として知と信仰の間を彷徨する十数年の後、五〇を過ぎてから父ゴットリープ・アドルフはヘルンフート派の信仰に心を捉えられる。彼が従軍牧師として仕えていた軍隊がバイエルン王位継承戦役の間グナーデンフライというヘルンフート派の町に駐留したことがきっかけで、彼は自分の子供たちをこの信仰の環境で教育するという決意に導かれる。

以上のような家系を背負ってシュライアマハーの宗教的な生涯（Leben）はスタートすることになる。『宗教論』の背景として、ヘルンフート派とのかかわりは重要なので、もう少し彼の生い立ちを追っていくことにしよう。

グナーデンフライにおける一一週間に及ぶ試行期間を経てニースキーにあるヘルンフート派の全

寮制高等学校にシュライアマハーが入学したのは一七八三年六月、一四歳の時であった。すでに、グナーデンフライにおける試行期間に彼の中には強烈な宗教体験が呼び起こされた。「私たちは、決定までの数週間、グナーデンフライに滞在しました。そしてそこでは宗教の問題における想像力の支配が当然のこととされましたが、それを私は、冷静さよりもおそらくは熱狂的に受け入れました[5]」と述べている。ニースキーでの二年間、彼は総じて宗教的に充実した幸福な時を過ごしたようである。彼はヘルンフート派の敬虔主義にすっかり慣れ親しんだ。その宗教性の中心は特別なキリスト信仰で、ツィンツェンドルフに遡ると信じられていたものである。学校の集団生活は小グループに編成され、グループの長の責任を年長の学生が担い、監督と管理を行った。生徒たちは日々の進歩を日記に記録するように促され、それは宗教的な交流の場で分かち合われた。緩やかではあっても相互監視制度ともいえるそのような教育方法は問題をはらむものではあったが、シュライアマハーはその積極的側面のみを受容し、批判的意識はまだ持たなかったようである。

　一七八五年に彼はマグデブルクの南東エルベのバルビーにある神学校へ進学する。そこで次第に危機感が募り、最初の挫折へと至ることになる。ニースキーでは励ましや援助として受け入れたことが、いまや一七歳となったシュライアマハーには圧迫や束縛と感じられた。その神学校は、この派の教師になるために学ぶ場所であり、さながらヘルンフート派の大学であった。したがって、ヘルンフート派の精神に適合しないと判断された書籍等は読むことが許されなかった。すなわち啓蒙主義の諸学問、とくに一七八一年以降次々と出版されたカントの批判哲学を読むことは許されず、一部学生たちの間でそれは密かに調達され回し読みされたのだった[6]。

このように精神的に閉塞した状況は、シュライアマハーとその友人たちにヘルンフート派の独断的な教義に対する強い懐疑の念を生じさせた。ある者は自発的に、ある者は強制的に退学させられた。友が去りシュライアマハーはいよいよ孤独になった。当時の心境を彼は次のように述べている。「私の思想は、ヘルンフートの体系からはるかに離れてしまったので、私は良心的にももはやその一員であり続けることはできません」[7]。こうして彼は父に対し神学を基礎から勉強させてほしいと願い出る。当初父は彼をなだめとどまらせようとするが、シュライアマハーは一七八七年一月二一日付の手紙で明確に自らの懐疑を表明する。「私は、自らを人の子と呼んだお方が、真の永遠の神であるとは信じられません。そのお方の死が身代わりの贖罪であったとは信じられません。なぜなら、そのお方はそのようなことを明確には決して言っていないし、私にはそのような贖罪が必要であったとは信じられないのです。神は人間を完全なものにはお造りにならず、ただ完全に向かって努力するようにお造りになったのですから、人間が完全でないからといって、永遠に罰するなどということはあり得ないことです」[8]。ここにおいてヘルンフート派の中心的な教義である原罪論と贖罪論が拒否され、啓蒙主義的な人間観にとって代わられていることが伺える。敬虔主義的熱狂から伝統的な教義への懐疑を経て啓蒙主義へ、これはすでに見てきたように祖父の代からの信仰遍歴であった。自らの家系二世代に渡って展開された信仰と懐疑の間の彷徨を、若いシュライアマハーは数年の間に凝縮して追体験したといってもよいであろう[9]。この経験を基盤として、宗教的なあらゆる既存領域に対するシュライアマハーによる批判が展開するのである[10]。

2　『宗教論』における「悔い改め」（方向転換）への迫り

以下、『宗教論』において徹底的な方向転換としての「悔い改め」を迫られる当時の宗教的既存領域として「聖書（聖典）」、「神」、「教会」と「聖職者」「信徒」そして「啓蒙主義の自然的宗教」についてみていくことにする。

2・1　「聖書（聖典）」に対して[11]

「聖書（聖典）」についてシュライアマハーはこれを「ただの宗教の霊廟に過ぎない」という。「かつてはそこにも偉大な精神があったのですが、今はもうそれはそこにはなく、それは単なる記念碑に過ぎない」。したがって、教会に背を向けている当時の教養人たちが「宗教をまったくの他人から借用し」「死せる経典に依存したり、それに追従したり、そこから確証を得ようとすることを侮蔑する」のはまったく正当である。「そのような単なる貧弱な模写に過ぎない死せる文字に、大きな価値を置くこと」は無意味である。「聖典を信じる人が宗教を持っているのではなくて、聖典を必要とせずに、自分でそれを作ることができる人が宗教を持っている」のだという。

2・2　「神」に対して[12]

シュライアマハーによれば「神」は「宗教の要点でも、主要要素でもない」。「神なしには宗教なし」というような「信仰はまったく成立しえない」。「神は人間性の守護神に他ならない。人間が人間の神の原型であり、人間がそのすべて」である。「人間は自ら経験する出来事や自分と関連していることに従って、彼らの神の意識や本質を規定する」。しかし、シュライアマハーにとって「人間性」はすべてではない。彼の宗教は「宇宙に向かって努力している」。そして「人間性というのは、宇宙の中では、人間性に属するすべてのことの一つに過ぎず、それは有限で、小さな部分、あるいは個々の流動的な形式の一つにすぎない」。そうであるならば「人間性の守護神に過ぎないような神」が宗教の最高のものであり得るはずがないという。

そして、シュライアマハーにとって宗教の最も高い次元とは、「すべての争いによる分裂が、再び結び付けられ、宇宙は全体性として、多数性の中の統一として、また体系として表れ出て、そこではじめて宗教は、宗教の名に値するものとなる」。したがって「人間が宇宙の直観のために神を持っているかどうかということは、その人の想像力の方向性に依存している」。「まさに宗教においては、神の理念はみなさんが考えているよりも高いものではなく、真に宗教的な人の中には、神の存在についての熱狂主義者、熱心主義者、狂信主義者などというものは存在しなかった」。真に宗教的な人は「無神論も大いなる冷静さを持って傍観することができ」「それ以上に非宗教的であると思われるものがいつでも存在していることも受け入れていた」。「存在し、命令する神などは宗教と何の関係もない」。神はまた「私たちの幸福を保証することはできない」。「なぜなら自由な本質がもう一人の自由な本質に働きかけようとする場合、それが苦痛なことであれ、喜びであれ、それは相互に同じことなのだということを認識してもらうように働きかけるしか方法はないから」。「また神は私たちに刺激を与えて道徳に向かわせることもできない」。なぜなら「神は働きとして考えるよりほかにないものですが、その神が私たちの道徳に働きかけると考えることはできないですし、元来道徳に働きかける行為などは考えることができない」。

2・3　教会と聖職者に対して

シュライアマハーの批判は「聖書（聖典）」や「神」の担い手である現実の教会と聖職者に対しても向けられる。彼は現実の教会を「宗教をはじめて求める人々の寄り合いに過ぎない」と厳しく批判する。「真の宗教的社交においては、あらゆる伝達において相互的である」のに、現実の教会では「すべての人が受け取ることを欲し、与える者はただ一人しかいない」。「彼らはまったくの受け身で、しかもまったく同じ手段で」受けようとする。「彼らは何の反作用も他者に対してなしていない」。「それは彼らの中に宗教がないということ」。「彼らは、真の、そして生き生きとした宗教についての概念も直観も持たない」。「虚しい幻想的な期待の中で、何千回も同じ方法を繰り返し、いつも同じところで躓き、同じものであり続けている」。したがって「もっとも敬虔な人々は、冷静に、そして最後は見向きもせずに教会から離れていく[13]」。

シュライアマハーによれば教会が真の宗教的社交になっていない原因は、直観と感情よりも信条の理解（知）と習慣の実行（道徳）が重視されているからである。その結果、宗教は迷信的なもの、神話的なものに接近する。これと結びついているのが聖職者と信徒との恒久的な区別である。この両者を分離、峻別することはシュライアマハーによればまったく非宗教的なことである[14]。

この関連でシュライアマハーは国家による教会への干渉を批判する。政治家による宗教への干渉が教会の堕落の源泉である。[15] 教会には国家から以下の三つの行為が委託されている。すなわち、教育・道徳的行為の育成、洗礼と堅信礼（出生と成人の管理）、結婚と葬儀である。[16] これらすべてはただ宗教的社交を堕落させるだけである。いずれの場合も、道徳的政治的なものと結びついており、宗教本来のものからは切り離すべきものである。

したがって聖職者の問題、それはシュライアマハーによれば彼らが国家の利益に基づいて選任されていることから生じる。宗教においては師がなしえることは批判や教育ではなく、ただ事柄を示し、自らそれを表現することのみである。師が弟子、信者を得るのは両者の能力や感情の形式が類似していることに基づく。弟子たちはただ一人の師（聖職者）のもとに留まるべきと主張することは不可能である。宗教を求める者は、自らにふさわしい形式を持った宗教をそれぞれ自分で見出さねばならない。したがって、師と弟子とは相互に完全な自由をもってお互いを選び合う。教会と国家、聖職者と信徒、聖職者同士、これらの相互干渉こそ破棄すべきである。したがって聖職者には一つの集団（Versammlung）が与えられても、それは固定的な教区教会（Gemeine）ではない。聖職者は彼に聞こうとするものすべてに対して語り手ではあっても、ある特定の群れの牧者になってはならない。したがって、聖職者と信徒の区別も絶えず流動的となるべきといわれる。[17]

2・4　啓蒙主義の自然的宗教に対して

以上のように「聖書」や「神」といった既存のキリスト教には土台として不可欠と考えられていた

内容に「否」を突き付け、さらにその担い手である制度的教会と聖職者の現実を手厳しく批判したシュライアマハーは、しかし、同時に当時のキリスト教会に背を向けている啓蒙主義的教養人たちが信奉する「自然的宗教」に対しても容赦しない。

「みなさんは宗教一般に対して反感を持っているにもかかわらず、自然的宗教と呼ばれているものについては、常に寛容で、むしろ敬意をもってきた」。「自然的宗教は、よく洗練されており、宗教的であるよりは、哲学的、道徳的な様相を持っている」。「自然的宗教は、エレガントに生きることを知っており、節制や順応を学んでいるので、どこでも、いつでも評判がよい[18]」。しかし「自然的宗教というのは元来、それ自体では存在しないもの」。「自然的宗教とは漠然としたもので、取るに足らない、憐れむべき概念」に過ぎない[19]。「それは、例えるなら、動脈や静脈だけではなく、血液循環と一定の体温もなく、何かを自らと同化したり、認識したりする力も、性格も持ち合わせていない」。「自然的宗教は、多くの場合道徳性や自然的な感受性と取り違えられ、あるいは混同させられてしまっている」。「自然的宗教の人々は、彼らの宗教に何か別の独特なものを持ち込むようなことを許さない」。「自然的宗教はあらゆるものをいつでも同じ形式のまま保存したがる」。「これはもう一つの極端である分派主義者たちの考えを裏返しただけ」。「自然的宗教では、特殊な人格形成ということは考慮されていないので、彼らは人間の宗教は、一つの固有な歴史を持ち、記憶されるべき特殊な出来事をもって始まるのだということを認めない」。「彼らにとって宗教とは中間的ということであり、自己の個性を強調したりする人は、悲しむべき狂信へと向かうものとささやかれてしまう」。「自然的宗教によるなら、人間は、思慮深く、理性的になるに従い、彼自身もそれに従うべきものを見出し、次第に宗教的になっていかねばならない」。「自然的宗教によれば、人間は講演や教育によって、すべてのものを獲得するのでなければならず、超自然的なものや不可思議なものに従ったりしてはならない」。「自然的宗教は直観から出発しているのではなく」「彼らの中には確かな直観が存在していないということも明らか」である。「自然的宗教の信者は、摂理、正義、神に関する教育ということについて熱心」で、「道徳上の問題が生じないようにとか、幸福を求めるための衝動へと傾いていく」。「自然的宗教のみを信じる者たちがあるとすれば、彼らは宗教の国に特定の場所を持たない寄留の民であって、彼らの故郷は別のところにあり、彼らに故郷があるのかどうかということも疑わしい」。「私が自然的宗教を信じる者たちの中に認めることができるものは、人間の宗教的生活が始まる際の直観の前にあるわずかな予感だけ」。「自然的宗教の本質というのは、元来、宗教における実定的なもの、また特徴的なもののすべてを否定し、それらに対して激しい論争を挑むところにある」。それゆえ「自然的宗教の正体というのは、お粗末な普遍性と、あらゆる点において、とりわけ真の教養に反する時代にふさわしい産物」。彼らには「独自なものを生み出す力もなければ意志もない[20]」。

3　結び――近現代の「福音」

以上のように、シュライアマハーの『宗教論』は当時の彼を取り巻くあらゆるキリスト教的宗教的状況に対して「否」を突き付ける破壊の書である。しかし、破壊して終わりというのではない。廃墟に立ち現れるべきキリスト教、そして宗教の未来についての積極的な幻も同時に語られている。それは「宇宙の直観と感情」の生成の場としての独自な彼の「歴史」理解を土台とし、その上に立てられる教会論、そして宗教論である。

3・1　歴史

「宇宙の直観」はどこに見いだされるのか。まずは自然である。多くの人によって自然は「宗教のもっとも貴き神殿」「聖なる場所」として扱われるが、シュライアマハーにとっては「もっとも外側の前庭」に過ぎない。「(自然) 現象はどれだけ強くみなさんを感動させたとしても、それは世界の直観にはふさわしくない」。「(自然現象が) 畏敬の念を感じさせ、人間をその前で跪かせる」としても「どうかみなさんがその時感じるものを宗教に数えたりしないでください」。「これらのものの中に宗教を求めようとすることは、幼稚な考え方です」。このように述べて自然啓示を否定したのちに、あえて自然の中に宗教的な契機を認めるとしたら、それは「その外の世界の量ではなくて、その法則」であるという。しかし、自然の法則や秩序でさえ「宇宙の直観ということについては、取るに足らないもの」といい、むしろ「宗教を拒絶するためにしばしば用いられてきた世界の不規則性ということが、かえって、世界の直観にとっては高い価値を持つ」という。[21]

いずれにせよ「自然の化学的な諸力、物質それ自体を形成し、または破壊する永遠の法則、私たちはこれらの中に、もっとも明瞭に、またもっとも聖なるものとして宇宙を直観できる」のだが、その肝はシュライアマハーによれば「吸引力」と「反発力」、「愛」と「逆らうもの」、「個性」と「統一」であり、それらを通して「自然」ははじめて本来的な意味で「宇宙の直観」となるという。そして、これらの諸概念は決して「自然」から得られるものではなく、「根元的には心情の中から」出てくるといわれる。したがって「心情が本来宗教が目指すものであり、そこから世界の直観を受け取るのです。この内的生の中に、宇宙が模写されており、この内的なものを通してこそ、はじめて外的なものも理解することができる」[22]。

この「心情」これはさらに「人間性」と言い換えられるが、もしここがゴールであるとするなら、この書はヘルンフート派の敬虔主義に哲学的な衣をまとわせただけであり、近代以降現代まで繰り返し現れては消えるスピリチャリズムの先駆というくらいの意味しか持たなかったであろう。しかるにシュライアマハーはこれに続いて独創的な主張を展開する。すなわち「みなさんは、人間性を、その存在においてだけではなく、その生成においても見なければならないのです」。「人間性のさまざまな瞬間を相互に結びつけること、そしてその帰結から全体を導いている精神が何であるかを推測すること、これが宗教の最高の仕事なのです。固有の意味での歴史が、宗教の最高の対象です。宗教は歴史とともに始まり、そして歴史と共に終わるのです」。「この歴史の領域の中に、宗教のもっとも高貴で、崇高な直観も含まれているのです[23]」。

この「歴史」こそが「宗教の最高の対象」であるという認識、これこそが本書をして「宗教改革以後もっとも重要な神学書」たらしめていると言っても過言ではない。前節で見たような制度的な教会と聖職に対する厳しい批判にもかかわらず、彼をして生涯制度的教会の聖職に留まらしめ、現実の教会そして宗教（positive Religion）に宗教の未来を託す神学者たらしめたのは、他ならぬこの「歴史」理解だからである[24]。項を改めて、その消息をみていくことにする。

3・2　教会と諸宗教

前節で詳述したように、シュライアマハーは伝統的なキリスト教の教義及びその担い手である現実の教会と聖職者を手厳しく批判した。それはプロテスタント・キリスト教がよって立つべき「聖書（聖典）」や「神」の権威を相対化するほどの激しいものであった。しかし、同時にその対極にある啓蒙主義の自然的宗教に対しても「独自なものを生み出す」力のない死せる宗教として引導を渡したのだった。

そのようなシュライアマハーが向かうのは「歴史」において現実に存在しているキリスト教であり、諸宗教である。すなわち「私はみなさんを、いわば受肉した神のもとへと連れて行きたいと思います。そしてそのことを通して、私はみなさんに、宗教が自らのもつ無限性を放棄してしまい、哀れな姿で今日では人々の間に現れ出ているということを示したい」という[25]。「この諸宗教（複数形）の中に宗教（単数形）を見出すべきなのです」。「あまりにも現世的で、汚れた姿で立っているこれらのさまざまな宗教の中に、私がこれからその形態を描こうとしている宗教の天的な美しい個々の特性を、皆さんは探り当てていただきたいのです[26]」。

このような認識とともにシュライアマハーは、教会論を倫理学の課題として社交論の一部として論ずるという独創的な議論を展開する。すなわち彼は『宗教論』の第四講において教会論を主題化するがその原題は「宗教における社交、あるいは教会と聖職について」である。また彼の後期の教義学『キリスト教信仰論』では、「教会とはいかなる場合においても自由な人間行動によってのみ発生し、かつそれによってのみ存続し得る一団体である以上、教会の一般概念は（略）とくに倫理学から取り出されねばならない」と述べて教会論を「倫理学副命題」として展開している。[27] そもそもシュライアマハーにとって「社交」とはどのように理解されているのだろうか。『宗教論』の執筆の直前にシュライアマハーは「社交的振る舞いについての試論」という文書を書いており、その冒頭において要約すると次のように「社交」の意味を述べている。[28]

自由な社交はすべての教養人にとってもっとも尊い要求である。この世の煩いに振り回されている人は、その道を行けば行くほど人間存在の高次の目的に近づくのが遅れる。世の仕事は精神活動を狭い範囲に呪縛する。それがいかに素晴らしいものであれ、世界への働きかけと世界の見方とを一つの立場に固定してしまう。最高の複雑な仕事も、単純労働も、一面性と制限とをもたらす。家庭ではわずかな人としか出会うことができず、いつも同じ人と付き合うことになる。最高の倫理的要求もここではすぐに色褪せ、人間性とその行為の多様な直観の収穫は極めて少ない。したがって、これら職業生活と家庭生活とを補い、他の領域から多様に切断する状況がなければならない。それによって他の未知の世界への展望を与えられ、人間性のあらゆる現象が知られるようになり、もっとも未知の心情の状態も親しみやすいものとなる。この課題を解くのが理性的で教養ある人々の自由な社交である。

家庭と職場を往復するだけの毎日では人間性が枯渇してしまう。そのような閉塞状況を切断し、新たな世界への展望を開くのが「社交」だというのである。

前述したようにシュライアマハーによれば現実の教会が「真の宗教的社交」になっていない原因は、「直観と感情」よりも「理解と信条」（知）や「行動と習慣」（道徳）の実行が重視され、その結果、宗教が迷信や神話的なものに接近していることによるが、それは聖職者と信徒との恒久的区別に起因する。[29] 教会を社交論という外に開かれた地平で再認識することにより、こうした状況を打破できると考えているのである。

同時にこれは現代においても非常に現実的な教会論ではないだろうか。実際、教会へ通うことを自らの生活の一部にしている人の多くが、このような倫理的目的意識をもっていることは否定できないであろう。

前世紀までのいわゆる植民地主義的な教会論は、「キリストの身体」「新しいイスラエル」等々の神学用語により、この世のいかなる集団にもない教会の固有性を際立たせ、一回限りの新生のバプテスマによってこれに参加できる交わりとしての教会を主題としてきた。[30] しかし、非キリスト教世界、とりわけイスラム世界はもはや宣教と改宗の対象ではなく、対話による共存を前提にしなければならないこと、こうしたポストコロニアルな状況がいよいよ現実となっている今日、このような前世紀的教会論ではキリスト教はもはや立ち行かなくなっている。このような状況下において、シュライアマハーの教会論は、複数性を宗教の本質とするという主張[31]とともに、近現代における「福音」として再評価される必要があるだろう。

3・3　近現代の「福音」

社会学者のピーター・バーガーが現代における宗教の可能性について「異端の時代」と表現してから四〇年近い歳月が流れた[32]。バーガーの主張はシュライアマハーの『宗教論』における次の言葉に依拠している。「固有の成立宗教は全体との関係において一つの異端である。なぜなら最高度に恣意的なものが、その成立原因なのだから[33]」。

シュライアマハーは教会を「宗教的社交」として相対化し、キリスト教の外にも開かれた倫理学の課題として論じたのみではなく、そもそもキリスト教を諸宗教の一つとして相対化する。その根底には、キリスト教も含めすべての歴史的成立宗教は、様々な宇宙直観の一つがまったく自由な仕方で恣意的に中心となることによって生ずるという宗教観がある。彼には「正統」と「異端」の区別は存在しない。人間の側からはまったく関与不可能な仕方で、恣意的に選ばれた（としか言いようのない）直観が個別成立宗教の中心を形成しているのであるから人間の側で正邪の判断はできないし、すべきでもないというのがシュライアマハーの考えである。

そこから彼は一つの宗教による独占的支配は不可能であると断言する。「私には、ただひとつの宗教における個的なものだけが、宗教の全領域を独占しており、すべてのものをその精神によって規定しており、宗教を表現し得るとはとても思えない[34]」。さらに彼によれば既存の宗教が宗教のすべてではない。「既存の宗教のいずれにも適応できないでいる人は（略）どの宗教にも属さないのです。つまりこのような人は新しい宗教を起こす人なのです。その場合、彼がひとりであっても、彼に従う人がいなくても別に問題はないのです」とさえいうのである。[35]

このような神学者がプロテスタント神学史において「近代神学の祖」としての地位を保っており、その著書『宗教論』が「宗教改革以後もっとも重要な神学書」であると評価されているという事実自体が、近現代への「福音」である。この「福音」をどのように実現していくのかが私たちの責任である。それが従来の伝統的かつ正統的キリスト教のアイデンティティの崩壊をもたらすような事態を予想させるとしても、後退はもはやあり得ない。[36]

注

1　Jüngel, E, S.906.
2　ディルタイ、二二五－二三〇頁。以下［ディルタイ：頁数］と表記。
3　［ディルタイ：三二一－三二二頁］
4　Friedrich Schleiermacher, Kritische Gesamtausbabe（以下 KGA）V. Abt. Bd.1, S.198f.
5　“Selbstbiographie”, S.7.
6　前掲書 S.9-10.
7　前掲書 S.11.
8　KGA V. Abt. Bd.1, S.50.
9　このあたりの消息をシュライアマハーは『宗教論』で次のように述懐している。「宗教とは、私の若き生を養い、私がまだ見ぬ世界を準備してくれた、私にとっての母体のようなものです。私はこの聖なる処女の胎の暗闇の中で育てられたのです。（略）宗教は、私が父祖たちから継承した信仰をふるいにかけ、私の心を過去のもう古くなった塵芥から浄化しようとした時に大いに助けを与えてくれたのです。宗教は、神や不死ということが、懐疑ということを知ったために、私の眼からそれ自体が一旦消え去ったときにも、私の傍らに留まり、私の生を喚起躍動させ、私は徳も、欠点も持つが、しかしそのあるがままの私自身が一つの分かちがたい聖なる存在であるのだと教えてくれたのです」（シュライアマハー（深井智朗訳）、一六－一七頁）。以下、深井訳からの引用は［深井：頁数］と記す。独自に原文から翻訳引用する場合は［Reden：頁数］という形で初版（一七九九年）の本文の頁数を示す。

10　ヘルンフート派からの別離と『宗教論』執筆の間にはハレ大学における哲学研究、とりわけエーバーハルトの指導によるカント哲学の批判的研究、ヤコービ、スピノザ研究、そしてフリードリヒ・シュレーゲルに代表される初期ドイツ・ロマン派の影響が無視できない。詳細は川島、三七－六一頁参照。

11　［深井：一二一頁］

12　［深井：一二二－一二七頁］

13　［深井：一八七－一九一頁］

14　［深井：一九六－一九七頁］

15　［深井：二〇三－二〇七頁］

16　［深井：二〇七－二〇九頁］

17　［深井：二一二－二一九頁］

18　［深井：二三六以下頁］

19　［深井：二四一頁］

20　［深井：二六二－二六七頁］

21　［深井：八〇－八六頁］

22　［深井：八九頁］

23　［深井：一〇〇－一〇一頁］

24　シュライアマハーの「歴史」理解については、別に一考を要する重要な問題であるが、エドワード・サイードが、近代のオリエンタリズムへの道を準備する重要要素の一つとして指摘している一八世紀「歴史主義」の文脈で理解されるべきものである。サイードによればこれは対象を「共感的同定によって乗り越えようとする傾向」であり、ヴィーコ、ヘルダー、ハーマンらに共通の信念で「いかなる文化といえども、有機的・内的な首尾一貫性を保ち、ひとつの精神・霊・風土または民族的理念によって統合されているものであるから、局外者がこれを理解しようとすれば、歴史的共感という行為によるしかない」。「観察者はおのれの偏見を捨てて感情移入（Einfühlung）を行うことによってのみ」接近することができるとされる。サイード、二七五－二七六頁。シュライアマハーに対するヘルダーの影響についての詳細は川島、一七六－一七七頁参照。なおシュライアマハーの「歴史」理解についての最新の研究は Jaeschke, S.175-190. を参照。

25 〔深井：二三一頁〕

26 〔深井：二三二頁〕

27 KGA I.Abt. Bd.13, Teilb.1, S.15-16.

28 KGA I.Abt. Bd.2, S.165.

29 〔深井：一九六頁〕

30 したがってこの教会には神学的に退会の可能性はない。アクティブでなくなった信徒も「別帳会員」として終生残り続ける。

31 〔深井：二三三以下頁〕

32 Berger, 1979.　邦訳：ピーター・L・バーガー『異端の時代』（薗田稔・金井新二訳）、新曜社、一九八六年。

33 〔Reden：260f.〕

34 〔深井：二五五頁〕

35 〔深井：二五五頁〕

36 アジアにおける「シンクレティズム（重層信仰）」の再評価や「アジアの女性たちの神学」の主張はこの実現の事例として位置づけることができるかもしれない。黒木雅子（二〇〇七年）、二四二頁、チョン・ヒョンギョン（二〇〇七年）参照。

文献

チョン・ヒョンギョン『再び太陽となるために——アジアの女性たちの神学』日本基督教団出版局、二〇〇七年。

ディルタイ、ヴィルヘルム『シュライアーマッハーの生涯　上』（ディルタイ全集第九巻）、西村皓・牧野英二編集代表、法政大学出版局、二〇一四年。

Jaeschke, Walter, "Schleiermachers Geshichtsverstaendnis im Kontext klassisch-philosophischer Debatten", in: Sarah Schmidt, Leon Miokonski (Hrsg.) : System und Subversion, Walter de Gruyter, 2018. S.175-190.

Jüngel, Eberhard, "Schleiermacher, Friedrich Daniel Ernst", in: Religion in Geschichte und Gegenwart Handwörterbuch für Theologie und Religionswissenschaft, 4. Aufl. J. C. B. Mohr, Tübingen, 2004, Bd. 7, S. 906.

川島堅二『F・シュライアマハーにおける弁証法的思考の形成』本の風景社、二〇〇五年。

黒木雅子「ポストコロニアル」田中雅一・川橋範子編『ジェンダーで学ぶ宗教学』世界思想社、二〇〇七年。

Berger, Peter L. "The Heretical Imperative", 1979.　邦訳：ピーター・L・バーガー『異端の時代』（薗田稔・金井新二訳）、新曜社、一九八六年。

サイード、E・W『オリエンタリズム　上』（稲垣雄三他訳）、平凡社ライブラリー、一九九三年。

シュライアマハー、フリードリヒ『宗教について——宗教を侮蔑する教養人のための講話』（深井智朗訳）、春秋社、二〇一三年。

Schleiermacher, Friedrich, Kritische Gesamtausbabe, Walter de Gruyter・Berlin・New York.

"Selbstbiographie" Aus Schleiermachers Leben. In Briefen. 1.Bd. Berlin. Druck und Verlag von Georg Reimer. 1860. Photomechanischer Nachdruck, Walter de Gruyter, Berlin, New York, 1974.

第五章　バルトにおける近代主義批判と新しい福音理解

阿久戸義愛

1　はじめに

一九一四年から一九一八年まで、全ヨーロッパを揺り動かした第一次世界大戦があった。この世界大戦は、大きな文化的危機と決定的な歴史的断絶、近代文明の進化発展の歴史の終末を意味するような断絶であった。また、この世界大戦は当時の一九世紀の近代神学を根底から揺るがした。近代神学は、近代文明の発展に基づいて、人間の行為の可能性と理想的社会の建設について楽観的であったが、その近代神学が拠って立つ基盤がこの大戦の勃発と破滅によって覆されたのである。

近代神学とは一般的に一九世紀のシュライアマハーから始まる神学を指す。この神学は、近代の時代精神の影響を受け、人間中心主義・楽観主義という近代に共通の性格を帯びた神学であった。「一九世紀の教会教父」と賞されたシュライアマハーは、「徹底的に近代人」であるような神学者であった。シュライアマハーの神学においては、人間の敬虔な自己意識が、その神学の中心的主題であった。そこでは、神学はキリスト者の敬虔な自己意識を体系的に叙述するものであり、従ってその神学的体系は人間中心的なものであった。無論、シュライアマハーにおいても、神と、神の人間に対する関係が問題の中心ではあった。だが、無限の人間性を信じたシュライアマハーは、神と人との関係性を語る際に、人間性から、すなわち人間の宗教的体験から始め、下から上へと至る道を辿った。シュライアマハーの神学に見られる、敬虔な宗教的人間において自らを方向付けるような人間中心主義的性格は、自由主義神学に受け継がれ、近代神学において確固たる地位を獲得することとなった。

また、近代神学は、特にリッチュル[1]に顕著に見られるように、ドイツ観念論（理想主義）の影響を多大に受け、歴史を聖性によって導かれる完成へのプロセスとして観念論的に捉え、人間理性の生産的な力や精神の創造的な力を絶対的に信頼し、人間の可能性と潜在能力について楽観的であった。リッチュルは「神の国の神学者」と呼ばれるほど、「神の国」概念を重んじていた。しかし、リッチュルは「神の国」をイエス的な終末論として理解するのではなく、カント的な道徳性として解釈し、「完全に非終末論的神学[2]」としてしまった。この道徳性においては神の国は倫理的目標概念となり、神が人間に啓示した最高善として、人間が共同して達成すべき理想的な社会状況であり、人類の共通の課題は地上に神の国を実現することである、とした。この時代の神学を支える基盤としてあったのは、常に発展を続けるかに見えた「キリスト教世界」というものへの信頼であった。確かにこのような進歩的な歴史観が近代の情熱であったのであるが、まさにその「キリスト教世界」が第一次世界大戦という歴史上未曾有の悲惨を体験することによって、その楽観主義が幻想であったことを自覚させられるに至った。第一次世界大戦は、人間性や世界を完成へと導いていくはずの理性の無限の進歩や文明の力といったものへの信仰を砕いた。近代的な理性や道徳の力は戦争を食い止めることができず、進歩し続ける文明はかえって世界史上類を見ない破滅をもたらした。歴史における人間の持続的・恒久的と思われた進歩発展と人間の道徳的宗教的な理性の力が決定的な仕方で疑問視されたとき、「神の言葉」を土台とした神学を提示すること、バルトに言わせれば「聖書の事柄そのもの」に立ち返って神と人間の領域を鋭く対立させて捉えることが、神学の課題として示唆されたのである。そして、二〇世紀に入ってそれまでの近代神学の克服として現れてきたのがいわゆる弁証法神学[3]であり、その先駆けとなったカール・バルトの『ローマ書講解』であった。

2　『ローマ書講解』における近代主義批判

バルトも初め、彼自身、自由主義神学の熱心な信奉者であった。若きバルトの精神を深く捉えたのは、神学の本ではなくカントの『実践理性批判』であったし、新カント学派の誕生の地であるマールブルクに行くことを熱望していた。実際、彼は後にマールブルクでヴィルヘルム・ヘルマンに師事することとなった。また、一時期在籍していたベルリン大学では、アドルフ・フォン・ハルナックの講義に感動し、ハルナックの熱狂的な門下生にもなっている。ベルリンでシュライアマハーの『宗教論』を入手したバルトは、マールブルクで自身の神学的基礎を固めるために、ヘルマンのもとでカントとシュライアマハーについて詳細に研究している。そして、ハルナックの弟子であったマルティン・ラーデのもとで、自由プロテスタンティズムの機関誌である『キリスト教的世界』の編集助手まで務めた。

このように、若きバルトは自由主義神学の大道を歩んでいた。それにもかかわらず、その後、彼は近代神学に対する最も強烈な批判者となっていく。その契機の一つには、バルトがスイスの寒村ザーフェンヴィルの牧師として直面した説教の危機がある。バルト自身、ザーフェンヴィルの労働者階級の抱える困難な問題に関与する中で、聖書に関する近代的・宗教学的知識は説教者としての彼にとって役に立たなかった。彼にとって、説教や堅信礼教育や牧会においては、人間ではなく神が重要である、ということが改めて神学的に基礎づけられなくてはならなかった。

そして、バルトが近代神学を決定的に疑うこととなった契機は、一九一四年の第一次世界大戦の勃発であった。自由主義神学は世界大戦を防げなかったばかりか、ドイツにおいては多くの神学者を含む自由主義的知識人が皇帝ヴィルヘルム二世の戦争政策に賛同していた。ハルナックを中心とするドイツの九三人の著名な知識人が、皇帝ヴィルヘルム二世の戦争政策を支持する「知識人宣言」に署名したのである。この署名人の中に、バルトは彼が師事したほとんどすべての名前があることを発見し（唯一の例外がマルティン・ラーデであった）、バルトがそれまで信用するに足ると思っていた神学的釈義、倫理、教義学、説教のすべてが根底から動揺してしまった。

この体験はバルトにとってあまりに深刻であった。神学の基盤を見失ったバルトは新しい根拠を求めて「神学のＡＢＣをもう一度新しく学びなおし、以前よりも念入りに旧約聖書と新約聖書を読み、解釈すること」[4]に取り組まなくてはならなかった。そのようにして成立したのが一九一九年に初版が出版されて、楽観的であった近代の神学の花園に落ちた「爆弾」と評されるまでに神学界に深い影響を与えたバルトの『ローマ書講解』[5]であった。以下、『ローマ書講解』におけるバルトの近代神学批判という観点に絞って、『ローマ書講解』におけるバルトの思想を概観する。

シュライアマハー以降の近代神学は二つの潮流を形成した。一つはリッチュルによる「神学の倫理化」という流れ、そしてもう一つは宗教史学派による記述的・歴史学的研究（「歴史主義」）という流れである。この二本の流れに対して、バルトは『ローマ書講解』の中で幾度となく批判を行っている。その批判の内容は以下の点にまとめることができる。まず神と人との「無限の質的差異」[6]の強調とそのような神と人との関係における人間の「罪」の概念、そして歴史に対する「終末論」である。このうち、「無限の質的差異」と「罪」の問題の強調によってリッチュルによる「神学の倫理化」に対して、また「終末論」によって宗教史学派の歴史主義に対して、徹底的な近代神学の批判的克服が行われている。

2・1　無限の質的差異

「もしわたしが『体系』を持っているとすれば、それはキルケゴールが時と永遠の『無限の質的差異』と呼んだことを、わたしがその否定的、肯定的意味において可能な限りしっかりと見つめることにおいてである。『神は天にあり、汝は地上にいる』。この神のこの人間達に対する関係、この人間達のこの神に対する関係が、わたしにとっては聖書の主題であり、また哲学の全体である。哲学者たちは、この人間の認識の危機を根源と名づけた。聖書はこの十字路にイエス・キリストを見る。[7]」

ここでバルトが主張している「神は天にあり、汝は地上にいる」ということ、神は神であり人は人であるということ、これは『ローマ書講解』の中で繰り返し主張され、この書物全体を通じてのメッセージとして通奏低音のように響いている。バルトはここで神と人間との領域を厳格に区別し、神と人間との直接性というものを完全に否定した。近代神学は学問的批判にさらされるキリスト教の信仰を一九世紀の文化と文明の力と活力に匹敵するにふさわしいものとするために、キリスト教が当時の文化の最高の表現形態であることを弁証しようとした。だがそれはキリスト教の信仰の妥当性を当時の文明が理解でき、一般に受け入れられることができるようにし、その時代にとって不快で躓きとなるものをキリスト教から取り除き単純化することであった。だが、それはキリスト教とは何か違うものを作り出すことである。近代神学の祖でありバルト自身も大きな敬意を払っていたシュライアマハーでさえも、彼と同時代の宗教軽蔑者に対して彼自身の神の客観性を明確に維持するという意図にもかかわらず、バルトによれば「大きな声で人間を語ることによって」神を語ったに過ぎず、「人間は神に仕えるために造られたのであって、神が人間に仕えるために造られたのではないという真理に対して、明快率直な理解を持たなかった[8]」という。シュライアマハーとその当時の人々が関心を持ったのは、人間を超える超越の神ではなく、人間の精神の中に内在する永遠なるものであった。シュライアマハーは人間を超えたところにある神の現実性を認めない。認めるのはただ有限の中の無限なるもの、人間の自意識のうちの人間の霊と共存するものだけであった。バルトが近代神学とその忠実な学徒である同時代人たちを批判したのは、彼らの関心が宗教的自意識すなわち人間についての関心であって、神についてではなかったからであった。神学が神について考えず、人間についてのみ考えるということが起きていた。こうしてキリスト教の使信、すなわちバルトが聖書の主題として提示した神と人間との真正の関係というキリスト教の本質的な問題は、あくまで人間の問題の一つの側面、あるいはそもそも問題にすらならずに片付けられてしまう危険にさらされた。バルトはこのような神学に安んじてはいられなかった。バルトはそのような神認識の単純さ・明快さ・直接性といったものを一切否定する。バルトは聖書の『ローマ人への手紙』との取り組みの中で、パウロの見ていた神が近代神学の述べていたようなものと全く違うものであることを発見し、近代神学が盲目的なまでに見失っていた「神」を発見した。バルトは『ローマ書講解』を、神を発見した「発見者の喜びをもって」[9]書いている。そしてパウロが見ていた神は、決して人間の自意識に内在する存在ではなく、人間にとって徹底的な「否」(Nein)[10]として、この世の「此岸」に対して断絶した「彼岸」として、無限に横たわる「深淵」として絶対的に他者として存在している。人間と神との領域は決して超えることができないほどに断絶している。前者は「神によって創られたが、その神との根源的な一致から転がり落ち、それゆえ救いを必要とする『肉』の世界、人間と時間と事物との世界」であり、後者が「父の世界、すなわち、根源的な創造と究極的な救いの世界」[11]である。だが、「この断絶を見ることは容易ではない」[12]。事実、近代神学はこの断絶について全く盲目であった。「見られるはずの、また現に見られる切断線上の一点が、イエス」[13]であり、「時と永遠、人間の義と神の義、此岸と彼岸とが、イエスにあって明確な仕方で分け隔てられる[14]」のである。「イエスがキリストであること」、「まさにそのことが問題となっているのである」[15]。「『われわれの主イエス・キリスト』。……この名において二つの世界が出会い、別れ、既知の平面と未知の平面の二つの平面が交わる」[16]。イエスがキリストであることによって初めて、われわれは無限に超えることのできない神と人間との間の質的差異を超えて神がわれわれに啓示していることを知ることができる。もしそうでないならば、人間が人間の側から神を知ろうとする試みは、人間と神との間に横たわる断絶の前に、神の徹底的な「否」の前に全く失敗してしまうであろう。

「イエス・キリストは全き神聖性における神である。これがわれわれの出会う真の神であり、われわれはそれ以外にどんな方法によって、神と出会うことができるであろうか。……ナザレのイエスは、われわれが真実に神を信じる場である。[17]」

バルトはこのようにイエス・キリスト以外の場所に神と交わる場はないとして、キリスト論に集中していく。シュライアマハーを初めとした近代神学が最も薄弱だった点はキリスト論であった、とバルトは指摘している[18]。聖書の主題との取り組みの中でバルトが見出した『ローマ人への手紙』で問題となっている主題、それはわれわれがわれわれの努力や自己分析といった行為によっては解決されないような絶対的な仕方で神から断絶しており、しかしその絶対的な神との断絶の前で「神と世界との質的差異を意識しながら神を愛すること、世界の転回として復活を肯定すること、したがって神の否！　をキリストにおいて肯定すること、衝撃を受けながら神の前に立ち止まること」[19]、すなわちイエス・キリストという救いの音信を信じる信仰によって神と共に生きる「新しい人間」[20]へと復活することであり、「この否を甘んじて受け入れる畏敬であり、空洞への意志であり、否定の中に動揺しつつ踏みとどまる」[21]人間の信仰である。確かに近代神学は人間中心的であるあまり、このような神の超越性の厳密な認識という点において弱かった。しかし、それではヒューマニズムや合理主義に対立するようなキリスト教特有の要素をすべて取り除いてしまい、キリスト教とは何か異なるものを作り出すことになってしまう。バルトはまず、この点を近代神学の問題として見出した。

2・2　罪

人間は神から断絶している。人間が神との真正の関係から逸脱した「状態」にあることを、バルトは「罪」と呼んでいる。バルトにとって「罪」とはこの断絶状態のことである。

「(罪は)人間の出来事や状態の、いつも、いたるところで等しく前提されている規定として存在する。罪は、人間の本性そのものの持つおもりである。罪は、人間の生の中の一つの堕落、または一連の堕落なのではなく、むしろすでに人間としての彼の生と共に生起した堕落そのものである。」[22]

だから、罪の問題は個々の人間の問題ではなく、人間一般のリアルな問題なのである。神の否は、神との関係から堕ちている状態にあるあらゆる人間に等しく投げかけられている。ある人が生涯を通じて倫理的に「振舞う」こと、倫理的な行為をするように「努力する」こと、そのような人間の側からの行為は救いを約束するものではない。人間からの、下からの働きによって救いを得られると計算するのは、本来救いは神から与えられるという神と人間との関係における神の義の強奪である。

「もしやあなたは、まさに神の判決を逃れるであろうと計算に入れているのか。これは人間の義の誤算であろう。いわば間違った簿記である。すなわち、神の貸し方に記入されるべきものを、人間の義は自分自身の貸し方に記入している。[23]」

リッチュル思想の倫理は、明らかに当時繁栄を極めたブルジョア的な人間の「あり方」を問題にする倫理であったし、この世をリッチュル的な「神の国」すなわち倫理的目標の王国にするという倫理的な思想であった。しかし、このような人間の救いの可能性を積極的に語ることは、バルトにとっては誤ったことであった。それは、「人間的に言ってすべての積極的なもの（『宗教的素質』、『人倫的意識』、『人間性』）のうちには常に社会的崩壊の芽がひそんでいるから[24]」であり、その崩壊はまさに現実に第一次世界大戦として、また後にはナチスとして現れてきたのである。近代神学は、当時の発展し続ける文明にふさわしいものとなるために、近代社会にとって躓きの石となるような教説を次々と倫理的に合理化し、あるいは端に追いやってしまったが、ここでバルトが主張しているような原罪思想は近代神学にとって最も躓きとなる石であった。リッチュルは、神学を実証主義の批判から守るためではあったが、キリスト教の形而上学的要素を一切切り捨ててしまったため、聖書の主題である神の超越性ということから目を逸らすことになってしまった。キリスト教を倫理化することで、人間の行いによる人間の義によって救いが得られるかのように信じられたが、それでも人間は依然として罪の中にある。人間から神に働きかける可能性は一切絶たれている。自分の倫理的な行いが神の裁きの際に計算に入れられるであろう、と考えるのは「間違った簿記」なのである。人間が「神のためにする」というような人間の義は存在しない。

「『かれらが義である』のではなく、また『かれらが義と宣告されている』のでもない。むしろ人間の独善の究極の姿、このような義の所与性と事物性の究極の姿が消失してしまうように、『かれらは義と宣告されるであろう』（三・二四）……義は、自分自身の義を根本的に断念することにおいて成り立つ。[25]」

このように、神に対する人間の可能性を一切断念し、人間に対する神の可能性に一切を任せるとき、われわれが罪人である〈にもかかわらず〉（trotzdem）[26]、恵みによってわれわれの信仰が考慮に入れられて罪が赦されるかもしれないという「不可能な可能性」（die unmögliche Möglichkeit）[27]が見えてくる。われわれすべてが神から断絶した罪の状態にあり、われわれの側から神に対して働きかける可能性が全くないということを意識するとき、断絶線上の一点であるキリストの前で全く停止し、自分にその恵みを受ける根拠がないにもかかわらず、あるいは恵みが与えられるかも知れないと希望し得ないのに希望する信仰、このキリストへの信仰があらゆる人にとって問題となるのである。

「われわれは信仰によって、神によって義と宣告された人たちの身分になる。われわれは、単にわれわれが現にあるところのものであるだけではなく、信仰によって、われわれが現にそれでないところのものでもある。[28]」

2・3　終末論

バルトはここで、キリスト信仰によって特色づけられた人間を、「現にそれでないところのもの」として、「新しい人間」と呼んでいる。この信仰者である「新しい人間」は、「古い人間」の廃棄として、つまり古い人間の死と復活によって立ち現れてくる存在者である。信仰者であろうとなかろうと人間と神との間には相変わらず断絶が横たわっているのではあるが、その人間の限界において立ち止まり、救われる価値がないにもかかわらず救われるかもしれないという「不可能な可能性」、すなわち人間に対する神の可能性に一切を任せるという不条理な信仰の冒険を回避しないならば、「われわれは新しい人間として新しい世界の入り口に立たされている[29]」のである。このようにバルトは「神は天にあり、汝は地上にいる」という神と人間との無限の質的差異という関係を語り続けながら、イエス・キリストという「根源」（Ursprung）[30]においてその両者の出逢いと一致を語ろうとする。

「死者からの復活は、転回点であり、……復活において、聖霊の新しい世界が肉の古い世界と接触する。しかしそれはまさに、接線が円に接するように、接触することなしに接する。まさに接触しないことによって、その限界として、新しい世界として接する。」[31]

バルトは、新しい世界と接していながらも決して直接的には交わることのない古い世界の限界状況を「終末」[32]と言い表した。バルトにとって終末論こそは、「時と永遠の無限の質的差異」の論理そのものであり、すなわち聖書の主題に他ならない。

ヴァイスを初めとする近代神学の宗教史学派[33]も、神学および聖書研究において記述的・実証主義的歴史研究を採用することによって、イエスの教説の中心にある「神の国」の概念がユダヤ教的黙示文学の終末論によって規定されていることを明らかにしていた。しかし、ヴァイスはその指摘によってイエスの終末論的な「神の国」概念を取り戻そうとしたのではなく、むしろイエスの思想（バルトが言うところの永遠の精神である新約聖書の基盤にある思想）を、リッチュルのような近代的な「神の国」概念に対して古めかしい古代思想であるとしてしまった。宗教史学派が「終末論」と言うとき、それは「古代思想」とほとんど同義で、無価値なものだということを意味した。[34]このように、概して宗教史学派は「反終末論」的であった。しかしそうすることによって、宗教史学派はイエスの教説の独創性と力強さを見失っていると批判されうるであろう。

それに対してバルトは、近代神学が古代思想に過ぎないとして引きおろしてしまった終末論を、彼独特の意味を付与して信仰の論理としてバルト神学の中心に置いた。バルトにとって「新約聖書に告げ知らされている終極はどのような時間的出来事でもなく、どのような寓話的な『世界の滅亡』でもなく、何か歴史的、地球的、あるいは宇宙的破局とも絶対的に何の関係もない[35]」。終末というのは未来にやってくるかもしれない世界の滅亡の時のことではない。永遠の新しい世界が、いまや古い世界の転回点としてあらゆる瞬間的「現在」に接しているのである。「古い創造と新しい創造の間には常にわれわれの日々の終わり、この人間の終わりとこの世の終わりがある[36]」。終末はすでにいまここにある。「再臨が『のびのびになる』のではなくて、われわれの目覚めがのびのびに[37]」なっているのであって、「待望するのは人間ではなく、真実の中にいる神[38]」なのである。

このようにバルトは、終末論を宗教史学派がそうしたように無価値なものとして片付けてしまうのではなく、信仰の論理として、また「時と永遠の無限の質的差異」の体系の基盤として神学の中心に置いたのである。それゆえ、バルトはキリスト教の本質について、「完全に徹底的に終末論でないようなキリスト教は、完全に徹底的にキリストと関係がない[39]」と断言している。

『ローマ書講解』によって表明されたバルトの思想は、第一次世界大戦によってもはや信じることができなくなったヨーロッパ文化社会にその基盤をおいていた近代神学に対する徹底的批判として現れてきた。バルトの試みは、神を人間の延長線上に捉え、人間が自らの環境改善を求めて努力する試みであるかのような当時の神学に対して、徹底的な神の「否」を投げかけ、人間が終末論的な限界状況にあることを示し、神と人間の「質的差異」を強調することによって徹底的に上からの神学、人間が神に対して働くのではなく神が人間に対して働く神学を構築しようとするものであった。それは神学が、大きな声で「人間について」語るのではなく、あくまで「神について」「神の言葉について」

語るべきであることの表明であった。近代神学は永く、神学の対象であるべき「神」を見失っていたのであり、バルトは聖書との取り組みの中でその対象である「神」を発見したのであった。

近代における社会や文化の危機の中で、近代主義の根底にある人間中心主義に対する神学的戦いの中で、バルトが中心的な問題として明らかにしたことは、キリスト教は決して、近代の道徳的性格をもった内面的経験にも還元されることはなく、また歴史的批評によって把握されるような古代の歴史的現象には還元されるものではないということであった。こうしたバルトの主張は、神学において人間を語ることから神を語ることへの転換であり、近代の人間中心主義から神中心主義への転換であり、「宗教的人間」の歴史的・心理学的自己解釈から聖書に証言された神の言葉への転換を意味するものであった。

3　人間と神との関係――新しい福音理解

後にバルトは『教会教義学』を執筆するに至って、『ローマ書講解』の「断絶」の弁証法から転じて、神と人との積極的関係への視点、すなわち「神の人間性」を論じている。『ローマ書講解』においては「神の神聖性」が「断絶」において示された。しかし、「神の神聖性」が最も神聖なかたちで示されるのは、超越者たる神が相対者たる人間に働きかけ、相対者と共にあることで相対者に超越者が認識されるときである。イエス・キリストの福音の本質的使信は、「神が人間と共にある」ということである。神がキリストにおいて人間となり、神が人間と共にある、ということを神が自ら決断し行い証されるのだという福音の内容を、バルトは「神の人間性」と表現し、この神と人間との「関係」をこそ、キリスト教の中心的問題とすべきであるとした。今やこの「神の人間性」という「神の然り」が聖書に証しせられた福音の中心的問題とされる。このため、『教会教義学』では『ローマ書講解』の「神の否」の主張は相対的に弱まることになる。しかし、この「否」から「然り」への重心移動は、弁証法の停止や自由主義神学への回帰を意味しない。むしろこの「神の人間性」という「然り」においてこそ、人間との「質的差異」を有する「神の神性」が真剣に語られ、かつその断絶が神によって結ばれるという新しい福音の理解が、「非連続の連続」という弁証法的なかたちをとって語られるのである。

この「断絶」の否から「関係」の然りへ、という福音の主題が語られるのが、『教会教義学』「和解論」である。神が人間との断絶の彼岸に静的に留まらず、動的に「神われらと共に[40]」という仕方で彼岸を超えて「自らを低くし和解を与える神[41]」であろうと欲することから、人間と神が和解し、新たな契約の関係へと招かれる。

バルトは『教会教義学』「和解論」において、「質的差異」によって隔てられた人間と神とが「和解」(Versöhnung) によって関係を結ぶということを論じた。

> 「和解とは、かつて存在していたがやがて危機に瀕した交わりの新しい確認であり、再開である。すなわち、この交わりを破壊し、分離し、中絶しようとする要素に対する、この交わりの固持であり、回復であり、貫徹である。それはこのような妨害に抗し、それを斥けて、もともとこ

の交わりを基礎付け支配してきた意図を実現することである。[42]」

　和解とは、契約が破られ断絶した状態にある両者が新たな契約を結ぶ出来事である。堕罪によって「無限の質的差異」という超えがたい断絶によって分けられた人間に対して、局外中立的（neutral）[43]な態度を神が取らず、人間を神との関係に再び結び付けるという出来事、このことが和解者としてのイエス・キリストの福音の出来事において明らかにされる。したがって和解論で問題になるのは「和解を与えられた人間の存在」である。罪に捕らわれた人間の現実は、人間が神によって和解を与えられていることが明らかにされることで、全く新しい現実となる。すなわち、神と人間との新しい契約の関係に生きる「新しい人間」の現実である。「この杯は、あなたがたのために流す私の血で立てられる新しい契約である」[44]（傍点バルト）。イエス・キリストについて聖書が述べていることは、イエス・キリストにおいて神が人間の罪を赦して新しい契約を結ぶ、という証言である。したがってこの神の新しい契約は、神が人間との関係を持つということであり、この神と人間の関係が、バルトが語る新しい福音の理解である。

　バルトは一七世紀以来の「契約神学（Föderaltheologie）」について言及する。契約神学は一般に、「業の契約（foedus operum）」と「恵みの契約（foedus gratiae）」という二つの契約から、モーセの律法とキリストの福音とを、併存・補完・対立などの諸関係において歴史的に次第に完成していくものと捉える。しかし、問題の焦点は「業の契約」の位置づけにある。コッツェーユスは、聖書を「業の契約」が「恵みの契約」によって次第に廃棄されていく歴史であると主張した。しかし、バルトはさらに進んで、「業の契約」はアダムの堕罪によって初めから永遠に損なわれている、と主張する。人間的行為の直接的賞賛につながるような「業の契約」は、人間を出発点とする思想傾向に「否」を述べたバルトにとって、もはやどのようなかたちでも肯定し得ないものであった。彼にとって「業の契約」や「律法」は人間の自己救済を語るものではなく、逆に自らに救済の根拠を持ち得ない「人間の悲惨（Elend）」を明らかにするものである。カルヴァン的伝統である「人間の悲惨」の重大視は、人間の無力を「断絶」という限界において認め、「恵みの契約」をのみ「神の唯一の契約として理解し語る」というバルトの立場を帰結した。

この「恵みの契約（Gnadenbund）」が理解されるのは、イエス・キリストにおいて「神われらと共に」という福音が、すなわち「神の人間性」が明らかにされることによる。神と人間とが和解せられるということは人間的には全く不可能なことであり、和解の成就はイエスが神人たるキリストであるという「キリスト論」によってのみ語られる。キリストは、人間の自力に望みが無く、そして同時に神の恵みを希望しうるという、否と然りの転換点となる。「恵みの契約」はキリスト論として理解され、人間に対する否と然りがキリスト信仰において転換する「根源（Ursprung）」としてキリストの福音が語られるのである。

ここで、「恵みの契約」において人間が神にどのようなものとして認識されているのかが問題となる。バルトのキリスト教的人間論は、神が人間をどのような者として認識しているかを認識することに基礎を持つ。フォイエルバッハの宗教批判がいわば人間を問うことによって神が認識されるということだとすれば、バルトは神を問うこと、神が人間に対してどのような関係を持つかを問う問いによって人間が認識されるとした。神の人間に対する関係性によって、人間は神を認識し、人間自身を認識する。「恵みの契約」の成就は、神が人間との断絶を超えて、人間を相手として選ぶということである。バルトは宗教改革者の伝統から、「人間は罪人として和解せられた者である」という人間存在認識を提示する。ここでバルトが強調するのは、人間が「罪人として」罪にあるままで、罪人であるにもかかわらず神によって「和解せられた者」であるという逆説性である。「新しい人間は全人間であり、しかも古い人間も全人間である」[45]。すなわち人間の罪性はまったく消え去ることなく残りつつも、神から義とされてまったく「新しい人間」として認識されている。「人間の悲惨」に対するこの「人間の義認」は、すべて神が自らの自由において成したことであり、その和解や契約に対する人間の側での相応しい行為には一切根拠を持たない。このようなバルトの主張は、『ローマ書講解』から継続する一九世紀以降の人間主義に対する「否」であり、同時に「神の自由」「神の主権性」を二〇世紀に新たに問題の中心に据えるというものであった。

　では、この神との関係において、契約の相手である人間は何を要求されているのであろうか。バルトは、「人間の悲惨（Elend）」とは神からの要求に何らも応えることができないということであると言う。人間の行為を神に相応しいものとすることは自由主義神学の過ちであり、そのようなものは求められ得ない。神は契約相手としての人間に対して、自らの自由において、「われわれのために」(pro nobis)、人間に対して「神われらと共に」という仕方で自己否定（Selbstverleugnung）的自己贈与を行う。相手方に何の根拠も無いにもかかわらず贈与されるものは恵みである。この契約関係がひたすら恵みとして起きるということが、バルトにとって中心的な福音の理解である。そして、そこから人間に要求されていることとは、人間の側でのひたすらな「受け取り」（Empfang）と「感謝」（Dankbarkeit）である。人間の側での恵みの「受け取り」は、この恵みが人間によって継続的に所有されたり人間の性質を変化させたりするということではない。先に論じられたように、永遠の神が人間に対して働くという出来事は、時間の中に永遠が突入してくる終末論的な「瞬間」の出来事である。「瞬間」とは通時的な前後の時間との連続性を持たない無的時間であるゆえに、「瞬間」における恵みの受け取りは、あらゆる現在において不断に受け取り直されなくてはならない。この無的時間における「神われらと共に」という信は、その恵みを所有というかたちで有していないゆえに、それについての「人間的行為という形」での「証し」を絶えず必要とする。人間と共在することを決断する神の恵みは、神の自己否定的な「愛」として認識される。この神の愛を恵みとして「受け取る」ことによって人間が「新しい人間」とされたという確証は、その神の愛の「受け取り」において人間自らが自己否定的に愛するものとされる、という行いにおいて証しせられる。徹底的に自己否定的に、自己を目的とせず絶対的に逆説的に他者の「ために」なされる犠牲的愛というものは、神の愛に働かれることで「キリスト教的愛」（die christliche Liebe）としてはじめて可能となる。他者に対して人間がキリスト教的愛を行う者とされたということが、人間が「新しい人間」とされたことの「証し」となる。この証しとしてのキリスト教的愛を行う相手方として、他者が隣人（Mitmensch）として、すなわち相互的関係において証をなす隣人愛の対象として立ち現れてくる。このときそれぞれの者は、「証人」（Zeuge）として、神に用いられる。「証人」も内在的には「空洞」（Hohlraum）であり、パウロと同様神の恵みを運ぶ「証人」として遣わされる。無償の恵みへの報恩的行為は、無力な人間が無力さにおいて逆説的に神に用いられることによってなされる。神の愛が人間すべてに向かっていることから、「新しい人間」は神とすべての人間に対する相互的なキリスト教的愛の実践によって、「証人」でなくてはならない。このような人間相互の愛の実践による証しが行われるという、キリスト教的愛に連帯された「新しい人間」の協同によって、本来的で実存的な意味での教会が現れる、とバルトは主張する。キリスト教的愛に連帯された「新しい人間」の協同において、神の愛に基づく「恵みの契約」が現実の証言として語られる場所、そこが「真の教会」の場であるとバルトは主張する。バルトにとって教会が現にそこにあるということは、「神の言葉（Wort des Gottes）」が出来事（Ereignis）となることである。

「証人」としてのキリスト者は、バルトが終始徹底して否定した「人間の側から神を語ること」を断念し、信仰による恵みの「受け取り」に徹するという自己否定によって逆説的に神から「新しい人間」として肯定され、「証人」として用いられて、他者との愛の連帯において「神の言葉」の出来事を、すなわち福音を証ししていく主体となるのである。

4　結　語

以上、バルトの『ローマ書講解』に見られる近代主義批判と、そこから『教会教義学』「和解論」への展開に至って、和解による「神と人間の関係性」という福音の新しい理解について見てきた。

バルトの神学には、神の固有性の弁証法（「神の神性」と「神の人間性」）、時間と永遠、キリスト論的集中といった幾つもの主題があるが、それらの主題のすべてに共通して、キリストにおいて人間に恵み深く向き合い、人間と共に居給う神、というバルトの福音理解が中心にある。キリストにおいて見ることのできる神が常にその中心であるが故に、バルトの神学は、神が神であり人間が人間であるという限界に留まりつつ、人間についてのすべての「否」が、神の一つの大いなる然りによって担われるという、近代には無かった新しい福音理解へと至ることができたのである。

注

1　A・リッチュル（一八二二－一八八九）は、ヘーゲル以後の新カント学派の台頭する中で、カント主義を神学に導入した。リッチュルもカントの認識論に倣って、プロテスタンティズムは神的なものにまでよじ登らずに有限性の限界内に留まるべきであるとする。したがってリッチュルは神的なものと人間的なものを同一視する神秘主義的なものを一切否定し、あくまで有限者の範疇に留まることを要求する。そのような有限者の限界内において、リッチュル神学は人間の道徳性を重視する。リッチュルは、宗教は倫理的なものを支える力だとする。宗教があるから人は道徳的であることができる。リッチュルは道徳原理に従うことによって宗教的な確かさに達することができるとした。

2　大木、一二四頁。

3　弁証法神学（Dialektische Theologie）という名は、それが従来の心理学的・歴史的叙述方法に対して、神学的表現にキルケゴール的弁証法を採用したことに由来する。神の無制約的な彼岸性と人間の認識的な限界とが、人間の実存を特徴付けている。しかし神認識を得るための神学の唯一の道は、此岸と彼岸、有限と無限、時と永遠といった対をなす極を、神により与えられた信仰による応答において逆説的に共に掲げることができるという、弁証法的方法（via dialectica）をとることである。弁証法神学はそのような逆説の弁証法的方法をとることによって、人間の合理的理解力の枠内に収まるような教義学的定式化を拒否し、神の啓示、神の言葉に基づく神学を築こうとした。

4　シュトゥールマッハー、二五五頁。

5　バルトは一九二一年に抜本的に『ローマ書講解』を書き直し、再び神学界に大きな衝撃を与えるが、今日まで影響力を持つのはこの第二版なので、ここでは原則として第二版に即して論述を進めることを予め断っておきたい。

6　この「質的差異」をバルトは一九世紀神学が見失った神学の第一のものとしてキルケゴールから学んだ。一九一七－一九一九年の『ローマ書講解』執筆過程でのバルト思想形成上、決定的にキルケゴールの影響が見られる。

7　Barth (1922), Vorwort XX.（以下 RB と略す）

8　トーランス、七八頁。

9　RB, Vorwort XIf.

10　RB, p.14.

11　RB, p.5.

12　RB, p.5.

13　RB, p.5.

14　RB, p.96.

15　RB, p.101.

16　RB, p.5.

17　トーランス、八五頁。

18　バルト『十九世紀のプロテスタント神学（上）』、二〇頁。「キリスト論はシュライエルマッハーの信仰論においては大きな邪魔者である」。

19　RB, p.15.
20　RB, p.136.
21　RB, p.18.
22　RB, p.164.
23　RB, p.37.
24　RB, p.82.
25　RB, p.43.
26　RB, p.80.
27　RB, p.135.
28　RB, p.136.
29　RB, p.154.
30　RB, Vorwort XX.
31　RB, p.6.
32　終末論は、一九世紀の宗教史学派の歴史的研究からすでにイエスの福音の根本を成すものとして認識されていたにもかかわらず、宗教史学派には単なるユダヤ的古代思想であると解された。バルトは終末論をあらゆる現在に実存的に問われる神的問いかけとして、教義の中心に置いた。これはブルトマンによれば、終末論の「非神話化」に他ならないのであるが、少なくともイエス以来再びバルトによって終末論がキリスト教の中心的問題として取り戻されることとなった。バルトの終末論理解は"Realized Eschatology"（C. H. Dodd／実現された終末論・現在終末論）であると指摘される。上述のように一九世紀以後の神学はキリスト教の中にユダヤ的古代思想の残滓があることを知っていた。バルトも、終末を歴史の終極にあるものと神話的に捉えてはいない。むしろ終末は、今この瞬間に永遠が時間へ突入してくる「原－歴史」（Ur-geschichte）の出来事として、現在において自覚される人間の根源的状況と捉えられた。
33　宗教史学派（Religionsgeschichtliche Schule）は、神学および聖書研究において記述的・実証主義的歴史研究を採用することによって、一九世紀末から一九二〇年頃までドイツの神学界に強い影響を及ぼし支配したH・グンケルに代表される聖書学者たちである。宗教史学派は、リッチュル学派を含めた近代神学による聖書やキリスト教の近代的哲学的解釈を批判し、聖書やキリスト教をその発生の宗教史的背景において解釈しようとし、実証的歴史研究を推進した。すなわち宗教的文書を、同時代の周囲の諸宗教との影響やキリスト教会が歴史的に経験した諸発展の関係の中で解釈し、聖書の内容を分析する、という方法であった。宗教史学派の代表的な学者であるJ・ヴァイスは、イエスの説教を宗教史学派の方法に則って研究し、イエスの教説の中心にある「神の国」の概念がユダヤ教的黙示文学の終末論によって規定されていることを明らかにした。そしてそうすることによってイエスの「神の国」概念がリッチュルの倫理的目標概念である「神の国」概念とはかけ離れていることを暴露した。しかし、ヴァイスのその指摘はイエスの終末論的な「神の国」概念を取り戻すことではなく、むしろイエスとリッチュルの相違を古代思想と近代思想の区別へと還元し、そうすることによってイエスの思想を古めかしい古代思想へと引きおろそうとするものであった。

34　大木、一三五頁。
35　RB, p.527.
36　RB, p.83.
37　RB, p.527.
38　RB, p.77.
39　RB, p.325.
40　Barth (1953 (2.Aufl.)), Ⅳ /1, p.1.（以下 KD と略す）
41　KD Ⅳ /1, p.83.
42　KD Ⅳ /1, p.22.
43　KD Ⅳ /1, p.38.
44　『ルカによる福音書』第二二章二〇節。
45　KD Ⅳ /3, p.647.

文献

Barth, K. *Der Römerbrief*, Zürich: Theologischer Verlag, 1922.
Barth, K. *Die Kirchliche Dogmatik*, Zürich 1953 (2.Aufl.)
大木英夫『終末論』紀伊國屋書店、一九七二年。
シュトゥールマッハー、Ｐ『新約聖書解釈学』〔斎藤忠資訳〕、日本基督教団出版局、一九八四年。
トーランス、Ｔ・Ｆ『バルト初期神学の展開――１９１０－１９３１年』〔吉田信夫訳〕、新教出版社、一九七七年。
バルト、Ｋ『十九世紀のプロテスタント神学』（カール・バルト著作集一三）〔安酸敏眞訳〕、新教出版社、二〇〇七年。

第六章　「福音主義」とエキュメニカル運動における教育的実践
――エキュメニカル・フォーメーションとは何か

藤原佐和子

はじめに

第二次世界大戦以降の「福音主義」キリスト教を理解しようとするときには、一九一〇年にエディンバラで開かれた世界宣教会議を出発点として一九四八年に設立され、今年で七〇周年を迎える世界教会協議会（World Council of Churches, 以下ＷＣＣ）が牽引するエキュメニカル運動に注目する必要がある。中世ドイツ的なニュアンスを持つ「福音主義」という言葉は、「全ての人々が住む世界」を意味するギリシャ語のオイクメーネー（*oikoumene*）を標語とするエキュメニカル運動においては「プロテスタンティズム」（Protestantism）という現代的呼称に言い換えられている。ルターによる宗教改革において三大原則（聖書のみ、信仰のみ、万人祭司）の推進に大きな影響を与えたのがドイツ語訳聖書、『教理問答書』によるカテキズム教育、コラール（会衆賛美歌）による礼拝をはじめとする様々な教育的実践であったように、福音主義《プロテスタンティズム》の源流には「教育による改革」[1]がある。そして、ＷＣＣの主な目的と役割が「教育のプロセスと特定の文化的文脈に根ざした共同体の命のビジョンを通して、エキュメニカルな意識の成長を養うこと」[2]（ＷＣＣ憲章第三条）である点からも導き出せるように、現代のエキュメニカル運動は、様々な教育的実践を媒介として福音主義《プロテスタンティズム》の精神を継承し続けていると言える。

さらに言えば、ＷＣＣ成立が、宣教と伝道の視点を持つ「国際宣教協議会」（ＩＭＣ）、「教理は分裂をもたらすが、奉仕は一つにする」という有名な言葉で知られる「生活と実践」（Life and Work）運動、聖礼典や職務という伝統的教理の相違を超えて教会の一致を目指す「信仰と職制」（Faith and Order）運動という三つの潮流によることは広く知られているが、加えて、「第四の潮流」とも呼ばれているものに世界キリスト教教育協議会（World Council of Christian Education, 以下ＷＣＣＥ）に代表される教育的実践の分野がある。[3]

二〇一三年に釜山で開かれた第一〇回総会でも、ＷＣＣ中央委員会の議長ヴァルター・アルトマン（Walter Altman）が「キリスト教教育への強調なしには、宣教はその焦点を見失い、福音の証しは歪められてしまう」[4]と語り、総会の焦点の一つには「エキュメニカル・フォーメーション」（ecumenical formation）が挙げられたが、管見の限り、これを特に取り上げた研究は日本に存在していない。[5]その最たる理由には、必然的に多言語的環境にならざるを得ないエキュメニカル運動において、専門用語の逐語的翻訳が不可能だという点を挙げることができる。[6]さらには、教育的実践をめぐっては、エキュメニカルとの形容詞を冠した「教育」(education)、「ラーニング」(learning)、「フォーメーション」(formation) といった類似の表現がきわめて混在している点を挙げなければならない。[7]

しかしながら、エキュメニカル・フォーメーションとは何かを探求することは、現代における福音主義《プロテスタンティズム》の動向についてのより適切な理解や、日本において福音主義《プロテスタンティズム》を継承する教会やキリスト教主義大学にかかわる私たちにとって新たな知見をもたらすものと考えられる。したがって本章では、①戦後まもなく「エキュメニカル教育の拠点」として発足したボセー・エキュメニカル研究所から一九七〇年代の開発教育まで、②一九八三年のバンクーバーにおける第六回総会とエキュメニカル・ラーニング、③WCCとローマ・カトリック教会が一九九三年に作成したエキュメニカル・フォーメーションに関する共同文書を検討する。

1　エキュメニカル教育（エキュメニカル・フォーメーション）

スイスのエキュメニカル指導者アドルフ・ケラー（Adolf Keller）は一九二八年、すでに寄宿制の「エキュメニカル研究の大学院」の夢を抱いていた。一九三七年オックスフォードで開かれた生活と実践運動の「教会、共同体、国家」に関する会議では、ヨーロッパ社会の全体主義的な風潮への危険視から教育の問題に特別な関心が払われたように、その萌芽期から、エキュメニカル運動は教育的実践に対する高い関心を払ってきた。「フォーメーション」という言葉が初めて使われたのは、「信徒のフォーメーション」(lay formation) についての一九六五年のガッツァーダ声明においてであった。信徒の養成、意識高揚、価値観の形成などにかかわるプロセス全体を表すために、「訓練（training）以上、ひいては教育（education）以上のもの」[8]としてフォーメーションという言葉が用いられたのである。

一方で、一九九三年から二〇〇三年にかけてＷＣＣ総幹事を務めたドイツの神学者コンラッド・ライザー（Konrad Raiser）の場合にはエキュメニカル・フォーメーションの端緒を、ＷＣＣに先んじて一九四六年に発足したボセー・エキュメニカル研究所（以下、ボセー）に見ている。フォーメーションという言葉についても、ローマ・カトリック教会では一般的に認められた語法となっているが、当時のＷＣＣでは比較的新しいものであったと説明している。[9]

1・1　ボセー・エキュメニカル研究所

ボセー発足時の講義で、オランダの信徒宣教学者ヘンドリック・クレーマー（Hendrik Kraemer）はのちにＷＣＣ初代総幹事となるオランダの神学者Ｗ・Ａ・ヴィッサートーフト（W.A. Visser't Hooft）の言葉を引用して、「エキュメニカル教育（フランス語でフォーメーション）の拠点を作り出そうというアイデアは、教会に現代社会の諸課題に応じる能力がないということや、増大する世俗主義や異教化に太刀打ちするに無力であることがますます明らかになってきたことに基づいている」[10]と語っている。ボセーは発足当初から、教会そのものに始まる抜本的な霊的再構築を目指し、教会と世界との隔たりを架橋するという明確な宣教的性格を持つべきであるとされたのである。この目的のためには、各々の状況において信徒が「教会の真なる使者」となるための道筋の準備、すなわち、「信徒のフォーメーション」（formation of the lay people）に重きが置かれなければならないとされた。これ以降、フォーメーションはＷＣＣにおいても一般的に認められた語法となり、とりわけ「霊性」と「信徒」の次元に密接にかかわるものと理解されるようになった。

一九五四年にエヴァンストンで開かれた第二回総会は、「信徒――使命あるキリスト者」を主題とするもので、一九五五年のＷＣＣ信徒部（Laity Department）設置につながっていく。一九五五年から一九五七年にかけて、ＷＣＣ信徒部では「エキュメニカル教育」（ecumenical education）に関する初めての集中的な議論が行われた。一九五七年のＷＣＣ中央委員会では、エキュメニカル教育とは、教会を再び一致させる取り組みや、エキュメニカル諸団体の発展の歴史について教える（teaching）プログラムにもはや限定されるものではなく、「エキュメニカル・プロセスの全体への理解、コミットメント、十分な情報に基づく参加の促進を本質的に意味している」[11]との見解を示したＷＣＣエキュメニカル行動部門（the Division of Ecumenical Action）声明文が採択されている。

この声明文では、エキュメニカル教育を実行する責任は、ＷＣＣの特定の部署あるいはその全体、ＮＣＣ加盟教会にあるのではなく、キリスト者である親、教師、牧師、神学校、信徒養成センター、ＮＣＣにあるとされた。またエキュメニカル教育はいわゆる従来型の「教育活動」（educational activities）だけでなく、エキュメニカルな礼拝、奉仕活動、クリエイティブな体験などを含む広範囲な参加を目指すものであることが明示された[12]。さらには、ＷＣＣ合流前のＩＭＣも、一九五八年に最後の総会を開いて「神学教育基金」（ＴＥＦ）を設置するなどして、一九五〇年代からすでにエキュメニカル教育のプロセスを、宣教のためにも、教会を真に教会となさしめるためにも、必要不可欠であるとの理解を示している[13]。ＷＣＣエキュメニカル行動部門については後に触れることにして、次節では「第四の潮流」と言われる世界キリスト教教育協議会（ＷＣＣＥ）について見ていこう。

1・2　世界キリスト教教育協議会（ＷＣＣＥ）

一九五七年、ＷＣＣ青年部（Youth Department）とＷＣＣＥとの間で青年プログラムが実施され、エキュメニカル・フォーメーションを「生涯にわたる学びのプロセス」とする解釈が議論された。そこでは、エキュメニカル教育とは「若い人々」（young people）のために「若い人々」と共に行うものであるという理解で合意することになった。[14] また、一九六三年、モントリオールでのＷＣＣ信仰職制委員会の第三回会議では、同委員会とＷＣＣＥの協力が進められた。一九六七年には「エキュメニカル・コミットメントとキリスト教教育は分かち難く結びついている。エキュメニカルでないキリスト教教育は、真にキリスト教的とは言えない。人間が兄弟姉妹と共に生活するこの世界に対する参与を欠いているからだ[15]」とする報告書を作成している。

一九六五年から一九六八年にかけて、ＷＣＣとＷＣＣＥは教育についての共同研究を行い、一九六八年にウプサラで開かれたＷＣＣ第四回総会では、「教育と人間の本質」と題する発表が行われ、一九六九年、エキュメニカル行動部門にＷＣＣ教育部（Office of Education）が設置された。ＷＣＣ設立当初に教育部が存在しなかった背景にはＷＣＣＥの存在があり、それゆえにウプサラ以前のＷＣＣが教育的実践の分野に正面から取り組んでこなかったとする見方もある。[16] 一九七一年、ＷＣＣＥはリマ大会で「教育と刷新」ユニット（Education and Renewal Unit）としてＷＣＣへの合流を決議し、神学教育とキリスト教教育は一つの枠組みに置かれるようになった。一方、ウプサラ以後の機構再構成によって、WCC信徒部は一九七一年に消滅する。これ以降、「信徒のフォーメーション」についてのイニシアティブは、WCC教育部とその協力団体に取って代わられるようになった。[17]

一九六〇年代は、貧しい人々、家を奪われた人々、周縁に置かれた人々に対して特別の関心が払われた時代であったため、WCC教育部の働きの焦点となったのは、「教会の刷新」と「社会変革」であった。一九七〇年、「教育全体を眺める」と題するベルゲンでの初の報告書では、価値中立的な教育は存在しないこと、教育は人々を解放するものにも家畜化するものにもなりうることが確認された。

貧富の格差、環境汚染、原油価格高騰による世界経済の混乱を背景として、一九七五年にナイロビで開かれた第五回総会では、この報告書に見られたいくつかの偏った側面について修正が加えられたが、一九七〇年の報告書では以下のような新しい指針が示された。それは、社会変革のための教育にかかわっているグループとも連帯すること、宗教教育を自己保身の手段として用いることを放棄し、「教化」ではなく「意識化」（フレイレ）による教育プロセスを再検討すること、異文化に対する意識を育むこと、国粋主義や教派主義に抵抗してキリスト教のグローバルな側面とそれゆえの責任を発見していくこと、「全ての神の民」（the whole people of God）との視点に照らして、教会と社会におけるリーダーシップ訓練の概念を再構築すること、聖職者と信徒の分け隔てられた訓練システムを再考することなどである。[18]

「教えられ、学ばされる」関係から「自ら学ぶ」という行為の取り戻しを訴えたイヴァン・イリイチ著『脱学校の社会』（一九七一年）や、パウロ・フレイレ著『被抑圧者の教育学』（一九六八年、一九七〇年に英訳）などの影響から、教育に関する一九七三年の報告書は「解放と共同体のための教育」

を主題とするものになった。さらに、フレイレ自身が一九六九年から一九八〇年にかけてＷＣＣ教育部の特別顧問を務めたことによる影響も絶大であったといわれている。同じくフレイレから強い影響を受けて「開発教育」（development education）の目覚ましい成長に貢献したのは、一九七〇年に設置されたＷＣＣ開発委員会（the Commission on the Churches' Participation in Development）の働きである[19]。

1・3　ＷＣＣ開発委員会

一四年間、この働きにたずさわったラインヒルト・トライラー（Reinhild Traitler）によれば、ＷＣＣ開発委員会は「開発」を社会正義、自立、経済成長を目指すプロセスと定義づけ、支援的な教育プログラムの必要性をいち早く指摘し、教会教育における社会正義の取り入れ、市民活動団体の支援、識字教育を促進する役割を担った[20]。グローバル教育、平和教育にも類似するこのプログラムは、開発途上国での様々な教会の実践的働きに根ざすものであったが、その熱意が長続きしなかったことも併せて指摘されている。それというのも、「自発的、参加型、行動志向、文脈に合わせた活動としての『学び』に焦点を合わせた新しい教育学（開発教育）と、多かれ少なかれ知識の受動的伝達としての『教育』との間には、未だに相当の隔たり」[21]があったからである。

教育の価値中立性を信じる人々は、開発教育における社会正義の強調に反発し、社会変革のために教育が果たす役割を過小評価していた。だが、開発教育の取り組みは解放の経験、貧しい人々との連帯をあらわす活動への参加などを基礎とした「非正規教育」（non-formal education）、「オルタナティブ教育」(alternative education)の可能性を切り開き、教会やエキュメニカル運動のネットワークにおいて急成長していった。WCC開発委員会による取り組みは、伝統的な指導型(teaching-oriented)の宗教教育、神学教育を問い直す動きでもあったとも言われている。[22]

ここに見られるような教育的実践をめぐる二つの立場の緊張関係は、一九七〇年以降により鮮明になっていく。[23]一方では、教育を、教会や社会といった既存の共同体の伝統や規範に人々を組み込むプロセス、特定のタスクのための訓練、厳密に体系化されたカリキュラムからなる「正規教育」と理解し、実践している。他方では、教育を、人々が葛藤の経験を統合し、自身とは異なる人々との関係性を築くことや、責任感があり、成熟した人生を確立せしめるプロセス、分かち合いや参加による学びを含む「非正規教育」や「生涯教育」、エキュメニカル運動に対する理解、コミットメント、具体的参与を促進することと理解し、実践していたのである。[24]

2　エキュメニカル・ラーニング

このような意見対立を背景として、一九七五年のナイロビにおける第五回総会以降、「教育」よりも広い意味で理解される「ラーニング」(すなわち「学び」)という言葉が好まれるようになっていく。[25]WCC中央委員会は一九七六年に早くも、ローカルレベルでのカリキュラムや教育プログラムの見直しを要請しており、ボセー、WCC開発委員会、神学教育プログラム(PTE)は共同で「エキュメニカル・ラーニング」(ecumenical learning)のワークショップやセミナーを開催するようになっていく。[26]

2・1　WCCエキュメニカル行動部門

神学教育を歴史的視点から分析したディートリヒ・ヴェルナー（Dietrich Werner）によれば、エキュメニカルな「ラーニング」「学び」「フォーメーション」などの重要な用語の策定は、第二次世界大戦以降の一九六〇年代と一九七〇年代に西洋における教育の新たな方向づけという特定の歴史的文脈において行われたものである。それというのは、「キリスト教の重心位置がついに、そして確かに南半球にシフトし、西洋のキリスト教がこれまでに伝統的に維持してきた優位性を失った歴史的転換期」[27]を指す。「文脈化」（contextualization）が、脱植民地化と解放の時期における南半球の多くの教会にとっての標語であったとすれば、エキュメニカルな「ラーニング」「学び」「フォーメーション」は、キリスト教をめぐる勢力図がシフトし、グローバリゼーション、大規模の移民、宗教文化的多元化の時代における教育の再定義のための標語となったのであり、現在においても同様だというのである。

エキュメニカル・ラーニングという概念が新しく展開される背景には、一九六〇年代末期から一九七〇年代初頭にかけてWCCエキュメニカル行動部門の職員として奉仕したドイツのエルンスト・ランゲ（Ernst Lange）やヴェルナー・シンフェンドルファー（Werner Simpfendörfer）というキリスト教教育の先駆者たちがいた。[28]以下ではランゲについて取り上げておきたい。

ランゲは「エキュメニカルであること」や「世界的視野を持つこと」を志向することなしに教会に

未来はないと強く信じていた。彼にとって「ラーニング」において重要であったのは、視野狭窄状態（parochialism,「教区制」とのダブルミーニング）の克服であった。自らの教会伝統という限られた例を、唯一の正統なものと見なすような偏狭さや、「この世界にかかわろうとしない宣教師の無能と霊的停滞を原因として、教会がこの世界との対話からの孤立」[29]している状態が批判されたのである。ランゲは、現在では「原理主義」（fundamentalism）とも呼ばれる視野狭窄状態を乗り越えるためには、人々が若い時期に接することになる教育的実践をラディカルに変革する必要があると考えた。

ランゲがたゆまずに問い続けたのは、どのようにして人々は特定の教派や文化的背景に根ざしつつ、エキュメニカルにかかわり、他者や世界の諸教会と経験を分かち合うことができるのかということや、私たちは思考と行動においていかにしてグローバルでありローカルであることができるのか、そこにおいて、ローカルでありユニバーサルであるという教会の本質は効果的に反映されるのかといった現代にも通ずる諸課題であった。

2・2　エキュメニカル運動は「学びの交わり」

南北格差の広がり、東西冷戦、難民キャンプなどの問題に直面していた一九八三年、バンクーバーで開かれた第六回総会において、「学び」は教会が教会として成立するための不可欠な要素と認識されるようになる。[30]「北と南、東と西の分裂が熾烈を極めている。神の世界であるところの私たちの世は、『生か死か、祝福か呪いか』を選択しなければならない」[31]と語られ、命を選択するための闘いは、子どもと大人が共に、互いに「学ぶ」ということなしに実現し得ないと理解されるようになっていく。

総会中の課題グループ「共同体で学ぶ」（"Learning in Community"）では、キリストの命の下で共に生きるとの主題に基づいて、エキュメニカル・フォーメーションの目標が策定された[32]。それは第一に、神が私たちに「一つの世界」を与えられたという事実を共に発見すること、第二に、グローバルな正義と平和のための闘いに参加すること、第三に、預言者的証し（prophetic witness）を行う共同体に参加すること、第四に、私たちのローカルな闘いをグローバルな視点と結びつけることであった。

当時の総幹事フィリップ・ポッター（Philip Potter）はエキュメニカル運動を「学びの交わり（fellowship of learning）」と表現し、エキュメニカル・ラーニングを、「真実、平和、正義、真なる共同体の構築のための効果的行動のための必要条件[33]」、普通教育、成人向けの非正規教育、開発教育、「神の民全体のための生涯学習のプロセス[34]」と定義している。ポッターはまず、聖書における「学び」が、人々を神、神の真実、正しさ、平和の道に結ぶものであると説明した。これに倣えば、エキュメニカル・ラーニングとは「単に知識や技能を習得したり、知的に備えられたり、信仰のカテキズムをただ暗記したりすることを意味するのではない[35]」。それは私たちの地平を広げ、神に対しても、互いに対しても、言葉と行いにおいて正しくあろうとする意志を強めてくれるものであるので、「社会的な学びと宗教的な学びは、互いに切り離すことができない[36]」ことが明言された。

ＷＣＣ中央委員会でも、エキュメニカル・ラーニングは「エキュメニカル運動についての事実、歴史、背景、組織、機能の単なる伝達に限定されてはならない。むしろそれは、キリスト者たちを、分断された世界で解放的、和解的な共同体として生きられるように養成する包括的な取り組みである[37]」

と理解された。言い換えれば、同委員会は、エキュメニカル・ラーニングを信徒、聖職者、女性、男性、青年など、全ての人を対象とした最優先事項とする認識を明らかにしたのである。

しかしながら、ポッターは、ＷＣＣの現状にこのようなビジョンが十分に組み込まれているわけではなく、教会もまたエキュメニカル・ラーニングのプロセスを通して受け取った視点を十分に自分のものとできているわけではないとの課題の提示を忘れなかった。さらには、一九九〇年にソウルで開かれたＷＣＣの新たな目標「正義、平和、被造世界の保全（Justice, Peace and the Integrity of Creation, 以下ＪＰＩＣ）」に連なる試みが、開発教育、日曜学校、宗教教育にかかわる人々の間の教育をめぐる緊張関係を再燃させることになった。

エキュメニカル・ラーニングとしての開発教育には、人権、軍事主義、人種差別、多国籍企業、持続可能性、生態学的危機といった現実的な諸課題（イシュー）についての学びが含まれるが、反発する人々からはその政治的性格が批判された。だが、それでもなお、正義と平和のための闘いから引き出される現在進行形の神学的考察、聖書研究、リタジー、祈り、瞑想、賛美歌を通して、人々は闘いのただ中で信仰的経験を分かち合った。そこで探求されたものは、抑圧的な諸力に対する「キリスト教式抵抗[38]」（Christian mode of resistance）であったと評価されている。

一九八九年に公開されたＷＣＣ文書「共に生きる――エキュメニカル・ラーニングの実践ガイド[39]」には、人々が一つの教会伝統に根ざしながら、それ以外の教会伝統に対して「オープンになること」（to become open）、一つの言語、民族、階級などに属する人々が自らとは異なる人々に対して「センシティブになること」（to become sensitive）といったキーワードが登場するようになる。また、そのプロセスが様々なグループや複数形の個人（individuals）によって行われるものであることや、結果として、教会の一致やＪＰＩＣについての神の御心への信仰に基づく「共同の行動」（communal action）を起こすことなどがポイントとして挙げられている。

ウルリッヒ・ベッカー（Ulrich Becker）によれば、一九九一年にキャンベラで開かれた第七回総会の直後に行われたＷＣＣの再編成は、全体の働きが「何らかの意味で教育的である[40]」との認識をもって着手されたが、エキュメニカル・ラーニングについての活動は結束感と協調を失っていった。この働きを再活性化させる機会は、一九九八年にハラレで開かれた第八回総会後の更なる再編成によって創出されることになる。その契機となったのは、今日、「エキュメニカル・フォーメーション」についての最も確実で包括的な説明とされるＷＣＣとローマ・カトリック教会の共同作業部会（Joint Working Group, 以下ＪＷＧ）が一九九三年に作成した「エキュメニカル・フォーメーション――エキュメニカルな考察と提案」である[41]。

3　エキュメニカル・フォーメーションについての共同文書

一九八五年、ＪＷＧはなぜエキュメニカル・フォーメーションが優先事項であるのかを説明する文書の作成を決めた。その副題が「考察と提案」であるのは、各々の教会が本来的に責任を持つべき領域に対して、ＪＷＧが指図や命令を与えることを意図しないという点を、あらかじめ明らかにしておくためであった。

これによれば、「すべての人を一つにしてください」（ヨハ一七・二一－二二）というイエスの祈り（ecumenical imperative）によって、キリストに従う者たちが招かれている一致とは、人々によって作られるものではなく、父と子と聖霊の間に存在する交わりに根ざし、それらを反映するものである。したがって、一致を宣言することはキリストの御心であり、宣教の業と分かち難く結びついている。また、分断を罪深く不道徳であると考えるパウロが、「心を一つにして、思いを一つにして固く結び合いなさい」（Ⅰコリ一・一〇）と語りかけているように、エキュメニカル・フォーメーションは緊急の課題であり、私たちはキリスト者たちの分裂を乗り越えなければならないとされた[42]。以下では、共同文書のポイントを整理してみよう。

3・1　何を意味するのか

私たちがイエスの祈りに対し、長きにわたって不従順であったことは、エキュメニカルな精神の育成の必要性を示すものである。「エキュメニカル・フォーメーションとは、様々な地域教会や世界共同体の間での継続的な学び（learning）のプロセスであり、人々に影響を与えることや、聖霊によって鼓舞され、キリスト者たちの可見的一致を模索するこの運動に導くことを目指すものである」[43]。JWGは、私たちを成長させる「相互の分かち合い」と「相互の批判」を可能にする学びのプロセスを、一致に向けた「巡礼」（pilgrimage）と呼び、四つの例を示している。

一つ目は「探求のプロセス」である。イエスの祈りに応答するためには、分断の痛みについて諸宗教の人々と共に忍耐強く、謙虚に、粘り強く探求していかなければならない。したがって、エキュメニカル・フォーメーションは、キリスト教的使命のゆえに私たちが自分自身を神、全てのキリスト者、そして全ての人々へと方向づける教育のプロセスである。

二つ目は、相互の充実と和解のために、経験、知識、技能、素質、キリスト教共同体の宗教的記憶にかかわっていく「学びのプロセス」である。これには、エキュメニズムの歴史や主要な課題についての正規教育、教会教育の全てのレベルがかかわると考えられるが、重要なのは、「エキュメニカルに生きるための大胆な開放性（openness）」[44]の養成が目指されている点である。これについては、一九五二年にルンドで開かれた第三回信仰職制会議の声明文から、「従順な行いを伴わないキリストの一なる教会への信仰は、死んだも同然である」との厳しい言葉が引用されている。

三つ目は、「全ての人々のためのプロセス」である。エキュメニカル・フォーメーションは、正規教育だけではなく、教会や人々の日常生活（daily life）において生じるものである。留意しなければならないのは、ＪＷＧはここで全ての人々のフォーメーションの切望を語りながらも、教会でのミニストリーやリーダーシップに特別な責任を負っている人々、すなわち聖職候補者のフォーメーションを優先することを戦略的に重要であると主張している点だ[45]。その上で、エキュメニカル運動の歴史や対話に関する文書の研究、研究者たちのエキュメニカルな会合や組織、神学生たちの相互訪問などが、諸伝統と自らの伝統についての見識を深めるために役立つと提案されている。

四つ目は、「エキュメニカルな霊性の発露」である。フォーメーションのプロセスは、エキュメニカルな霊性（ecumenical spirituality）から精神的な援助を与えられなければならず、また、その発露ともなるべきである。全てのキリスト者を和解させる聖霊に心を開くという意味、キリスト者間の敵対という過去の不従順を悔い改めるという意味、さらには、互いへの犠牲的愛、憐み、忍耐、寛容に特徴づけられる新たな生き方に向かうという意味において、フォーメーションは霊的（spiritual）なのである。[46] したがって、神学生たちを霊性にかかわるテキスト、祈禱、他教派の賛美歌に触れさせることによって「親近感」を養うことは推奨される。相互の信頼を深め、互いの伝統に学べるように自己が変革されることは、聖霊の贈り物なのである。その意味で、エキュメニカル・フォーメーションは、信頼の霊性の上に建てられ、イエス・キリストを中心とする「神の家族（household of God）である共同体を築いていくプロセスの一部[47]」として理解された。

3・2　どのように実現するのか

ＪＷＧは次に、エキュメニカル・フォーメーションの五つの実現方法について言及している。一つ目は、「交わりの上に築かれる教育論」である。私たちは最も重要な掟（マコ一二・二九－三一）に全身全霊で応答しなければならず、イエスを愛することとは、必然的に「イエスが祈り、生き、死に、そのために復活したところのものを愛すること」を意味する。すなわち、イエスは「散らされている神の子たちを一つに集めるためにも死ぬ」（ヨハネ一一・五二）。「交わり」（コイノニア）は、「一致とは画一性（uniformity）ではなく、豊かな多様性（diversity）の交わりである[48]」とするエキュメニカルな教会論を私たちに要求している。支配的な多数派教会が存在する場所においては、エキュメニカルなセンシティビティ（ecumenical sensitivity）も尚のこと必要とされる。

二つ目は、一人一人と全ての人々に向かって「出かけていくこと」である。神は今日も、アダムとイブ、そしてカインに呼びかけられたのと同じように「どこにいるのか」（創三・九）、「兄弟はどこにいるのか」（創四・九）と呼びかけている。全てのキリスト者たちは、誰が私たちの兄弟姉妹であるのか、また、その距離が近いか遠いかにかかわらず、彼ら彼女らがどこにいるのかに互いに気付き合わなければならない。それというのも、「かかわり合い」と「参与」は、エキュメニカル・フォーメーション全体にとってきわめて重要だからである。

イエスの祈りに対する応答は、一人ひとり、全員の応答でなければならない。したがってエキュメニカルな心と精神に向かっての成長は、全ての人々にとって必須であり、エキュメニカル・フォーメーションの導入と対応は、教会共同体、教会生活、行為と活動の全てのレベルにおいて、そして、教育の全てのレベル（学校、単科大学、総合大学、神学校、修道院の共同体、牧師と信徒のフォーメーションセンター、日曜日のリタジー、説教、教理の教え）において絶対的に必要である[49]。

三つ目は、「共同体で学ぶことへのコミットメント」である。神学的訓練の全てのカリキュラムにおいて必要不可欠なエキュメニカル・フォーメーションは、個人のみを対象とするものとならないように配慮されなければならない[50]。共同体で学ぶとは、第一に、異なる伝統について学び、伝統から学び、また他者と共に学ぶこと、第二に、いつどこででもキリスト者の一致と互いのために共に祈ること、第三に、共に行動することによって共通の証しを行うこと、第四に、私たちの分裂の痛みに向き合い共に闘うことを意味している。したがって、複数の教育機関が連携することはフォーメーションの重要な側面であり、それは既存の差異を軽んじたり、それぞれの教会論的伝統の輪郭を否定したりするものではない。

後悔し足りないのは、私たちの歴史が過去の論争によって汚されてきたということである。エキュメニカル・フォーメーションは論争をやめて、より進んだ相互理解、和解、記憶の癒しのために懸命に努力するものでなければならない。私たちは、見知らぬもの同士ではなく、神の家族のメンバー同士なのである。[51]（エフェ二・一九）

四つ目は、「諸宗教に対して心を開くこと」である。人々が諸宗教によっても分断されている現実を踏まえ、ＪＷＧは宗教的多元性、世俗主義の問題、宗教間対話や、自由、人権、正義、平和をすべての場所で実現するために必要な宗教的寛容の精神も、エキュメニカル・フォーメーションの領域に取り入れている。ここで念を押されているのは、エキュメニカル運動におけるキリスト者間の対話とは異なり、ユダヤ教、イスラーム教、仏教、ヒンドゥー教などの諸宗教間の対話は一致という目標を持つものではないという点である。

五つ目は、「コミュニケーション手段を利用すること」である。科学技術の進歩、特に一九八〇年代後半からのネットワーク接続の急増によるコミュニケーション革命によって、今日の世界はグローバルビレッジとなり、様々な人々、文化、宗教、キリスト教の諸派が隣り合っている。したがって、

ＪＷＧは警戒さえ怠らなければ、エキュメニカルな精神を伝達するためにメディアを有効利用することができると述べている。

以上のように、イエスの祈りがあらゆる場所で応答されなければならないことを理由として、ＪＷＧはエキュメニカル・フォーメーションを諸教会にとっての一つの選択肢ではなく、必須の課題であると結論付けた。

おわりに

本章では、ボセー・エキュメニカル研究所の発足時に語られた「エキュメニカル教育（フランス語でフォーメーション）の拠点」という一九四六年の言葉から、ＷＣＣとローマ・カトリック教会による一九九三年の共同文書で示された包括的な説明までを検討してきた。

両者を比較してみると、前者がエキュメニカル・フォーメーションを危機的状況にある世界において、神の普遍的贖罪に照らした教会の「宣教的使命」の上に置かれるものとして、宣教中心的に理解しているのに対し、後者がこれをエキュメニズムの「教会の一致」の側面に重点を置いて教会中心的に理解していることが分かる。さらには、前者が現代社会における真なる宣教師である「信徒」のフォーメーションを主眼としているのに対し、後者は既存の教会組織において将来の指導者となるべき「聖職候補者」を主な対象ととらえている。[52]重要なのは、このような相違がエキュメニカル・フォーメーションの理解において維持されるべきカウンターバランスであり、いずれの側面も教育的実践を包括的に理解するための本質的要素であると指摘されている点である[53]。

一方で、両者に共通しているのは、エキュメニカル・フォーメーションが教会に回心と悔い改めを求めるものであり、その「心臓部には深い霊性（spirituality）がなければならない[54]」と考えられている点であろう。その後もエキュメニカル・フォーメーションは、一九九〇年代から二〇一〇年代にかけて様々な試行錯誤が重ねられる過程で、「異文化教育」「グローバル教育」「諸宗教教育」といったWCC外部の教育的実践にも関心を払い、それらの一部を吸収することによって成長を続けていくことになる。だが、とりわけ意義深いのは、一九九三年の段階でJWGが、エキュメニカル・フォーメーションをもっぱらWCCとローマ・カトリック教会内部のものとすることなく、諸宗教との対話や交流を視野に入れた「より広範なエキュメニズム」（wider ecumenism）にかかわるものとして明示した点である。

他方、JWGの共同文書以降においても、「エキュメニカル・フォーメーション」という言葉の使い方は、主流でありながら必ずしも共有されておらず、「教育」「ラーニング」などの言葉もたびたび使用されている。例えば、ハラレ以後に用語のジレンマを象徴するかのような"Educational and Ecumenical Formation"のチームにたずさわったサイモン・オクスリー（Simon Oxley）は、一九九六年からWCCに参加しながらも、フォーメーションではなく「教育」という言葉を選んでいる[55]。

オクスリーによれば、彼がキューバを訪れて、ラテンアメリカのエキュメニカルな神学教育について議論していたとき、ある参加者が「教育」という言葉に抵抗感を示し、「フォーメーション」を使うべきだと主張した。その参加者の文脈では「教育」には、人々をコントロールし、国家や教会が必要とする種類の人間を生み出すものというネガティブな響きがあり、教会で言えば、礼拝、教義、規律を無批判に受け入れる人間を作り出すことを意味していた。一方、オクスリーは、「教育」を正反対の意味で使っていたのである。このエピソードから推察できるのは、ＷＣＣとローマ・カトリック教会が共同文書の副題をあくまでも「考察と提案」としたように、ＷＣＣの語法が規範化されないためには、敢えてこのような言葉の混在の余地を残しておくことが必要なのではないかということである。

実際に、オクスリーによる二〇〇二年の著書『クリエイティブなエキュメニカル教育』の内容は、ラーニングとフォーメーションの双方から引き出された知見の集合体となっている。[56] これによれば、エキュメニカル教育は、人々の宗教的、社会的、政治的文脈から始まるものであり、「出会い」を通して「他者」から学び、「他者」と共に学び、互いの経験や知識を共有するだけでなく、新しい発見を目指すものである。さらに、エキュメニカル教育が「私たちの間に築いた壁、すなわち人種、ジェンダー、性的志向、文化、宗教、階級、政治、経済、その他による壁を突破するものであり、私たちの間の差異にこそ、学びのリソースがある[57]」とも説明されている点は注目に値する。

ここから考えられるのは、冒頭で挙げたエキュメニカル運動における逐語的翻訳の不可能性に鑑みて、日本の教会やキリスト教主義大学において馴染みのないエキュメニカル・フォーメーションという言葉を、便宜上、「広義のエキュメニカル教育」（ecumenical education in the wider sense）と翻訳することは有効ではないかということである。それでは、エキュメニカル・フォーメーションは、日本の教会やキリスト教主義大学にかかわる私たちに対してどのような示唆を与えてくれるのだろうか。

二〇一二年以降、日本の大学教育では従来の講義形式だけでなく、学修者の能動的学修を取り入れたアクティブ・ラーニング[58]が推進されているが、共同体、グループ、複数形の個人（individuals）を対象とするエキュメニカル・フォーメーションの視点から見るならば、これがあくまでも単数形の個人の「自ら学ぶ力」を養い、「汎用的能力」を育成するものであることが分かる。また、二〇一六年以降、日本の大学教育には、二〇三〇年までのローカルかつグローバルな取り組みが推奨されている国連ＳＤＧｓ（持続可能な開発目標）との連携も期待されている。「質の高い教育をみんなに」「ジェンダー平等を実現しよう」「平和と公正をすべての人に」をはじめとする目標の実現に向けて、年齢や立場を超えて「私たちが共に学ぶ」ことを基本姿勢とし、分断された個々人を共同性に立ち帰らせようとするエキュメニカル・フォーメーションの示唆するところは大きい。

例えば、「私たちの間の差異にこそ、学びのリソースがある」とすれば、日本に生きる私たちの間の様々な差異が不可視化され、尊重されないでいるという事実を見つめることや、私たちがホモジニアスな集団であるという幻想の暴力性を、若い人々に気づいてもらう教育的努力が必要ではないだろうか。そして、ますます多くの多様な人々が日本で生活するようになる将来を見通すとき、キリスト教主義大学にとってきわめて有意義であると考えられるのが、福音主義《プロテスタンティズム》の現在としての「広義のエキュメニズム」（wider ecumenism）である。

今日、エキュメニカル・フォーメーションがもたらす新たな知見は、私たちが個人、教会、大学などにおいてキリスト教のアイデンティティに堅く立つことと、ユダヤ教、イスラーム教、仏教、ヒンドゥー教をはじめとする諸宗教について学び、私たちとは異なる宗教文化的アイデンティティを生きる人々についての理解を深めようとすることが、少しも矛盾するものではないという点である。驚くべきことに、私たちの教育的実践が括弧付きの「キリスト教」のその先へと豊かに開かれていけばいくほど、今日においては福音主義《プロテスタンティズム》キリスト教の精神を継承することになるのである。「エキュメニカルでないキリスト教教育は、真にキリスト教的とは言えない。人間が兄弟姉妹と共に生活するこの世界に対する参与を欠いているからだ」[59]。「第四の潮流」が半世紀前に投げかけた言葉は、様々な場所において奉仕する使命を与えられた私たちを、より開かれた世界へと導き出そうとしている。

注

1　武、一三八頁。
2　Werner, p. 104.
3　山本、二六八頁。一九〇七年設立の世界日曜学校協会（World's Sunday School Association）を前身とするWCCEは、一九六八年にウプサラで開かれた第四回総会でWCCとの提携に動き出し、一九七一年にリマ大会で合流して「教育と刷新」ユニット（Education and Renewal）となった。
4　西原、一一頁。『キリスト教教育辞典』二二八頁によれば、「キリスト教教育」の概念自体が決して一義的に自明なものではない。
5　同上、七頁では「エキュメニカル・フォーメーション（リーダーシップ形成）」、山本、一五九頁では「エキュメニカル・フォーメーションと呼ばれるエキュメニカル教育」と解説されている。

6　Oxley, p. 10.
7　Linder, p. 9.
8　Raiser, p. 440.
9　Idem. 第二ヴァチカン公会議（一九六二年～一九六五年）以降、教皇庁キリスト教一致推進評議会を通したカトリックとボセーの協働が行われている。聖職候補者を対象とするという意味におけるエキュメニカル・フォーメーションは『エキュメニズムに関する教令』（*Unitatis Redintegratio*）でも言及されている。教皇庁信徒評議会は、ＷＣＣ信徒部（後の「教育と刷新」ユニット）の緊密なパートナーとなった。
10　Raiser, p. 442. クレーマーはリーダーシップ・フォーメーション（leadership formation）との表現も用いている。信徒のフォーメーションには、インドで活動したスコットランドの宣教師Ｊ・Ｈ・オールドハム（J.H. Oldham）の影響が指摘されている。
11　Raiser, p. 445. WCC, 1958, p. 106. 訳語は便宜上の都合による。
12　Becker, p. 177. WCC, 1967, p. 31を参照。一九六二年の「ニューデリー報告」では、「すべての側面において、エキュメニカルな考え方とキリスト者の教育に対する関心を関係づける諸教会を助け、エキュメニカル教育の新しい方法論の実験を奨励すること」がエキュメニカル行動部門の機能の一つと説明された。
13　Idem. ＴＥＦは一九六一年からＣＷＭＥの傘下に入った。一九七七年の神学教育プログラム（ＰＴＥ）を経て、現在「エキュメニカル神学教育」（ＥＴＥ）がこの働きを継承している。
14　Raiser, p. 446.
15　Becker, p. 177.
16　Idem. Blake, p. 438を参照。
17　一九七二年に発足したThe World Collaboration Committee of Christian Lay Centres and Academies and Movements of Social ConcernがＷＣＣ教育部に協力した。
18　Ibid., pp. 179-180.
19　Becker, p. 181. 訳語は便宜上の都合による。

20 Traitler, pp. 1, 22.
21 Becker, p. 186. Traitler, p. 32.
22 Ibid., p. 181.
23 Raiser, p. 445. 一九七〇年代、特にヨーロッパと北米の多くの神学校や神学部で「エキュメニクス」(Ecumenics) を教える講座が増えていったが、一九七八年、ヨーロッパにおけるエキュメニカル研究のネットワークとしてソシエタス・オイクメニカ (the Societas Oecumenica) が発足すると、ボセーの役割は周辺的なものになっていった。一九八六年、ボセーとＷＣＣ神学教育プログラムが「エキュメニクスを教える」(Teaching of Ecumenics) と題するワークショップを通してこの分野におけるイニシアティブを取り戻そうとしたが、フォローアップはわずかにしか行われなかった。
24 Becker, p. 183. 第五回総会で明らかになったのは、ＷＣＣと加盟教会の研究や活動の大きなギャップである。エキュメニカル運動の参加者たちの多くは、ローカルチャーチからではなく世界学生キリスト教連盟 (ＷＳＣＦ) などのエキュメニカルな奉仕キャンプを通して、エキュメニカルなビジョンを受け取っていた。そのような機会が減少すれば、エキュメニカルな意識を得ることはごく少数の人々の特権であり続けることになる。
25 Ibid., p. 182. 注13を参照。
26 Ibid., p. 185.
27 Werner, p. 104.
28 Ibid., p. 106.
29 Werner, p. 105.
30 Idem.
31 Gill, p. 2.
32 Becker, p. 185.
33 Potter, p. 201.

34 Raiser, p. 447.
35 Potter, p. 200.
36 Potter, pp. 213-226.
37 WCC, 1983, p. 183.
38 Becker, p. 187.
39 WCC, 1989.
40 Becker, p. 189.
41 Joint Working Group between the Roman Catholic Church and the World Council of Churches, pp. 490-494.
42 JWG, pp. 490-491.
43 JWG, p. 492. 世界共同体（world communions）とは、ルーテル世界連盟やアングリカン・コミュニオン等を指す。
44 Idem.
45 Ibid., p. 492.
46 Ibid., pp. 492-493.
47 Ibid., p. 493.
48 Idem.
49 Idem.
50 Ibid., p. 494.
51 Idem.
52 Raiser, p. 443.
53 Werner, p. 107.
54 JWG, p. 490.

55 Oxley, p. 9.
56 Oxley, pp. 8-9.
57 Ibid., p. 9. 傍点筆者。
58 http://www.mext.go.jp/component/b_menu/shingi/toushin/__icsFiles/afieldfile/2012/10/04/1325048_3.pdf, accessed on March 21, 2018.
59 Becker, p. 177.

参考文献

Amirtham, S., and Moon, C eds., *The Teaching of Ecumenics*, Geneva: WCC Publications, 1986.

Becker, U., "Ecumenical Formation," in Briggs, J., Oduyoye, M. A., and Tsetsis, G. eds., *A History of the Ecumenical Movement*, 3 (1968-2000), Geneva: WCC Publications, 2004, pp. 175-193.

Blake, E. C., "Uppsala and Afterward," in Fey, H. E. ed., *A History of the Ecumenical Movement*, 2 (1948-1968), Geneva: WCC Publications, 1970, p. 438

D. Gill ed., *Gathered for Life: Official Report to the Sixth Assembly of the World Council of Churches*, Geneva: WCC Publications, 1983.

Freire, P., *Pedagogy of the Oppressed*, London: Continuum, 1972.

Illich, I., *Deschooling Society*, Harmondsworth, Harmondsworth: Penguin, 1973.

Joint Working Group between the Roman Catholic Church and the World Council of Churches, "Ecumenical Formation: Ecumenical Reflections and Suggestions," *Ecumenical Review*, 45:4, 1993, pp. 490-494.

Linder, J. B., "Ecumenical Formation: A Methodology for a Pluralistic Age," *Theological Education*, 34 (Supplement), Autumn 1997, pp. 7-14.

Potter, P., "Report as General Secretary to the Assembly in Vancouver 1983," in *Gathered for Life*, Geneva:

WCC Publications, pp. 193-209.

Oxley, S., *Creative Ecumenical Education: Learning from One Another*, Geneva: WCC Publications, 2002.

Raiser, K., "Fifty Years of Ecumenical Formation: Where Are We? Where Are We Going?" *Ecumenical Review*, 48: 4, 1996, pp. 440-451.

Traitler, R., *Leaping over the Wall: An Assessment of Ten Years' Development Education*, Geneva: WCC Publications, 1982.

Werner, D., "Magna Charta on Ecumenical Formation in Theological Education in the 21st Century: 10 Key Convictions," *International Review of Mission*, 98: 1, 2009, pp. 161-170.

Werner, D., "Ecumenical Formation in Theological Education: Historical Perspective," in Werner, D. et al. eds., *Handbook of Theological Education in World Christianity: Theological Perspectives, Regional Surveys, Ecumenical Trends*, Oxford: Regnum Books International, 2010, pp. 104-110.

World Council of Churches, *Minutes and Reports of the WCC Central Committee Meeting in New Haven*, 1957, Geneva: WCC Publications, 1958.

World Council of Churches, *Nairobi to Vancouver 1975-1983: Report of the Central Committee to the Sixth Assembly of the World Council of Churches*, Geneva: WCC Publications, 1983.

World Council of Churches, *Alive Together: A Practical Guide to Ecumenical Learning*, Geneva: WCC Publications, 1989.

神田健次「戦後のエキュメニカル運動史（前）——１９４５～６１年」『神学研究』三八（一九九一年）、二五一－二八〇頁。

———「戦後のエキュメニカル運動史（後）——１９６１～９１年」『神学研究』三九（一九九二年）、一一九－一四二頁。

武俊彦「キリスト教教育の歴史（世界）」、荒井仁・古谷正仁編『キリスト教教育辞典』日本キリスト教出版局、二〇一〇年、一三八頁。

西原廉太「エキュメニズムに進むキリスト教」、栗林輝夫・西原廉太・水谷誠『総説キリスト教史3・近現代篇』日本基督教団出版局、二〇〇七年、二二九－二五六頁。

――「エキュメニカル運動の現在と将来――世界協会協議会（WCC）第一〇回総会」、『ヨーロッパ文化史研究』一六（二〇〇五年）、一－二六頁。

山本俊正『アジア・エキュメニカル運動史』新教出版社、二〇〇七年。

――「世界教会協議会」、荒井仁・古谷正仁編『キリスト教教育辞典』日本キリスト教出版局、二〇一〇年、二六八頁。

第七章　相違における一致――福音主義キリスト教の革新とは何か

佐藤司郎

東北学院は、建学の精神を、宗教改革の「福音主義キリスト教」の信仰に基づく個人の尊厳の重視と人格の完成の教育にあるとし、その具体的目標を、聖書の示す神に対する畏敬の念とイエス・キリストにならう隣人への愛の精神を培い、文化の発展と福祉に貢献する人材の育成を目指すものとしてきた。この建学の精神は東北学院の三人の教育者たち（押川方義、W・E・ホーイ、D・B・シュネーダー）によってつとに唱道され、歴史の中で実践されてきた。簡潔にうたわれている精神の真実性と普遍性は疑う余地がない。その妥当性は今日ますます明らかであると言ってよい。しかしそれゆえに重要なことは、その中核に宗教的ミニストリー活動を含むわれわれの教育活動がそのすべての面において建学の精神を絶えず引照して問い直され、合意され、それが仕組みとしてあるいは決まりとして定着していくことでなければならない。制度化されたものは精神に沿って問い直されることを通して生き生きと保たれることになる。

福音主義キリスト教の信仰とは一般にはプロテスタンティズムと同義であり、カトリック主義でもオーソドクスでもないものである。プロテスタンティズム五〇〇年に及ぶ歴史の中で福音主義キリスト教は様々な展開を見せ、一つの言葉が一つの事態を指すということには早くからなっていない。多様な時代と地域において発展した様々な教派や宗派の総称として存在していて、その中のどれか一つの宗派や教派に絶対的な正当性と普遍性があるということはありえない。福音主義キリスト教はそれら多様な教派や宗派において、またそれらの諸関係において存在し、対話をはじめからその存立基盤としてもつ。本稿はそうした対話の仕方に注目し、現代の福音主義キリスト教の神学者を代表する一人カール・バルトの神学的歩みの中から手がかりをえて、それを福音主義キリスト教の革新の問題として考察しようとするものである。

1　存立基盤としての対話

福音主義キリスト教はいま述べたように対話を存立基盤としてもつ。その中にはきびしい対立や批判も当然のことながら含まれる。われわれがはじめに取り上げたいのは一九二八年のカール・バルトの論考（講演）『プロテスタント教会への問いとしてのローマ・カトリシズム』である。このきわめて特異な問題設定による論考は、福音主義キリスト教がどのようにして福音主義キリスト教でありつづけていくのかを考える上で重要な視点が示されている。

われわれの関心からしてわれわれは何よりもこの論考の比較的長い序説に当たる部分に注意しなければならない。その中でバルトは、ローマ・カトリシズムがプロテスタント教会に対する問いであるとはどういうことかを明らかにする。一般に対話は二人ないし二つのものの間の問い問われる関係において成り立つ。しかしバルトによれば、問題が教会であるときには、自分と他者、その問い問われるという関係だけで話は済まない。「キリスト教会においては、人は一人の教師を持っているのであり、教会においてなされる対話はすべて、ここには一人の教師がおられ、したがっていかなる場合にも、もともと自分が教師であるというはずはないのであり、したがってもともと問いかけられることに対して準備をしていなければならないという徴を帯びているのである」(311)[1]。プロテスタントとカトリックの場合、両者が問い問われる関係であり、また対立・抗争するだけの関係であるならば、それはただそれぞれがいわば世界観的共同体ないし自由な結社同士の関係にすぎないのであり、教会における関係ではないと言わざるをえない。バルトによればわれわれプロテスタント教会は抗議《プロテスト》してきた教会ではあるが、同時に「一つの場所に、まさに教会という場所に」(312)存在することも承認している。それゆえカトリシズムに対して一つの党派が他の党派に対してあるような態度をとってはいない。われわれが教会という一つの場所に「一人の教師」を持ってカトリック教会と共にあるということは、次のようなことを意味する、「われわれは――一人の教師をわれわれは持っているということを思い起こしつつ――彼の問いを優先させ、それゆえわれわれ自身を問いまた問われるということでなければならない。彼の問いは、それを認めることがたとえどんなに辛いことだとしても、われわれ自身によって彼〔一人の教師〕に対して投げかけられるどんな問いによってもまったく和らげられることのない、キリスト者の兄弟の問いの持つ特別の重さをもって、われわれの力の及ばぬ優越性の出来事を十分指し示し、問いとして聞かれ、そうしてはじめて——もう一度《恐れとおののき》の中で——どんな場合でもつねに答えられるべき切実さをもってわれわれに迫る」(ibid.)。簡単に言えば「一人の教師」、すなわち神からの問いは、兄弟からの問いと共にやってくる。かくてローマ・カトリシズムはプロテスタント教会にとって正当で真剣な問いたりうるのである。

こうしたプロテスタント教会に対する神からの問いとしてのカトリシズムからの問いとしてバルトは二つのことを上げた。第一に、プロテスタント教会は「教会であるのか、どこまでそうなのか」(316)という問いであり、第二に、プロテスタント教会は「プロテスタント教会であるのか、どこまでそうなのか」(329)という問いである。第一の問いに関して彼は次のように言う。カトリシズムが今日われわれに思い起こさせるのは宗教改革において問題だったのは教会の「放棄」ではなく「再建」だったのではないかということである。これはわれわれにとっての問いとなる。つまり今日のプロテスタント教会は教会の再建であるのかという問いである。バルトによれば、一六世紀に存在した人文主義と熱狂主義により準備されて一八世紀ないし同世紀から一九世紀にかけて現れた「新プロテスタント」(317)、「新しい第二のプロテスタンティズム」(ibid.)において教会の実質の再建ではなく放棄が起こった。それゆえ今日プロテスタンティズムは自らを問い、自らの革新を求めなければならないのである。「われわれは、今日プロテスタント教会について論じられる場合、宗教改革は再建であったということを忘れようとしまた事実忘れてしまったところの、教会とは何かということを、すなわち、個人的なないし共同の経験あるいは確信の家ではなく神の家であることをもはや知りもしなければ知ろうともしないところのあの新しい第二のプロテスタンティズムと関わりをもっていないのかどうか全くもって確信を持てないという状況なのだ」(ibid.)。この教会の実質がカトリシズムで再建されたのかどうか、きわめていかがわしいことは言うまでもないが、そのことがここで問題なのではない。問題はわれわれなのだ。バルトによれば、カトリシズムがわれわれによる再建に抵抗し、それゆえ彼らの立場を彼らなりの仕方で守ろうとしているがゆえにこそ、カトリシズムはプロテスタント教会への問い、つまりわれわれが自らを問うようにという問いでありつづけるのである。第二の問いは、われわれは「プロテスタント教会であるのか、どこまでそうなのか」(329)であった。宗教改革が教会の再建であったとすればその再建された実質はどのような状態なのかという問いである。再建の実質の「更新」であるどころか、むしろその喪失なのではないか、その意味で「たんなる建設」(330)に過ぎないのではないかが問われる。バルトによれば、この第二の問いに関しても「新しい第二のプロテスタンティズム」においてその更新が放棄されていると判断せざるをえないのである。「第二のプロテスタンティズム」の「合理主義的形態」のもとで教会の実質が、すなわち教会の教会性が失われ、同じ「第二のプロテスタンティズム」の「敬虔主義的形態」のもとで教会は非プロテスタント的になっているとバルトは判断する(330)。いずれにしてもわれわれがプロテスタント教会について語るとき通常そうした「第二のプロテスタンティズム」について語ってしまってよいのか、宗教改革において教会の再建を目指した教会を本当に語っているのかを自らに問うてみなければならないのである。このローマ・カトリシズムからの問いはあの「一人の教師」、神からの問いなのである。われわれが宗教改革の「福音主義キリスト教」でありつづけているかどうか、自明なことではない。それは自らつねに問い直さなければならないものであって、われわれが他の教会からの問いを神からの問いとしてこれに誠実に真剣に答え、自らの出発点に照らして自らの在り方を問う中でしか明らかにならないことなのである。

2　キリスト告白における一致

次にわれわれは一九三五年の連続講義『教会と諸教会』[2]を取り上げたい。それまでバルトは――一九一〇年のエディンバラの国際宣教会議の開催いらいとくに英米の教会を中心に活発になっていた――エキュメニカル運動に積極的な関心を示すことはなかったが、ドイツを追われたあと、ジュネーヴのエキュメニカル・センターの夏期セミナーとしておこなったこの講義を機に積極的な姿勢に転じて行った。教会の「一性」と「多数性」をめぐりエキュメニカル運動の根本問題がはじめて本格的に取り上げられた。対話を基盤とする福音主義キリスト教の在り方をバルトがどのように考えようとしたのか、彼の晩年まで続く基本的な考え方がここに示された。四回の講義の題目は「教会の一性」「教会の多数性」「諸教会の一致の課題」「諸教会の中の教会」である。[3]

第一講義でバルトは「教会の一性」とは何かを問う。彼にとって「教会の一性」は、聖書が「主は一人、信仰は一つ、洗礼は一つ、すべての者の父である神は唯一であって、すべてのものの上にあり、すべてのものを通して働き、すべてのものの内におられます」（エフェソ四・五－六）と語るときの認識の内容の問題なのであって、それ以外のところから理解される問題ではない。バルトはその一性をイエス・キリストにおいて認識した。「教会の一性への問いは教会の具体的な首《かしら》にして主である方としてのイエス・キリストへの問いと同一でなければならない。……もう一度言おう。神と人間の間のただひとりの仲保者としてのイエス・キリストがまさに教会の一性であると」（217）。バルトは教会の一性をイエス・キリストその人と同一とし、それ以外のところに求めなかった。教会がキリストの教会であるかぎり、すでに教会は一つなのである。そうであるなら「教会の多数性」は不可能な現実として排除されるほかない。にもかかわらず現実に多数の教会が存在することをわれわれはどのように説明すればよいのか、バルトは第二講義で、多数性に関する思弁的であったり歴史哲学的、社会哲学的であったりする理解を退けて、教会の多数性という事実をそのまま受け入れ、それを「罪を取り扱うように……間に入り込んできた不可能事として……われわれ自身が自らに担わなければならない、われわれ自身をそこから解放することのできない罪責として理解すべきである」（220）と言う。それは「キリストの昇天と再臨の間の中間時」における教会の困窮した状況そのものでもあった。それに対してわれわれはどうしたらよいのであろう。「それはわれわれが実際的に態度決定しなければならない、そして実際的にしか態度決定できない困窮である。そしてこの態度決定の最初の言葉も最後の言葉も教会の主に向けられた赦罪と聖化を求める祈りでなければならないであろう」（222）。こうした実際的な態度決定をバルトは第三講義で主からの課題としての「諸教会の一致という課題」として、したがって一つの命令として受けとめることだとした。その際バルトにとって基本的なことはそうした一致が人間によって達成されるものではないという認識であった。この関連でバルトは「エキュメニカル運動」にも言及し、これを評価しつつも、「諸教会の一致はあまりにも偉大な事柄であって一つの運動の結果ではありえない」（225）と述べて運動に一定の距離をおいた。バルトによれば、一致はつくり出されるのではない、そうではなくてただイエス・キリストにおいてすでに実現している教会の一性に対する服従において見出されかつ承認されうるだけなのである。それはいったいどこでであろうか。「教会の一性に向けての諸教会の一致についてわれわれは思い違いをしてはならない。それはたんに諸教会が互いに忍耐し尊敬し合い時には一緒に働くこともあるということを意味するものではないであろう。たんに互いに知り合う、お互いの言うことに耳を傾けるということだけではないであろう。たんに何らかの口では言い表せない交わりの中で一つであることを感じとるということだけではないであろう。それはまたたんに諸教会が、信仰において、愛において、そして希望において現実に一つとなる、したがって一致した思いで礼拝を行うことができるようになるということを意味するものでもないであろう。……教会に真剣な意味で立てられている課題という意味での諸教会の一致は、疑いもなく一つの統一した信仰告白（Konfession）へ向けての諸信仰告白の一致を意味するであろう。種々の信仰告白がそのままであるならば教会の多数性もそのままなのである」（226）。信仰の告白における一致、これがバルトの考える「諸教会の一致の課題」であった。第四講義でバルトはそれがどのように果たされるかを問う。バルトによれば、諸教会の一致の課題の遂行とは「キリストに聞く」という具体的かつ実践的課題を遂行するのと別のことではない。重要なことはわれわれが「キリストに聞く」のはわれわれの属する教会においてであって他の教会においてでも中立的な場所においてでもないということである。「もしわれわれがご自身が教会の一性でいましこの方において諸教会の一致もすでに成し遂げられている方としてのキリストに聞こうとするなら、われわれは何よりもまず慎み深くしかし堅実な即事性の中でわれわれの特別な教会的実存を告白しなければならない。……キリストがわれわれをそれ以外の仕方でお招きにならなかった以上、われわれはわれわれ自身の教会を信ずと告白することによってしか、キリストを告白することはない。……もしわれわれがわれわれ自身の、つまりわれわれに指し示された教会的場を恥じ、自ら教会の一性を、したがってキリストを、提示しようとしたり、あるいはむしろそれを演じようとするようなことがあれば、これほどに教会の一致のために役に立たないことはないであろう」(229)。かくて問題はそれぞれの教会に投げ返される。諸教会がそれぞれにそれぞれの信仰告白に立って自らを問い直すこと、それぞれがキリストに立ち返ること、そうする中で「諸教会の中の教会」は生起しかつ見えるものとなる。

一九三五年のこの講義の基調は前年の『バルメン神学宣言』の経験を引きついだものであった。そのことを次のように明らかにしている。「もし二、三の教会が、それらがまだどんなに異なった分裂した教会であっても、それぞれがあくまで自分独自の仕方で、悔改めの用意をもって、そうした問いを自らに立てることさえすれば、まさにそれによってこれらの諸教会の中に自動的に教会が出来事となり、見えるものとなるであろう、そうではないだろうか！　昨年ドイツにおけるルター派の人たちと改革派の人たちとは――よく注意せよ、それぞれルター派の信仰告白と改革派の信仰告白から出発して――キリストから実際的な決断を命じられているのに気がつくにしたがって著しく接近するにいたったのである」(230)。すでに述べたように福音主義キリスト教は対話を存立基盤とする。それぞれの教派・宗派はそれぞれの信仰告白から出発する。諸教会はたんに一致のための一致を目指すのではない。今ここでキリストに従うことを目指す。それは「悔改めの用意をもって」共にイエス・キリストを主と告白するためにほかならない。

３　革新としての悔改め

さてわれわれは三番目に、バルト晩年のカトリックとの交流のことを振り返ってみたいと思う。とくに二十世紀キリスト教の最大の出来事の一つカトリックの第二バチカン公会議（一九六二－一九六五）をバルトがどのように受けとめ、評価し、また関わったか、そこから見えてくる教会の革新とは何であるか、それを最後に考察したい。

一九五八年一月、教皇ヨハネ二三世による公会議開催の発表以来、バルトはそれに深い関心を寄せながら慎重に見守っていた。公会議が始まって最初の会期が終わった一九六三年六月にバルトは「世界教会協議会」（ＷＣＣ）の『エキュメニカル・レビュー』誌に小論「第二バチカン公会議についての考察」を寄稿している。[4] その中でバルトは「霊の風」に注意するよう促しつつ、ＷＣＣは対話を期待しているが、むろんそれは間違いではないが、カトリックの自己改革であることを忘れてはならないとし、次のように書いている、「教会の一致への道は、あちらからであれ、しかしまたこちらからであれ、ただ教会の革新からのみ起こりうる。革新とは悔改めである。そして悔改めとは、立ち返りにほかならない。他の者の立ち返りではなく、自分の立ち返りである。もしローマの公会議によって世界教会協議会に対しても立てられた問題が、立ち返りのそれ、したがってわれわれの、すなわち世界教会協議会に結集している非ローマ・カトリック教会全部の革新の問題でないのかどうか――そうであるなら、その時はじめて、そしてそれに支配されて、他とのわれわれの対話の継続は副次的問題となる――、いま公会議が終わるにあたり、それだけでなくそれを越えて私に焦眉の問題だと思われるのはまさにそれなのである」[5]ここでバルトが記しているのは、第二バチカン公会議は、むしろわれわれ自身の、福音主義キリスト教の革新の問題、立ち返り、すなわちわれわれ自身への、イエス・キリストへの立ち返り、悔改めの問題だということである。第二バチカンで起こったことを問うことは、われわれ自身の革新を問うものとならなければならない。カトリシズムとの対話の方向性はそこに定位される。

　公会議後半の二会期、すなわち第三会期と第四会期へのオブザーバー参加をキュンクらを通して打診されたバルトであったが、病気などの理由で行くことができず、会議の終了後、一九六六年九月、ベア枢機卿（キリスト者の一致のための事務局々長）の計らいでバチカンの招待を受け、一週間のまことに麗しいローマ訪問が実現することになる。そのバルトの側の簡単な記録は『使徒タチノ墓ヘノ巡礼』（Ad Limina Apostolorum）に残されている。バルトはそこで何回かの対話集会に臨んだが、そのため公会議の諸決議を綿密に研究し、一般的設問表一通のほか、一六の公会議決議（憲章四つ、教令九つ、宣言三つ）のうち九決議の設問表を用意した。持参した一〇の設問表についてバルトは、「それらのいくつかについて、もしローマ旅行の後で書くなら、その前に書くのとは別の仕方でまとめることになるのは当然である」[6]としていて、われわれもそれを考慮しなければならない。しかし「理解のための設問」と「対話のための設問」に分けて記された簡潔な文書はいずれも示唆に富む貴重なものであった。『使徒タチノ墓ヘノ巡礼』の次のような結びの言葉は、会議の初期のバルトのコメントと符合していた。「将来に関するどんな楽観主義もまったく問題にならない。むしろいっそう強く命じられているのは、小さなことであれ大きなことであれ、根本的にわれわれ自身の門前を喜んで掃き清める志と結びついた静かな兄弟的希望である。われわれの側からローマ・カトリック教会への《改宗》（Konversion）も、あるいはその逆にあちらからわれわれの教会へのそれも、それ自身としては何の意味もない（壁の内でも外でも罪が犯される！）。それが意味をもちうるのは、それがただ良心的な必然的形態——すなわち、別の教会へではなく、一つなる・聖なる・公同の・使徒的教会の主であるイエス・キリストへの《回心》（Konversion）であるところにおいてだけである。根本的に言えば、こちらでもあちらでも、ただ次のことだけが、すなわち、各人が自分の教会の自分の場所で一人の主に対する信仰と彼に仕えることへと呼びかけられることだけが問題になりうるのである」[7]。カトリック教会が非カトリック諸教会に近づいたとか、その逆だとか、共通のものを確認し合うことが大切だ——それも必要なことだが——というようなことではなかった。

公会議の全体評価をバルトは様々な機会に明らかにした[8]。以下の四点にまとめられるであろう。第一に、聖書へと向かう傾向が公会議のすべての文書にはっきり表現されていることである。その関連で、聖書解釈と説教が重視されていることも変革のしるしと評価した。第二に、キリスト論への方向づけがあること、つまりイエス・キリストが重要な役割を果たしていることである。第三に、いわゆる「信徒」の存在と役割の重要性の強調である。「聖職者」と「信徒」の区別がもはや存在しないなどと言うことは、むろん全然できないが、その区別は「小さく」なったとバルトは見ていた。第四にバルトが高く評価したのは「教会を――他の教会との関係において、この世との関係において、さらに他の宗教との関係において――開く力強い試み」であった。彼によればこの教会はもはやいわば窓のない建物ではなくすべての方面に窓のある建物なのである。こう評価して、相違はまだ多く存在しても、そしてバルトは批判も多く留保していたが、ローマ訪問の結果、互いに理解し合えることに確信をもった。

言うまでもなく宗教改革の福音主義キリスト教は形式原理として聖書のみを、実質原理として信仰のみを継承して歩んできた。第二バチカンのバルトの評価の第一と第二はそれに関連する。第一はともかく第二の点は、前世紀の終わりにローマ・カトリック教会とルーテル世界連盟のあいだで取り交わされた『義認の教理に関する共同宣言』（一九九九年）にも関わってくる問題であろう。今日の宣教において共働していくためわれわれはさらに深い対話と一致を目指していくべきである。第三と第四についてはまさにバルトの言うところの自己への立ち返りが、聖書への立ち返りが、イエス・キリストへの立ち返りがプロテスタンティズムに求められている。福音主義キリスト教は全信徒祭司性に立ってきたが、第二バチカンの『信徒使徒職に関する教令』は聖書証言に根拠を求めながら信徒の不可欠の役割について明らかにした。これによってわれわれは問われている。われわれはこの方面で今日まで十分な展開をしてきたとは言いがたい。これに関してバルトの設問表は、「理解のための設問」の⑵で「信徒使徒職は、その内部に種々の奉仕が存在する教会そのものの使徒性の真正な形態ではないのか。信徒使徒職と並んで位階制度の特別の使徒性はどこまで存在しうるのか」と問い、「対話のための設問」⑴では、「なぜ信徒使徒職は――それが時代に適合し必要だから（同教令2、3）というのではなくて——教会を神の民と定義することによって基礎づけられていないのか」と記している。これは信徒を基礎とするバルト自身の神の民教会論からの問いであろうが、そうして問うことこそは、自らを問うことであって、聖書に返り、イエス・キリストに返って全信徒祭司性に立つわれわれ自身を問い直すことが彼の言う意味での教会の革新にほかならない。第四のバルトの評価もわれわれをわれわれ自身を問うように促す。「教会を——他の教会との関係において、この世との関係において、さらに他の宗教との関係において——開く力強い試み」であると。他の教会との関係で開く——これは『教会憲章』『エキュメニズムに関する教令』などで主題となった。この世との関係で開く——これは『典礼憲章』『教会憲章』をはじめ、『信教の自由に関する宣言』など他の多くの文書の基調音となった。他の宗教との関係で開く——これは主として『キリスト教以外の諸宗教に対する教会の態度についての宣言』で扱われた。これらの諸点に関連して福音主義キリスト教はいまどこにいるのであろうか。それは第二バチカンを通してのわれわれに対する神からの問いかけである。

バルトの対話理解、教会革新の理論から見れば、先ほど言及した『義認の教理に関する共同宣言』は、一面で高く評価されるとともに、それだけではないものをわれわれに示唆しているように思われる。教会が一六世紀以来の対立を乗り越え、長い対話の努力をへて、とりわけ両教派を分けてきた義認の教理をめぐり一致に達したとすれば、これほど慶賀すべきことはない。じっさい二〇一七年の宗教改革五〇〇年は、プロテスタント教会、とくにルター派教会において一致がエキュメニカルな成果として前面に押し出されていた。しかし『共同宣言』発表後の福音主義教会陣営からの批判的な意見、またこれを受けてたとえば教皇庁からベネディクト一六世のもとで出された『教会に関する教義をめぐる若干の局面についての質問への回答』（二〇〇七年）などのきわめて後ろ向きな声明は、信仰義認を巡る対話はまだ必ずしも一致へと至っていないことを明らかにした。[9] われわれがここまで見てきたバルトの対話モデルは、こうした『共同宣言』の「コンセンサス・モデル」だけが教会革新の道ではないことを示しているように思われる。バルトが示した対話モデルは「相違・モデル」、すなわち相違における一致モデルである。[10]『共同宣言』に批判的な代表的人物であるユンゲルも次のように述べている、「時代遅れになった教義上の断罪からさっさと立ち去ろう。福音の真理に栄光を与える教会共同体へと前進するのだ。そのときには、教会共同体のカラーは単調な一色ではあり得ず、様々な神の恵みを多彩に反映させているだろう（Iペトロ四・一〇）[11]」。一致は終末論的な出来事である。われわれも一致を求める。その途上にあってのわれわれの在り方は多様な賜物における一致、または相違における一致であるほかはない。このバルトやユンゲルの終末論的な対話モデルこそ、今日「宗教改革の福音主義キリスト教」の進むべき革新の道なのではないだろうか。そのことを示唆する『和解論』（一九五五年）に記されたバルトの言葉をもってこの章の締めくくりとしたい。「分裂した教会が、誠実・真剣に主の声に聞こうとし、また恐らくは聞き、しかも主の声によって心開かれ・主の声に対して心開かれつつ、他の者の声にも聞こうとし・また恐らくは聞くということ――それが、教会の分裂に面しつつ一なる教会に対する信仰を実現する場合の、決定的な一歩であろう。そのように振舞う場合、教会は、自分のいるべき場所にいるのであって、この場所を離れぬかぎり、教会は、一なる教会に向かう途上にいるのである。……われわれは、その途上を前進することをやめてはならない。ということは、〈ワレハ一ナル教会ヲ信ズ〉というこの道を、繰り返しその出発点から歩み出すことを恐れないということである。すなわち、すべてのキリスト教会のいずこでも承認せられている中心から歩み出すことを恐れないということである。従って、教会が所属し・教会がそのからだであり・自ら真に教会の統一でありたもうあの一人の方のご支配から歩み出すことを恐れないということである。彼に基づいて見る場合には、教会の現実的統一も、遠くはるかな所にか近い所にかはともかく、必ずわれわれの目に映るであろう」[12]。そこに至るまで福音主義キリスト教は悔改めという絶えざる革新の道を歩むほかないのである。

注

1　Barth, K., *Der römische Katholizismus als Frage an die protestantische Kirche*, in : Vorträge und kleinere Arbeiten 1925-1930, Zürich, 1994, S.311. 以下本文中の括弧内の数字は引用ページである。

2　『教会と諸教会』の中で「諸教会」（Kirchen）というのはこの場合複数の各個教会（Gemeinde）のことではない、そうではなくてカトリック教会（die katholische *Kirche*）とか、ルター派教会（die lutherische *Kirche*）とか、改革派教会（die reformierte *Kirche*）といった時の教会、つまりキリスト教の諸宗派・諸教派のことである。ここでは「諸教会」とした。

3　Barth, K., *Die Kirche und die Kirchen*, in : Theologische Fragen und Antworten, Zürich, S.214-S.232, 1957[1] 1986[2]. このバルトの第二論文集からの引用ページ数は、本文内の（　）の数字で示した。

4　Barth, K., *Überlegungen zum Zweiten Vatikanischen Konzil*, in : Ecumenical Review, July, 1963, deutsch in : Zwischenstation. Festschrift für K. Kupisch, 1963, 9ff. Vgl., Visser't Hooft, W.A., *Karl Barth und die Ökumenische Bewegung*, in : EvTh40, München, 1980, S.23.

5　Barth, K., ibid., S.18.

6　Barth, K., *Ad Limina Apostolorum*, Zürich, 1967, S.18.

7　Ibid., S.18.

8　Barth, K., *Gespräche 1964-1968*, Zürich, 1997, S.327-339.

9　参照、宮田光雄「エキュメニカルな一致を求めて——『義認の教理に関する共同宣言』」、『キリスト教思想史研究』（宮田光雄思想史論集2）、創文社、二〇〇八年、四三六頁以下。

10　Vgl., Körtner, U., *Wohin steuert die Ökumene : vom Konsens - zum Differenzmodell*, Göttingen, 2005.

11　エーバーハルト・ユンゲル「枢要な問題」、『神学ダイジェスト』八八号、二〇〇〇年夏季号、上智大学神学会、一七頁。（傍点筆者）。

12　Barth, K., *KDIV/1*, Zürich, 1955, S.764f.（傍点バルト）。

文献

Barth, K., *Ad Limina Apostolorum*, Zürich, 1967.

Barth, K., *Der römische Katholizismus als Frage an die protestantische Kirche*, in : Vorträge und kleinere Arbeiten 1925-1930, Zürich, 1994.

Barth, K., *Die Kirche und die Kirchen*, in : Theologische Fragen und Antworten, Zürich, S.214-S.232, 1957[1] 1986[2].

Barth, K., *Gespräche 1964-1968*, Zürich, 1997.

Barth, K., *Überlegungen zum Zweiten Vatikanischen Konzil*, in : Ecumenical Review, July, 1963, deutsch in : Zwischenstation. Festschrift für K. Kupisch, 1963.

Körtner, U., *Wohin steuert die Ökumene : vom Konsens - zum Differenzmodell*, Göttingen, 2005.

宮田光雄「エキュメニカルな一致を求めて——『義認の教理に関する共同宣言』」、『キリスト教思想史研究』（宮田光雄思想史論集２）、創文社、二〇〇八年。

エーバーハルト・ユンゲル「枢要な問題」、『神学ダイジェスト』八八号、二〇〇〇年夏季号、上智大学神学会。

Visser't Hooft, W.A., *Karl Barth und die Ökumenische Bewegung*, in : EvTh40, München, 1980.

第Ⅲ部　東北学院と福音主義

――福音宣教と学校教育

第一章　福音の伝達者　アンブローズ・D・グリング——光と影

出村　彰

「行け。わたしがあなたを遠く異邦人のために遣わすのだ」（使二二・二一）

1　はじめに

1・1　グリング——もう一度

アンブローズ・D・グリング（Ambrose Daniel Gring 一八四八年一二月八日－一九三四年一二月一九日）は、合衆国改革派教会（Reformed Church in the US 以下では通称の「ドイツ改革派教会」を使用）が日本伝道の祈りをこめて派遣した最初の海外宣教師である。一八七五年フランクリン・アンド・マーシャル・カレジ卒、さらに一八七八年イェール神学校卒、同年六月に准允《じゅんいん》を、一〇月には按手を受けた。翌年夏、日本に派遣されて東京とその近郊での開拓伝道に従事、やがて仙台で後の東北学院、および宮城学院の創立にも深く関わった。着任から足かけ九年に及ぶ労苦の末、ようやく賜暇休暇を得て帰国を果たした（一八八七年四月）。しかしながら、数年後には教師籍をドイツ改革派教会から合衆国プロテスタント聖公会に移し、一八九二（明治二五）年に同教会の海外宣教師として日本に帰着する。京都で現在の平安女学院の創立にも関わり（初代院長、一八九五―一九〇〇年）、その後は、主として日本海側を中心とする開拓伝道に従事して一九〇八（明治四一）年に及んだ。隠退後は、マサチューセッツ州ケンブリジで余生を送り、故郷のペンシルヴェニア州で最期を迎えた。

一九世紀半ばのアメリカは、折しも第二次信仰大覚醒（リヴァイヴァル、あるいは信仰復興）運動の真っ直中にあり、その余波は海を越えて遠く、キリスト教開教から間もない日本にまで及んでいた。南北戦争など政治問題も含めれば、アメリカも激動の中にあったことになる。創立直後の東北学院における去就だけに限っても、創立者押川方義《おしかわまさよし》（一八五〇―一九二八年、生年は『東北学院百年史』による）も、もう一人のウィリアム・E・ホーイ（William E. Hoy　一八五八―一九二七）も、共に在任一五年前後（押川一九〇一年、ホーイ一八九九年辞任）で仙台を去っている。そうであるからには、グリングの、ある意味では短かった在任期間だけに論点を絞るのは、視野狭窄の怖れなきにしもあらずかもしれない。それでもなお、グリングのこのような変転を彼の個性、例えば、「もっとも大きな面倒を引き起こすことになったグリング」とか、「性格的に直接伝道には不向きな学者風な人」（いずれも、後出）などだけに帰してもよいのだろうか。

アメリカでは、ようやく狭義の「教派主義」が根づこうとしていたこの時代にあって、教会的帰属を変える事例にはこと欠かない。後ほど詳述するネヴィン（John Williamson Nevin 一八〇三－一八八六）にしても、長老派からドイツ改革派へと教職籍を移している。もっとも、この事例は、しょせん宗教改革的遺伝子を共有する、いわゆる改革・長老教会の内側での転籍にほかならず、グリングのような聖公会への移籍とは比較にならないだろう。「なぜに、ある意味では教派的伝統が対蹠的な聖公会へ……」という問いは残ってしまうのである。

ここで、本論文集の共通主題である「福音とは何か——聖書の福音から福音主義へ」に則して考えてみよう。そうなれば、「福音とは何か」という、いわば本質論と並んで、その福音を「どのように宣べ伝えるのか」という方策論もまた、考察されなければならないはずである。両者が不可分離的であることは、ことにアメリカのキリスト教史に通底する大覚醒運動の趨勢を瞥見するだけでも、ほとんど自明的とさえ思われる。福音、さらには、そもそもキリスト教信仰とは何なのか、その結ぶ実である信仰共同体としての教会は、どのような形を取り、そこへの導入はどのようであるべきなのかは、すでにして旧新約聖書の時代から繰り返し問い直されてきたところである。ことに一八世紀後半から一九世紀を通じて、それまで「福音」に触れることのなかった（当時の表現では）「異教世界」への海外宣教の時代になると、反復して問われることとなる。無論のこと、その答えが多様多岐なのは当然である。

本稿では、これらの問いに正面から取り組み、結果的には、仙台の二つのキリスト教教育機関、さらに東北各地に拡がる各個教会の創建と確立に関わった一人の先覚的福音伝達者アンブローズ・グリングの「成功と挫折」、ある意味では「光と影」に目を向けることによって、本論集にいくらかでも寄与することが願われている。福音の輝きは、不可避的に影をも伴わざるをえないのだろうか、と。それは同時に、東北学院自体の「生まれ出づる悩み」（有島武郎）にほかならなかったからでもある。[1]

1・2　資料の所在

一九八六（昭和六一）年の東北学院創立一〇〇周年を迎えるに当たって、学内に校史編集委員会が設置され、百年史刊行を目指すこととなる。その大枠の中で、筆者は一九八一年、一九八二年と二夏にわたって、ランカスター神学校付設の古文書保管庫（厳密には、Evangelical & Reformed Church Historical Society Archives）で調査に当たった。その結果、それまではその存在さえも知られず、ましてや調査の手の及んでいなかった、東北学院の創立前後に関わる数千枚の直接資料（文書や図版など）が接近可能となり、コピーなどで持ち帰ることができた。『東北学院百年史』全四巻（一九八六－一九九一年）はその成果の一部である。さらに二〇一七年、創立一三〇年を期に、その後の年数をも加えた圧縮版『東北学院の歴史』が刊行されている。[2]

百年史に先立つこと三十数年、一九五九（昭和三四）年刊の『東北学院七十年史』は一〇〇〇頁を越す好著であるが、残念ながらその中でドイツ改革派教会の日本宣教開始から、仙台に拠点を定めるまでの期間の記述に割くことができたのは、僅か一〇頁ほどでしかなかった。[3]やむをえない資料上の制約からにほかならない。対照的に、一九八九（平成元）年刊の『東北学院百年史』〔通史篇〕では、同じ時期にほぼ一〇倍の頁数を充てることが可能となった。なお付言するならば、国内外から蒐集されたこれらの資料は、今では東北学院史資料センターに整理・保存されており、広く学外者にも

ラーハウザー記念東北学院礼拝堂内部（地下すべてが東北学院史資料センター）

利用可能となっている。「あなたのパンを水に流すがよい。月日がたってから、それを見いだすだろう」（コヘ一〇・一）を納得させるに十分である。

問題は、グリングの取り上げ方、接近法、あるいは記述の視点・視座である。「通史篇」においては、すでに手にできていた公私の文献（多くは文字どおり手書き、稀に初期のタイプライター、例外的に『メッセンジャー』など教会機関紙等の活版印刷）を通して、グリングの出自、外国宣教への献身、母教会の篤い祈りに支えられての日本への出立、後に物議を醸すことになったとしても最初の三年の「準備期間」、その間の勤勉精励の稔りとして、『對譯漢和英字書』、および『海徳山問答』の刊行の経緯などが明らかになった。

加えて、遅れること四年ではあったが、二人目の日本派遣宣教師ジャイラス・ポーク・モール（Jairus Polk Moore 一八四七－一九三五）夫妻の着任（一八八三年九月）と東京を中心とする両宣教師の「直接伝道」開始、しかるに、間然するところあるはずのない二人の同労者の間の緊張と軋轢、そこから生じた非難の応酬などが浮かび上がってきた。さらに、恒常的だった母教会の財務的緊迫にもかかわらず、日本派遣に至ったウィリアム・ホーイらへの宣教事業の継承、他方、押川方義が例証するような日本側との微妙な「主導権争い」などなど、『七十年史』では願うべくもなかった、いわば「インサイド・ストーリー」にも踏み込むことが可能となった。そこから聞こえてくるのは、新約聖書使徒言行録の記述などを思い出させるような生の声、「軋み」であるが、それは、この世にあって福音を宣べ伝えるに際しては避けがたい交雑音だったのだろうか。

いささか先走りした言い方になるかもしれないが、実は、北の仙台をドイツ改革派外国伝道の拠点とするという決定は、ほとんど完全に情報欠如のままだった本国の外国伝道局（Board of Commissioners for Foreign Missions）の判断ではなくて、グリングが描いた戦略図だったと言ってもよいだろう。一八八五（明治一八）年一二月一日、横浜に上陸したばかりのホーイでさえも、自分の任地についてはまったく無前提だったのである。東京近辺から、競合する他教派によって未だ「占拠されていない」（unoccupied）地域に転進する決断は、確かに押川ら日本側からの強い招請はあったにしても、第一義的にはグリングの手に委ねられていたと言っては乱暴だろうか。ホーイの到着から旬日を経るか経ないかで、グリングは一〇歳年下のホーイを伴って北国仙台に向かう。

帰京後の一二月二一日、グリングを議長、モールを財務、ホーイを書記とする「在日宣教師団」（Japan Mission, 後に「ミッション」と言う場合の両義性に注意）が組織される。いかにも、意思決定に際しては階層的会議制を取る本国の母教会に倣ったかのようではあるが、実際は、この決定ははるか海路・陸路を隔てた外国伝道局との議決権をめぐる相剋の一因ともなった。ホーイの仙台派遣、仙台における男子校と女子校の設立は、この会議体の決議として外国伝道局本部宛てに送達されているからである。

ここまでは、いわばグリングの「光」の部分である。問題は、そこまで「身を打ち込んでいた」はずのグリングが、男子の仙台神学校（一八八六年初夏）、および女子の宮城女学校（一八八六年九月）の覚束ない歩み出しから、いくばくもない一八八七年四月には任地日本を離れて帰国、数年後にはドイツ改革派教会の教師籍まで捨てるに至った真因はどこにあったのかである。離日と帰米までならば、着任から満八年を越す在任はいかにも長すぎた。グリングの私信には、日本の物価高、夫妻の疲労困憊ぶりの訴え、三人の子どもたちの教育的配慮への危惧の念、加えて、外国伝道局側の資金不足を理由とする宣教師処遇への不満などなど、覆うべくもない。これらの困苦は、海外宣教を志した者たちならば、伝道局側が明言したように、「当然のこととして負うべき犠牲」の一端なのだろうか。グリングの強すぎた自己主張と、外国伝道局側の無知・無理解とは、しょせん「分かれ道」（エレ六・六　口語訳）に立って、それぞれ別な道を選ぶほかなかったのだろうか。グリングの「影」の内実は何だったのだろうか。

2　事例研究――グリングとモール

数年前（二〇一三年三月二一日）、折から東北学院大学を会場として開催されていた日本英学史学会東日本部会の求めに応じて、筆者は公開講演の任に当たった。翌年になって、「グリングの『それから』――二つの宣教論」と題して『東日本英学史研究』[4]に掲載された。もっとも、その後にも「それから」の真意を尋ねられたり、「二つ」が判然としないなどの批判が聞かれたりもした。「それから」では、格別かの漱石の名作を念頭に置いたわけでなかったが、少なくとも、上記の「分かれ道に立って」、一つの決断を下したグリングへの思いが籠められていたのは確かである。

対して、「二つの宣教論」という副題には明確な意図があった。その数年前に出たばかりの棚村重行の力作『二つの福音は波濤を越えて――十九世紀英米文明世界と「日本基督公会」運動および対抗運動』[5]が念頭にあったからである。この大著では、そもそも日本に伝えられた福音そのものが、二つの異なる理解に基づいていたという趣意であるのに対し、拙論で願ったのは、同じ福音理解ではあっても、それを宣べ伝える方策、そこへの到達法の多様性に目を向けることだった。

2・1　グリングの着任と伝道開始

様々な経緯の末ではあったが、グリング夫妻は一八七九年六月一日（後述の「回想録」によれば六日）朝、二〇日近い船旅を経て横浜に上陸する。二人は当地の外人居留地でしばらくの日時を過ごした後、やがて東京の築地外人居留地に転居する。忘れてならないのは、もともとグリングが、最初の三年間を日本の慣習や風俗、何よりも日本語の習熟のための準備期間、と決めていたことである。しばらく後であるが、グリングは外国伝道局に提出が義務づけられていた年次報告（一八八二年六月一日付け）において次のように記す。

グリング宣教師夫妻（『50年史』より）

言語において最良の訓練を受けた者が、最善の活動領域を見いだすことには議論の余地はありません。わたしたちが役立つかどうかは、自分を理解してもらえるかどうかに大きく懸かっているからです。〔宣教師の〕最大の努力目標は日本語に習熟し、自分がすでに知っている事柄を、分かってもらえるように伝えることにあります。わたしたちにとって最初の、そして最重要な課題は、これらの人々をキリスト者にすることです。……ある人をキリスト者にすることと、学識ある人間に育てることとは別事だからです。

グリングによれば、福音伝達者としての宣教師は、現地の言語でもっぱら神の言葉の伝達・告知に携わるべきである。説教者が混じり気のない神の言葉を宣べ伝えることと、学校教師として〔世俗的〕諸学の真理を教え込むことの二つは、何としても明確に「区別」されなければならない。あえて新約聖書の語彙を用いるならば、διδάσκειν（to

グリング一家

teach）ではなく、κηρύσσειν（to proclaim）こそが、宣教師の使命だというのである。

少し先取りして言うならば、教会を確立して信仰者を増やすことと、学校を開設して広く諸学を教え、文明開化を目指すこととは、確かに分離はできないとしても、しかも明白に区別されなければならない。もっとも、二つの原理・原則を「混同」はせず、さりとて「分離」もせず、しかも判然と「区別」し、さらには、この大原則を信仰と学問、教会と社会、ひいてはキリスト教信仰の内実にまで適用するというのは、改革派諸教会が長く受け継いできた貴重な神学的遺産の一部だった。そうではあるとしても、この問いは以後のドイツ改革派教会の日本伝道において、重い問い掛けとして長く残ることとなる。例示するならば、母教会からの献金による財的支援は、主として教育機関の拡幅・充実に向けられるべきか、それとも、各地に散在する伝道所や各個教会の強化・伸張に投じられるべきか、という問いともなるだろう。ここで詳述の余地はまっ

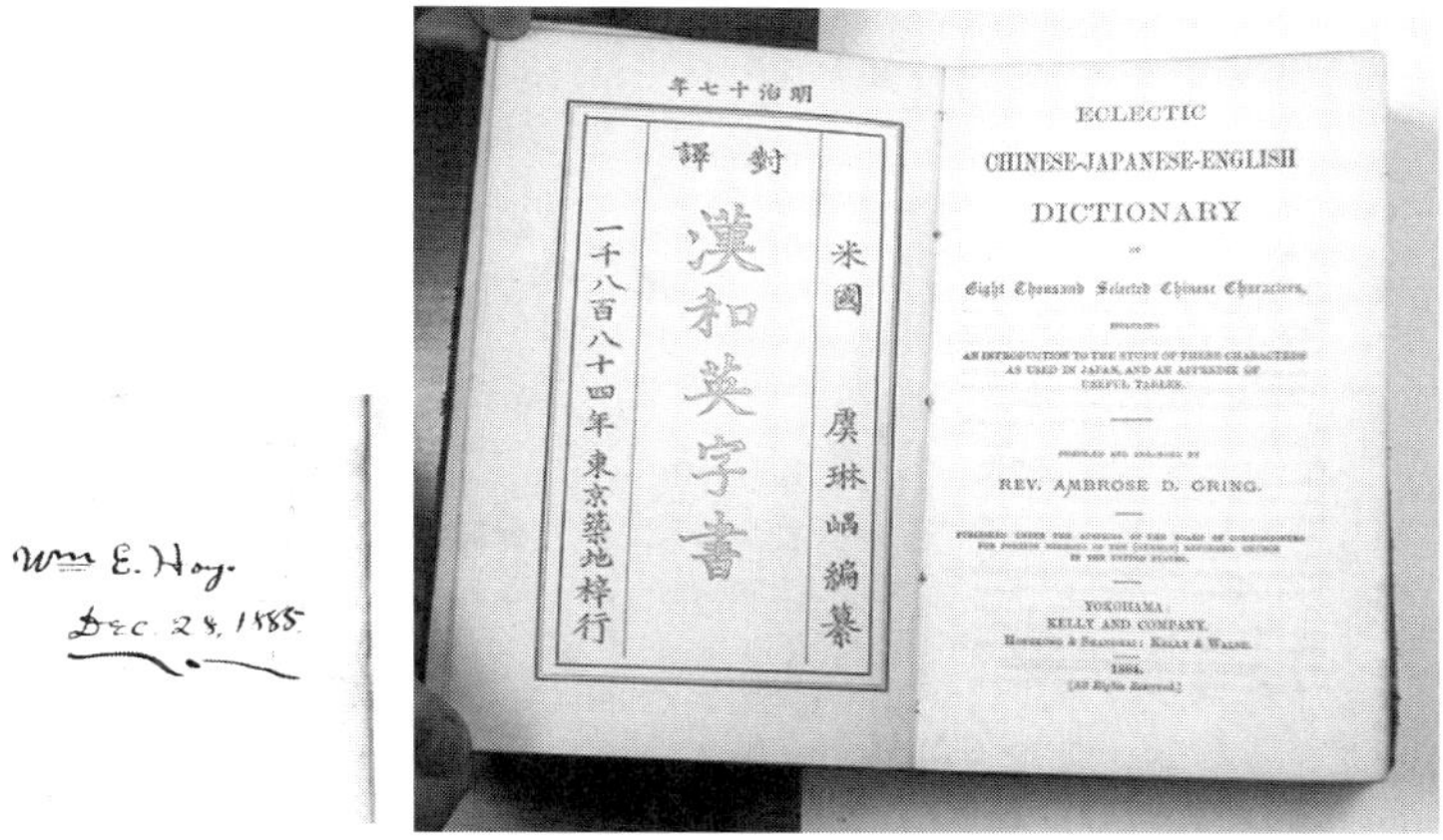

グリング監修『漢和英字書』（1884年刊　東北学院大学中央図書館所蔵）とホーイのサイン

たくないが、数十年後の日本基督教会東北中会は、まさしくこの問いをめぐって分断・分裂に至った。同じ地域に、二つの中会が並存することになったからである（一九三八〔昭和一三〕年）。

以下で、グリング自身が言う準備期間に産み出された成果を実例で証示することにしよう。一つは英学の導入とも密接に関わる『對譯漢和英字書』[6]（米国　虞琳嵋編纂　一千八百八十四年　東京築地梓行）である。東北学院大学中央図書館の貴重書室に保存されている一冊には、ウィリアム・ホーイの署名入りで、横浜着から間もない「一八八五年一二月二八日購入」とある。もっとも十数年後、ホーイ自身の中国伝道転進に際して、かの地に持参しなかった理由については詳らかにできない。

一字ごとに、楷書のほかに草書、行書など二五の異体の説明、漢字の成り立ち、構造、日本語と中国語の発音の対比（ローマ字による表音）、最後に英語の意味が多くの使用例と共に列記される。約八〇〇〇の漢字

『漢和英字書』の内容例示（二十五異體）

がこのような組み立てで採録されていることを見ても、来日僅か数年、グリング（と、その協力者たち）の日夜を分かたぬ辛苦勤勉の跡は紛うかたもない。ただし、現代の斯界における本書の評価については、筆者の及ぶところではない。僅かに、沼倉研史による精緻な研究論文、あるいは中国語学会における宮田和子の口頭発表などを目にできたに留まるが、今でも本書が新刊書籍として入手可能である事実は、なお失われないその価値を暗示するとも言えるだろう。

『漢和英字書』に比すれば、本書の総主題とより密接に関わるのは、グリング監修のもとに刊行された「ハイデルベルク信仰問答」（一五六三年）の日本語訳である。[7] 上でも短く言及したところであるが、この文書はドイツ改革派教会が文字どおり「立ちも倒れもする」バックボーンであり、グリング自身も言うように、それを「現地の言葉で正確に再現すること」は、これから取り掛かろうとする教会の在るべき姿の見取り図を提示するにほかならなかった。『鄙語海徳山問答全』（耶蘇降生一千八百八十四年　明治十七年、クリン《ママ》ク氏蔵版）がそれである。

ついでながら、「鄙語」とは「ひなことば」、すなわち明治初期の「口語体、話し言葉」の意である。グリング自身も「此の海徳山問答は耶蘇教を学ぶものの基礎なり」とし、かつ、自分の監訳が「鄙語の鄙〔ひなことばの鄙〕なるを以て此書を棄損すること勿れ」と祈念する。もっとも、ハイデ

『海徳山問答』（1884年版と1885年版、中央図書館所蔵）

ルベルク信仰問答の邦訳はグリングが嚆矢ではなく、長老派の宣教師ミラー（美露々＝ミロル）Edward R. Miller 一八四三－一九一五）が『聖教信徒問答』の題名で、日本着任早々に訳出を試みている。グリングも外国伝道局のジョンストン（Thomas S. Johnston）幹事に宛てて、「何年か前に、主として長老派によって訳された信仰問答（文語体）を……口語体に直そうと思いましたが……無益であることが分かりました」と報告している。なお、東北学院大学中央図書館の貴重書室に残されているのは、『鄙語海徳山問答全』一部、『基督教海徳山問答全』二部であるが、前者には仙台神学校蔵書印がある。

　せっかく当時の話し言葉に訳してはみたものの、あまり好評でなかったからだろうか、グリングとその日本人協力者（千村（木曽）五郎[8]）は、早くも翌年には改訂版を『基督教海徳山問答』と題して上梓している。グリングが直接関わったこれらの改訂の跡、さらには、その後の百数十年間に出された多様な日本語訳を辿ることは、それ自体としてもきわめて興味深いが、紙幅の制約の許すところでない。一言だけ加えるならば、これら字書や信仰問答の出版に要した経費を、誰が・どのように負担するべきかという問いは、数年後になるとグリングと外国伝道局との間の「齟齬」の一因ともなった。無理からぬところだったかもしれない。

こうした準備を整えた末、いよいよグリングは一八八二（明治一五）年六月から、九段の日本家屋を仮会堂として説教活動を開始する。六月三日の日曜日、生憎の雨の中を集まった一二人の聴衆を前に、グリングは日本語に訳してもらった原稿を読み上げる形で最初の説教を試みる（ジョンストン幹事宛て書簡、後に『メッセンジャー』一八八二年七月二六日号、八月二三日号）。臨場感にあふれるアンブローズの報告文は、母教会の支持者たちの興味を大いにそそったに相違ない。なお付言するならば、最近になって沼倉研史の努力によって「発掘」された妻ハッティの膨大な手紙（彼女自身の母親に宛てた、まったく別個の私信ではあるが）と、委細にわたって符合するのも興味深い。夫妻にとっては、長い準備期間の辛苦が報いられる思いだったに相違ない。翌週になると、グリングは原稿を棒読みするのではない説教を試み、「そのほうが、聴衆の興味を惹くことが分かりました」と報告する。

日曜の午後には、はるか三五〇年もさかのぼる宗教改革期ジュネーヴを彷彿とさせるかのように、グリングは子どもたちや求道者のための信仰問答教育を、自分の訳文を板書することによって開始した。「わたしはこの第一問が大好きです。それは新しい装いを着けたからといって、その美しさを少しも失いません」。そこにはこうあった。「生死〔イキシニ〕ともに汝〔アナタ〕の唯一〔タダヒトツ」の安慰〔ナグサメ〕は何で御座りますか」。

グリングは集まって来る聴衆を前に、「十戒」、「使徒信条」、「主の祈り」など信仰要文を教えようと努力を重ねる。宗教的情熱を蔑ろにするわけでは決してないが、しかも時間をかけた信仰の涵養、信仰内容の知解における進歩・向上を目指すグリングの努力は、徐々に稔りつつあると思われたとしても不思議でなかろう。中世スコラ学の開拓者聖アンセルムスの良く知られた命題を借りるならば、「信仰はおのずと知解を求める」（"fides quaerens intellectum"）からである。

間もなく、新しい改宗者の中から長老と執事が一名ずつ選任され、受洗志願者は信仰問答による試問を経て、教会員として受洗の後、はじめて陪餐が認められることとなる。こうしてグリング夫妻が都心から北の郊外王子へ、さらに埼玉の越谷や川越にまで伝道の手を延ばすに及んで、どうしても別な働き人の必要が明らかになっていく。その願いの目に見える結実が二人目の宣教師夫妻、ジャイラス・モールとその妻アニー（Annie Arnold）の日本着任だった。

2・2　実例――越谷伝道の発端

一九九八年に発刊された『恵みに生かされて――越谷教会一〇〇年史』は、上記の埼玉各地におけるグリングの伝道開始の様子を活写しているので、いくばくかの引用に値しよう。このようにある。

一八八四（明治一七）年

四月　グリング、南埼玉郡出羽村大字越巻で路傍伝道を開始する。伝道者正木定安氏が補助者として同行した。路傍伝道を立ち聞きしていた吉田兼三郎はグリングに度々越巻村に来てキリスト教を聞かす事を申し出て、村の有志を熱心に歴訪してキリスト教伝道を協議した。

六月一五日　正木氏はグリングの外モール博士をも同伴して越巻村に来て、吉田兼三郎は家を解放《ママ》して村の人達を集めた。三人は吉田宅に泊まり込みで、朝に昼に夜に連続キリスト教を語り続けた。

六月一六日　夜に至り、吉田は同志三名（中村清蔵、中野貞助、須田太郎吉）と共にグリングよりバプテスマを受けるに至った。この四人が越谷教会の初穂となったのである。（以下、略）

なお、吉田稲子は亡き祖父の思い出を次のように書き残している。

　吉田兼三郎は弘化四年十月生まれ、明治十七年七月《ママ》にグリング宣教師より受洗、妻多祢〔受洗者名簿には、たね〕も妹茂んも弟森蔵も次々と受洗しました。兼三郎がキリスト教に接したのは、所用で上京の折りに路傍伝道をして居られたグリング宣教師の説教を聞き、世の中に自然界を支配して居られる、偉大な神が居られる事を聞き深く感激し、宣教師を出羽村の自宅に招き伝道が始まりました。幸い手広く大勢の小作人を使っていました兼三郎は、寺子屋で教師をしていましたので、人々に伝道が出来ました。祖父は受洗してからは伝道第一と考え……。兼三郎は一九四一年三月に九四歳で召されました。[9]

三年間の「準備期間」を終えて、いよいよ伝道に取りかかったグリングを彷彿とさせるに十分である。グリングは小型印刷機を持っていたので、聖書分冊など多数（総計二万五千部）の小冊子を刷り上げて配付し、路傍伝道にも大いに活用したと「回想録」に残されているのとも合致する。なお、兼三郎夫妻の長男菊太郎は後に東北学院神学部に学んで第五回卒業生となり、さらにランカスター神学校に留学、帰国後は福島県平や埼玉県大宮（一九一九－一九四一年）で長く伝道に従事した。旧士族以外の、しかし一定の社会的地位も資産もある階層に、キリスト教が浸透していく様子が目に見えるように思われる。なお、越谷教会の設立式はさらに五年後の一八八九（明治二二）年一一月三日、受洗者九名を得た上でとされている。越谷教会の会堂応接室には今なお、若き日のグリング夫妻の写真が掲げられているが、火災のために他の資料の類はすべて失われた由である。

2・3　モールの来任と葛藤の始まり

ジャイラス・モールは英国系の父親を幼時に失ったので、決して恵まれた青年期を送ったわけではない。ついでに言えば、グリングもモール（母はドイツ系）も、英語に加えてドイツ語を自由に操った。ホーイもシュネーダーもそうだった。実は、第二次大戦後に日本に来任し、生涯を東北の地で伝道と教育に献げることになる半世紀以上も後の宣教師たちの間でさえも、幼少期には家庭内の会話がまだドイツ語、あるいはその方言（「ペンシルヴェニア・ダッチ」）だった事例が稀でない。

一八七三年、苦学の末にフランクリン・アンド・マーシャル・カレジを終えたモールは、神学校の学資を得るため数年間の教師生活を送った後、同じドイツ改革派教会立のハイデルバーグ神学校を選ぶことになる。この神学校は当時としては新しい開拓地、中西部オハイオ州ティッフィンに所在し、改革派教会も、主としてドイツ語圏ヨーロッパからの新来移民を対象に、活発な伝道活動を展開していたのである。他教派を含めて、後で言及することになる大覚醒運動の大波が、反復して沸き立っていただろうことも推測に難くない。もっとも、このような背景が、日本着任後のモールの物の考え方や言動に、どのような意味にせよ影響を及ぼしたのかどうか、ここでは確言の至りでない。なお付記するならば、グリングはイェール神学校卒だが、出身校の神学環境の差異が二人の宣教師の伝道論にどれほどの差異を招く結果となったのか、この段階では何も言えない。

一八七八年初夏、按手礼を受けたモールの最初の任地は、ランカスターの南郊ミラーズヴィルで、この地で五年間の牧会生活が始まる。この年の秋、グリング夫妻を最初の日本派遣宣教師として送り出す送別礼拝が開かれたが、すでに大学時代（少なくとも、一八七一年秋から一八七三年夏までの満二年間）からの知友モールが参列したのは当然だった。ついでながら、この送別礼拝の冒頭で「招きの辞」を述べたのは大学時代の共通の恩師、当時フランクリン・アンド・マーシャル・カレジ学長のジョン・ネヴィンだった。

折から、外国伝道局は日本へ派遣する二人目の宣教師を募集中だったが、既婚者で小家族、牧会経験があるという条件を満たせたのはモール夫妻だけだった。こうして、ジャン・カルヴァンの良く知られた自伝的表現を借りれば、「神の隠れた摂理」に導かれるかのように、[10]モール夫妻は日本へ向かう。四年前と同様に、教会は祈りをこめた送別礼拝を捧げて夫妻を送り出した。同労者・協力者を求め続けたグリング夫妻の祈りは聴かれたことになる。

東京築地28番地の宣教師館（『50年史』より）

前述のように、グリングは早くに横浜から築地二八番の居留地に住まいを移し、しかも、あまり遠くない日本橋には別個の拠点（元大工町教会、後に神田教会）を設けて活発な伝道を展開していた。到着早々のモール夫妻は同じ築地の隣接地に住まいを定め、五年間のアメリカでの牧会経験も生かした活発な伝道活動をこの借家で開始する。反復するようになるが、グリングが、そして外国伝道局が、モール夫妻に期待していたのは、すでに緒に着いていたグリングの伝道事業への協力・援助であった。しかしながら、モールの宣教論の根底には、時と場所が与えられさえするならば、既成の教会秩序や制度に囚われることなく、「その場・その時での聖霊の働き」に即応する姿勢があったかと思われる。そこに、新大陸を覆っていた大覚醒運動に通底するものを見るのは行き過ぎだろうか。

反復することになるが、本来この二人は同じ大学の卒業生であり、同じ母教会の祈りと浄財に支えられて日本に派遣されているからには、間然する所があってはならないはずだった。しかし、モールの着任後一年も経たないころに、グリングが外国伝道局宛てに書き送った（しかも教会の公的機関紙上では、決して公表されることのなかった）幾通かの私信は、二人の開拓者宣教師の間に冷たい隙間風が吹き始めていたことを暗示する。当初は、モール夫人アニーの「神経性疾患」（当時の用語では「神経衰弱」）批判に留まっていたグリングの私信だが、やがて「モール兄弟自身の衝動的で、血の気が多く、しばしば一時的思い付きの言動」への誹謗へと広がり、伝道局ができるだけ早く代替者を見いだして派遣するように、という懇望にまで至る。

グリングによれば、モール夫人の病因は、モール夫妻が伝道活動の中で知り合ったある日本人歯科医師一家への「特殊な個人的感情」だった。もっとも、モール夫妻の側にも充分な理由付けはあったのである。双方が書き送りながら、外国伝道局の古文書保管庫に一〇〇年間も秘蔵されたままだった多くの書信から、今ではその事情のおおよそを明らかにすることができるようになった。

モール夫人が歯科診療のために訪ねた日本人医師とその家族は、キリスト教への興味を深め、モールが「海徳山問答」によって与える手ほどきにも熱心に参加したが、日曜日も診療に従事するこの歯科医には、グリングが始めていた日本橋での「正規」の聖日礼拝出席を厳守することがとうてい不可能だった。そこでモール夫妻は、いわば「出前伝道」を重ねることとなる。さらに歯科医夫妻が入信を決意したとき、当初から手ほどきを受けたモール自身による洗礼を望んだのも、これまた不思議ではなかろう。洗礼の条件として聖日礼拝厳守を確約の上で、歯科医一家はモールの自宅で「恵みの洗い」である洗礼を受領することとなる。

モール宣教師夫妻（『50年史』より）

しかしこのような例外的措置は、すでに長老会を組織し、その試問を経ての受洗、そして陪餐のみを可とするグリングの目には、明らかに「教憲・教規違反」であり、この日本の地に「正しく整えられた教会」（〈*église bien ordonnée*〉カルヴァン「ジュネーヴ教会規則」）を樹立するに際しては、あってはならない、それだけに譲ることのできない原則論だった。事実は確認のすべもないが、グリングはこのようなモールの宣教策を批判する私信を伝道局に送っている。「モール兄弟は無秩序と分裂の種を播いています。自宅で洗礼を施し、長老たちの臨席なしで聖餐式を執行しているからです。この種の勝手な行動は、私たち宣教師団の活動にとって決定的に有害です」（一八八五年一月二日付け書簡）。もっとも、グリング夫人ハッティが、自分の親族に宛てて書き送った多数の私信の発掘と解読の努力については前にも言及したが、文書の性格によるにしても、そこには夫のアンブローズと同労者モールとの葛藤を示唆するような文言は、精査の末でもついぞ見いだせなかった。そうして見ると逆に、グリング自身の個人的性向の問題と無関係ではないのかもしれないが、この時点ではこれ以上の論議は差し控えよう。

いずれにしても、グリングとモールの二人は、ちょうど二千年前に使徒パウロとその同労者バルナバがそうしたように（使一五・三六以下）、それぞれがよしとする宣教の道を歩むこととなる。すでに、二人は同じ築地に住みながらも、一八八四（明治一七）年のクリスマス礼拝を、それぞれ別個に守っている。グリングはこの年、後に神田教会（現在の日本基督教団代々木中部教会の前身）と呼ばれるようになる教会を組織し、さらに会堂を建立していたが、加えて、もっと北の越巻村（現在の越谷市）にも有力な伝道拠点を開拓する。前記のとおりである。

他方、モールは居留地を出て山の手の麹町に転居、この地に後の番町教会（やがて現在の富士見町教会と合同）をドイツ改革派の二番目の拠点として建立する。数年後になって、ドイツ改革派教会の日本宣教の重心が北の仙台に移るようになると、モールは宣教師辞任をちらつかせてまでも東京の伝道拠点を固守しようとする。そのモールにしても、仙台神学校、宮城女学校（一八九三年、第二代校長）、さらには山形英学校の創設に関わらざるをえなかったが、やがて最初の伝道地東京へ戻り、日本在任は実に四〇年の長きにわたった。一九二五（大正一五）年にアメリカで刊行された *Forty Years in Japan*（『在日四十年の想い出』）は、生涯を日本伝道に捧げたモールの自伝的回顧としてきわめて有益である。[11] 現在でも、日本基督教団大宮教会はモール宣教師をその創立者として記憶している。[12]

2・4　ジョン・ネヴィンと「マーサーズバーグ神学」

すでに、グリング夫妻の送別礼拝において「招きの辞」を担当したネヴィンに言及した。その名は今に至るもなお、アメリカ神学史上でもっとも広範な影響をその時代に及ぼした人物の一人として、マーサーズバーグという地名と共に記憶に留められている。二〇一七年出版のブルース・ゴードン著・拙訳『『キリスト教綱要』物語』において、ネヴィンとその同僚の教会史家フィリップ・シャフ（Philip Schaff 一八一九－一八九三）、そして彼らが巻き起こした問題提起は、「かの重大な論争」と呼ばれ、マーサーズバーグ論争は「巨人タイタンたちの激突……、それ以後は、バルトとブルンナーの対決まで、二度とみられないほどの改革派系キリスト教会内部の激論」と記述されているほどである。[13]それでは、本稿の主題との関わりではどうなるのだろうか。もともと、ペンシルヴェニア州最南端に位置する小邑マーサーズバーグは、長くドイツ改革派の教職養成機関の所在地であり、神学校がランカスターに移転して後も、ネヴィンとシャフの神学思想全体はこの名をもって覚えられることになる。

元来、ネヴィンは長老派に属していた。神学を修めたのも同教派立のプリンストン神学校（一八二八年卒）であり、長老派の教職として按手を受け、一八三〇年以後は同教会が創設したばかりのウェスターン神学校（現ピッツバーグ神学校）教授として招かれて一〇年間在任した。一八四〇年、ドイツ改革派に教籍を移したネヴィンは、一八四一年には同教会立のマーシャル・カレジ学長に挙げられて一八五三年まで在任、やがて二つの大学がランカスターの地で合同すると、新しいフランクリン・アンド・マーシャル・カレジ学長として一八六六年から一八七六年まで在任した。モール（一八七三年卒）もグリング（一八七五年卒）も、大学で学んだのがネヴィンの学長在任期間中だったことは既述のとおりである。

ネヴィンと代表作『不安な長椅子』（1844年版　中央図書館所蔵）

さて、ネヴィンの名を一挙に高からしめたのは、まだ比較的若年の一八四三年に刊行されたその著 *The Anxious Bench: A Tract for the Time* (Chambersburg, PA) であった。それは題目どおり、この時代にアメリカで支配的だった大覚醒運動の伝道法に対する手厳しい批判で、出版されるやいなや、ドイツ改革派教会内部のみならず、広く諸教派の間でも激論を巻き起こした。

付言するならば、東北学院大学中央図書館には一八四四年刊の第二版が三冊保存されており、それぞれにデイヴィド・シュネーダー（David B. Schneder 一八五七－一九三八）、クリストファー・ノッス（Christopher Noss 一八六九－一九三四）[14]、およびポール・ゲルハード（Paul L. Gerhard 一八七三－一九四九）[15]の署名が残されている。本書の所蔵の事実そのものがどれほどの意味を持つのかは、にわかに判断しかねるところとしても、シュネーダーのフランクリン・アンド・マーシャル・カレジ卒業は、グリングに遅れること五年の一八八〇年である。ノッスは一八八八年に同大学卒業後、ユニオン神学校の一年を挟んでランカスター神学校を卒業した。ドイツ留学の後の一八九六年には宣教師に任じられて東北学院神学部に来任、一九〇四年からはランカスター神学校教授として迎えられ一九一〇年まで勤務した。しかし「直接伝道」への熱願は抑えがたく、一九一〇年の日本帰任以後は、一九三四年の死没に至るまで「会津の使徒」と仰がれて巡回伝道に献身した。最後のゲルハードは、一八九四年にフランクリン・アンド・マーシャル・カレジを卒業、一八九五年にランカスター神学校に入学したが、折から帰米中のホーイと出会い、その慫慂に応じて仙台赴任を決意、一八九七年の東北学院着任後は、終生を優れた英語教育者として終えた。シュネーダーとゲルハードはキリスト教学校の経営と教育に腐心し、対してノッスは雪深い会津の農家を徒歩で訪ね歩く地味な伝道に徹したが、三人の宣教師が、共にこの小冊子を所蔵していたことはいろいろの意味で感慨深い。なお、このネヴィンの小著は今ではデジタル版でも容易に手にできるが、ここでの引用は一八四四年第二版原著の頁数に戻ることにしよう[16]。

さて、ネヴィンのとくに手厳しい批判の対象となったのは、当時の代表的な大衆伝道者、長老派のチャールズ・フィニー（Charles G.Finney 一七九二‐一八七五）をその典型とするような、第二次大覚醒運動全体の教会形成策だった[17]。対して、ネヴィンは長い時間をかける信仰問答教育を重視し、もっと広くは、洗礼と聖餐を中心とする礼拝、教会戒規の厳守、教会訓練の重視を中核にしようとして問題を提起したのである。問いかけは、広くは礼拝式文、あるいは会堂建築の様式（祭壇中心か、説教壇中心かなど）にまで波及せざるをえなかったのは当然である。

もとより、フィニーの伝道法が、ジョナサン・エドワーズ（Jonathan Edwards 一七〇三‐一七五

当時の野外説教（「回心」を迫る大衆説教家）と伝「長椅子」

八）らの第一次大覚醒運動におけるごとく、「冷たく燃える地獄の青い火」（"hellfire and brimstone sermons"）説法などによる、ある意味で「威嚇的・脅迫的」な回心強要と同じだったと言うのではない。むしろフィニーの手法は、キリスト教信仰による社会全体の改善、例えば女性の地位向上（礼拝における女性の公的祈りの担当、やがては女性教職の任職に連なる）、さらには、南北戦争によってさえも進まなかった人種的正義の実現など、幅広い視野に立つ運動だった。ことにフィニーが重視したのが説教の革新、具体的には説教の産み出すキリスト教的生活の日常的実践だった。したがって、それはそれで、時代の必要に応ずる教会刷新運動だったとさえ言えるかもしれない。

ところで当時、多くの教会堂では説

教壇の直ぐ近く、あるいは聴衆席の最前列に、"Anxious Bench"が置かれていた。そもそも、書名の「不安な長椅子」とは何を意味するのだろうか。ベンチそのものが不安を感じたり、魂の行方への憂慮に打ちひしがれたりするはずはないので、それが示唆するのは、この長椅子に座らせられる人々が懐く自分たちの信仰生活への疑念、救いへの抑えようのない不安感であった。なお、この書名の訳出をめぐって、日本では稀なネヴィン研究者である藤野雄大の東京神学大学大学院修士論文では、「回心切望者席」と内容に即して訳されている。しかし本稿では、いささかの違和感を承知しながらも「不安な長椅子」で通すことにしよう。[18]

「聖霊の働くままに」の、しばしば激越な説教に心を打たれ、魂を揺すぶられた聴衆は、一人また一人、おずおずと自席を立ってこの椅子に移動する。説教が終わるやいなや、会衆席からは特別な執成しの祈り、あるいは熱烈な救いの賛美の歌声が湧き上がり、会堂は文字どおり霊の感動に満たされるのだった。それは、そもそも大覚醒運動をエネルギー源として誕生し、成長・発展したメソディスト教会やバプテスト教会のみならず、新大陸で独自に形成された教派「キャンベル派、ワインブレンナー派、ユニヴァーサリスト、ミラー派からモルモン」（四五頁）までも、きわめて一般的だったのである。ネヴィンによれば

このやり口が絶好の対象とするのは、判断力よりも感情を優先させ、思索よりも衝動を上に置く人々である。他方、開明的で充分な訓育を受けた会衆においては、不安な長椅子は決して一般的ではない。……長椅子を満席にするのは少年・少女に等しい者たちであり、会衆全体が真の宗教

心の本質に関して無知な場合のみである〔四二頁〕。

このような手法に訴える牧師たちを、ネヴィンは「山師族」（quackery）とまで呼び捨てる。Quack〔元来、藪医者の謂〕は医師を装いながら、人体の構造は何一つ知らず、しかも何かしら、液汁あるいは丸薬の形の万能薬をひけらかす。それと同様に偽弁護士、偽政治家、衒学者、偽教師、偽紳士その他、あらゆる徒輩が世に溢れているからには、「藪牧師」がいるとしても、少しも驚くには当たるまい〔四九頁〕。……彼らは伝統的な信仰問答教育によるキリスト者育成を信頼せず、彼らが「新方策」（new measures）と称する「長椅子」と、それに付きものの狂騒状態を頼りとする〔五二頁〕。……しかし、そこから生まれるのは、一時的な感情の昂揚による無秩序、絶叫、手打ち等々にすぎず、金切り声、大声、飛び跳ね、のたうち回り、一言にして、手の施しようもない熱狂主義の野火にほかならない。そこからは「聖なる哄笑や歯ぎしり」しか生じない〔一〇六頁〕。

これらは端的に、アウクスブルク和協信条〔ルター派、一五八〇年〕やハイデルベルク信仰問答〔改革派、一五六三年〕が代表するような、宗教改革の産み出したキリスト教的生き方と真正面から対立し、改革者たちの努力を無にするだけである。

このような狂騒と対峙する唯一の道は、牧会的配慮に満ちた薫陶・育成の努力、頻繁で忠実な家庭訪問による信仰生活の維持と活性化、信仰問答教育の忠実な実施、教会秩序と戒規の遵守、要するに、「牧会的わざの委細に及ぶ堅忍の道」である。対比的に言うならば、それを「信仰問答の道」と名付けることができるだろう。

不安な長椅子の霊は、信仰問答の霊と恒常的な交戦状態にある。……長椅子と信仰問答は常に戦いを交えている。……もしも長椅子が信仰問答を凌駕するようなことがあれば、それは惨めな選択となるだろう（一一八頁）。

ネヴィンのこの小冊子とそれに続く何冊かの著作が、一九世紀前半の新開拓地を覆っていた第二次大覚醒運動の激浪の中で、どれほど多くの聴き従う耳を見いだしたのかは確かめようがない。事実は、ドイツ改革派教会の内側でさえも、ネヴィンの所説をめぐって数十年にわたる対立・抗争が続いていた。いわんや、ほとんどその終結期の一八七〇年代に、新しい方向転換を求めた教会が、視線の先を向け替えるためもあって展開し始めた海外伝道運動と、それを担った最初期の宣教師たち、具体的にグリングとモールの二人を、ネヴィンの問題提起への賛否それぞれの担い手と即断する危険は言うまでもない。それにもかかわらず、現にシュネーダーやゲルハード、ノッスなど、最初期の宣教師たちの蔵書の中にネヴィンのこの書籍が含まれている事実は、単なる偶然とは思えない。それは彼らには、必携書とさえ思われたかもしれないのである。

他方、下記の類型論化の一方にその名を付したモールにしても、しかも長年の在日伝道体験を経た後ではあるが、前にも言及した自伝的記述において以下のように記している。モールは、信仰問答による間接的・教育的方策を、いわゆる直接的伝道方策と対比しつつ、東北地方におけるドイツ改革派教会の宣教地で、他の諸教派と比べて「脱落者」が比較的少数に留まるのは、伝統的な信仰問答訓練の成果であることを認め、大いにこれを称揚する。「もっとも、日本の牧師たちがそれに興味を示さず、有効に実施しないことから、アメリカからの宣教師たちも、好むと好まざるとにかかわらず、彼らと歩調を合わせてしまってきた[19]」のも事実であった。

したがって、次に掲げる図式はあくまでも極端な「類型化」の試みにすぎないが、この表が暗示する対立は、現代にまでも、かつは普遍的規模をもって、看取できそうである。仄聞するところでは、現代アメリカでは人口の約四分の一は「福音派」と呼ばれ、アメリカ政治にも大きな影響力を及ぼしている。最近のニュースは、この流れの代表者とされてきたビリー・グラハム（一九一八－二〇一八）の逝去を伝えているが、筆者自身も、東京の国技館（一九五六年）、あるいはフィラデルフィア球場（一九六一年）を満席にしたグラハムの大伝道集会を昨日のことのように思い出す。いずれにしても、われわれにとって永遠の課題は、この対立・抗争の行方、解決策の模索にあるだろう。

2・5　類型化の試み

【モール型】	【グリング型】
心情（真情の吐露）	信条（信仰告白文）
先ず献身の情念＝真摯な『心向！』	先ず「知解」、それから信仰告白・堅信礼

時間の中での漸次的形成	今・ここでの決断
学校教育（間接伝道）への傾斜	教会形成（直接伝道）・教会の現場
同じ志向の共同体形成	個々人の主体性・個別性の重視
結果的に「共同体〔国家〕教会」の伝統	各個教会主義→自由教会
聖礼典（洗礼と聖餐＝客観的恵みの象徴）	説教中心の礼拝（決断の要求）
祭壇中心→キリスト教的涵養	説教壇中心→キリスト教的献身・決断
聖職者中心の「教会型」	信徒中心の「分派型」

反復することになるが、上記はあくまでも「類型論」であって、グリングとモール二人だけを取り上げて、どちらかが排他的に一方に傾注しきっていたと断言しているのではない。グリングの公的・私的文献の精査、まったく私的ではあるとしても、仔細を尽くしているグリング夫人の膨大な書翰類の通読からも、直接に「恩師」ネヴィンに言及している箇所は見いだせなかった。全米的視野から言っても、すでに激越で情緒的・外見的な大覚醒運動は下火だったし、ドイツ改革派教会内部でも、教会総会は内部和解提案を可決していた。全国総会議事録には「教会のすべての党派が、外国伝道事業において、一つになることの大切さをわれわれは力説したい」とある[20]。

冒頭で述べたように、もっと大局的に言うならば、そもそもキリスト教内部には初代教会以来、福音の「宣教＝公然たる宣布」の努力と並んで、「形成＝涵養・訓育」の両側面が、互いに排他的にではなく、相互補完的に併存し続けてきたのであった。それにもかかわらず、あるいは、それゆえにこそ、ドイツ改革派教会が協力を惜しまなかった東北各地におけるそれ以後の伝道の歴史は、いわばこれら二つの伏流水のせめぎ合いの連続だったことは否定できない。極論かもしれないが、この地における伝道の進展には、グリングの「正」に対立するモールの「反」を、いわば弁証法的に止揚して「合」にまで高める、宣教の現場に根ざした努力が必要だったのである。それを担うことになるのが、三人目の宣教師ホーイであり、その同労宣教師たち、例えば、前記のノッス、あるいはウィリアム・ランペ（William E. Lampe 一八七五－一九五〇）などであるが、紙幅の制約が詳述を許さないので、以下においてはそれぞれの代表的発言を記すに留めるほかない。なお、詳細は『東北学院百年史』各論篇（一九九一年刊）収載の拙論「ドイツ改革派教会の伝道の神学」などを参照願いたい[21]。

まず、ホーイである。最初の帰米中にホーイは、外国伝道局から送られてきた質問状「宣教師は『伝道』と『教育』という二つの課題に割くべき時間と労力の比率はいかに」に対してこう答える。

同じ〔福音宣教という〕事業を二つに分ける意味が、わたしには分かりません。すべての教育は、最良の意味で伝道事業です。わたしたちの奉仕は、イエス・キリストにおいて同一です。学校教育における働きは、伝道事業を補足・強化します。他方、伝道事業は、教育活動を援助します。どちらも、他方なくしては十分に活動できないのです（一八九五年二月八日付け、伝道局宛て書簡）。

ウィリアム・ランペはドイツ改革派教会の日本伝道開始から五〇年に当たる一九二七年、同教会の

ホーイ宣教師夫妻（『50年史』より）

総幹事として「過去四〇年間における外国伝道の目的と方法」と題する長い論文を公にした。ランペ自身も一九〇〇年から一一年にわたって仙台に宣教師として在任し、帰国後はその体験を踏まえて同教会の各種の要職にありつつ、宣教師の主務、あるいは「そもそも伝道とは何か」をめぐって考察を重ねていた。

ランペによれば、伝道の目的はひとえに「世界のキリスト教化」（evangelization of the world）にあるが、最近になって、「海外伝道」とはすなわち「キリスト教化」だけなのかどうかをめぐり、問いが発せられている。換言すれば、宣教あるいは福音の告知には、その対象地全体、あるいは社会全体の「キリスト教化」が続かなければならないのではないだろうか。別言すれば、キリスト教の「土着化」、具体的には伝道に際しての「自給」（self-support）、「自伝」（self-propagation）、および「自律」（self-government）の達成こそが、究極的目標ではないのだろうか。現代中国のキリスト教会における、「三自」運動を想起する向きがあるかもしれない。このような視点から、ランペは自教派の半世紀

ノッス宣教師と伝道旅行団一行

に及ぶ、日本、あるいは外国伝道の跡を振り返る。最初の宣教師たちはほとんど例外なしに、広く「直接」伝道と呼ばれる活動に専念してきた。内容的には福音の説教、聖書研究会、信仰問答教育などである。東京、およびその近郊での自派の活動はこの面に限られていた。

したがって、ホーイらが仙台からの求めに応じて伝道拠点を北へ移そうと願った時にも、伝道局の指令は「第一義的には、直接伝道に労力と資金を用いるが、もしも状況が有利と思われる場合にかぎり、直接伝道に加えて教育にも力を割いて差し支えない」という消極的なものだった、とランぺは理解する。それにもかかわらず、グリングやホーイ、現地の日本人伝道者たちの熱意によって、仙台に二つの教育機関が創設され、今では大きな成果を収めている。それによって、最初期の外国伝道に付き物だった「個人の霊的体験のみに過度の重点を置く」という過ちは、大幅に是正されるようになった。優れた知・情・意の涵養は、その容器としての体、あるいは組織、あるいは物の考え方を、福音の器として育て上げるからである。「伝道は今の世代に関わるが、教育は次の世代に関わる」。伝道は人々を教会に集めるが、教育は伝道が達成した機構や制度の永続性を保証する。

そう述べてランペは、長く会津伝道に専念したクリストファー・ノッス宣教師の次のような言葉を引挙する。「日本では、教育は求心的宣教（intensive evangelism）であり、伝道は遠心的教育（extensive education）である」。“intensive”と“extensive”という語は訳し分け難いが、母国での神学教授の椅子を投げうち、草鞋履きで僻地の村落を訪ね回り、囲炉裏端に身を横たえたと伝わるノッスの言葉であるだけに、その重みが感じられよう。二つの真実、二つの生き方を厳しく区別しつつも、なおこれを分離することなく、より大いなる真理へと統合し、究極的には「真理」そのものに身を捧げ尽くす、それは改革派諸教会の、もっと言えばキリスト教宣教の歴史の、尊く重い遺産だった。創立から一世紀半を迎えようとする東北学院にとって、傾聴に値する発言ではないだろうか。

2・6　インタールード(1)

一九八四年一〇月のこと、各種の創立百周年記念事業が着々と進捗中の東北学院を、これまでに名前を挙げてきた開拓者宣教師らの直系の遺族二組が、偶然ながら同じ時期に訪ねて来た[22]。一一日の大学礼拝には、直前で触れたウィリアム・ランペ宣教師の次男夫妻が出席し、司会の情野鉄雄学長から紹介を受けた。父親がランカスター神学校を卒業して仙台に着任したのは、押川方義の後を継いでシュネーダーが第二代院長に就任する前年の一九〇〇年のことで、以後一一年にわたって在任、帰国後はプリンストン大学で博士号を取得、長く外国伝道局の要職にあったことは前述のとおりである。来訪した次男夫妻が、東北学院および宮城学院両校の予測を超えた発展ぶりに深い感銘を受けたのは当然だろう。

翌々週の二六日には、ロバート・R・インス、およびガートルード・グリング・インス（Robert R.& Gertrude Gring Ince）夫妻が来訪した。ミセス・インスはアンブローズ・グリングの後妻（Gertrude Sheffield Gring）の娘で、父親が聖公会宣教師を辞して隠退後、七一歳になってからの出生と明かしてくれた。父親が日本から持ち帰った様々な物品に囲まれて育ち、幼な心ながらも、父親の両教派にわたる日本伝道の思い出話をまだ記憶している由だった。

実は、第二次大戦終結直後、母親は亡き夫の墓碑銘を刻むための情報提供を、旧ドイツ改革派教会外国伝道局に求めたようである。返信には、そのころ仙台在任の宣教師団責任者だったアルフレッド・アンケニー（Alfred E. Ankeney 一八八七－一九五一、東北学院第五代院長）の名前が挙示されている。結局は、親世代のこの交信（一九四九年一〇月一六日、および二六日付け）から、さらに三〇年を経ての娘夫妻の仙台訪問だったことになる。その過程で立教大学図書館などの援助にもよったのだろうか、アメリカ聖公会の海外宣教師としての亡父の様々な記録や交信類のコピーを入手し、それを持参しての来仙だった。

その中には、前述のように九年にも及んだドイツ改革派宣教師としての在任時代の個人的「回想録」が含まれており、この度、本稿執筆のために目を通したところ、そこではグリングの側からの率直かつ真摯な理解を確かめることができた。「辞めた側の論理」と書いては言葉が過ぎるかもしれないが、以下においては、膨大な既存の資料にも依拠しながらグリングの「最後の一年」を考究し、そこから宣教師とは、さらには、宣教そのものとはという問いに、少しでも思いが深められれば幸いである。

3　強まる軋みあい

いったいどのような経緯から、グリング宣教師と伝道局との軋みが聞こえ始めたのかは憶測さえも容易でない。数百枚に上る関連一次資料の読破は容易でないし、瑣末にわたる事情の理解は困難をきわめる。そこで、本稿では差しあたり最後の一年前後の交信に集中することにした。いったい両者の間の係争点は何だったのだろうか。それは全体の状況の推移の中で、どのような場を占めるのだろうか。

3・1　一八八五年一二月一九日付け書簡、ジョンストン幹事宛て

到着したばかりのホーイを伴った仙台への「偵察の旅」については、直前でも言及した。教会員たちの目に触れるのはかなり後だったにせよ、ホーイ自身も期待と興奮に満ちあふれた報告を書き送り、すでに派遣が決まっていたプルボー（Elizabeth〔Lizzie〕R. Poorbaugh 一八五四－一九二七）とオールト（Mary B. Ault 一八六三－一九三五）の一日も早い仙台着任を慫慂している。ホーイとオールトが

横浜に着いたばかりのシュネーダーの司式のもとで間もなく結婚し（一八八七年一二月）、宣教師夫妻としての長い生活を日本と中国で送ることになることは付言するまでもない。

ところで、当時としては珍しくタイプライターで書かれた五頁に及ぶグリングのこの書簡の冒頭には、“Private”（親展／極秘）と明記されている。実は、つい前の晩に、一一月一五日付けのジョンストン幹事の手紙が到着したばかりだった。当然ながら、アメリカ東海岸から大陸を横断し、太平洋を越えて日本に到達するのに一ヶ月前後はかかったのである。瞬時に世界のどことでも繋がるわれわれの時代とは比べようがないとしても、この必然・不可避的なタイム・ラグが、交信者間の理解のギャップにどれほどまで関わりがあるのか興味なしとしない。いずれにしても、グリングは受け取ったばかりの前便にも明らかなような伝道局側の理解の欠如を、「とうてい容認しがたい（offensive 直訳すれば、「無礼かつ侮辱的」）」と断言する。

伝道局総幹事ジョンストン（『50年史』より）

グリングにそうまでも言わせた両者の間の係争点は何だったのだろうか。間もなく横浜を出帆する船便に間に合わせようとして、憤激の念を抑えながらタイプを叩くグリングの姿を彷彿とさせる文面から、理路整然さを期待するのは無理だろうが、大まかに列記すると以下のとおりである。当然ながら、グリングの給与の問題、本部の事務処理能力への疑惑（女性宣教師たちの来任の遅滞、グリングの妹の宣教師選任拒否など）、グリング一家の健康問題（家族の医療費補助や、在米の老母の扶養を含む）、日本の教会側が立ち上げた「一致教会」への加入の是非、前にも言及した『字書』や『信仰問答』の出版経費負担の問題、さらには日本橋の在日宣教師団資産処分の問題等々、多岐多様にわたる。コレラが跋扈する途上国日本に在任する最初期宣教師たちの身心共なる労苦、対して、無理からぬことながらも、伝道局側の驚くほどの無知、少なくとも経験不足、に発する摩擦音とでも言うほかないのだろうか。

一見したところ、前記の類型論などとはほとんど無関係とさえ思われる内容である。それがグリングの光なのか影なのかの論議はさておくとして、書簡の結びにはこうある。

この長文の手紙の真意をお汲み取りいただけたら、と切願してやみません。すべてをこれだけ率直に申し上げたので、わたしもいくらか心やすく感じております。もしもご返信がわたしの意に添わないものとなるようであれば、伝道局とわたし自身との日本における関係が終わりに近いことの証左となるでしょう。わたしは清い良心を懐いて帰国するほかないようです。

実はこの時点で、仙台神学校と宮城女学校のささやかな発足はまだ半年以上も先である。キリスト教信仰に立つはずの二つの学校への献身の熱情は、どうなっているのだろうか。

グリングの投函から三ヶ月を経た一八八六年三月一三日付けで、ジョンストン幹事は厳しい論調の返信を書き送る。

ジョンストン幹事は、上で列挙したグリングの問いかけに対し、年長者らしい諭告調に加えて職務上の序列理念をちらつかせながら、一〇箇条にわたって反論を試みる。その委細は本稿の論題でないことを承知の上で、僅かな事例を記すことにしよう。そこからは時代背景一般と、グリングの個性そのものまでも浮かび上がることを期待するからである。

グリングに対する給与の問題を実例としよう。ジョンストン幹事は有能で緻密な教会行政担当者として、グリング夫妻の日本着任から満六年間に伝道局が支出した経費総額を数え上げる。契約書では夫妻の年俸は一二〇〇ドル、子どもの養育費一人につき一〇〇ドルだったが、総計では一万一〇〇〇ドル（年平均一八七二・三九ドル）に達し、しかもこれには各種の旅費、医療費、休養費などは含まれない。因みに、日米通貨の交換比率は銀本位でほぼ一・二対一だった。この額は、「もしも貴師がこの総額をもってしても、宿る家も枕を置く場所さえも持たれなかった主イエス・キリスト〔ルカ九・五八他〕の謙遜な弟子、また遣わされた使徒として、普通の生活を送れないと言うのであれば、それはもはや伝道局の側の失態とは言えないでありましょう」。ついでに記すならば、独身だったホーイの最初の年俸は七〇〇ドルだったが、しかもその全額を仙台神学校に献げている。給与月額百ドル（約百二〇円）は、当時の日本の生活費としてどうだったのだろうか。『東北学院百年史』は、仙台神学校の最初の学生の一人、島貫兵太夫の「三円五十銭あれば家族が一月食べられた」（二五五頁）を引いている。統計によれば、この頃の小学校教員の初任級は月額五円、一般給与生活者の年収は二百円前後だった。もっとも、住居や衣服、食べ物等々、遠い母国の生活様式を放棄することが困難な、宣教師を含む外国人居住者にあって、この月額の多寡の判断は至難である。母国で牧会伝道に従事する牧師らの処遇、他教派との対比などは本小論の守備範囲をはるかに越えるが、「武士の家計簿」ならぬ、海外伝道の下部構造の解析は、今後の重要な研究主題と思われる。

賜暇休暇の要求に関して言うならば、そもそも契約書には明記されておらず、かつは、グリングが求めた三年間の「準備期間」はそれ以下でも、それ以上でもないので、勤務年数に含まれるかどうかさえ疑問の余地がある。「貴師がこれらの根拠を欠く不平・不満によって、われわれを困惑させる無知と愚昧さとには、憐憫の情を懐くほかありません」。ついでながら、ホーイの最初の帰米も着任から満九年後だった。

最初期の開拓者宣教師たちの情熱と献身、それを支えた母教会の篤い信仰を知るわれわれとしては、ここまでの事態の展開をどのように受け止めたら良いのだろうか。外国伝道活動の見るべき進展もまた、形而下学的な「下部構造」抜きではなかったことになるのだろうか。

3・2　一八八六年三月二日付け書簡、伝道局理事会宛て

翌月に開催予定の在日宣教師団会議（四月二二日）に先だち、すでに仙台に赴いていたはずのホーイの報告を基にして、グリングは二五葉以上もの長い中間報告を書き送る。そこで言及されている将来の教育機関は、ある頁では「学校（College）および女子学校」と表現され、他の頁では「男子および女子のための学校」、さらには「伝道者養成のための学校」（for evangelistic work）という呼び方で言及されている。ホーイからの情報によれば、仙台の支援者たちは、もしも宣教師団が女子校のための準備を進めてくれるのならば、男子校のための土地と建物については、日本側が責任を持ってもよ

い、とまで言っている。成功を収めている他教派の実例に徴しても明らかなところである。

グリングは言う、われわれが教育的営為に実質的に参与することの必要性には疑問の余地はなく、それは日本における宣教活動にとって欠くべからざる分野である。確信するところでは、「東京でのわれわれの教育的活動が遅滞気味だったのは、実は、仙台という、より恵まれた領域をわれわれに備えるための摂理の賜物でした。……そうであるからには、日本派遣が求められているのは、二人の第一級の College 教師、および、改革派女子学校（Reformed Ladies Seminary）のための二人の教師となります」。それなのに、「事態がこのように遅延している理由が、わたしにはわかりません。……理由が〔本部の側の〕過度の形式主義でないとすれば、真因はどこにあるのでしょうか」。

グリングはさらに語調を強めるかのように、次のように記す。

〔日本〕政府は国民が外国人と交誼を篤くすることの益に気づき始めています。政府は次第に寛容となり、外国人、ことに宣教師が東京を離れることを抑制するどころか、むしろ勧奨し始めています。……わたしたちのように遅れて到着したために、早く到着した有力な宣教師団とは競合できない宣教師団は、このような好機を捉えるべきです。……この国の人々は、理知的な立場を取らず、文化的影響力も持たない宣教師団を相手にしてくれません。……わたしたちが東京で出遅れたため、仙台への招きに応じられるというのは、まさしく神の摂理であるとわたしは確信しております。仙台では、もっと大きく、もっと豊かな稔りが約束されているからです。

これらの言葉の端々から見えてくるのは、一方では、在日宣教師団自体が描く仙台転進の見取り図の未熟さ、ある種の楽観論であり、他方では、母教会の側の逡巡と遅滞、さらには、疑いようもないグリングの強烈すぎるほどの個性の問題ではないだろうか。到着したばかりのころのグリングの見方――日本で求められているのは、直接伝道であって、教育それ自体ではない――は変わってしまったのだろうか。ましてや、前記２・５で例示したような、「愚直な類型論」を押し付けようとする危険をも承認せざるをえない。

３・３　一八八六年七月二九日付け書簡、ジョンストン幹事宛て

グリングは、仙台訪問中に目のあたりにした二人の婦人宣教師の着仙報告を書き送る。これについては詳述の要はないが、ホーイが準備した日本式家屋に二人が喜んで住み始めた状況が手に取るようにわかる。続いてグリングは報告する、すでに何年にもなる（設立一八八〇（明治一三）年）仙台教会は現有教会員数一五〇名で、自立を果たしている。そこで問題となるのは、既存のこの教会を柱とする教勢拡張のための「直接伝道」と、まさに生まれ出ようとしている二つの学校を拠点とする教育活動、すなわち「間接伝道」との関わりである。

この段階では無理からぬことながら、二つの学校の「棲み分け」さえも依然として不鮮明なままと感じられる。九月から開設予定の女子のための学校は、「女性たち、すなわち、日本の将来を担う母親たちを教えることになるだろう女性たちの養育」を目指すが、男子学校はより狭く、「預言者〔福音伝達者〕の訓練、すなわち、将来の宣教者および学校教師の育成を目指す」と言われているだけで

ある。事実、ホーイの手紙によれば、すでに一人の青年が、「わたしについて神学を学びたいと申し出ている」のだった。それが最初の六名（秋からは七名）の誰であったのかは特定可能でない。

グリングによるならば、歴史の中の教会は「直接伝道」（宣教）と「間接伝道」（教育）との両極の間を揺れ動いてきた。置かれた状況に応じて、力点がこの両極の間を揺れ動いてきたからである。すべての教育的営為は、同時に伝道的目的と手を携えて進んできた。いずれが優先すべきかではなくて、究極的目標である「成熟した（full-fledged）教会」の形成、すなわち自立・自給（self-supporting）の教会形成が目標となるべきなのである。思い見るに、このような判断こそは、はるか過ぎ去った時代だけではなく、現在でも、いな、現在にこそ、聴く耳を見いだすべき預言者的発言ではないだろうか。

現地宣教師団からの財政的援助の求めは、日を追って激しさを増していく。

対して、伝道局の金庫はいつも枯渇寸前だった。『メッセンジャー』などによるならば、ドイツ改革派教会のこの時点での信徒数は約一七万人、教会数は一五〇〇足らずだった。参考までに付記するなら、東北学院も「関係学校」の一つである、日本基督教団の現況とほぼ同規模と言えるだろう。もっとも、上記の教会数の中で外国伝道に献金を寄せているのは三分の一でしかなかったが、教会員の社会階層などに目を向けるならば、事情やむをえなかったとも言えよう。開拓宣教師グリングからも、次第に現地に溶け込みはじめていたホーイ宣教師からも、伝道局の遅疑逡巡を難詰する語調が強まっていく。

わたしは八五〇〇マイルも隔たった仙台に居住しているので、長たらしい文通手続をいつも忍耐強く待てるとはかぎりません。……そうは言っても、わたしの判断力が、狂気じみた熱情によって正鵠を見失っているわけではありません（ホーイ書簡一八八六年一〇月一五日付け）。

忍耐の緒が切れたかのように、グリングの難詰の矛先は、伝道局にあって財務を担当するルドルフ・ケルカー（Rudolf Kelker）長老にまでも向けられる。ジョンストン幹事から返ってきたのは、グリングの若気をたしなめるかのような厳しい叱責の言葉だった。グリングの最終決断の時は遠くなかったとでも言うのだろうか。

3・4　インタールード（2）

一八八六年の初冬（一二月七日）に仙台で開催が予定されていた在日宣教師団会議出席のため、グリングは家族を伴って仙台への旅を試みる。「仙台での新しい展開」を口にするのは容易であるが、それがこの時点ではどれほどの労苦を伴ったかを推察するよすがともなるので、短いインタールードを挿入することにしよう。ホーイの場合もそうであったが（グリング一八八七年二月一日付け書簡）、プルボーとオールトの仙台への旅は、横浜から蒸気船（メール・ボートと呼ばれた）で石巻（荻浜）まで、そこからさらに小舟に乗り換えて塩釜で上陸、仙台までは人力車による丸二日の旅だったことが、一八八六年七月二九日付け書簡などからも知られる。

他方、グリング一家は一一月一七日の早朝、上野発の列車によって、開通していた北限の那須まで到達、当然のこととして日本旅館に一泊する。洋式のベッドしか知らない一家は、聖書に頻発する

ドイツ改革派在日宣教師団（1889年）

「床を担いで」（ルカ五・一八、二四など）の意味を、畳に敷く布団という寝具からようやく実感できたなど、逸話にはこと欠かない。翌日、人力車で出発した一行は乗換を重ね、夕刻までに三〇キロほど離れた白河に到達した。さらに一泊の後、三日目からは郵便馬車を利用して降雪の中を福島まで到着、さらに泊まりを重ねた末の仙台着は四日目のことだった。途上で目にしたのは、建設中の鉄道伸展工事だったが、「これが完成すれば仙台への旅は一二、一三時間の快適なものとなることでしょう。朝食は東京の自宅で、夕食は仙台で、も可能となるはずです」と旅行記は結ばれている（『メッセンジャー』二七－一六号）。一家の仙台滞在は二週間半にも及んだ。

ついでながら、上野－塩釜間の鉄道開通は一八八七年一二月一五日のことで、明治天皇が記念乗車したと伝わる。在日宣教師団との関わりで言えば、一二月二一日に横浜に着いたシュネーダー夫妻がその利便にあずかった最初の事例となる。ただし、この着任の旅も途中の福島で一泊を余儀なくされたため、仙台到着は一八八八年一月一日となった。この時点で宣教師団の総勢は、モール夫妻、ウィリアムとメアリ・ホーイ夫妻、プルボー姉妹、さらにシュネーダー夫妻にまで成長していた。

3・5　インタールード(3)

『メッセンジャー』一七一七号は、一二月二九日付けでグリングが送った仙台滞在の詳報を掲載する。東京で蔓延していたコレラに罹患（グリング夫妻と次男）した後だけに、仙台での再会はことのほか喜ばしいものだった。二人の婦人宣教師たちが始めた女子学校は順調だし、ホーイ宣教師は日本語の研鑽と「伝道者養成学校」で多忙な日々を送っている。仙台では折から信仰復興運動の波が盛り上がり、毎朝の早天祈禱会は盛況を極めていた。「一二月の最初の聖日に、わたしは七人の求道者に洗礼を施し、聖餐式を執行しました」。押川師はきわめて真剣で霊的、かつ有能な牧会者であって、折から計画中の会堂建築のために教会員たちを励まし続けている。

ある日の午後、ホーイ師はわたしを「仙台伝道者養成学校」に連れて行ってくれました。わたしたちは徒歩だったのですが、道々ホーイ師は距離の遠いこと、町の中心部からかなり離れていることを弁解しました。ローマも一日にしてはならなかったし、キリストご自身もベツレヘムの僻村に生まれられたのですから……。もっとも、本当の理由は、家賃を節約するためだったのです。それは毎月三・五ドルの額です。そこでは七人の謹直な学生たちが学んでおります。一時間

仙台神学校　押川とホーイを中心に（1886年秋）

目は英語のドリルそのもの、続いて押川師の通訳を介してホーイ師によるヨハネ福音書講解の授業でした。その後の数時間、神学生のための日本語の教本を基に押川師の講義が続きました。

……いつの日にか、今はまだささやかなこの伝道者養成学校は、北日本全体でも最大で、もっとも影響力のある神学校（Theological Seminary）になることでしょう。……望ましいのは、いくつかの講義室、さらに三〇人程度の学生を収容できる寄宿舎ですが、市内のもっと便利な場所が得られますように。

ホーイ自身の筆によるいくつかの報告書と並んで、後の東北学院の最初期のルポルタージュと思われるので、長文をいとわないことにした。なお、この東北学院発祥の地は、木町通・北六番丁角なので、現在の東北大学病院構内の北端、歯学研究科棟の辺りと推測される。

　グリングはさらに、この時点での現地教会の概況を報ずる。委細には立ち入れないが、仙台、岩沼、石巻、古川、函館、および福島の教会には男性二三九名、女性九八名の教会員がおり、その内、男性五九名、女性一五名は過去一年間の加入である。男性が圧倒的に多数な点に注目さるべきであろう。この一年間の献金総額は一一〇〇ドルを超え、中会には准允を受けた伝道師五名、按手を受けた正牧師はホーイを含めて三名が在籍する。女子学校には四一名、仙台神学校（Sendai Evangelistic School）には九名が在学する。後者には、秋になってからも数名の入学者があったと思われる。[23] 付言すれば、二週間あまり後、一八八七年一月一九日付けで送られたグリングの報告書では、函館教会も自立を達成したし、室蘭においては二四名の受洗が報じられている。

4　グリングの帰米から教派離脱まで

いささか情動的ながらも律儀で筆まめなグリングは、在日宣教師団議長としての職責の念もあったのだろうが、直前の報告書の二週間後（一八八七年二月一日）には、外国伝道局本部宛てで在日八年目の年次報告を書き送る。開拓者としての自覚も踏まえつつ、グリングはこの過ぎ去った歳月が自分にとって何を意味したのかを振りかえる。第一には、ドイツ改革派教会自体が海外伝道に目を開かれたこと、次に、その向かう地として東北、中でも仙台を決断したことの意義をグリングは感謝する。

　そうは言っても、この時点でのグリングの自意識では、東京の日本橋教会を拠点とする伝道活動こそが自分の本務であった。教勢はいくらか遅滞気味ではあるにしても、過去一年間で一一人の受洗者が与えられたこと、伝道師千村〔木曽〕五郎の援助を受けつつ、依然として「ハイデルベルク信仰問答」による訓育が続けられていること、モール宣教師と協力して王子、岩槻などでの開拓伝道が継続されていることなどが報じられる。この一年間の授洗総数は四七名に上るという意味では、「おそらく、これまででもっとも成果の挙がった年」と言えるかもしれない。

それにもかかわらず、なおも問わなければならない、果たして、二つの伝道拠点を保持し抜くだけの人材と資金とは十分なのだろうか、と。仙台進出を決断したからには、先覚者の自負の念を別としても、二つの教育機関が競合する他教派（間近には、同じ年の一八八六年、新島襄ら組合教会による東華学校設立など）と肩を並べるには、莫大な資金が必要なことは明らかだった。モールが東京の拠点「死守」に固執しただけに、グリングの内心の分裂は大きくなるばかりだった。東北学院創立百周年記念諸事業の生んだ最大の収穫の一つは「ホーイ・ルネサンス」、すなわち、厳密に資料に裏付けられたホーイの発見であった。しかし、最初の伝記記者メンセンディークの以下の文章にはいささかの疑念が残る。

もっとも大きな面倒を引き起こすことになったのはグリングであった。彼はそもそもの始めから仙台神学校に反対の立場を取った。東京にある一致神学校で十分だと考えたからである。彼は限られた人的・金銭的資源は直接伝道に向けられるべきだと主張した。[24]

そうとは断言できない所以は、これまで縷々述べてきたところからも明らかだろう。もっともそれだけに、グリングの内的葛藤が激しかっただろうことは誰にも否めない。グリング夫妻の健康問題も深刻さを増す一方で、すでに八年を越えた緊張の連続は賜暇休暇を必要としていた。仙台に着任したばかりだったプルボーまでが、すでに半年前に「気の毒なことに、ミスター・グリングの印象は見る者を心苦しくします。弱々しげな外見からも、知的活力がだんだんと抜け去っている人のようにわたしには思われます」とケルカー財務担当に書き送っているほどだった。[25]

一八八七年三月一六日、外国伝道局理事会はグリングに帰国許可を与えることを決議した。築地二八番地の家屋の処理を含む諸々の残務整理の上で、五月一日までには離日し、帰国の途に着くようにとの指令だった。本部が現地に送るすべての公文書（例えば、契約書など）がそうだったのかどうか、ここでは確かめようはないが、いかにも瑕疵一つない法律調の言葉遣いからも、両者の間の緊迫した関係が感じられてならない。ドイツ改革派教会全国総会の管轄下にある伝道局と、現地で苦吟する宣教師たちとの「法的」位置づけはどうだったのだろうか。果たして、キリストにあって対等な同労者だったのか、それとも、法的にはあくまでも雇用者と被雇用者だったのか、さらには、日本で活動を展開していた他教派においてはどうだったのか、ここでは明言のすべがない。

グリング夫妻と三人の子どもの一家は、指示された期日までに帰国した。翌年（一八八八年）の伝道局再編から満五〇周年を記念して出版された『合衆国改革派外国伝道局五〇年略史』では、以下のように記されている。

グリング宣教師夫妻の長引く健康への不安のゆえと、母国に戻りたいという彼らの願いを外国伝道局は聞き入れて賜暇休暇を許した。彼らはそれを受け入れ、一八八七年五月にサンフランシスコに到着した。グリング宣教師は現在もまだ母国に留まり、日本におけるわれわれの宣教事業拡張のために、各地の教会を歴訪している。われわれも、わが教会員たちの心からの歓迎の意を彼らにお伝えしたい。それは、われわれはグリング夫妻の努力が必ず報いられる、と確信しているからである。[26]

このパンフレットは一般教会員向けのプロモーションを意図していたので、当然ながら文章としては抑制されている。しかし、この間にも、グリングと伝道局（あるいは、その担当者の一部）との間の軋轢は強まる一方だったのである。

無論のこと、『メッセンジャー』などの機関紙で公になることはなかったが、一八八八年五月二一日付けでグリングは、交替したばかりのバーソロミュー幹事（Allen R. Bartholomew）に宛てて書簡を送る。実際、グリングは彼が与えている「誤った印象」を是正するため〔理事会〕出頭が求められていた。帰国からすでに一年を経ていたグリングには日本帰任が指示されていたが、「誤った印象」とは、帰任が本部による「一刻も早い厄介払い」（"to get him out of the country as soon as possible"）だという風評だった。それらすべての起因は、宣教師たちに対する本部の姿勢、すなわち「個人としてではなく、部下・配下として（"not as men, but as underlings"）扱おうとする態度にほかなりません。……わたしは誰〔ケルカー財務、あるいは理事会全体〕に対しても自分の良心を譲り渡そうとは思いません」。グリングに、ここまで言わせた問題の本質は何だったのだろうか。

もっとも、このような反感は、何もグリングだけに限ったものではなかった。築地二八番地の住居を、しかも、購入時よりも高額で売却するよう指図する伝道局に対して、ホーイも書き送る。「東京から何千マイルも離れた母国の人々が、当地での不動産の価格を知っているなどと言いつのるのは、まことに奇怪な話です」（一八八七年一一月二四日付け）。地理的懸絶よりは、共感・共棲の努力の問題だったとしか思えない。

ついでながら、タイプ書きのこのグリング書簡の余白には筆跡不詳ながら、「この手紙を書いた数日後に、グリング師は本部の許可を得ることなく、ロンドンで開催の世界宣教師会議に出席のためロンドンに向けて出帆した」と付記されている。[27] 旅費は、後になって結局は伝道局が弁済することになったにしても、グリングの側にもまったく非がなかったとは言い難いだろう。グリングの離日直後、山形に英和学校が開設されることとなり、モール夫妻は転任を余儀なくされ、すでに限界にあった人的・財的緊迫の度は強まるばかりだった。教会による直接伝道か、学校を介する間接伝道かという永遠の問いは、なおも残続することとなる。付言しなければならないが、ホーイを中心とする在日宣教師団は、このグリングと本部との間の緊張関係においては、いつも基本的にはグリングの側に立っていた。ホーイの手紙から引用しておこう。

……わたしたちはグリング師が皆さまに、どのような痛みと出費を強いることになったか、知りすぎるほど知っております。しかも繰り返し申しますが、在日宣教師団は誰ひとりとして、グリングの個人的な敵ではありません。万が一にでも、敵意といったものに動かされるようなことがありませんように祈ります（一八八九年七月二〇日付け、ケルカー宛て書簡）。

いずれにしても、終わりは遠くなかったのである。

一八八八年八月二〇日、グリングと伝道局との間で結ばれた正式な合意書により、九月一日をもって退任することが決まる。伝道局を代表して理事長のクレメント・Z・ワイザー（Clement Z. Weizer）と、バーソロミュー幹事が署名した。伝道局側はグリングの退任が、目下の急務である仙台神学校増強のために、人件費に余裕がないからだと教会員を説得しようとするが、グリングの支持者たちの一部は、退職が「辞任」ではなくて実は「罷免」だと言い張った。これ以上の詳述は不要だろうが、一言するならば、支持者たちは翌一八九〇年五月開催のドイツ改革派教会全国総会に特設委員会の設置と、第三者的な調査を要求した。実際に委員会が設置されたが、結論としては、伝道局側の言動の是非をめぐる判断は特設委員会の権限を越えること、いずれにしても、グリングと伝道局とはもはや協調不可能で、退任はやむをえないこと、それはグリングの人格に対する毀誉褒貶とは関わりがないことを確認する、という趣旨の答申書が提出された。いつの時代、あるいは、どのような組織にあっても、このような窮境の中ではやむをえない処理だったことになるのだろうか。

一八八九年五月七日付け、ワイザー理事長名による公開書簡は、同月一日をもってグリング宣教師が最終的に退任したことを公にする。理事一同と、折から訪米中の押川方義との頻繁な面談、彼が与えたであろう強烈な印象とが、仙台神学校（Sendai Training School）一点集中の教会的決断に及ぼした影響をめぐっては、憶測の域を出ない。しかし、公開書簡の最後の一節は押川の訪米についても言及し、それは伝道局側の最終決断にとって「摂理の働きとさえ感じられる」と記す。果たしてそうだったのだろうか。[28]

いずれにしても、それが、ドイツ改革派教会資料保管庫に残されているグリング関連文献の最後である。数ヶ月後、グリングは教籍を聖公会に移す。

5　聖公会司祭としてのグリング

すでに2・6「インタールード(1)」で部分的に述べたところであるが、日本の敗戦後間もない一九四九年一〇月のこと、グリングの後妻ガートルードは亡き夫の記録や記憶を求めて、旧ドイツ改革派教会（当時はすでに教派合同によって、Evangelical and Reformed Church と名称が変わっていた）のフィラデルフィアにある外国伝道局本部に問い合わせの手紙を送っていた。事務局の担当者は懇切に対応し、例えば、ヘンリー・ミラー（Henry. K. Miller 一八八六－一九三六）の *History of the Japan Mission of the Reformed Church in the United States: 1879-1904*[29]を参照するように勧めている。ミラー自身は一八九二年に男性としては五番目の宣教師として来日し、東北学院（神学部）や宮城学院（第五代校長）など関係諸学校、さらに東北の日本海側のいくつかの教会、後にはモールの後任者として東京周辺の教会で長く奉仕した。しかし、直接にグリングを見知っていたはずはないだろう。

東北学院とグリング一家との次の出会いは、これまた既述のように、さらに四半世紀も後、一九八

晩年のグリング（聖公会司祭として。自筆の署名付き）

四年秋、後妻との間の長女ガートルード・グリング・インス夫妻の訪問だった。持参のコピーの中には、一八七九年と記された個人的追想録も含まれる。本稿のここまでの記述との関わりでは、以下のようなグリングの自己理解の記述が引用に値しよう。

〔仙台をホーイに、東京をモールに託した後〕わたしは家族と共に短い賜暇休暇を得て帰米した。それは休息を取るためというよりは、四万ドルの醵金と、仙台の男子学校のための二人の教員を獲得するためだった。願ったほどの成果を挙げることはできなかったが、一人の有能な教員が得られたし、教派内部の関心を盛り立て、募金への刺激を与えることともなった。さらにわたしは、仙台の女子学校の校舎建築のため、八〇〇〇ドルの醵金の約束を取り付けることができた。

「獲得した教員」が誰を指すのかは不詳である。もしもシュネーダーを指すならば、同夫妻の着仙は翌年元旦になったにせよ、派遣は既定の路線だったのでグリングの貢献とは言い難い。女子学校についても同様である。もっとも、前掲の一般信徒向け「五〇年史」は、「グリング夫妻の努力が必ず報いられると確信している」と書くことができたのである。いずれにしても、グリング自身の想憶によればこうである。

晩年のモール（『在日40年の思い出』1934年より）

そこで顕著な転換（「乗り換え＝路線変更」transfer）が起こった。それは、改革派教会派遣の最初の宣教事業から、合衆国プロテスタント聖公会への転籍だった。わたしたち夫妻の感慨としては、開拓者宣教師としての責務は十分に果たし、東京とその近辺、および仙台における礎石は確かにしたということだった。それで、このような転籍は宣教活動の上でも、わたしたち自身にとっても、より有意義と思われた。わたしは聖公会に籍を転じ、聖公会司祭に任じられた。わたしたちが派遣された先は、日本の仏教と芸術の中心地、京都だった。

こうしてグリングの「第二の人生」が始まった。

後の平安女学院の基礎を据え、聖三一教会の造営などの事業を終えたグリングは、米国に病身の妻と四人の子どもたちを残して単身日本に帰任し、以後は日本海側（敦賀、美浜、小浜、宮津など）の伝道に献身する。

わたしに備えられていたのは、一〇〇キロにも及ぶ日本海沿いの伝道地だった。わたしは六年間にわたって日本式家屋を住まいとし、日本食のみによって生活した。日曜日ごとに、わたしは町から町へと移動しては、委ねられた四つの会堂で説教と聖礼典執行に日々を献げた。……どの教派にせよ、外人宣教師と出会うことは皆無に近かったが、わたしの献身は豊かに報いられた。わたしは教会員たちを愛し抜いたし、彼らもわたしを敬愛しただろうことは疑えない。

宮津に在任中、わたしは四〇〇人の有為な青年たちと二五人の教員をかかえた中学校で、英語の教鞭を執ることになった。この一年は、わたしにとってもっとも有意義な日々となった。それは、わたしが英語と英文学を教える好機となったからである。日本だろうが、他の国々だろうが、英語と英文学を教えることは、もしも適切にことが運ぶならば、人々の進歩にとって好個の機会となるからである。

長年にわたって、わたしは英語を教えることを頑固に拒み続けてきた。ただひたすら、「宣教事業」のみに傾注してきたからである。しかし、わたしは考えを変えざるをえなくなった。日本語による優れた説教ならば、日本人説教者に一任できようが、英語と英文学を教えることは、英語を母国語とする者に委ねられるべきだからである。

日本着任から間もないころ、「わたしにとって最初の、そして最重要な課題は、これらの人々をキリスト者にすることです。……ある人をキリスト者にすることと、学識のある人間に育てることとは別事だからです」と明言していたグリングはどこかへ行ったのだろうか。「追想録」と銘打ったこの文献の由来や仔細にわたる事柄の信憑性を確かめるすべはないが、ここでは伝道と教育、教会と学校、信仰と学問という長く重い、キリスト教史を一貫してきた問題に、新しい曙光が差し込み始めたとまでは言っても良いのだろうか。この問いの重さは、グリングが去った後の仙台、東北、日本でも大きくは変わっていないと思われてならない。

6　非完結的むすび

新約聖書の全文書の中で、ほとんど疑念の余地もなく真正パウロ文献、さらには新約聖書でも最初期の文書と思われるテサロニケの信徒への手紙一の結びの箇所で、使徒はテサロニケの信徒たちのためにこう祈る。

> どうか、平和の神御自身が、あなたがたを全く聖なる者としてくださいますように。また、あなたがたの霊も魂も体も何一つ欠けたところのないものとして守り、……非のうちどころのないものとしてくださいますように（五・二三）。

守られるべき人間全体が、「霊」（πνεῦμα）、「魂」（ψυχή）、および「体」（σῶμα）と弁別して表現されていることになる。問題は、すでにウルガータも、エラスムスを含む一六世紀の宗教改革者たちも踏襲した訳しかたのように、spiritus、anima、および corpus によって、人間の心身の働きのどの部分が指示されているのかとなるだろう。

ここではこの三つの間の異同を、宗教改革者カルヴァンの新約聖書注解から聞くことにしよう。[30]

カルヴァンによれば、霊とは人間の知性・知識・知恵、魂とは、その知性・理性を神の栄光へと向かわせる心の向け方・あるいは敬虔・心情、そして体とは、言うまでもなく、霊と魂とを納める器・肉体的・物質的な人間の在り方を指す、と説明される。霊と魂と体という三分法は、パウロにおけるギリシア思想の影響ではないか、という問いが可能かもしれないが、ここでは判然と、「肉体は牢獄なり」という肉体・身体・物一般を軽視・没却し、救いとはそこからの離脱・救出だとする思想類型は止揚されている。加えて同様の並置法は、すでに旧約聖書、例えば詩編一六、イザヤ二六・九等々でも見いだされるところである。

そうであるからには、この祈りは、パウロの心に親しかったテサロニケ教会の信徒たちだけのためだけではなく、それ以後の二〇〇〇年を一貫して、キリストの体なる教会（広くは、キリスト教界）の在り方に通底する祈りと言えないだろうか。わたしたちの霊（すべて、真実・真理なるものへの愛）と、魂（信仰と敬虔への涵養）、そして体（健全で健康な器・組織・体制の育成）とが、三面とも揃って成長し、終わりの日に、面を挙げて神の御前に立つことができるように、と。本書の通奏底音である「福音」とは、まさにこの使徒パウロの祈りに合わせられることではないのだろうか。

ここまで記述してきた福音伝達者としてのアンブローズ・グリングもまた、このパウロの祈りに合わせられようとして、生涯を走り通したことに疑いはない。ドイツ改革派教会が一八三八（天保九）年に外国伝道局を組織した事情については、以前にも略述した。その後、数十年の不振な時期があったにしても、設立当初の素志には変わりはなかったはずである。最初の憲章の冒頭にはこうある。「伝道局理事会の目的は、異教徒の間にキリストの福音を広めることにある。それは福音の説教、学校教育、出版物の刊行による」[31]。

福音の直截的な宣布によって人々の「魂」を、生きた供え物としてキリストの祭壇に供える、それは疑いもなく宣教師グリングの生き甲斐だった。教派帰属の変更以前も以後も、授洗者の数を報ずる筆致には歓喜と感謝の念が横溢している。しかも、一時的な感情の昂揚に終わることなく、歴史の中に定位するためには、「霊＝知性」が開明・深化されるのでなければならない。学校教育とか刊行物とか表現されているのは、そこへの道程にほかならないだろう。そして最終的には、これらの営為のすべては、キリストの「体」なる「教会」がこの世で建てられ、確かなものとされることを目指す。「成否は誰かあげつらう」（土井晩翠）としても、グリングもまた「目標を目指してひたすら走った」（フィリ三・一四）ことを再確認したい。

注

1　全体の参考文献としては、概説的ながら、出村彰監訳・解題「合衆国改革派外国伝道局五〇年史」（宮城学院資料室年報『信・望・愛』二一号、二〇一五年）、三－四九頁（以下「五〇年史」と略記）。原題は、*Historic Manual of the Board of Commissioners for Foreign Missions of the Reformed Church in the United States.* Published by Order of the Board (Pottsville, PA: Standard Publishing Co., 1888)。なお、「宮城学院の宣教師群像 Since 1886」（同上一八、一九号、二〇一一、二〇一二年）参照。

余事かもしれないが、興味深い交信が残されている。一九六〇年一月一〇日付けで、グリング家系の一人(Mrs. J. Arthur Seebach) がフランクリン・アンド・マーシャル・カレジ図書館司書に宛てて、先祖の系譜を尋ねた文章と、その返信である。司書は調査の上で、グリング（元来はKringと綴られたらしい）一族は、少なくとも四人の「聖職者」（John Gring 1801-1885, Daniel Gring 1811-1882, William Augustus Gring 1838-1889）、およびAmbrose D. Gring（1848-1934）を輩出している旨の返信を送っている。ただし、互いの係累関係は不詳である。

2　『東北学院の一〇〇年　*A Pictorial History of Tohoku Gakuin 1886～1986*』（学校法人東北学院、一九八六年）全一五〇頁、『東北学院百年史』（学校法人東北学院、一九八九年）全一三八四頁、『東北学院百年史　資料篇』（学校法人東北学院、一九九〇年）全九七四頁、『東北学院百年史　各論篇』（学校法人東北学院、一九九一年）全五三四頁。『東北学院の歴史』（学校法人東北学院、二〇一七年）全一六七頁。

3　『東北学院七十年史』（東北学院同窓会、一九五九年）全一〇二六頁中、四四－五四頁。グリングについては四八頁。

4　第一三号（二〇一四年三月）、二一－二五頁。

5　棚村重行『二つの福音は波濤を越えて――十九世紀英米文明と「日本公会」の運動及び対抗運動』（教文館、二〇〇八年）、七五三＋xxvii頁参照。

6　本書の出版のため、グリングは五〇〇ドルの「借入」を余儀なくされ、後日、その返済をめぐって伝道局との間での数次の交信（例えば、一八八五年一二月一九日付け書簡など）が残っている。グリングによれば伝道局は相応額の援助を約束しておきながら、実際には果たしていないことへの不満が表明されている。もっとも、「幸いにも、本書の売れ行きは好調です」ともある。未払分は結局、帰国後になって某大学教授夫人の献金などで返済された。なお、本書については、沼倉研史「一八八四年出版Ambrose D. Gringの漢和英字書について」（二〇一一年七月、日本英学史学会本部四六五回例会発表）、同「Harriet Gringの手紙に見る對訳漢和英字書の成立過程」（二〇一二年四月、四七二回例会発表）などを参照。

今では、*Eclectic Chinese-Japanese-English Dictionary of Eight Thousand Characters. Selected Chinese Characters Including an Introduction to the Study of These Characters Used in Japan and an Appendix of Useful Tables, 1884.* という題名のもと、デジタル・ライブラリー（http://www.archive.org/stream/eclecticchinesej00grinrich#page/

n5/mode/2up）で検索できるほか、同じ書名のペーパーバックとしても入手可能となっているところから、その重要性が見直されているとの推測が可能かもしれない。グリングの全体像の評価のためにも、この面での研究の進展に期待してやまない。

他に、宮田和子「対訳漢和英字書 Eclectic Chinese-Japanese-English Dictionary(1884) について——継承関係を中心に」（二〇一一年九月、中国語学会関東支部例会発表）、同「A・D・グリング編、對訳漢和英字書 *Eclectic Chinese-Japanese-English Dictionary*,1884の参照文献をめぐって」（『或学』七九、No.22、二〇一二年、関西大学近代文化接触研究会）http://www2.ipcku.kansai-u.ac.jp/~shkky/.../no-22/07MIYATA.pdf 参照。

2・6「インタールード」で引用した遺族が、仙台に持参したグリング自身の「回想録」によれば、結婚前は教員だったグリング夫人もまた、六七四頁にも及ぶ本書の英訳部分の執筆や校正にも貢献したとある。話し言葉の日本語はさほど修得が困難ではないが（子どもたち三人は、完璧にバイリンガルだった）、「書き言葉となると、元来は中国語だった語彙が数多く導入されたので、しかも絵文字のような漢字の採択のゆえに、きわめて習熟が困難である」とグリングも記す。沼倉研史編、Hattie Lucretia Gring 書簡集 (*Japan through Western Eyes: Sources from the William R. Perkins Library*), Duke University 所蔵、Reel 19参照。

上で触れた「回想録」には、このように活写されている。「わたしは日本語による最初の説教を、九段地区に借りた日本家屋で試みた。雨戸と障子を開け放ち、日本語の先生が用意してくれた説教をひたすら読み上げるだけだった。通行人の中には興味をもって短時間だけ立ち止まる者もあったが、敢えて中に入ろうとはしなかった。日本では、知らない人の家に歩み入ることは非礼と思われているからである」。記憶の鮮明さと、その時、その場で書き送った書簡との合致に感服のほかはない。

7　日本語訳の歴史的研究としては、石丸新『改革派カテキズム日本語訳研究』（新教出版社、一九九六年）、特に四二－八四頁参照。ただし、下記『鄙語……』と、『基督教……』の刊行年代に関しては、グリング自身の言葉と合致しない。いっそう精緻な書誌学的研究が望まれるゆえんである。石丸の本書出版後も、現在に至るまで様々な日本語訳を手にできる。参考までに、第一問を、最初の三種類と私訳のみで掲載する。

『聖教信徒問答』〔ミラー〔美露々＝オランダ改革派一八七三年？　一八八一年〕「生死〔イキシニ〕ともに汝の単一なる安慰〔ナクサメ〕はなんぞや」

『鄙語海徳山問答全』　一八八四年「生死〔イキシニ〕ともに、汝〔アナタ〕の唯一〔タダヒトツ〕の安慰〔ナグサメ〕は何で御座りますか」。

『基督教海徳山問答全』　一八八五年「何が、生きたると、死たるに於て、唯一の、汝安慰〔アナタノナグサメ〕で、有之〔ゴザリ〕ますする」。

出村　彰私訳「生きているあいだも、死に臨んでも、あなたのただ一つの慰めは何でしょうか」。

答え「わたしがわたし自身のものではなく、体も魂も、生きているあいだも、死に臨んでも、わたしの真実な救い主イエス・キリストのものだ、ということです」。

8　千村（木曽）五郎への直接の言及は、例えば、一八八七年二月一日付けグリング「年次報告」など参照。千村についての精緻な研究は、茂住實男「千村五郎——蕃書調所最初の英学教師」（『日本英語教育史研究』四、一九八九年）、三七－五七頁を参照。木曽五郎をめぐる『東北学院百年史』の記述（一五一－一五三頁）には正確さに欠けがある。

9　『恵みに生かされて——越谷教会一〇〇年史』（日本基督教団越谷教会、一九九八年）、一七、九四頁。

10　例えば、カルヴァン・出村彰訳『旧約聖書註解　詩篇Ⅰ』序文（新教出版社、一九七〇年）、九頁。

11　Jairus P. Moore, *Forty Years in Japan, 1883-1923* (Philadelphia, PA.: Board of Foreign Missions, 1925), 221 pp.

12　『大宮教会九〇年史』（日本基督教団大宮教会、一九九五年）参照。

13　Bruce Gordon, *John Calvin's Institutes of the Christian Religion: A Biography* (Princeton Univercity Press, 2016). 出村彰訳『『キリスト教綱要』物語——どのように書かれ、読まれてきたか』（教文館、二〇一七年）、一七四－一七九頁。

14　ノッス宣教師については、Armin Kroehler, *Forth to Sow: The Life of Dr. Christopher Noss, Pioneer Missionary in Northern Japan* (Kyobunkwan Publishers,1961) 参照。

15　『東北学院英学史年報』（東北学院大学英語英文学研究所編、一九八〇年－）など参照。

16　Reprint. Originally published(Chambersburg, PA.: Office of the "Weekly Messenger," 1843; Philadelphia & Lippincott). Reprinted (Publication Office of the German Reformed Church,1844), i-x, 11-149 pp.　現代版は、Bruce Kuklick ed.,*American Religious Thought of the 18th and 19th Centuries* (New York & London: Garland Pub., 1987), 3-56 pp.

17　チャールズ・フィニーについての最新で、簡にして要を得た紹介は、森本あんり『反知性主義――アメリカが生んだ「熱病」の正体』（新潮社、二〇一五年）、一七四－一八三頁。

18　ネヴィンの生涯、神学思想、その影響に関わる文献は膨大な数にのぼり、接近も容易である。取りあえず目にしたかぎりでは、ネヴィンに関する最新の文献紹介は、http://www.mercersburgtheology.org/?page_id=88などが簡便。僅かに、日本における数少ない言及として藤野雄大の名を挙げるに留めよう。「自由と秩序――マーサーズバーグ神学の礼拝観」（『東京神学大学報』二七六号、二〇一三年一〇月）、および「ジョン・W・ネヴィンの神学形成と対内的影響との関連性について」（『神学』東京神学大学、七四号、二〇一二年）、二九六－三一七頁。最新の論文として、「ジョン・ウィリアムソン・ネヴィンの信条主義的神学に見る一九世紀前半の米国におけるリヴァイヴァル主義と信条主義の対立の様相」（歴史神学研究会編『歴史神学研究』Ⅰ、二〇一七年）、八九－一一三頁。論文題の二つの立場の対立を、前者の反礼典性、非歴史性、分派的傾向に対して、教理問答を経ての堅信礼の重視、歴史的公同教会が保持してきた諸信条の堅守、聖書の私的解釈ではなくて教義的規範性の重視と読み直す執筆者の理解には、共感を禁じられない。遠くない将来、本格的単著の公刊を鶴首して待つ次第である。なお、この論文（九二－九四頁）には、同時代のイェール神学校の主流をなした「ニューヘイブン神学」への簡潔な言及があり、長老派内部での新派と旧派の論戦が略述されている。本書（三四八頁）の記述との関わりで、長老派、オランダ／ドイツ改革派を問わず、カルヴァン主義諸教派内での分裂を示唆するかのごとくである。

19　Moore, *Forty Years in Japan*, p. 54.

20　前掲「合衆国改革派外国伝道局五〇年史」一六頁等。

21　出村彰「ドイツ改革派の伝道の神学」（『東北学院百年史　各論篇』）、一一二五－一一六九頁。再録　出村彰『ツヴィングリ——改革派教会の遺産と負債』宗教改革論集　２（新教出版社、二〇一〇年）、一六九－二二一頁。なお、「W・E・ランペ『過去四十年間の外国伝道の目的と方法』一九二七年」は、『東北学院百年史　資料篇』、七七三－七六三頁参照。

22　出村彰「外国からの来学者相次ぐ——本学院の発展に感激」『東北学院時報』四一二号（一九八四年一一月一五日）、六頁。

23　新しい文献としては、『日本基督教団仙台東一番丁教会一三〇年史　資料編Ⅰ』（二〇一二年）、五九頁以下「教会員名簿〔受洗者・転入会者〕一覧など参照。

24　C. William Mensendiek, *Not Without Struggle. The Story of William E. Hoy and the Beginning of Tohoku Gakuin* (Tohoku Gakuin,1986). 出村彰訳『ウィリアム・ホーイ伝——苦闘の生涯と東北学院の創立』（学校法人東北学院、一九八六年）、七八－八一頁。

25　*The Letters of Elizabeth Poorbaugh* (Miyagi Gakuin, Sendai, 1996), p. 10（一八八六年七月二九日付け書簡）.

26　「五〇年史」、一九頁等。

27　この年に開催された世界宣教師会議については、Thomas A. Askew,"The 1888 London Century Missions Conference: Ecumenical Disappointment or America's Missions Coming of Age" (http://www.internationalbulletin.org/issues/1994-03/1994-03-113-askew.pdf) を参照。

28　一八八九年三月から翌年五月までに及んだ押川の最初で最後の「外遊」については、『東北学院百年史』、四〇四頁以下を参照。在日宣教師団を含めて送り出しに熱意を示した日本側に対し、伝道局は財政難を理由に躊躇を見せた。伝道局側は、大西洋・シベリア経由の電報によって"Don't send him"と送信したが、打電手の打ち間違いから"Send him"となり、日本側を鼓舞したなど（メンセンディーク『ホーイ伝』八二頁）エピソードにもこと欠かない。結果的には、押川の主観はあったにしても、宣教地の生の声を初めて聴いたアメリカ側にも裨益するところが少なくなかったことになる。以後、押川は宣教師と同額の給付を受けることとなる。

29 (Philadelphia: Board of Foreign Missions of the Reformed Church in the United States, 1904), vii + 127 pp.

30 *Joannis Calvini Opera Quae Supersunt Omnia: CR* 52, 178-179." ..... anima pro sede affectuum capitur, ut sit pars spritui opposita. Ergo quum nie audimus nomen spiritus, sciamus, v notari rationem vel inteligentiam: sicut animae nomine designatur voluntas et omnes affectus. ..... Quomodo enim totus homo integer, nisi quum purae sunt et sanetae cogitationes, quum recti omnes et bene compositi affectus, quum ipsum denique corpus nonnisi bonis operibus nam operam minsteriumque impendit?"『カルヴァン　新約聖書註解XI　ピリピ・コロサイ・テサロニケ書』蛭沼寿雄・波木居斉二訳（新教出版社、一九七〇年）、二三四－二三六頁。

31 「五〇年史」、九頁。

付記

本稿執筆にあたって、東北学院史資料室研究員（前大学総務部長）日野哲氏には、一次資料の選別・整理・原稿の閲読、図版の作成など、多大な支援を受けた。特記して、心からの謝意を表する次第である。

第二章　福音と教育――現代思想との対話の試み

佐々木勝彦

はじめに

同じ世代の受講者であっても、教育現場は実に多様であり、常に変化している。各教育現場の歴史的・社会的背景は異なり、それに関わる人間の経験もまったく異なっている。したがって、教育について論ずる際には、その現場に関わる特殊性と普遍性をあらかじめ明確にしておく必要がある。

本論において「教育現場」と言うとき、それは、一昨年（二〇一六年）まで教員として勤務していた東北学院大学という特殊な場を念頭に置いている。筆者はこの限定された場のなかで、常に「福音と教育」という課題に向き合ってきた。具体的には、一年次の学生を対象とした「キリスト教学Ⅰ」と、三年次の学生を対象とした「キリスト教学Ⅱ」を担当した。[1] この場の特殊性は、受講生にとってこれらの科目は必修科目であり、受講しないという選択肢はないこと、そしてこれらの科目は「建学の精神」を表すものとして位置づけられているため、担当者もこの「建学の精神」に責任を負うことにある。

さらに東北学院大学では、毎日礼拝が守られ、その時間帯は、午前中の最も良い時間とされる、一校時と二校時の間に設定され、全員参加が原則となっている。

このように受講者と担当者の双方が「逃げられない状況」のなかで、「神の自由と愛の福音」はどのように語られ、そして実践されるべきなのか？　これが、筆者に突き付けられた特殊な問いであった。しかもこの状況は、もうひとつの外的要因によって一層厳しいものになっていた。大学で働くキリスト者教職員の数が本当に少なくなっていたからである。福音の担い手がごく限られたなかで、福音の証人となることを求められており、キリスト教教育機関に特有の問題もここから生じてくる。そもそも「大学礼拝」は本当に必要なのか？　「キリスト教学」は学問なのか？　という根源的な問いかけが、繰り返し起こってくる。大学礼拝がなくても、キリスト教学がなくても、「何も困らない！」という声に、「いや、そうではない！」と言うためには、相当の覚悟と協力体制が必要になってくる。そしてこのような状況のなかで、証しされ、体現されるキリスト教は、必然的に「弁証的」になる。

1　最初の学生たち

筆者が最初に出会った受講者は、工学部の学生たちと、文学部二部英文科および経済学部二部の学生たちであった。二部の学生の多くは有職者であり、毎年、複数の自衛隊員も含まれていた。多様な背景をもつ学生たちを前に、一体どのような「キリスト教学」を提供すればよいのか？「キリスト教学Ⅰ」は、全学部共通のカリキュラムになっていたので、その内容について、あまり迷う余地はなかった。問題は「キリスト教学Ⅱ」である。これは、担当者の専門領域を活かした講義でもよいことになっていたので、筆者の場合、近現代の「組織神学」について論ずることも可能であった。しかし実際に教室で学生の話を聞くと、それはとても無理な話であった。「キリスト教学Ⅰ」の話を、もう一度最初から繰り返さなければならなかったからである。

そこで改めてアンケート方式で様々な問いに答えてもらったが、「キリスト教学Ⅰ」の知識は単なる知識として片づけられ、それを手懸りに自らの宗教的背景について考えてみる、といったことはほとんど起こっていなかったようである。お寺や神社についての基礎知識も整理されておらず、これではいわゆるカルトにはまるのも無理はない、という印象を受けた。

当初、このような状況で福音を語ることは、それほど難しくないように思われた。相手はまだ何も分からず、一方的にこちらの知識を、こちらの言葉で語ることも可能だったからである。しかし二つの理由で、この方法は採用すべきではないと考えた。

ひとつは、この教育現場は「真理に関わる大学」であり、その中で提供される講義はすべて、「真理」の前に相対的であることを前提としているからである。たとえこの真理が究極的に福音をその内容としているとしても、その表現形式は相対的であることを肯定したうえで、出発しなければならない。そのようにしてこそ、諸学問との「対話」も可能になり、社会への「説明責任」も果たせるであろう。福音が本当に根づくことを願うのであれば、いわゆる「洗脳教育」というイメージだけは、あらかじめ払拭しておかなければならない。

そしてもうひとつの理由は、たとえ一時的に成功したように見えても、洗脳による教育効果は、すぐに失われてしまうからである。ひとを真に生かしうるのは、迷いつつ、悩みつつ獲得された知識だけである。平均寿命が男女ともに八十歳を超える長寿社会が到来している今日、若者を対象とするキリスト教教育も、この事実に対応できる内容と方法を備えていなければならない。たとえ遠回りであれ、福音は、「迷う自由」が保証される中で語られ、そして実践されるべきである。

筆者は、いわゆる寮（「寄宿舎」）の責任者として働く機会も与えられ、そこでの長年にわたる経験と東北学院幼稚園との関わりは、本当に多くのことを教えてくれた。目の前にいる園児や学生の「過去」と「将来」をしっかりとイメージする力を身につけているのか？　そしてそれを得るための努力を重ねているのか？　という重い問いに圧倒されながらも、「それにもかかわらず」という声に支えられて、何とか進むことができた。大学礼拝はもちろんのこと、「キリスト教学Ⅰ、Ⅱ」の内容も、この「先取りするイメージの力」の有無によって左右されるとすれば、担当者の責任は重大であり、いずれの業も、教育共同体の熱い祈りによってのみ可能になる。

2　では、最初に何をどうすればよいのか？

大部分の学生が、自分の家の宗教的背景さえ自覚していないとすれば、この事実を真正面から受け止め、労をいとわず、それを自ら問わざるをえなくなる状況を生みだす他はない。これが筆者の出した単純な答えである。第一回目の授業では、配布した資料を参考にしながら、「宗教とは何か?」ということについて、自由に話してもらった。

例えば、まず、世界の宗教人口分布図を配布し、世界にどのような国があり、そしてどのような宗教が生きているのかを、自分の目で確認してもらった。このさい大切なのは、これぐらいのことはすでに「世界史」や「地理」などを通して十分知っているはずである、との思い込みを捨てることである。スマホは持っていても、新聞は読まない、これが彼らの常識だからである。自分の身の回りのことに強い関心を示しても、また、たとえ宇宙に対する興味をもっていても、「地球の裏側」に対する熱い思いはほとんど見当たらない。したがって、この現実を逆手にとって、「地球の裏側をいつもイメージできる人間になろう!　これがキリスト教学のひとつの目標だ!」と繰り返してきた。

今、世界で何が起こっているのか?　これについて考える機会を定期的に設けると、教室の雰囲気は徐々に変わってくる。受講者の間に、「これがこの講義のスタイルらしい」という感覚が生まれ、それを授業からの脱線とは考えず、むしろ何か授業の内容に通じているらしい、と受け止めてくれるようになる。日々の出来事の背後には、必ず世界の宗教の問題が隠れており、それらについての解説はおのずから世界宗教史の話になる。日本の場合であれば、当然、日本宗教史の紹介になる。もちろんこの方法には、かなりのリスクが伴う。この流儀にはまり過ぎると、肝心の「キリスト教学」の展開がおろそかになるからである。

また筆者の場合には、常に、『図解　宗教史』といった入門書を携えて教室に入った。学生の手元には、スマホや電子辞書があり、誤った情報はすぐに分かってしまうからである。時には、彼らにその電子情報を提供してもらい、それを説明してもらうという奇策も試みた。スマホ禁止から、一転、スマホ利用へ。これも参加型の授業へと転換するための、ひとつのショック療法になった。

以上は、もちろん、特殊な状況での、特殊な話にすぎない。しかし、大学において福音を語ろうとするのであれば、何らかの準備作業が必要であることは確かである。

3　『ヨブ記』を読む

では、「その後の展開」はどうすればよいのか？　長年の試行錯誤の結果、筆者がたどりついたのは、「人物史」という形式を積極的に用いることであった。史実にも、思想にも興味がないとすれば、より具体的に「人物」について語る他ないと感じたのである。

「キリスト教学Ⅰ」は、前述のとおり、「聖書」を基本テキストにすることになっていたので、「アブラハム」「モーセ」「ダビデ」「ヨシヤ」「エレミヤ」「ホセア」といった具体的人物を取り上げ、他方で、その資料問題を積極的に取り込み、さらに聖書テキストの影響史と社会・文化史の知見を織り交ぜて紹介した。[2]　ここには確かに、余計な知識が入り込み過ぎて、かえって焦点がぼやけてしまう危険性もあった。しかし「人物史」の発想を導入することにより、「聖書」には「生身の人間が登場する」という印象が残り、しかもそれと同時に、「彼らは自分とは違う！」という思いが生じたとすれば、それで授業の狙いは達成されたも同然である。筆者は、授業の内容に対し彼らの同意を求めるよりも、むしろこの「違和感」を大切にするように勧めてきた。そこから、新たな自己発見と「真剣な問い」が生まれる可能性があるからである。

他方、「キリスト教学Ⅱ」では、宗教改革の形式原理とされる「聖書のみ」の原則を確認し、そのうえで影響史の発想と人物史の発想を取り込むことにした。どちらの発想も、通時的に展開することも、共時的に展開することも可能である。したがって「特殊性」と「普遍性」の関係も、主に時間的に捉えることもできれば、主に空間的に捉えることもできる。

今回は、時間を「現代」に限定し、その中で「空間的」に発想してまとめた話の一部を紹介したいと思う。もちろん影響史のように、ある固定された聖書テキストの解釈史を紹介することも可能であるが、受講者の生きている「現代」の特性を強く意識してもらうことを願い、この方法を選択した。なお、いずれの発想を基本にするにせよ、筆者は、聖書をキリスト教の「正典」とみなす立場を前提としている。特に現代思想との対話を試みる際には、議論の混乱を避けるために、その思想がこの問題に対してどのような立場をとっているのか、これを明確にしておく必要がある。

3・1　『ヨブ記』を読む

例えば、聖書のテキストとして『ヨブ記』を選び、それを現代の神学者や思想家がどのように解釈しているのかを物語る、という仕方で講義を進めたらどうなるだろうか？　実際に、一五回にわたって講義した内容を、後にまとめて一冊の書物にしたのが、拙著『理由もなく――ヨブ記を問う』（教文館、二〇一一年）であり、その目次は次のとおりである。

＊実際の授業では、各章の内容を五回でまとめ、全体で一五回とした。

受講者は、一年次の「キリスト教学Ⅰ」において、すでに聖書の目次およびその内容を学んでいるが、『ヨブ記』を読むのは初めてと想定して、授業では、聖書のテキストを実際に読むことに多くの時間を割いた。適度の緊張感を維持するために、資料問題や文献の歴史的背景などに関する話も入れたが、最終的に、主な箇所はすべて読んだ、という実感をもつことができることを目指した。

しかし『理由もなく』を読むと、語句解説、『ヨブ記』の歴史、『ヨブ記』の誕生、イスラエル民族の歴史と宗教、聖書の世界観、「命はだれのもの？」、「語る」神、といった項目が並んでおり、それらは、聖書を素読するうえでむしろ「邪魔」である、と感ずるかもしれない。このような内容になったのは、言うまでもなく、読み物として、しかも独習用のサブ・テキストとしてまとめたからである。ここで、その読み物となったサブ・テキストの冒頭部分と、「あとがき」を紹介しておこう。授業の雰囲気を味わっていただければ幸いである。

今回のテーマは旧約聖書の『ヨブ記』です。

この『ヨブ記』は旧約聖書のなかの一冊で、「なぜ、ひとはこの世で苦しまねばならないのか。なぜ、何の理由もなく悲惨なことが自分の身にふりかかってくるのか。人生に、はたして意味などあるのか。そもそもこの世界に正義などあるのか」といった問題を真正面から取り上げた文書です。

しかしだからといって、現実に、もがき苦しみ、痛みを訴えている人に、今すぐ『ヨブ記』を読みなさい、そこにあなたの求めている答えがあります、と勧めることはできません。『ヨブ記』はもう少し余裕のあるときに読むべき本です。それは、医学書のようなもので、実際の手術と手術の合間に取り組むべき書物です。現実の患者は一人ひとりちがった痛みを抱えており、何事もマニュアル通りに解決できるとはかぎりません。この意味で、『ヨブ記』は、間接的な仕方で、痛みと苦しみに向き合う勇気を喚起する書物です（一〇頁）。

次に、「ここで直ちに『ヨブ記』の内容に入る前に、少し頭と心のストレッチをしておきましょう」と語りかけ、そもそもこの『ヨブ記』がヘブライ語聖書の「諸書」に分類され、「知恵文学」のひとつとみなされていること、また執筆年代に関しては、諸説のあることが説明されている。その際、読者である学生が、後日、その内容を自分で再確認することができるように、原則として日本語になっている文献が紹介されている。『ヨブ記』の日本語訳としては『新共同訳聖書』が用いられているが、それと同時に並木浩一氏の担当する岩波訳も紹介されている。さらに聖書翻訳本文と共に、各節の「語句解説」も付け加えられ、卒業後に、『ヨブ記』を読む機会があれば、ひとりでなんとか理解できるようにするための工夫がこらされている。

なお、『ヨブ記』を読む際に特に注意すべきこととして、次の二つの点を挙げておいた。ひとつは、「この私だけがなぜ不幸な目に合うのか」といった近代人の問いは、かならずしも『ヨブ記』にふさわしくないこと、そしてもうひとつは、新約聖書を抜きにして『ヨブ記』を読むならば、民族主義の問題を越えられないことである。前者の指摘は、『ヨブ記』は物語であると同時に真剣な「思想劇」であるとの解釈を受けて、『ヨブ記』を、国家の滅亡、民族崩壊の危機、そして共同体の解体といった危機意識のなかで編集された文書として読む可能性を示唆している。後者は、ユダヤ教が「民族宗教」として生き残り、キリスト教が「民族を越えた世界宗教」を目指しているという事実を踏まえて、しかもキリスト教の正典がユダヤ教のヘブライ語聖書を受け入れた事実の中に、否定媒介の論理が働いていることを念頭に置きつつ、『ヨブ記』も改めてこの視点から読まれるべきことを語ろうとしている。

次に、「あとがき」の部分を紹介しておきたい。これにより、この授業と「東日本大震災」との時間的な位置関係が明らかになると共に、『ヨブ記』を取り上げる際に留意すべき新たな課題も見えてくるからである。「あとがき」はこう語りだす。

現代神学では、しばしば「アウシュヴィッツの神学」とか「広島・長崎以後の神学」という標語が掲げられます。それらはわたしたちに、ホロコーストや被爆の悲劇を忘れずに神学せよ、と警告しています。

二〇一一年三月一一日、午後二時四六分、私は仙台で東日本大震災を経験しました。その時の恐怖の体験と、その後の生活の苦しみは、多くのマスメディアが伝えているとおりです。

それから約四十日後に、本書の初校が手元に届きました。元の原稿は、昨年一月、ガンの手術を受けた後に書いたものです。ただしそれは、個人的な痛みと苦しみの中から生まれたのですが、今回のような、自然災害と人災のミックスした大震災はまったく予想していませんでした。初校に目を通しながら、果たして、何もなかったかのごとくこのまま出版してよいのか、との思いが頭を離れませんでした。周りには今なお、行方不明の家族を捜している方、避難所に暮らしている方、放射能汚染により故郷を追われた方が沢山おられるからです。

もう少し時間が経ち、「三・一一以後の神学」といったことが真剣に語られるようになったとき、はたして本書はその「なぜ?」という厳しい問いかけに答えられるのでしょうか。戦時中に書かれた書物の中に、その時代をまったく感じさせないものがあることを知り、驚いたことがあります。本書もまたそれと同じ印象を与える恐れがあります。

今回のカタストロフィーを経験した者に、『ヨブ記』は、いや『聖書』は何を語るのでしょうか。「ヒンナーム［理由もなく］」としか思えない現実の中で、あえて元の原稿のまま世に送り出すことにしました。少なくとも、「理由もなく」という思いだけは共有できると考えたからです。

二〇一一年四月二七日

仙台にて　この破滅的状況においてもなお、出版できることを感謝しつつ

佐々木勝彦

東日本大震災の後、教室の風景はがらりと変わり、「生き残ったことの不思議さと死者への負い目」を強く感じながら、一瞬、一瞬を大切にすることができた。そこでは、「なぜ生き残ったのか？」「生きるとは何か？」「死者の思いをどう受け継ぐのか？」といった問いも共有された。「絆」といった言葉も、たしかに現実味を帯びており、目に見えない世界をリアルに感ずることができた。そこには、「問いの誕生」を待つなどという発想も、またその必要性もまったくなかった。

ところが、五年も過ぎると、あの東日本大震災の体験を言語化できない学生が大部分となり、教室はかつての雰囲気とあまり変わらなくなった。あの苦しみの体験を前提として語ることが難しくなったのである。そして今、震災の体験が、日々風化しつつある中で、改めて「問いの誕生」を待つ教育の必要性を強く感じている。

3・2　「ヨブ」を問う

「一　深層心理学からの問いかけ」は、C・G・ユング著『ヨブへの答え』（林道義訳、みすず書房、一九八八年）を取り上げている。

多くの学生にとって「深層心理学」の世界は初めてなので、教室では、いわゆる「発達心理学」の方法論との違いを説明することから始めた。フロイトの流れは「精神分析学」と呼ばれ、C・G・ユング（一八七五－一九六四）の流れは「分析心理学」と呼ばれることを確認したうえで、両者とも「無意識」の発見により、自然科学的真理理解の限界を乗り越えようとしたこと、しかしフロイトが無意識の個人的側面にこだわったのに対し、ユングは普遍的無意識を唱えたこと、などを紹介した。人物史の形式を用いて、二人の生い立ちや学習環境の違いを物語り、そして二人の出会いと別れの話に入ると、学生は、ユダヤ教とキリスト教の基礎知識が不可欠であることに気づくようである。さらに、ユダヤ教を背景とするフロイトが宗教に対し批判的になって行くのに対し、キリスト教を背景とするユングは、宗教に対し比較的好意的な態度を示し、特に仏教を高く評価していることを知ると、学生の間から自然に様々な質問が飛び出してくる。ユングは仏教をどのように理解したのか？　日本の諸宗教についてはどうなのか？　「深層心理学」とカウンセリングの違いは？　といった具合である。

このように様々な問いが出てくると、筆者はついすぐにこれに反応したくなるのだが、その場ではあえてこの気持ちを抑え、次回の講義の冒頭でそれらを取り上げた。これにより、問いがしっかりと定着することを狙ったからである。

すでに気づいた方もおられるかと思うが、では、なぜ「深層心理学」なのか？　仮に、ユングの思想を紹介するとしても、なぜよりによって『ヨブへの答え』なのか？　という問いには、まだまったく答えていない。

なぜ「深層心理学」なのか？　という問いに対する筆者の答えには、学生たちの常識からでてくる混乱と、筆者自身の問題意識が絡んでいる。

第一の問題に関して具体的に述べると、次のようになる。すでに指摘したとおり、「キリスト教学」や「礼拝出席」に違和感や抵抗を覚える学生はいても、「宗教は心の問題である」という発言に対し、激しく反発する者はほとんどいない。「キリスト教学」や「礼拝出席」は、多くの学生にとって「心の問題」を解決するどころか、彼らの自由を拘束し、混乱させるようにしか思われないからこそ、反発するのであろう。しかもこのことは、学生だけでなく一般教職員にも当てはまる。彼らは、「建学の精神」が存在すること、それがある程度具体化されるべきことは認めても、「わたしの心」の中にまで入って来ることは避けたいのである。東北学院の幼稚園の園長となって、一番ショックを受けたのは、キリスト者の教諭を捜すことが至難の業であること、しかも「わざわざキリスト者にならなくても」という雰囲気が支配していることを知ったときである。もしこれがキリスト教主義教育機関一般の内情であるとすれば、福音はかぎりなく形骸化しつつあることになる。

「心の問題」と「宗教」は深く繋がっているとしても、それらはどこで、どのように区別されるのか？　いや、区別されるべきなのか？　そしてまたそのことを、どこで、どのように、そして一体誰が、表現すべきなのか？　このような問題意識が筆者を「深層心理学」へと向かわせたのかもしれない。フロイトやユングの人と思想を紹介することにより、学内にある「カウンセリング・ルーム」や「心理療法」に関わる話題にも、無理なく入って行くことができ、さらには「カルト」や「オカルト」との関係ついても語ることができるようになる。今日、大学の「キリスト教学」において福音を語るためには、どうしてもこのような回り道が必要になる。しかもそれは、宗教に対する諸々の偏見を取り除くうえでも、かなり有効な手段のひとつとなるはずである。

宗教と心の関係に関する一方的な思い込みは、学生だけでなく、一般教職員にも、そして「日本人全体」にみられる現象である。これは「日本人の宗教意識」の問題であり、これと自覚的に対峙しないかぎり、福音の伝達は難しいであろう。この問題に関する筆者の理解は、拙著『日本人の宗教意識とキリスト教』（教文館、二〇一四年）にまとめておいた。また『理由もなく』の「聖書の世界観」の項目には、次のような記述があるので、紹介しておきたい。筆者の問題意識と立ち位置が見えてくるはずである。

前述のとおり、『創世記』第一章の記事は、あの勝利者であるバビロニアの「天地創造神話」に対し、敗者である南王国ユダの祭司たちが抵抗し、それを書き換え、そしてすでにまとめられていた自分たちの文書群の冒頭に置いた神話です。それは、国家を失い、民族崩壊の危機の中で、絶望の痛みを抱えつつ発せられた希望の宣言です。それによると、神は、世界のみならず宇宙も創造するお方であり、月も、太陽も、星も、すべてこの神によって創造された被造物にすぎません。つまり月も、太陽も、星も、神ではなく、それらを神の如く崇拝することは許されません。もちろん人間もこの創造者なる神の被造物にすぎず、いかなる人間も神になることができません。バビロニアの王も、エジプトのファラオも人間であって、神ではありません。もしも彼らが神の似姿であるとすれば、彼らのような特別な存在だけでなく、すべての人間が神の似姿です。これが、神話の主張している信じがたい内容です。それは、現代の人権尊重の意識を先取りする思想であり、聖書の語っているこの内容に、やっと歴史が追いついてきたと言うこともできます。

このように神と人間あるいは世界の間には、決定的な相違があります。一方は「創造者」であり、他方は「被造物」です。この区別を最後まで貫くこと、つまり「神」を「神」とし、「人間」をどこまでも「人間」とすること、これが聖書の第一の戒めの求めていることです。したがって、この戒めが曖昧にされたり、無視されたりするならば、当然、それは批判の対象になります。「本来の姿」から外れているという意味で、それは「的外れ」つまり「罪」と呼ばれます（四八頁、一部修正）。

このように「神」と、自然、宇宙、および人間を明確に区別する思想は「ヘブライズム」と呼ばれ、これに対し、「区別」ないし「非連続性」ではなく、「連続性」を基本とする思想は「ヘレニズム」と呼ばれている。そしてここでは、無神論のように神を受け入れない立場も、自らを神の位置に置いていると解しうるかぎりにおいて、「ヘレニズム」に属するとみなされている。

では、「深層心理学」の主張は、これら二つのうちのいずれに属するのだろうか？　フロイトは宗教に批判的で、ユングは宗教に好意的であるとしても、結論としては、両者とも「ヘレニズム」に属している、というのが筆者の考えである。そしてだからこそ、「深層心理学からの問いかけ」においてユングの書物を取り上げたのである。彼の『ヨブへの答え』は、ヘレニズムの立場から提示された『ヨブ記』の解釈である。ユングは、キリスト教の三位一体論を批判して、四位一体論を唱えており、キリスト教の神理解とユングの神理解の間には、決定的な違いがみられる。ユングによると、キリスト教の神理解では「悪」の問題が解決されず、これを解決しうる代替案として提示されたのが四位一体論である。

いずれにせよ、『ヨブへの答え』は、魅力ある語り口で、こう語り出す。

《こころは自立的な要因であり》、宗教的発言はこころ［ゼーレ］の告白であって、それは最終的には無意識的な・つまり先験的な・働きに基づいている。この働きは物理的に知覚することはできないが、しかしその存在はそれに対応したこころ［ゼーレ］の告白によって証明される。こころ［ゼーレ］の発言は人間の意識を通して伝達される[3]、……（一四二頁）。

「二　人類学からの問いかけ」は、ルネ・ジラール著『邪な人々の昔の道』（小池健男訳、法政大学出版局、一九八九年）を取り上げている。

彼の著作を取り上げたのも、単なる知的興味からではない。彼は、ますます「暴力的」で「攻撃的」になりつつある世界の現実をふまえて、その暴力の起源と謎を明らかにしようとしている。しかもその謎解きは、三八歳になった彼を再びキリスト教信仰へと導いた。その著『文化の起源――人類と十字架』（新教出版社）の中で、「私が言いたいのは、いまお話ししてきた私自身の研究の結果が、私をキリスト教信仰に向かわせ、それが真実であることを確信させた」（一七六頁）と彼自身が述べているとおりである。

彼の研究は極めて学際的で、文学から人類学にまで及ぶ幅広いものであるが、その思想は極めてシンプルである。彼によると、いかなる文化も「ミメーシス的メカニズム」に基づいており、文化は人間の相互暴力を回避するための装置に他ならない。「ミメーシス」とは、ギリシャ語で「模倣、真似」といった意味であり、彼の場合、多分にその無意識的・破壊的側面が強調されている。近代思想が、他者から独立した主体の確立を目指してきたとすれば、彼の「無意識的模倣論」は近代に対する鋭い批判である、と言うこともできる。人びとは、主体性および自我の確立という目標それ自体を疑うことはなかったからである。なお彼の「暴力論」は、理性と人間性に対する素朴な信仰を否定したため、かなり厳しい批判も浴びている。

ここで、彼の思想の核心に近づくために、『欲望の現象学』において展開された「三角形的欲望」論を紹介しておこう。ここで言う欲望は、生理学的「欲求」、例えば食欲や性欲といった本能的欲求と異なり、「モデル」を模倣することによって初めて「欲望」となるものである。通常、わたしたちは、自分が欲望の「主体」であると考えているが、本当は、他者つまり「モデル」の欲望を模倣することにより、何かを欲するようになる。この手本を「媒介者」と呼ぶとすれば、「主体－対象」としか見えない関係も、実は「主体－媒介者－対象」の関係になっており、これを「欲望の三角形」と呼ぶ。主体とこの媒介者の関係が比較的ゆるやかな場合には、対象をめぐるライバル関係は生じない。しかしその関係が密になればなるほど、モデルの所有している対象は主体にとって手が届くもののように思われ、さらにモデルの側も主体の欲望を模倣しようとするため、両者の間に緊張が高まり、遂には限界点に達する。それは「分身の関係」とも呼ばれ、時には、相手に勝つことだけが目的となり、対象はあたかも不要であるかのような状況さえ生まれる。

このように「模倣的欲望」は危機的状況を生みだすが、もしこれがなければ、人間の住む世界は「欲求」だけの世界、つまり本能だけの世界になる。本能からの解放を「自由」と呼ぶとすれば、この「模倣的欲望」は自由の印でもある。近代が追求してきた「個」や「主体」は、一般に「閉ざされた世界」として捉えられがちであるが、その理性も意志も感情も、それらが本能から解放されているかぎりにおいて、「模倣的欲望」の帰結、つまり競争や暴力の問題から逃れることはできない。

この悲劇的結末を避けるために、無意識のうちに生み出された仕組み、それが「身代わりのヤギ」という儀式である。共同体のすべての怒りと激情を「ひとりの敵」にぶつけて、これを虐殺すると、その共同体の平和が回復されるのである。外部から見ると、これは明らかに集団によるリンチであり、暴力行為であるが、「全員一致」という体裁をとるため、内部の人間はそれを暴力として意識することがない。原初の共同体では、それは神の復讐として理解され、「全員一致」の暴力行為に加わることは、神の聖なる行為に加わることでもあった。この意味で、聖なるものと暴力は、分かちがたく結びついている。近代は、「万人の万人に対する暴力」を防ぐための、特定の人物に対して行われるこの暴力行為を「法」によって規制してきた。しかし法によって個人の恨みを封じ込めることができるためには、一定の強制力が働かねばならず、この「法」が「暴力」に変身しない保証はどこにもない。

ジラールによると、この悲劇的暴力を生みだす「無意識的模倣のメカニズム」こそが、聖書においてサタンと呼ばれているものであり、ヨブと三人の友人の物語は、この「無意識的模倣のメカニズム」の発動とその緊急停止をめぐる話であるということになる。ジラールの理解によると、この「暴力の神」に対抗することができるのは、もうひとりの「暴力の神」ではなく、「非・暴力の神」だけである。ところがヨブは、あの友人たちの「全員一致」の判決に抵抗し、自らの正当性を主張したにもかかわらず、この「非・暴力の神」と共に生きるという使命を最後まで貫くことができなかった。この復讐と報復の権利を放棄する生き方は、イエス・キリストの到来を待って初めて実現されたのである。このようにジラールは、旧約聖書のヨブと新約聖書のイエス・キリストを独自な仕方で結びつけて解釈しており、彼の思想は、今日の深刻な教育問題のひとつである「いじめ問題」の分析と解決にも、新たな光を投げかけている。[4]

3・3　『ヨブ記』を生きる

「一『自由』を生きる」は、K・バルト著『ヨブ記』（ゴルヴィツァー編、西山健路訳、新教出版社）を取り上げている。

今日、一般の大学生を相手にK・バルト（一八八六－一九六八）の話をすることは、おそらく誰も勧めない無謀な企てである。失敗に終わることが目に見えているからである。今や神学生でも、その世界に足を踏み入れようとする者はごくわずかである。では、なぜわざわざ「キリスト教学Ⅱ」のなかで、その冒険に挑もうとするのだろうか。その理由のひとつは、彼は、先に取り上げたユング著『ヨブへの答え』に対して厳しい評価を下しているからである。もうひとつは、現代において、ルターの宗教改革において再発見された「福音」の理解を徹底しようとすると、結局、バルトの提起した問題にぶつかるからである。

周知のとおり、バルトは改革派の伝統の中で育ち、未完の大著『教会教義学』を書いた人物であるが、東北学院大学も、広い意味での改革派の伝統を継承している教育機関である。バルトの根本思想の一端にふれておくことは、いつの日か母校のキリスト教教育の内実を思い起こす際に、きっと役立つはずである。

バルト神学の魅力のひとつは、彼の提起する根本的な問い、つまりあなたは神の問題を「どこから」考えているのか？　という問いと、それに対する彼の答えにある。宗教改革の形式原理からすれば、その答えは、「聖書から」ということになる。ところが「聖書から」と言うだけでは、問題は解決しない。仮に「聖書のみ」をその基準にするとしても、その聖書を「どこから」読むのか、という新たな問いが生ずるからである。バルトの批判は、近代以降の神学は、それが啓蒙主義の影響を受けたものであれ、敬虔主義の影響を受けたものであれ、結局、「人間の経験」つまり「人間学」から読んでおり、「神」の側から読んでいない、ということにある。

しかし、聖書が主張するように、創造者なる神と被造物なる人間の間に無限の質的差異があるとすれば、人間が神の問題を考えることは、初めから無理な話だ！　ということになるのではないのか？

しかもこの人間の側に、全体としてマイナス符号がついているとすれば、つまりその質的差異が正しい差異に留まらず、質的断絶に変質しているとすれば、人間が神の意志を正しく理解することは永久に不可能ではないのか？　このように、人間がいかにしても神に近づくことができない状況において、その道が開かれうるとすれば、神の側の決意と現状打破によるしかない、つまり人間の側への神の越境行為によるしかないことになる。そして事実、神の側から、神御自身のことが啓《ひら》き示されること（「神の自己啓示」）により、初めて、人間は神の決意とその内実を知ることができるようになった。これがバルトの捉えた「神と世界の関係」であり、したがって聖書は、神の自己啓示である「イエス・キリスト」から読むべきなのである。

バルトから見るならば、ユングの『ヨブへの答え』は「人間的には極めて感銘深い書物」であるとしても、「絶望的な欠陥」をもっている。ユングにとって「聖書」は古典のひとつにすぎず、それは「プシュケーの発言」とみなされているからである。これに対しバルトにとって聖書は、「神は語り給うた」という出来事を証ししている証言であり、この神は「自由のなかで『我』として語り、そして『汝』として語り給う」お方である。「神御自身のなかにあって、自由、主権、神性こそ、聖書が啓示と呼ぶ出来事の内容なのである」（『神の言葉』I／2、二五一頁）。

したがって神と人間の本来的関係は「自由」に基づいている。その「自由」は恣意的なものではなく、神の側からの「自由な選び」という行為であり、それにふさわしい人間の側からの行為は「自由な従順」である。では、「ヨブとは誰なのであろうか？」これがバルトの提起する最後の問いである。今やヨブは「自由な神奉仕」を行う人間として規定されている。彼は「《すでに》神の自由な僕であり」「試練の地獄を通って、自由な神による、また自由な神のための、自分の解放へと《進んで行く》》。しかし、そのような自由な神の自由な僕として、彼はその純粋な姿を見れば、最初から真の証人の一原型である」（三八頁）。これがバルトの見たヨブである。しかし同時に、「ヨブはイエス・キリストではない」ことも強調されている。

では、サタンの問題はどうなるのだろうか？　バルトはこう明言する。「サタンは、嘆くヨブにとっては、問題ではないのである。サタンとの神の関係と交渉、神の子たちの集まりへのサタンの出席（一・六）、そしてあの賭けも、ヨブには何の関係もない。したがって、彼ヨブの問題において、サタンの役割は何もない。ヨブがしなければならないのは、神がそれに賭け給うた自分の真実を、少しも脇見もせずに《実証する》ということだけである。そして彼は、彼がそうするだろうというサタンが賭けたこと（一・一一、二・五）を、実際に《しない》ことによって、まさにそれを《実証する》のである。彼は神を呪わない」（六二頁）と。

聖書の神は、創造は善いものであるとする恵みの契約の神であり、人間の罪や悪にもかかわらず、イエス・キリストの十字架と復活の出来事において、その破れた関係をすでに和解へと導いておられる神である。神のもとにあって、罪と悪はすでに克服されている事態であり、それらはもはや、なお神に対抗しうるような存在ではない。創造が善いものであることは、取り消しえない神の現実である。したがってバルトは、たとえその罪と悪の現実が究極的現実のように見えるとしても、その思いに捕らわれて、かえってその現実に呑み込まれてしまうことのないように、勧告している。バルトは、わたしたちの「内側」ではなく、究極的な「外側」を見ることを求めているのである。

「二『解放』を生きる」は、Ｇ・グティエレス著『ヨブ記――神をめぐる論議と無垢の民の苦難』（山田経三訳、教文館、一九九〇年）を取り上げている。

グティエレスは、一九二八年、ペルーのリマに生まれ、リマの国立大学に入学したが、学生運動に参加して、間もなくそこを退学している。その後、一九五一年から一九五五年まで、ルーヴェン大学とリヨン大学で神学の研鑽を積み、帰国後、直ちに叙階を受け、ペルー・カトリック大学の教授に就任している。彼は、全国カトリック学生運動の顧問にもなり、特に一九六五年以後、各地に起きた解放のための武装闘争を背景に、改めて神学とは何かと問い直し、自らの解放の神学を確立した。一九六八年、彼は、コロンビアのメデジンで開催された第二回ラテン・アメリカ司教会議に神学者として参加し、大きな影響を与えた。彼は南米という「特殊」にこだわりつつ、神に向かう「普遍性」の内実を追及しようとした。彼は、すでに本論で紹介した、ユング、ジラール、バルト、といった人びとの世界を体験し、彼らの書物を読み、そして自らの神学を模索している。

グティエレスの神学は、その「解放の神学」という名称のゆえに、特に日本では、ただひたすら社会的変革を目指す実践的神学であるかのようなイメージがひとり歩きをしている。しかしその経歴が示唆する通り、彼は、欧米の神学の伝統をよくわきまえ、神の意志の自己伝達つまり啓示の神学を前提とし、しかも、では、それは一体「誰に」伝達されたのか？　ということを問題にしている。彼は、その答えをマタイ一一・二五－二六の聖句から「聴いて」いる。そこにはこう記されている。「そのとき、イエスはこう言われた。『天地の主である父よ、あなたをほめたたえます。これらのことを知恵ある者や賢い者には隠して、幼子のような者にお示しになりました。そうです、父よ、これは御心にかなうことでした』」。ここで言う「知恵ある者や賢い者」は、その当時の社会および宗教界における指導者層、例えば、律法学者や身分の高い祭司などを、そして「幼子」は、「何も知らない者」つまり「無邪気で無知な者」をそれぞれ意味している。しかもこの「小さな子どもたち」は、グティエレスの解釈によると、いわゆる幼児だけでなく、無知蒙昧とみなされている人びと全般を象徴しており、「社会の底辺にいる人びと」あるいは「この世の貧しい人びと」を指している。

これらのことから推察されるように、グティエレスの神学は、「沈黙の祈り」のなかで「言葉を超越する愛の言語」を聴くことからスタートしており、彼にとって神は愛に他ならず、「ヨブ記」もこのパースペクティブの中で読まれ、解釈されている。彼によると、ヨブはもともと「現世における応報思想」に生きていたが、様々な不幸と友人たちとの対話を通して、自らの理不尽な苦しみの広がりと、その背後に働く神の無償の愛を知った。したがってグティエレスの「ヨブ」は、「貧困」の中で正義を叫ぶだけでなく、その中で「神の無償の愛」を発見している。この「アガペー」から「正義」が生まれるのであり、この意味で、誤解を恐れずに言えば、「解放の神学」は「正義」を求める「愛の神学」なのである。

4　残された課題

現代思想との対話のなかで「問いの誕生」を促すこと、これが筆者の願いであった。C・G・ユングとの対話の中から、「こころ」、「自己」、「悪」といったイメージが、ルネ・ジラールとの対話の中から、「欲望」、「競争」、「暴力」といった内容が、K・バルトとの対話の中から、「神の自由」、「超越性の回復」、「質的差異」といった言葉が、そしてG・グティエレスとの対話の中から、「正義」、「無償の愛」、「解放」といったテーマが浮かび上がってきた。

次に残された課題は、これらの問い対し、「福音」の視点から、いつ、どこで、誰が、どのように答えるのかということである。キリスト教教育に関わる者は、限られた時間の中でそれらすべてに応えることは無理だとしても、問いが浮かび上がってきた時点で、受講者が自ら考えることができるようになるために、常に新しい知見を加えて、いくつかの「ヒント」を提供することができるようにしておかなければならない。

講義の終わりに近づくと、筆者はほぼ次のようなまとめを行ってきた。つまりそれは、世界には多くの宗教があるが、「ヘブライズムとヘレニズム」という視点から見ると、その構造は比較的シンプルであること、両者の基本的相違は、超越と内在の関係を基本的に非連続的なものと考えているのか、それとも連続的なものと考えているのか、ということにあること、ヘブライズムに属するユダヤ教、キリスト教、およびイスラム教の中で、キリスト教の神理解の特色は三位一体論にあること、この三位一体論は、人間と社会における多様性と統一性の緊張関係を解決するための鍵になりうること、この講義における真剣な学びの成果が試されるのは、大学卒業後の社会人としての生活においてであること、そしてわれわれは、無意識のうちにヘレニズム的な発想をする伝統の中で生きていること、などである。

現代の人間学が再発見したように、人間は開かれた存在である。人間は「意味」を食べる動物であり、死に至るまで「問い続ける」存在である。一度目覚めた真剣な問いは、そう簡単に消えるものではない。そしてその問いの目覚めは、真の答えとの出会いを求めて、あらたな旅路へとその人を駆り立てるはずである。「大学礼拝」および「キリスト教学」に関わる者は、受講者のこの出会いのときを「先取りして」、喜びつつ、今日も、福音の種を蒔き続けるのである。

注

1　「キリスト教学Ⅰ、Ⅱ」の歴史的変遷については、出村彰「キリスト教学科四〇年史」、東北学院大学論集『教会と神学』第三九号、二〇〇四年を参照。

2　拙著『旅する——バベルの塔とアブラハム』青踏社、二〇〇四年。［主要目次　Ⅰアブラハム物語と資料問題、Ⅱバベルの塔の物語、Ⅲもうひとつのバベルの塔の物語、Ⅳピーテル・ブリューゲルのバベルの塔、Ⅴアブラハム物語、Ⅵその後のアブラハム、Ⅶアブラハム、イサクをささげる、Ⅷ二人の死］、拙著『わたしはある——モーセと現代』青踏社、二〇〇五年。［主要目次　Ⅰモーセの生涯、Ⅱ「あなたには、わたしをおいてほかに神があってはならない」〈第一戒、政教分離と政教区別、無血十字軍、フリードリヒ二世、気候変動と一神教の誕生、聖書の創造信仰、等〉Ⅲ「あなたはいかなる像も造ってはならない」〈正教、イコン、キリストは真の人・真の神、「空間」の意味づけ、イリナ山下りん、等〉Ⅳ「上は天にあり、下は地にあり、また地の下の水の中にある、いかなるものの形も造ってはならない。あなたはそれらに向かってひれ伏したり、それらに仕えたりしてはならない」〈教育勅語と教育基本法、キョッソーネ、「皇后」の発見、戦争と女性像、バルラハ、等〉、拙著『どうして私が——エレミヤへの旅路（上）』青踏社、二〇〇六年。〔主要目次　Ⅰエレミヤへの道、Ⅱダビデ、Ⅲユダの王ヨシヤ〕、拙著『どうして私が――エレミヤへの旅路（下）』青踏社、二〇〇八年。〔主要目次　Ⅳ預言者ホセア、Ⅴ預言者エレミヤ〕、拙著『読む』青踏社、二〇〇一年。〔主要目次　Ⅰ旧約聖書――創造物語、詩篇、Ⅱ新訳聖書――弟子マタイ、クリスマス物語、善きサマリア人の譬、復活の光、正典〕、拙著『まだひと言も語らぬ先に――詩篇の世界』教文館、二〇〇九年。〔主要目次　Ⅰダビデ物語と詩篇、Ⅱ詩篇の伝統的解釈――アウグスティヌス、ルター、カルヴァン、Ⅲ詩篇を歌い、生きる人びと――アントニオス、バシレイオス、アウグスティヌス、アルルのカエサリウス、ベネディクトゥス、「詩篇」とイエス、詩篇二二、詩篇一三九〕、拙著『愛は死のように強く――雅歌の宇宙』教文館、二〇一〇年。〔主要目次　Ⅰ『雅歌』を問う、Ⅱ『雅歌』のアレゴリー的解釈――オリゲネス、ニュッサのグレゴリオス、ベルナルドゥス、Ⅲパウロと愛〕を参照。

3　「深層心理学」については、拙著『生きる』青踏社、二〇〇一年。〔主要目次　Ⅰ生きる、Ⅱキリスト教から見たカルトとオカルトの世界、ⅢＰ・トゥルニエの世界〕、拙著『わたしはどこへ行くのか――自己超越の行方』教文館、二〇一三年。〔主要目次　ⅠＥ・フロムにおける「ラディカル・ヒューマニズムと宗教」、ⅡＶ・Ｅ・フランクにおける自己超越と宗教、ⅢＰ・ティリッヒにおける「深みの次元と倫理」〕、拙著『日本人の宗教意識とキリスト教』教文館、二〇一四年。〔主要目次　Ⅰ日本人の無宗教、Ⅱ日本人の選択基準、Ⅲ日本人の無意識、Ⅳ日本的キリスト教、Ⅴ日本の神学〕を参照。

4　「暴力と非暴力」、「いじめ問題」等については、拙論「ゆるしとは何か」、東北学院大学論集『人文学と神学』第七号、二〇一四年、四六―八八頁。〔主要目次　Ⅰ「憎しみ」はどこからくるのか　Ⅱ「ゆるし」は「選ぶこと」　Ⅲ「ゆるし」と霊性　Ⅳアーミッシュの赦し　Ⅴ結び〕、「『いじめ問題』の諸相」、東北学院大学論集『人文学と神学』第八号、二〇一五年、七九―一三八頁。〔主要目次　Ⅰルワンダの悲劇　Ⅱ「いじめ学」とは何か？　Ⅲ学校における「いじめ問題」の歴史と克服　Ⅳ悪とは何か？　Ⅴ結び〕、拙著『愛の類比――キング牧師、ガンディー、マザー・テレサ、神谷美恵子の信仰と生涯』教文館、二〇一二年。〔主要目次　ⅠＭ・Ｌ・キング――非暴力の思想の誕生と実践　Ⅱガンディー――その思想の背後にあるもの　Ⅲマザー・テレサ――二つの召命　Ⅳ神谷美恵子――その神秘主義体験と宗教観〕、拙著『共感する神――非暴力と平和を求めて』教文館、二〇一四年。［主要目次　Ⅰ　A・J・ヘッシェル　Ⅱ　小山晃佑　Ⅲ　J・モルトマン］を参照。

文献

出村彰「キリスト教学科四〇年史」、東北学院大学論集『教会と神学』第三九号、二〇〇四年。

佐々木勝彦「『いじめ問題』の諸相」、東北学院大学論集『人文学と神学』第八号、二〇一五年、七九－一三八頁。

――『日本人の宗教意識とキリスト教』教文館、二〇一四年。

――「ゆるしとは何か」、東北学院大学論集『人文学と神学』第七号、二〇一四年、四六－八八頁。

――『共感する神――非暴力と平和を求めて』教文館、二〇一四年。

――『わたしはどこへ行くのか――自己超越の行方』教文館、二〇一三年。

――『愛の類比――キング牧師、ガンディー、マザー・テレサ、神谷美恵子の信仰と生涯』教文館、二〇一二年。

――『愛は死のように強く――雅歌の宇宙』教文館、二〇一〇年。

――『まだひと言も語らぬ先に――詩篇の世界』教文館、二〇〇九年。

――『どうして私が――エレミヤへの旅路（下）』青踏社、二〇〇八年。

――『どうして私が――エレミヤへの旅路（上）』青踏社、二〇〇六年。

――『旅する――バベルの塔とアブラハム』青踏社、二〇〇四年。

――『読む』青踏社、二〇〇一年。

――『生きる』青踏社、二〇〇一年。

第三章　福音の帰結としての芸術

鐸木道剛

1　ラーハウザー記念東北学院礼拝堂の「昇天」ステンドグラス

東北学院大学には、一九三二年に献堂された礼拝堂がある。当時の院長のシュネーダー（David Bowman Schneder, 一七五七－一九三八）師の指示によるもので、設計は横浜在住のモルガン（Jay Herbert Morgan, 一八六八－一九三七）[1]、建築は東京石井組が請け負っている。建築資金はアメリカのピッツバーグ在のエラ・A・ラーハウザー（Ella A. Rahauser）による献金によるため、礼拝堂はラーハウザー記念東北学院礼拝堂と名付けられた。礼拝堂の奥には祭壇があり、その上部の窓にステンドグラスが設置されている（四三二頁の後の口絵図1）。ステンドグラスに描かれているのは「キリストの昇天」の場面で、制作はロンドンのヒートン・バトラー＆バイン（Heaton Butler & Bayne）工房

（以下ＨＢＢ工房）によることがステンドグラスの左下隅に記されている工房名からわかる[2]（口絵図2）。東北学院の史資料センターには、設計担当のモルガンを介しての横浜のシングルトン・ベンダ商会（Singleton & Benda Co.）とシュネーダー院長との間に交わされた注文内容の確認の一九三一年七月一日付けの書簡が残っている。そこにはシュネーダーの希望としてこうある。

ヒートン・バトラー＆バインの１４０６８番のスケッチに似たもの、ただし次のような改変がある。両側のそれぞれの窓の光の中に巻物を抱えるふたりの天使は省き、キリスト像を目立たせる。この天使の部分は、制作者の判断で別の図柄で埋める。キリスト、ふたりの天使、一一人の使徒たちの姿はそのままで、顔はクライストチャーチの窓と同じように制作すること（The Design to be similar to Messrs. Heaton, Butler & Bayne's Sketch No. 14068 but with the following alterations: The two angels carrying scrolls, one in each outside light, to be omitted in order to make the figure of Christ more prominent. The space occupied by these angels to be filled in with other matter at maker's discretion. The figure of Christ, the two angels, and the eleven disciples to be retained, and their faces executed in a similar manner to those in the window supplied to Christ Church.）。

つまり、シュネーダー院長は横浜のクライスト・チャーチ（横浜山手聖公会）にあるＨＢＢ工房作の「昇天」のステンドグラスと同じものと注文をだしている。クライスト・チャーチのステンドグラスは一九三一年に設置されたばかりであったが、戦災で焼失し、今は写真が残るだけである（図

３）。そしてシュネーダー院長は注文に当たって、ＨＢＢ工房のステンドグラスの商品見本から図柄を選び、キリストの両脇の天使の数を減らすよう指示している。商品見本の実態は、１４０６８番との番号のカタログのカテゴリー分けとともに不明であるが、リンカーン大学のジム・チェシャー（Jim Cheshire）准教授は二〇一七年三月一八日に開催された東北学院大学でのシンポジウム「東北学院のステンドグラス――19世紀の中世復興と物質文化」にパネリストとして参加する準備のためにヴィクトリア＆アルバート博物館で調査したところ、同じＨＢＢ工房の一九三二年九月付けの商品見本を発見した（口絵図４）。そこには本学のステンドグラスの「昇天」とほぼ同じ図柄の見本があった（口絵図５）。そこには本学のステンドグラスと同様、右下に慎ましやかに工房名「ヒートン・バトラー＆バイン（Heaton Butler & Bayne）」と「ロンドン　ニューヨーク（London New York）」との記載がある（口絵図６）。学院のステンドグラス

図３　ヒートン・バトラー＆バイン工房『昇天』ステンドグラス、1931年、横浜山手聖公会（Yokohama Christ Church）、1945年5月29日の横浜大空襲で焼失（根谷崎武彦氏提供）

は五連窓で、商品見本は三連窓のためではあるが、一年違いであるし、両者の昇天のキリストは空間の幅の違いで拡げた両手の高さが異なるが体はポーズも衣紋線も同じで、中央下のヨハネの肩から下の体の向きが同じだけでなく、その向かって左隣の使徒も全く同じ形である。また上下にゴシックの建築モチーフのトレサリーを置き、銘文は下部の帯状のトレサリーの上に配するところも共通している。シュネーダー院長はこのようなカタログを見て選んだのである。キリストの左右の改変については、現在のステンドグラスの左右の二枚が全体と較べてすこし明度が低くなっていることがあり、HBB工房は既製品のステンドグラスに、この二枚だけシュネーダー院長の注文に従って新たに制作して取り替えた可能性もある。[3]これについては、イギリスやアメリカに現存するHBB工房のステンドグラス作品の、それ以前の作品と一九三二年前後の作品の様式を比較すれば、この明度の異なるステンドグラスの理由に関しての結論が出るかもしれない。[4]

2　プロテスタント礼拝堂におけるゴシック由来のステンドグラス

HBB工房はヴィクトリア朝のゴシック・リバイバルの指導的工房であったというが、ここアメリカのドイツ改革派の宣教によって創立された仙台神学校を母体する東北学院の礼拝堂になぜステンドグラス、つまり一二世紀以来のカトリック美術があるのだろうか？

シュネーダー院長自身の個人的意図については、そのミッション活動全体とともにいまだ解明すべきところは多いが、[5]プロテスタントにおけるカトリック復興としては、英国国教会におけるカトリック復興そして中世復興であるオクスフォード運動があり、ここに淵源することに間違いはない。そのイデオローグはジョン・ヘンリー・ニューマン（John Henry Newman, 一八〇一－九〇）であった。しかしゴシック復興はさらにさかのぼる歴史がある。ホレス・ウォルポール（Horace Walpole, 一七一七－九七）によるストロベリー・ヒル（Strawberry Hill）の別荘の建築がその嚆矢である。政治にも関わったウォルポールの記した小説『オトラント城（*The Castle of Otranto*）』（一七六四年）はイギリスにおけるゴシック趣味の最も重要な作品として知られている。ゴシック復興について一九二八年に最初の研究書で基礎文献を著したケネス・クラーク（Kenneth Clark, 一九〇三－八三）は、ゴシック・リバイバルは文学的な運動で、イギリス人の多くの想像力の要求を満たしたがゆえに研究に値するのであるが、美的なものではなかった。美的なものならその人と時代を探究する原動力ともなるのであるが、そうでなかったので学問的な研究対象とはならなかったと書く。[6]

しかし、そもそもゴシックとの名称はルネサンス時代のイタリア人たちが、それ以前の中世を区別して否定的な意味で名付けたものである。一五世紀のレオン・バッティスタ・アルベルティ（Leon Battista Alberti, 一四〇四－七二）は素朴な彫刻を「ゾティケ（zotiche）」と呼んだし、ロレンツォ・ヴァッラ（Lorenzo Valla, 一四〇七－五七）のいう「ゴシック風に記された冊子本（codices gothice scriptos）」とは古典時代から堕落したラテン語の文書との意味であった。[7] ルネサンスの画家でありミケランジェロ信奉者で伝記作者のジョルジョ・ヴァザーリ（Giorgio Vasari, 一五一一－七四）がルネサンスに対して北方の野蛮な様式を意味して「ゴート人の」と呼んだのが最も有名で、もちろん軽蔑的な意味を持っていた。彼はその芸術家列伝（初版一五五〇年、第二版一五六八年）の序文に記す。

この様式はゴート人が創案したものである。彼らが古代の建築を破壊したのち、戦争のために建築家たちが死んでしまったので、生き残ったものたちがこの様式を使って建物を建てたのであった。彼らは尖った弓形のアーチをめぐらせ、彼らの遣り方を取り除いたならば何も成し得ないまでに、イタリア全土をこの呪わしい建物でおおいつくしてしまった。神よ、希わくはかくのごとき建物の意匠と様式とからすべての国々を守り給え。それらはわれわれの建物に比すれば余りにも醜いので、これ以上述べるには価しない（Questa maniera fu trovata dai Gotti, che per aver ruinate le fabriche antiche e morte gli architetti di questa guerre, fecemo dopo, coloro che rimasero, le fabriche di questa maniera, la quali girarono le volte con quarti acuti e riempierono tutta Italia di questa maledizione di fabriche, che per non averne a far piu, s'e dismesso ogni modo loro. Iddio scampi ogni paese da venir tal pensiero et ordine di lavori, che per essere eglino talmente difformi alla belezza delle fabriche nostre nostre, meritano che non se ne favelli piu che questo. E pero passiamo a dire delle volte.）[8]。

イギリスを中心とするゴシック復興も同断である。ゴシックが反近代で野蛮なものであるとのゴシック理解は今なお根強い。象徴派の作家ユイスマンス（Joris-Karl Huysmans, 一八四八－一九〇七）はカトリックを標榜するが単なる神秘主義者で、その長大な感激屋の作物『大伽藍（*La Cathédrale*）』（一八九八年）においても、ヴァザーリ以来の印象を饒舌に語るばかりで、ゴシック時代の神学には全

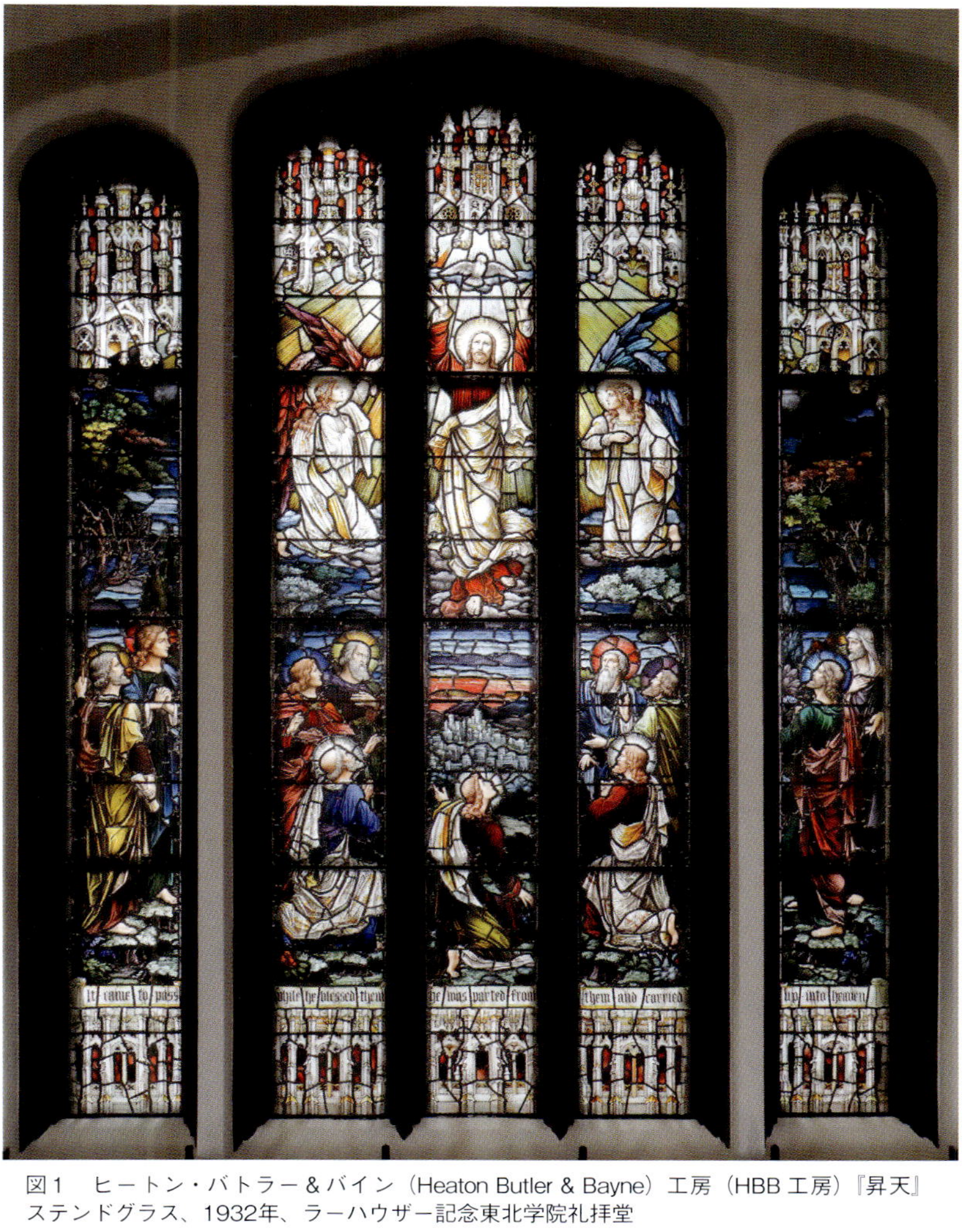

図1　ヒートン・バトラー＆バイン（Heaton Butler & Bayne）工房（HBB 工房）『昇天』ステンドグラス、1932年、ラーハウザー記念東北学院礼拝堂

図2　同上（部分）、ステンドグラスの左下隅の「ヒートン・バトラー＆バイン（Heaton Butler & Bayne）」そして「ロンドン（London）」との銘文

図５　HBB工房の1932年９月付けの商品見本に掲載されている東北学院のステンドグラスの「昇天」とほぼ同じ図柄の見本

図４　HBB工房の1932年９月付けの商品見本の表紙

図６　ステンドグラスの右下隅の工房名「ヒートン・バトラー＆バイン（Heaton Butler & Bayne)」そして「ロンドン ニューヨーク（London New York)」との銘文

く言及しない。[9] 表現主義のイデオローグで、抽象美術の意味を解釈したヴィルヘルム・ヴォリンガー（Wilhelm Worringer, 一八八一－一九六五）も著名で重要な著作『抽象と感情移入』の図式で、人間の根源的な感受性である恐怖の表現としてゴシック建築を解釈する。それではロマネスク建築との違いは見えない。[10] もちろんヴォリンガーも一一四四年にゴシックの大聖堂を最初に建立したシュジェール（シュジェ Sugerius, 一〇八一－一一五一）の神学に言及しない。

「暗黒の中世」とは月並みないい方であるが、それはロマネスク時代にこそ当てはまる。ロマネスクの聖堂は、壁が厚いため暗い。暗い見えない旧約の神が重要であった。そして聖堂入り口のタンパンには最後の審判が浮き彫りで描かれ、人々を恐怖させる。[11] それに対してゴシックの時代は、スコラ哲学という神学による世界観を確立した合理主義の時代ではなかったか。

個人的な経験を記すことをお許し願おう。筆者が最初にヨーロッパを見聞したのは一九七五年であった。ローマで復活祭を迎えた。筆者は聖公会であってカトリック教会には属していないから、サンピエトロ大聖堂のなかで遠慮がちに、それでもローマ教皇に近い場所で、聖金曜日にサンピエトロの前で知り合った熱心なカトリック教徒のフランス人と一緒にミサに参列していた。様々な言語（イタリア語に加えて英仏独語）が飛び交うなか、最も聖なる瞬間、つまりパンと葡萄酒が聖別されてキリストの体と血に変わる聖変化の瞬間、待ち構えていたカメラマンたちが、四方から一斉にフラッシュを焚いてカメラのシャッターを押したのである。日本では聖公会の聖餐式にその瞬間は、最も神聖な瞬間であるから、みな下を向いて一生懸命お祈りをする。しかしここでは神は見えるものとなったのである。聖なるものが見える、これがキリスト教であることを、筆者は一挙に理解した。神は人となって見えるものとなった。受肉である。

ゴシック様式の礼拝堂はそのため、つまり聖なるものをみるために考案された。ハンス・ゼードルマイヤ（Hans Sedlmayr, 一八九六－一九八四）は、その浩瀚な『大聖堂の生成（*Die Entstehung der Kathedrale*）』（一九七六年）のなかで、次のように記している。

> 大聖堂では如何にすべてが「見せる」ために作られているか、それは些細な部分をみてもわかる（Wie sehr in der Kathedrale alles von der "Schau" bestimmt ist, zeigt noch eine verhältnismäßig untergeordnete Eigenheit.）[12]。

いまや真理は万人に明らかである。信仰が世界を支える。そして信仰がすべての知識を支える。カンタベリーのアンセルムス（一〇三三－一一〇九）が言うように、「知解のために我信ず（Credo ut intelligam）」。受肉を前提とすれば世界は理解できる。前述のオクスフォード運動のヘンリー・ニューマンはその『大学の理念（*The Idea of University*）』（一八五四年）で次のように記す。

> 今や神学の講座なしでいわゆる大学を設立することが多くなっているが、それは私には知的愚行としか思えない（It is the fashion just now, as you very well know, to erect so-called Universities, without making any provision in them at all for theological chairs. ..... Such a procedure ..... seems to me an intellectual absurdity.）（19/15-20）。

神的なもの無しでは、世俗の知識はすべて分裂して断片化するであろう（You will soon break up into fragments the whole circle of secular knowledge, if you begin the mutilation with divine.）（26/30）。

3　神を再現する芸術

これは中世以来の神中心の世界観であり、物質観つまるところ芸術観でもあり、近代日本が知らないところである。しかし明治初期、黒田清輝が明治二六年に帰国するまでの近代日本の画家たちが学んだアカデミズムの芸術はその中世以来の芸術の流れにあった。川村清雄のヴェネチア美術学校、山本芳翠のパリの美術学校、松岡壽の王立ローマ美術学校、山下りんのペテルブルク美術アカデミー[13]、原田直次郎のミュンヘン美術アカデミーなどである。しかし黒田清輝が帰国し、東京美術学校の主任教授となるや、共通の偉大な芸術ではなくて、個人の表現を目指す印象派の自由な作風が日本の若者の芸術熱をかき立てて、伝統的なアカデミズムの芸術は旧守派として主流ではなくなった。印象とはまさに客観と主観の間にある言葉であった。偉大な芸術は個人とは関わりなく対象があれば成立するし、個人の表現は個人さえあれば成立する。しかし印象は、対象が個人に印を押す、つまり対象と個人の両方がなければ成立しない。

この中世的な芸術観は、知られている中世の画論をみてもわかる。一二世紀のテオフィルス（Theophilus）は、芸術家は無であるとして、その『諸技芸提要（*Diversarum artium schedula*）』のなかで自らを「卑しき司祭にして、神の僕たちの僕、修道士の名と職とにふさわしからぬ我」と記し、次のように続ける。

先祖たちの聡明な見通しが、我々の時代まで伝え来たったものを、……さらに神が世襲財産として人に伝え給いしものを、……何人といえども、あたかもそれが自ら生じたもので、他から受けたものではないかのように、自らに栄光を帰することのないように[14]。

また一八世紀ではあるが、ギリシアのアトスの修道院の修道士であるフルナのディオニシオス（Διονύσιος ο εκ Φουρνά，一六七〇頃－一七四六頃）は、その著書『絵画指南書（Ερμηνεία της ζωγραφικής τέχνης και αι κύριαι πηγαί αυτής）』（一七三〇－三四年頃執筆）で次のように記している。これは一八世紀の例ではあるが、執筆者がイコン画家でもあることから、その姿勢は中世の芸術観を残しているのであり、かれにとっての画家の位置づけについて記している。

ルカは豊かに与えられた自らの霊的な才能に頼ることなく、あなたの崇高なる聖性を自分で見たとおりに、……正確に描きました。拙ない私も彼に倣ってイコンの描き方を学び始めました。……親愛なる者よ、労を惜しまず限りない勤勉さと熱意をもって教えを受けて、この画技を完璧に学ぶよう十分気を付けなさい。なぜならこの仕事は神聖であり、神から与えられたものだからです[15]。

つまり芸術家は神を描くのである。あるいは永遠を描くと言ったほうが分かりやすいかもしれない。しかし本来は神を描くというのがあくまで正しい。つまり人となった神を描くのである。父なる神は超越であるから描けない。しかしイエス・キリストは完全な人であるから、眼に見える。だから描くことができるのである。この理屈が成立したのが、ビザンティン中世の七八七年の第二ニケア公会議であった。それはイコンの成立であり、キリスト論の成立でもあり、キリスト教の教義の成立であった。

旧約の偶像否定によるイコン否定を経て、七八七年にイコン肯定に至ったその公会議の決定文は以下の通りである。

> 記されていようが、記されていまいが、神によって我々に与えられた教会の伝統すべてを我々は変えることなく保つ。そのひとつが「イコンの絵の形（ἡ τῆς εἰκονικῆς ἀναζωγραφήσεως ἐκτύπωσις）」であり、それは福音の教えの物語と一致するもので、「言葉である神が人となったこと（τοῦ θεοῦ λόγου ἐνανθρωπήσεως）」が「幻（φαντασία）」によるのではなく、「ほんとう（ἀλήθεια）」であることを信じるためであり、また福音の教えの物語と同様に我々の役にたつ。（中略）
> また我々がイコンに捧げるのは「接吻（ἀσπασμός）」と「畏敬のプロスキネーシス（τιμητικὴ προσκύνησις）」であって、「我々の信仰による真実のラトレイア（ἡ κατὰ πίστιν ἡμῶν ἀληθινὴ λατρεία）」ではない。ラトレイアは神性のみにふさわしい。

「言葉である神が人となったこと」つまり「受肉」が空想（ファンタジア）ではなく真の事実（アレーテイア）であったこと、このことがイコン肯定の根拠なのである。つまりキリストは人であるから、肖像画が可能である。しかしキリストは神でもある。完全な人であるとともに、完全な神である。四五一年のカルケドン公会議で議決されたこの内容は矛盾であり、パウロのいうユダヤ人には躓き、ギリシア人にはナンセンス（『コリントの信徒への手紙一』第一章二三節）なのであるが、それがイコンを可能とし、イエスすなわち神の肖像画を可能とした。しかし決定文の後半にあるように、神の肖像画は神そのものではない。相変わらず「もの」である。それ自体は神ではなく、神の肖像画である。これが表象論の始まりである。つまり神に対してのみ「ラトレイア」の礼拝。それ以外のこの世の物質に対しては「プロスキネーシス」の礼拝と議決文に記されている。前者は絶対的礼拝、後者は相対的礼拝と訳すのがよい。絵とそのモデルは存在論的にレベルが違うのである。キルケゴール（Søren Kierkegaard, 一八一三－五五）はその消息を次のように記している。「感性……は、キリスト教によって措定され、代表（表象）の理念はキリスト教によって世界に持ち込まれた」[16]。

4　物質の聖化・地上の天国

つまりイコンという朽ちる物質が神を描くことができる、物質世界が神につながったのである。それはこの現実世界の根拠付けに他ならない。これを「物質の聖化（テオーシス）」という。アタナシオス（Athanasius Alexandrinus, c.二九六－三七三）の『言の受肉』（54, 3）の言葉が最も有名である。つまり「この方（言）が人となられた（ἐνανθρώπησις）のは、われわれを神とする（θεοποίησις）ためである」[17]。しかしこの言い方は（ロシア人が大好きである）、あまりにレトリカルであるので、誤解されることも多い。我々が神になるはずはない。我々はあいかわらず有限な時間のなかでの存在であり、死に定められている。しかしこの有限な現実世界の被造物が、神を描くことができるようになった。つまり神と繋がったのである。これが福音に他ならない。物質は神を表象できるようになった。空しい物質によって神・永遠が表象できることとなった[18]。地上において天国の実現が可能となった。それが芸術であり、ヴェルフリーンのいう「偉大な芸術」である。芸術は福音とともに成立した。

芸術の出発点は、イエス・キリストの肖像画である。それはマンディリオンという五四四年に再発見されたタオルに写ったキリストの顔である。それ以降、イエス・キリストのイコンはこのマンディリオンの型に従うことになる[19]。

そして「物質の聖化」ゆえに、この有限な現実世界において天国の表象が可能となる。コンスタンティノープル総主教ゲルマノス（Germanos, 七一五－七三〇年総主教、七三三年歿）は、典礼を説明する冒頭に、「聖堂は地上の天国である。そこに天上の神は住み、歩きまわっていらっしゃる（Ἐκκλησία ἐστιν ἐπίγειος οὐρανός, ἐν ᾧ ὁ ἐπουράνιος Θεὸς ἐνοικεῖ καὶ ἐμπεριπατεῖ）[20]」と記している。セルビアの聖人伝記者のテオドシエ（Teodosije, 一三〇〇年前後）は、その『聖サヴァ伝（Život svetoga Save）』のなかで、ジチャ修道院（一二〇八－三〇）の聖堂での感動を同じく「地上の天国（zemaljsko nebo）」という言い方をしている[21]。

5　闇のロマネスクから光のゴシックへ

受肉によって、現実が永遠と繋がる。これが物質の聖化にほかならない。物質はあくまで滅び行く空しいものでしかない。それが、神が物質となることによって、「地上の天国」が可能となった。これが福音である。『マタイによる福音書』にいう。「悔い改めよ。天の国は近づいた」（四章一七節）。また『マルコによる福音書』でも洗礼者ヨハネは語る「時は満ちた。神の国は近づいた」（一章一五節）。また『ルカによる福音書』にはイエスの言葉として、こうある。「神の国は、実にあなたがたの間にあるのだから（Ἰδοὺ γὰρ ἡ βασιλεία τοῦ θεοῦ ἐντὸς ὑμῶν ἐστιν）」（一七章二一節）。聖書学者ドッド（Charles. H. Dodd, 一八八四－一九七三）はこれを「実現された終末論（realised Escatology）」といい、波多野精一（一八七七－一九五〇）は『時と永遠』（一九四三年刊行）のなかで、「永遠性はすでにこの世において体験される」と記している。[22]

これがまさにゴシックの大聖堂で実現されたのである。ロマネスクの闇に対して、光に満ちたゴシックの空間、そういうゴシック理解は、ハンス・ヤンツェン（Hans Jantzen, 一八八一－一九六七）の論文『ゴシックの教会空間について（*Über den gotischen Kirchenraum*）』（一九二七年）における「透明な（diaphan）壁」の指摘[23]に発して、オットー・フォン・ジムソン（Otto von Simson, 一九一二－九三）そして前述のハンス・ゼードルマイヤに受け継がれており、美術史学における基本理解となっている。もっとも大きな影響力があったのが、オットー・フォン・ジムソンの著作『ゴシックの大聖堂（*The*

Gothic Cathedral: Origins of Gothic Architecture and the Medieval Concept of Order』（一九五六年刊行）である。彼はその著書の冒頭ではっきりとロマネスクとゴシックの違いを次のように記す。

光の使い方といったとき、より明確にいえば私は壁の物質的実態に対する光の関係を指している。ロマネスクの教会堂では光は壁の重々しくうす暗い触覚的な物体からは区別され、それと対比をなすものである。ところがゴシックの壁は浸透質にみえる。光がそれに滲み込み、それに浸透し、それと融合し、それを変容させる。[24]

このフォン・ジムソンの直感は、前述のサン・ドニ修道院の院長シュジェールのテキストによって補強されている。シュジェールは一貫して「地上の天国」としての聖堂を語る。いわく「技術は物質を超え（materiam superabat opus）」、「物質的なものから非物質的なものへ移す（de materialibus ad immaterilia transferendo）[25]」。そして「神の恩寵によって、私はこの劣った世界から高い世界へと上げられる[26]」。そして「汝神は、物質的なものと非物質的なものを、肉体的なものと精神的なものを、人間的なものと神的なものを、ひとつに結びつける（materialia immaterialibus, corporalia spiritualibus, humana divinis uniformiter concopulas）[27]」「神は奇跡によって、我々の現在の状態を神の国へと戻し、変える[28]」。物質の聖化の根拠は受肉であることがしっかりと確認されている。

しかし、そもそもゴシックの肯定的評価はいつからであろうか？　野蛮なゴシック様式との理解を超えた最初はゲーテ（Johann Wolfgang von Goethe, 一七四九－一八三二）である。[29]中世美術の模写について考察したのもゲーテが最初である。[30] 一七七二年、ゲーテはストラスブールの大聖堂の前に立って圧倒的な感動に襲われる。

その光景はなんという予期せぬ感情で私を圧倒したことであろう。一つの完全で強大な印象が私の魂を満たした。それは調和した無数の部分より成り立っていたので、味わい享受することはできても、認識し、説明することはまるで不可能であった。……人間精神にはそれを観察することすら困難であり、ただ頭をたれて崇拝するほかない。……永遠なる自然の作品のように無数の小さな部分へ生気づけられ、極微の一点にいたるまで、すべてが形姿となり、すべてが全体を目ざしている。……しかもその一つ一つが永遠につながっている（Mit welcher unerwarteten Empfindung überraschte mich der Anblick, als ich davor trat.Ein, ganyert, großer Eindruck füllte meine Seele, den, weil era us tausend harmonierenden Einyelnheiten bestand, ich wohl schmecken und genießen, keineswegs aber erkennen und erklären konnte ..... Schwer ists dem Menschengeist, wenn seines Bruders Werk so hoch erhaben ist, daß er nur beugen, und anbeten muß ..... wie in Werken der ewigen Natur, bis aufs geringste Zäserchen, alles Gestalt, und alles zweckend zum Ganzen ..... wie durchbrochen alles und doch für die Ewigkeit.）[31]。

「すべてが形（Gestalt）であり、すべてが全体を目ざし、しかもその一つ一つが永遠につながっている」。これこそ世界を被造物の「もの」とする旧約思想と、新約の受肉による「物質の聖化」に他ならない。ゲーテはそこに新約聖書の物質観を感受した。
そしてさらに、近代の基礎としての中世を根拠に英国国教会においてカトリック評価と中世復興をおこなったジョン・ヘンリー・ニューマンの仕事、それを踏まえてのアメリカを中心とする、学問の中心としてのゴシック建築の模倣である大学ゴシック様式（Collegiate Gothic）と系譜をたどることができるだろう。ラスキン（John Ruskin, 一八一九－一九〇〇）がゴシックを評価する際にも、彼は八世紀のビザンティンのイコン論と同じ論理で世界を見ていた。

キリスト教は小さな部分にも偉大な部分にも、それぞれの魂の個別の価値を認めていた。しかしその価値を認めるだけではない、その不完全なことも知っている。無価値なものとの認めることにキリスト教は尊厳を見たのである（Christianity having recognized, in small things as well as great, the individual value of every soul. But it not only recognizes its value; it confesses its imperfection, in only bestowing dignity upon the acknowledgement of unworthiness.）[32]。

これは神の表象が、神を写すがゆえに価値ある「もの」であること、しかし同時に朽ちゆくものとして無価値であるとの、第二ニケア公会議において言明されたプロスキネーシスの対象としての「もの」観に他ならない。それゆえラスキンのゴシック評価は、永遠を指向するゴシックを肯定的にみる。さらにラスキンの言をみよう。

「ゴシック」なる語が最初に北方建築の総称として適用されるようになったのがいつのことなのか詳らかではない。だが最初に使われたのがいつであれ、それが非難の意を暗に含み、その建築を生み出した諸民族の野蛮な特徴を表現しようとしたものであったということは推測できる。……その形容詞が軽蔑を込めて使われていたかぎりは、それは誤用ではあった。だがこの語は正しく理解するなら、まったく非難されるべきものではない。それどころか人間の本能がほとんど無意識に認める深遠な真理がある。なるほど北方の建築は荒削りで粗野である。それはたしかにそのとおりなのであるが、だからといってそれを断罪し軽蔑すべきだというのは正しくない。まったくそれと逆で、まさしくこの特徴があるからこそ、その建築はわれわれが深い敬意を表するに値するものなのだと私は信じる（I am not sure when the word "Gothic" was first generically applied to the architecture of the North; but I presume that, whatever the date of its original usage, it was intended to imply reproach, and express the barbaric character of the nations among whom that architecture arose. ..... As far as the epithet was used scornfully, it was used falsely; but there is no reproach I the word, rightly understood; on the contrary there is a profound truth, which the instinct of mankind almost unconsciously recognizes. It is true, greatly and deeply true, that the architecture of the North is rude and wild; but it is not true. That. For this reason, we are to condemn it, or despise. Far otherwise: I believe it is I this very character that it deserves our profoundest reverence.）[33]。

そしてゲーテに始まるゴシックの積極的評価は、アメリカの歴史家ヘンリー・アダムズ（Henry

Adams, 一八三八－一九一八）に受け継がれる。アダムズは、その著書『モン・サン・ミシェルとシャルトル』（私家版一九〇四年、公刊一九一三年）[34]で、モン・サン・ミシェルのロマネスク建築とシャルトル大聖堂のゴシック建築を対比し、ゴシック建築における光の重要性を指摘して書く。「まず第一に、ゴシック様式は宗教的暗さの意図的表現だという因襲的観念を頭から取っ払わなくては。光の必要こそ、ゴシック建築家たちを促した動機だった[35]」。そしてその最終章でトマス・アクィナスの神学大系の現れがゴシック建築であると記す。そして、たしかに不安定ではあるが、しかしそれは超越を希求するあまりの不安定性であるという[36]。

その後、ゴシック建築のみならず、ゴシック時代全体を「暗黒の中世」から解放したハスキンス（Charles Homer Haskins, 一八七〇－一九三七）の「一二世紀ルネサンス」とのゴシック理解に至る[37]。一九二七年のことである。一九四六年のパノフスキー（Erwin Panofsky, 一八九二－一九六八）のゴシック理解がそれに続く。パノフスキーはスコラ哲学の造形的現れがゴシックであるとして、合理的な、魔術否定のキリスト教の現れとしてゴシック様式を解釈した[38]。

以上のように、アダムズやハスキンスの先駆的ゴシック理解を嚆矢として、ゴシック建築の研究はヤンツェンからオット・フォン・ジムソンに受け継がれ、パノフスキーによって同時代の神学思想に補強された。受肉論によって根拠付けられた近代の始まりとしてのゴシック観はここに確立したといえるだろう。

6　オブジェとしてのステンドグラス

あらゆる感覚の対象としての芸術という近年の美術の動向に呼応して、さらにオブジェとしてのステンドグラスについて、ハーバート・ケスラー（Herbert L. Kessler）は、金属とガラス細工すなわちモザイクとステンドグラスと七宝細工は、砂や顔料や金属を高い熱で変化させる作業であって、それは旧約の文字通りの意味のなかに新約の新しい意味を読み取る作業と同じであると類比し、表面の下に真実を明らかにするタイポロジー（予型論）としてのステンドグラスとの解釈を提出している。[39] ガラスの製法自体に旧約と新約を読み込むことは、アメリカにおける中世復興であるジョン・ラファージ（John La Farge, 一八三五－一九一〇）の制作したステンドグラス（図7、8）、さらにティファニー（Louis Comfort Tiffany, 一八四八－一九三三）によって量産された乳白色ステンドグラス（opalescent glass）製品の意味付けともなる。中世美術であるステンドグラス芸術は、ジョン・ラファージの手によって日常生活の調度品となった。その美的効果は八世紀ビザンティンの第二ニケア公会議と一二世紀ゴシックのシュジェールの物質観、そして旧約のなかに新約を見いだすように、物質のなかに永遠を見いだす予型論に支えられている。

第二ニケア公会議の決定にいうよう、ファンタジーではなく真実である「受肉」によって、物質は神を再現することができる。「物質の聖化（テオーシス）」とはこのことに他ならず、「神の国はあなたがたの間にある」（『ルカによる福音書』第一七章二一節）。この福音が「地上の天国」の表象としての芸術の根拠であった。現代においても、このことを忘却すれば芸術は、根拠なき自己表現という動物的混沌に堕するほかない。

図7　ジョン・ラファージ『幼いサムエル』、ジャドソン（Judson）記念教会ステンドグラス、1889年、ニューヨーク

図8　ジョン・ラファージ『説教するキリストと洗礼者ヨハネとパウロ』（部分）、もとロクスバリー（Roxbury）の諸聖徒ユニテリアン教会、1889年、現マクマラン美術館蔵、ボストン

注

1　水沼（二〇〇九年）。

2　東北学院のラーハウザー記念礼拝堂のステンドグラスについては、以下の書簡も原文も含めて紹介済みで

ある。鐸木（二〇一七年）、五九－七八頁。

3　本学のステンドグラスは、二〇一七年八月から二〇一八年三月にかけて、横浜の光ステンド工房（平山健雄氏代表）によって修復された。平山氏の報告書には、上部の左右の明度の低い二枚のステンドグラスとほかのステンドグラスとの技法上の差は記されていない。平山健雄『ラーハウザー記念東北学院礼拝堂ステンドグラス修復の記録』東北学院大学研究ブランディング事業、二〇一八年。

4　ＨＢＢ工房の作品については、一九三二年段階での全作品のリストが、バイン家の子孫によって整理されて出版されている。Bayne-Dupaquier, 1986.

5　Mensendiek, 1972. 邦訳：メンセンディーク（一九七六年）。

6　Clark, 1974 (1928), pp. 8-9.

7　Cleaver/Lepine, 2012.

8　Vasari, 1967, pp. 83-84. これは第二版。邦訳：ヴァザーリ（一九八〇年）、八一頁。

9　邦訳は以下、ただし抄訳。J.=K. ユイスマンス『大伽藍——神秘と崇厳の聖堂讃歌』〔出口裕弘訳〕、平凡社ライブラリー、一九九五年。ユイスマンスは、ナザレ派やボイロン派などの一九世紀の中世主義を否定する。「この十九世紀にも、格別探求すべきものはない。オーヴァーベック、アングル、フランドランのような連中は、注文次第で宗教的画題の引き具につながれる蒼ざめた痩馬にすぎない。サン・シュルピス教会では、ドラクロワが他のへぼ絵描きどもを圧倒しているが、そこには一片のカトリック芸術の痕跡もない」（平凡社ライブラリー版、二八六頁）。パリのサン・シュルピス教会の周辺ではセンチメンタルで安っぽい宗教画が売られていたとのこと。近代人のサン・シュルピス派嫌いについては、鐸木（二〇一六年）、五五－六六頁。ナザレ派については近年研究の進展が著しい。Grewe, 2009. またボイロン派については、Siebenmorgen, 1983.

10　ヴォリンガー（二〇一六年）。

11　わが国の西洋中世美術研究は、ことごとくロマネスク美術研究あるいは、さらにさかのぼって初期キリスト教美術研究から始まっていることに注意すべきである。吉川逸治『サン・サヴァン教会堂のロマネスク壁画』（新潮社、一九八二年）、柳宗玄『西洋の誕生』（新潮社、一九七一年）、辻成史『イデアの宿り――古典古代美術からビザンティン美術へ』（新潮社、一九七六年）、辻佐保子『ローマ　サンタ・サビーナ教会木彫扉の研究』（中央公論美術出版、二〇〇三年）。受肉を根拠とする明るい新約世界よりも、本能的な暗い旧約世界のほうが人類に普遍的で分かりやすいからである。この傾向は現代の若い研究者にも引き継がれている。

12　Sedlmayr, 1976, S. 40. 邦訳：ゼードルマイヤ（一九九五年）、七四頁。

13　山下りんが一八八一年の春から二年間イコンを学んでいたペテルブルグのノヴォジェーヴィチ女子修道院に、修道院の外から画教師として来ていたのがペテルブルグの美術アカデミーの校長のフョードル・ヨルダン（Фёдор Иванович Иордан, 1800-83）であった。山下は一八八一年の一二月にアカデミー入学許可書を受け取っているが、入学はできず、その許可書を記念のために書き写したと山下りんは自分の日記に書き込んでいる。

14　『諸技芸提要』、三九－四〇頁。

15　金沢美術工芸大学美術工芸研究所発行、ディオニシオス（一九九九年）、三七、四三頁。

16　キルケゴール（一九六三年）、一〇八頁。

17　宮本久雄編（一九九二年）、一三四頁。

18　つとに『ビザンティン美学』を出版したジェルヴァズ・マシュウ（Gervase Mathew）は、ビザンティン美術をすべて新プラトン主義で説明しようとしており、そこに受肉による物質の聖化の観点はない。Mathew, 1963.

19　様々なキリストの顔については、Mathews, 1991. また水野（二〇一四年）。マケドニア朝のキリスト像については、益田、一五－三二頁。

20　Meyendorff, 1984, p. 56.

21　Basić (preveo i objasnio), 1924, str. 193.

22　岩波全集、第四巻、四七二頁。

23　Jantzen, 1951.

24　ジムソン（一九八五年）、三頁。Simson, 1962 (1956).

25 『監督下の偉業について』第三章 Panofsky, p. 62.
26 同右。
27 『サン・ドニ献堂記』第七章、Panofsky, p. 120.
28 同右。
29 ゲーテ「ドイツの建築について（一七七二年）」および「ドイツ建築について（一八二三年）」、いずれも『ゲーテ全集』第一三冊、潮出版社、一九八〇年、一〇五頁以下および一九四頁以下。
30 ゲーテのイコン発見については下記に記した。鐸木（一九九二年）、三三三－三五四頁。
31 『ゲーテ全集』第一三冊、一〇八－九頁、Goethe, 1987, SS. 418-420.
32 Ruskin, 1892, p. 14. 邦訳：ラスキン（二〇一一年）、二九頁。
33 Ruskin, 1892, p. 9. 邦訳：ラスキン（二〇一一年）、二一－二三頁。
34 Adams, 1913 (1904). 邦訳：アダムズ（二〇〇四年）。
35 アダムズ、前掲邦訳、一四三頁。
36 アダムズ、前掲邦訳、五八七頁。
37 Haskins, 1927. 邦訳：ハスキンズ（二〇一七）年。
38 Panofsky, 1951. 邦訳：パノフスキー（二〇〇一）年。
39 Kessler, 2012, pp. 55-70.

文献

Adams, Henry (1838–1918), *Mont Saint Michel and Chartres*, 1913 (1904). 邦訳：H・アダムズ『モン・サン・ミシェルとシャルトル』〔野島秀勝訳〕、法政大学出版局、二〇〇四年。
Basić, Milivoje (preveo i objasnio), *Stare srpske biografije*, I, Srpska Književna Zadruga, Beograd, 1924, str. 193.
Bayne-Dupaquier, Simone Berthe Marthe, *Heaton, Butler & Bayne: Un Siecle d'Art du Vitrail*, Montreux, 1986.

Clark, Kenneth, *The Gothic Revival*, Trowbridge & Esher, 1974 (1928).
Cleaver, Laura/Lepine, Ayla (ed.), *Gothic Legacies: Four Centuries of Tradition and Innovation in Art and Architecture*, Cambridge, 2012.
『ゲーテ全集』第一三冊、潮出版社。
ジムソン、オットー・フォン『ゴシックの大聖堂――ゴシック建築の起源と中世の秩序概念』〔前川道郎訳〕、みすず書房、一九八五年。Simson, Otto von, *The Gothic Cathedral: Origins of Gothic Architecture and the Medieval Concept of Order*, New York, 1962 (1956).
Grewe, Cordula, *Painting the Sacred in the Age of Romanticism*, Ashgate, 2009.
Haskins, Charles Homer, *The Renaissance of the Twelfth Century*, 1927. 邦訳：ハスキンズ、チャールズ・Ｈ『十二世紀のルネサンス――ヨーロッパの目覚め』〔別宮貞徳・朝倉文市訳〕、講談社学術文庫、二〇一七年（初版一九八九年）。
Jantzen, Hans, Über gotischen Kirchenraum, in *Die Aufsätze*, Berlin, 1951.
金沢美術工芸大学美術工芸研究所『ディオニシオスのエルミニア――東方正教会の絵画指南書』一九九九年。
Kessler, Herbert L., They preach not by speaking out loud but by signifying": Vitreous Arts as Typology, *Gesta*, Vol. 51, No. 1 (January 2012).
キルケゴール『著作集１　あれかこれか』〔浅井真男訳〕、白水社、一九六三年。
益田朋幸「仏陀の顔をしたキリスト――仏教美術西漸に関する一考察」『仏教芸術』二二〇、一九九五年。
Mathew, Gervase, *Byzantine Aesthetics*, London, 1963.
Mathews, Thomas F., *The Clash of Gods: , A Reinterpretation of Early Christian Art*, Princeton, 1991.
Mensendiek, C. William, *A man for his times : the life and thought of David Bowman Schneder, missionary to Japan 1887-1938*, Tohoku gakuin, 1972. 邦訳：メンセンディーク、ウィリアム『シュネーダー博士の生涯――その人とその時代』〔笹原昌・出村彰共訳〕、東北学院大学、一九七六年。
Meyendorff, Paul, *St Germanus of Constantinople on the Divine Liturgy*, St Vladimir's Seminary Press, 1984.

宮本久雄編『中世思想原典集成2　盛期ギリシア教父』平凡社、一九九二年。

水野千依『キリストの顔――イメージ人類学序説』筑摩選書、二〇一四年。

水沼淑子『ジェイ・H・モーガン――アメリカと日本を生きた建築家』関東学院大学出版、二〇〇九年。

Panofsky, Erwin, *Abbot Suger on the Abbey Church of St.-Denis and Its Art Treasures*, Princeton, 1979 (1946).

Panofsky, Erwin, *Gothic Architecture and Scholasticism*, 1951. 邦訳：パノフスキー『ゴシック建築とスコラ学』〔前川道郎訳〕、ちくま学芸文庫、二〇〇一年（初版一九八七年）。

Ruskin, John, *The Nature of Gothic, A Chapter of the Stones of Venice*, 1892. 邦訳：ラスキン、ジョン『ゴシックの本質』〔川端康雄訳〕、みすず書房、二〇一一年。

Sedlmayr, Hans, *Die Entstehung der Kathedrale*, Graz, 1976. 邦訳：ゼードルマイヤ、ハンス『大聖堂の生成』〔前川道郎、黒岩俊介訳〕、中央公論美術出版、一九九五年。

『諸技芸提要』〔森洋訳〕、中央公論美術出版、一九九四年。

Siebenmorgen, Harald, *Die Anfänge der "Beuroner Kunstschule", Peter Lenz und Jakob Wüger 1850-1875*, Sigmaringen, 1983.

鐸木道剛「ラーハウザー記念東北学院大学学院礼拝堂の〈昇天〉ステンドグラス――東北学院の象徴としての意味の拡がり」『キリスト教文化研究所紀要』第三五号、二〇一七年。

鐸木道剛「山下りんとルオー――近現代キリスト教美術研究序説」『東北学院大学キリスト教文化研究所紀要』三四号、二〇一六年。

鐸木道剛「ゲーテとロシア・イコン、そして山下りん」『美の司祭と巫女』前川誠郎先生記念論集刊行会編、中央公論美術出版、一九九二年。

Vasari, Giorgio, *Le vite die piu eccellenti pittori scultori e architettori*, Novara, 1967.

ヴァザーリ『ヴァザーリの芸術論――〈芸術家列伝〉における技法論と美学』平凡社、一九八〇年。

ヴォリンガー、ウィルヘルム『ゴシック美術形式論』〔中野勇訳〕、文春学藝ライブラリー、二〇一六年。

ユイスマンス、J.=K.『大伽藍――神秘と崇厳の聖堂讃歌』〔出口裕弘訳〕、平凡社ライブラリー、一九九五年。

あとがき

「はじめに」にも記されているように、本書は二〇一六年から開始された東北学院大学研究ブランディング事業の成果のひとつである。それぞれの専門を有する研究者が、福音とは、福音主義とは何かについて考察し、理解を深めるように努めた。しかし、本書をもってそのすべてに答えられたわけではないだろう。今後も継続される研究活動において、引き続きこの問いと向かい合っていきたい。

本書の第Ｉ部第一章は、二〇一七年一〇月六日に開催された東北学院大学文学部総合人文学科主催のファカルティ・フォーラム「マルコによる福音書――十字架のキリストに従う者への福音書」、そして、第二章から第四章は同年一〇月七日に開かれた東北学院大学研究ブランディング事業シンポジウム「我は福音を恥とせず――新約聖書における〈福音〉理解」での講演原稿を元としている。それ以外はすべて、本書のために書き下ろされた論考である。限られた時間で寄稿して下さった執筆者の方々に深く感謝を申し上げたい。とりわけ、編者として協力して下さった佐藤司郎先生は、本書の企画が暗礁に乗り上げた際、的確なアドバイスを下さり、軌道修正を図って下さった。本書が無事に刊行できたのは、先生のご尽力のお陰である。深くお礼を申し上げたい。

本書の出版に際して、多くの方々のお支えとご助言を頂いた。ここに感謝の意を示したい。とりわけ、出版のための実務を担って下さった東北学院大学研究機関事務課の畠山和人氏、研究ブランディング事業に関する事務作業を担当されている大沼友行氏、そして、教文館出版部の髙橋真人氏、編集の森本直樹氏に大変、お世話になった。心から感謝を申し上げたい。

二〇一八年七月

吉田　新

出村　彰（でむら・あきら）［第Ⅲ部第一章］
1933年仙台市生まれ。プリンストン神学大学大学院博士課程（Ph.D.）。東北学院大学教授・副学長を経て宮城学院理事長。前キリスト教史学会理事長。現在、東北学院大学名誉教授。
主要著・訳・編書：『スイス宗教改革史研究』、『総説キリスト史１　古代・中世』、同『２　宗教改革』、『中世キリスト教の歴史』（以上、日本キリスト教団出版局）、『キリスト教学科四十年史』、『宗教改革論集１　カルヴァン』、同『２　ツヴィングリ』（以上、新教出版社）、『東北学院百年史』４巻、『宗教改革著作集』15巻（教文館）など。最近刊として、ローランド・ベイントン『宗教改革史』全面改訳（新教出版社）、ブルース・ゴードン『『キリスト教綱要』物語――どのように書かれ，読まれてきたか』（教文館、共に2017年）。

佐々木勝彦（ささき・かつひこ）［第Ⅲ部第二章］
東北学院大学文学部名誉教授。
著書：『まだひと言も語らぬ先に――詩篇の世界』（2009年）、『愛は死のように強く――雅歌の宇宙』（2010年）、『理由もなく――ヨブ記を問う』（2011年）、『愛の類比――キング牧師、ガンディー、マザー・テレサ、神谷美恵子の信仰と生涯』（2012年）、『わたしはどこへ行くのか――自己超越の行方』（2013年）、『共感する神――非暴力と平和を求めて』（2014年）、『日本人の宗教意識とキリスト教』（2014年、いずれも教文館）ほか多数。
訳書：H. ゴルヴィツァー『愛の讃歌――雅歌の世界』（日本キリスト教団出版局、1990年）、W. パネンベルク『人間学――神学的考察』（教文館、2008年）ほか多数。

鐸木道剛（すずき・みちたか）［第Ⅲ部第三章］
1950年大阪府岸和田市生まれ。1974年東京大学文学部美術史学科卒、78年同大学院人文科学研究科美術史学科修了。1976-77年ユーゴスラビア国費留学生としてベオグラード大学哲学部美術史学科研究生。専門は西洋美術史。現在、東北学院大学文学部総合人文学科教授。
著書：『イコン――ビザンティン世界からロシア、日本へ』（共著、毎日新聞社、1993年）、“Invisible Hibutsu (Hidden Buddha) and Visible Icon in Spatial icons”, in *Performativity in Byzantium and Medieval Russia* (ed. by Alexei Lidov), Moscow, 2011.『山下りん研究』（岡山大学文学部研究叢書、2013年）、“Icons in Japan Painted by Rin Yamashita: Anonymity and Materiality”,in *Convivium*, I/2, Brno, 2014. ほか。

野村　信（のむら・しん）［第Ⅱ部第二章］
1954年生まれ。東京神学大学大学院卒、ウュスタン神学大学大学院卒。カルヴァン神学大学客員研究員（1992）、ジュネーヴ大学・宗教改革研究所客研究員（2000）、アムステルダム自由大学客員研究員（2008）。現在、東北学院大学文学部総合人文学科教授、宗教部長、日本キリスト教団正教師。アジア・カルヴァン学会日本支部代表、日本カルヴァン研究会会長。
著訳書：「カルヴァンにおける『ものとしるし』――聖書解釈における視座」『カルヴァン研究』所収（編集責任、共著、ヨベル社、2018年）、「聖書解釈と説教」『新たな一歩を』所収（共著、キリスト新聞社、2009年）、カルヴァン説教『霊性の飢饉――まことの充足を求めて』（訳、教文館、2001年）、『カルヴァン・エフェソ書説教集』１巻、２巻、３巻（編集責任・共訳、キリスト新聞社、2006年、2010年、2018年予定）ほか。

原田浩司（はらだ・こうじ）［第Ⅱ部第三章］
1973年群馬県生まれ。東北学院大学教養学部卒業、東京神学大学大学院博士課程前期修了。日本基督教団富田林教会牧師（2001－2007年）を経て、英スコットランド自由教会大学留学、英グラスゴー大学より神学修士号（M.Th）取得。現在、東北学院大学文学部総合人文学科准教授。
訳書：ドナルド・K・マッキム『長老教会の問い、長老教会の答え』（2006年）、同『長老教会の信仰』（2009年）、同『長老教会の問い、長老教会の答え２』（2013年）、同『宗教改革の問い、宗教改革の答え』（2017年）、ルイス・B・ウィークス『長老教会の源泉――信仰をかたちづくる聖書の言葉』（2014年、以上、一麦出版社）ほか。

川島堅二（かわしま・けんじ）［第Ⅱ部第四章］
1958年東京生まれ。東京神学大学大学院修士課程修了（組織神学専攻）、東京大学大学院博士課程満期退学（宗教学・宗教史学専攻）、博士（文学）。現在、日本基督教団正教師、東北学院大学文学部総合人文学科教授、キリスト教文化研究所所長。
著書：『シュライアマハーにおける弁証法的思考の形成』（本の風景社）ほか。

阿久戸義愛（あくど・よしや）［第Ⅱ部第五章］
筑波大学第一学群人文学類卒業。同大学院人文社会科学研究科哲学・思想専攻（倫理学分野）博士課程修了。博士（文学）。専門はカール・バルトの神学における教会論および倫理学。現在、東北学院大学文学部総合人文学科講師（キリスト教教育担当）。
論文：『恵みの契約の共同体的位相：カール・バルト『教会教義学』「和解論」を中心として』（博士論文）ほか。

藤原佐和子（ふじわら・さわこ）［第Ⅱ部第六章］
東京都出身。同志社大学大学院神学研究科博士後期課程修了。博士（神学）。同志社大学神学部特任助教を経て、東北学院大学文学部総合人文学科講師。専門はエキュメニカル神学、アジアの女性たちの神学。現在、日本キリスト教協議会（NCC）信仰と職制委員会協力幹事、アジア・キリスト教協議会（CCA）常議員、プログラム委員、世界教会協議会（WCC）信仰職制委員会 Faith and Order Papers Digital Edition 編集顧問委員。

《執筆者紹介》（執筆順）

ペーター・ランペ（Peter Lampe）　［第Ⅰ部第一章、第二章］

1954年デトモルト生まれ。1971-78年ビーレフェルト、ゲッティンゲン、ローマにて、神学、哲学、考古学を学ぶ。1981-87年ベルン大学神学部助手、同大学より神学博士号（Dr. theol.）、及び教授資格（Dr. habil.）取得。1987-92年ユニオン長老教会神学校（バージニア州リッチモンド）教授、1992-99年キール大学神学部教授。現在、ハイデルベルク大学神学部教授（新約聖書神学、初期キリスト教史担当）。

著書：Die Stadtrömischen Christen in den ersten beiden Jahrhunderten. Untersuchungen zur Sozialgeschichte (WUNT II/18), Tübingen: Mohr-Siebeck, 1987. Die Wirklichkeit als Bild: Das Neue Testament als ein Grunddokument abendländischer Kultur im Lichte konstruktivistischer Epistemologie und Wissenssoziologie, Neukirchen-Vluyn: Neukirchener, 2006. ほか多数。

辻　学（つじ・まなぶ）　［第Ⅰ部第三章］

1964年神戸市生まれ。関西学院大学神学部、同大学院神学研究科博士課程前期課程修了。日本基督教団甲子園二葉教会伝道師の後、スイス・ベルン大学に留学（Dr. theol.）。関西学院大学商学部宗教主事を経て、2007年より広島大学大学院総合科学研究科社会文明研究講座教授（宗教学、新約聖書学）。

著書：Glaube zwischen Vollkommenheit und Verweltlichung (WUNT II/93; Tübingen: Mohr-Siebeck, 1997)、『ヤコブの手紙』（現代新約注解全書、新教出版社、2002年）、『隣人愛のはじまり――聖書学的考察』（新教出版社、2010年）、『偽名書簡の謎を解く――パウロなき後のキリスト教』（新教出版社、2013年）、『新約聖書解釈の手引き』（共著、日本キリスト教団出版局、2016年）ほか。

出村みや子（でむら・みやこ）　［第Ⅰ部第五章］

仙台市生まれ。東京大学大学院人文科学研究科宗教学・宗教史学専攻博士課程満期退学。現在、東北学院大学文学部総合人文学科教授、同学科長、博士（文学）。

著訳書：オリゲネス『ケルソス駁論Ⅰ』、オリゲネス「ケルソス駁論Ⅱ」（以上、教文館）、'The Reception of the Pauline Letters and the Formation of the Canonical Principle in Origen of Alexandria', *in Scrinium 6*, 2010、『聖書解釈者オリゲネスとアレクサンドリア文献学』（知泉書館、2011年）、"Origen after the Origenist Controversy", in G.D.Dunn & W.Mayer (Eds.), *Christians Shaping Identity from the Roman Empire to Byzantium*, Brill, 2015、「アウグスティヌスの原罪論におけるオリゲネスの聖書解釈の影響――『罪の報いと赦し』を中心に」（東北学院大学学術研究会『人文学と神学』第12号、2017年）ほか。

金子晴勇（かねこ・はるお）　［第Ⅱ部第一章］

1932年生まれ。1962年京都大学大学院文学研究科博士課程修了。文学博士（京都大学）。現在、岡山大学名誉教授、聖学院大学総合研究所名誉教授。

著書：『ルターの人間学』（1975年）、『ルターとドイツ神秘主義――ヨーロッパ的霊性の「根底」学説による研究』（2000年、以上、創文社）、『教育改革者ルター』（2006年）、『ルターの霊性思想』（2009年、以上、教文館）、『エラスムスの人間学――キリスト教人文主義の巨匠』（2011年、知泉書館）ほか。訳書：『ルター神学討論集』（2011年）、『ルター教会暦説教集』（共訳、2011年）、『アウグスティヌス書簡集』（全二巻、2013年）、『エラスムス神学諸作集』（2016年、以上、教文館）ほか。

《編者紹介》
佐藤司郎（さとう・しろう）［編者、はじめに、第Ⅱ部第七章］
1946年山形生まれ。東北大学文学部哲学科卒業、東京神学大学大学院修士課程修了。組織神学専攻。日本基督教団大洲教会、同信濃町教会牧師、東北学院大学教授を歴任。博士（文学）。
現在、東北学院大学名誉教授、日本基督教団仙台北三番丁教会牧師。
著書：『カール・バルトの教会論――旅する神の民』（2015年）、『われは教会を信ず――エフェソの信徒への手紙に学ぶ』（2011年、以上、新教出版社）ほか。

吉田　新（よしだ・しん）［編者、はじめに、第Ⅰ部第四章、おわりに］
1978年静岡県生まれ。2005年立教大学大学院博士前期課程修了。2010年ハイデルベルク大学にて神学博士号（Dr. theol.）取得。現在、東北学院大学文学部総合人文学科准教授。専攻：新約聖書学。
著書：『バプテスマのヨハネ』（教文館、2012年）、Trauerarbeit im Urchristentum. Auferstehungsglaube, Heils- und Abendmahlslehre im Kontext urchristlicher Verarbeitung von Schuld und Trauer, Göttingen: V & R Unipress, 2013. 訳書：G・タイセン『聖書から聖餐へ――言葉と儀礼をめぐって』（新教出版社、2010年）ほか。

福音《ふくいん》とは何《なに》か――聖書《せいしょ》の福音《ふくいん》から福音主義《ふくいんしゅぎ》へ

2018年9月10日　初版発行

編　　者　佐藤司郎
　　　　　吉田　新
発 行 者　渡部　満
発 行 所　株式会社　教　文　館
　　　　　〒104-0061　東京都中央区銀座4-5-1
　　　　　電話 03(3561)5549　FAX 03(5250)5107
　　　　　URL http://www.kyobunkwan.co.jp/publishing/
デザイン　桂川　潤
印 刷 所　株式会社　三秀舎

配給元　日キ販　〒162-0814　東京都新宿区新小川町9-1
　　　　電話 03(3260)5670　FAX 03(3260)5637

ISBN 978-4-7642-6137-2　Printed in Japan